Acesse
www.moderna.com.br/ac/app
e siga as instruções para ter acesso
aos conteúdos exclusivos do
Site, Livro Digital e Aplicativo.

CÓDIGO DE ACESSO:
A 00003 VERDPRO1E 1 13550

Faça apenas um cadastro. Ele será válido para:

  SANTILLANA ESPAÑOL

Vereda Digital - Produção de texto - Marcílio e Thelma

CB052708

Thelma de Carvalho Guimarães

Bacharela em Letras pela Universidade de São Paulo (USP).
Mestre em Linguística Aplicada pela Universidade
Federal do Rio de Janeiro (UFRJ).

PRODUÇÃO DE TEXTO
INTERPRETAÇÃO E AÇÃO

VOLUME ÚNICO

1ª edição

© Thelma de Carvalho Guimarães, 2017

Coordenação editorial: Mônica Franco Jacintho, Aurea Regina Kanashiro, Debora Silvestre Missias Alves
Edição de texto: Debora Silvestre Missias Alves, Luiz Carlos Oliveira, Nanci Ricci, Pedro Paulo da Silva
Assistência pedagógica: Ariete Alves de Andrade
Assistência editorial: Daniel Maduar Carvalho Mota, Solange Scattolini
Preparação de texto: Anabel Ly Maduar
Gerência de *design* e produção gráfica: Sandra Botelho de Carvalho Homma
Coordenação de produção: Everson de Paula
Suporte administrativo editorial: Maria de Lourdes Rodrigues (coord.)
Coordenação de *design* e projetos visuais: Marta Cerqueira Leite
Projeto gráfico: Daniel Messias e Otávio dos Santos
Capa: Otávio dos Santos.
  Ícone 3D da capa: Diego Loza
Coordenação de arte: Wilson Gazzoni Agostinho
Edição de arte: Renata Susana Rechberger
Editoração eletrônica: APIS design integrado
Coordenação de revisão: Elaine C. del Nero
Revisão: Andrea Vidal, Roseli Simões, Viviane T. Mendes
Coordenação de pesquisa iconográfica: Luciano Baneza Gabarron
Pesquisa iconográfica: Cristina Mota, Tempo Composto
Coordenação de *bureau*: Rubens M. Rodrigues
Tratamento de imagens: Denise Feitoza Maciel, Joel Aparecido, Luiz Carlos Costa, Marina M. Buzzinaro
Pré-impressão: Alexandre Petreca, Denise Feitoza Maciel, Everton L. de Oliveira, Marcio H. Kamoto, Vitória Sousa
Coordenação de produção industrial: Wendell Monteiro
Impressão e acabamento: A.R. Fernandez
Lote: 241180 / 241181

Dados Internacionais de Catalogação na Publicação (CIP)
(Câmara Brasileira do Livro, SP, Brasil)

Guimarães, Thelma de Carvalho
  Produção de texto : interpretação e ação / Thelma de Carvalho Guimarães. — 1. ed. — São Paulo : Moderna, 2017. — (Vereda digital)

  Bibliografia.

  1. Português (Ensino Médio) 2. Textos - Produção I. Título. II. Série.

17-07359   CDD-469.07

Índice para catálogo sistemático:
1. Produção de textos : Ensino médio 469.07

ISBN 978-85-16-10822-9 (LA)
ISBN 978-85-16-10823-6 (LP)

Reprodução proibida. Art. 184 do Código Penal e Lei 9.610 de 19 de fevereiro de 1998.
Todos os direitos reservados
EDITORA MODERNA LTDA.
Rua Padre Adelino, 758 – Belenzinho
São Paulo – SP – Brasil – CEP 03303-904
Vendas e Atendimento: Tel. (0_ _11) 2602-5510
Fax (0_ _11) 2790-1501
www.moderna.com.br
2017
Impresso no Brasil

1 3 5 7 9 10 8 6 4 2

APRESENTAÇÃO

Você e outros jovens de sua idade vivem em um mundo bem diferente do que seus pais e avós conheceram. Hoje os textos estão em toda parte, na forma de palavras, imagens, vídeos, sons. Você não apenas pode acessá-los facilmente na tela de celulares e outros dispositivos, como também pode produzi-los e divulgá-los com a mesma rapidez.

Nosso objetivo nesta obra é ajudá-lo a caminhar com mais desenvoltura por essa "selva" de textos. Ao longo dos diversos capítulos e seções, você terá oportunidade de desenvolver suas habilidades de interpretação e produção textual, tornando-se um leitor mais crítico e um produtor de textos orais e escritos bem articulados, capazes de atingir os objetivos pretendidos.

A seção "Para ler e escrever melhor" será especialmente útil no desenvolvimento dessas competências. Por meio de atividades práticas, ela aborda temas como: estratégias de leitura, intertextualidade, mecanismos coesivos e construção de parágrafos, além de estratégias para argumentação oral e escrita. Outra seção de destaque é a "Produção autoral", na qual você será convidado a produzir textos dos mais diversos gêneros, tanto individualmente como em equipe.

Esperamos que os conhecimentos construídos com o auxílio desta obra sejam úteis não apenas na atual etapa de sua vida escolar, mas ao longo de toda a vida. Afinal, comunicar-se com eficiência será cada vez mais uma necessidade em nosso mundo digital.

Bons estudos!

A autora

ORGANIZAÇÃO DO LIVRO

Este livro é um curso de Produção de texto em volume único, dividido em duas partes, oito unidades, com um total de vinte e três capítulos.

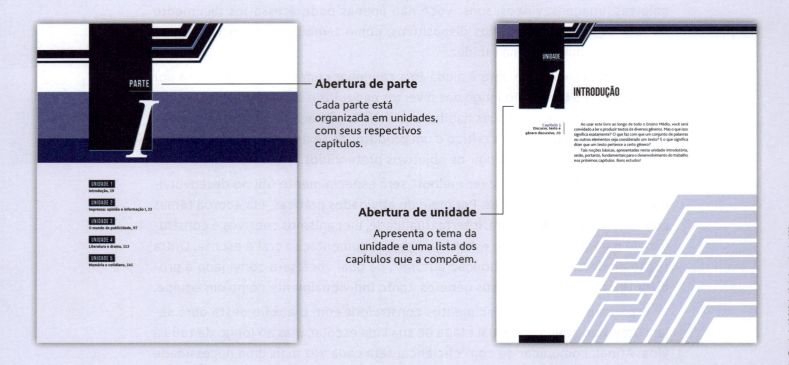

Abertura de parte

Cada parte está organizada em unidades, com seus respectivos capítulos.

Abertura de unidade

Apresenta o tema da unidade e uma lista dos capítulos que a compõem.

Abertura de capítulo

O início do estudo do capítulo é marcado pela observação e análise de diferentes gêneros discursivos que serão objetos de estudo no capítulo.

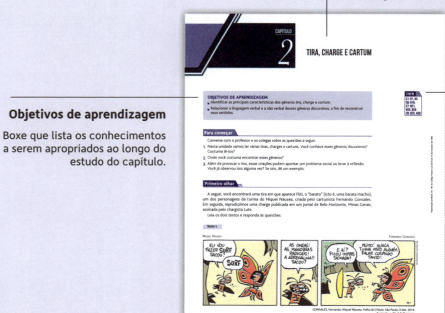

Objetivos de aprendizagem

Boxe que lista os conhecimentos a serem apropriados ao longo do estudo do capítulo.

Competências e habilidades do Enem

Boxe que indica diferentes competências e habilidades do Enem que serão desenvolvidas ao longo de cada capítulo.

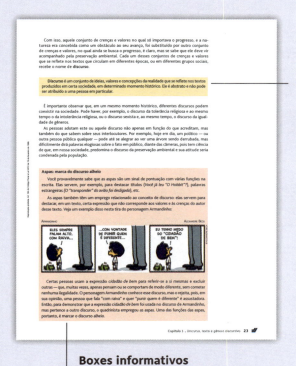

Boxes conceituais

Apresentam definições e conceitos referentes ao assunto do capítulo.

Boxes informativos

No decorrer do capítulo, esses boxes apresentam informações que complementam o assunto estudado.

Saiba mais

Informações importantes que ampliam o conteúdo estudado.

Para... (assistir / ler / navegar)

Indicações de filmes, documentários, livros e endereços eletrônicos que dialogam com algum aspecto estudado no capítulo.

Para ler e escrever melhor

Seção que explora habilidades específicas de compreensão e produção textual, como estratégias de leitura e mecanismos de coesão.

ORGANIZAÇÃO DO LIVRO

Trocando ideias

Atividades que promovem a exposição, a discussão e a reflexão de ideias que ultrapassam os limites do ambiente escolar.

Pense e responda

Seção que aborda diferentes aspectos do gênero discursivo em destaque relacionando-os ao conteúdo estudado.

Produção autoral

Seção voltada à produção de textos orais e escritos de forma contextualizada.

Projeto

Em cada uma das partes, há uma sugestão de projeto para reunir as produções dentro de uma prática social significativa.

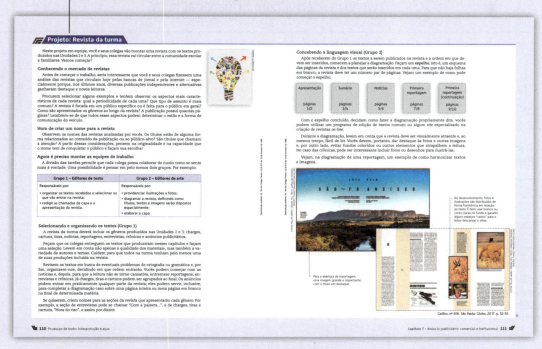

Veja como estão indicados os materiais digitais no seu livro:

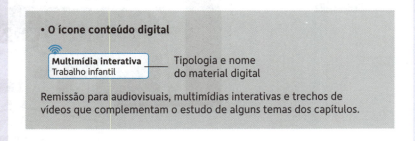

- **O ícone conteúdo digital**

  Multimídia interativa — Tipologia e nome
  Trabalho infantil — do material digital

  Remissão para audiovisuais, multimídias interativas e trechos de vídeos que complementam o estudo de alguns temas dos capítulos.

Material complementar
Texto integral

Confira questões do Enem e de vestibulares e propostas de redação no **Vereda Digital Aprova Enem** e no **Vereda Digital Suplemento de revisão e vestibulares**, disponíveis no livro digital.

ORGANIZAÇÃO DOS MATERIAIS DIGITAIS

A coleção *Vereda Digital* apresenta um *site* exclusivo com ferramentas diferenciadas e motivadoras para seu estudo. Tudo integrado com o livro-texto para tornar a experiência de aprendizagem mais intensa e significativa.

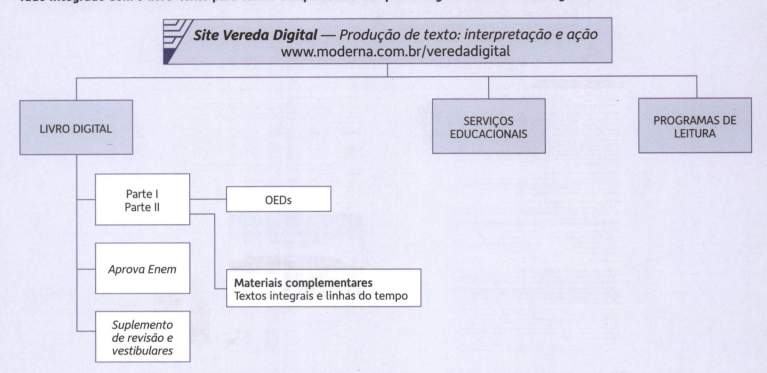

Livro digital com tecnologia HTML5 para garantir melhor usabilidade, enriquecido com objetos educacionais digitais que consolidam ou ampliam o aprendizado; ferramentas que possibilitam buscar termos, destacar trechos e fazer anotações para posterior consulta. No livro digital você encontra o livro com OEDs, materiais complementares, o *Aprova Enem* e o *Suplemento de revisão e vestibulares*. Você pode acessá-lo de diversas maneiras: no seu *tablet* (Android ou iOS), no Desktop (Windows, MAC ou Linux) e *on-line* no *site* www.moderna.com.br/veredadigital

OEDs – objetos educacionais digitais que consolidam ou ampliam o aprendizado.

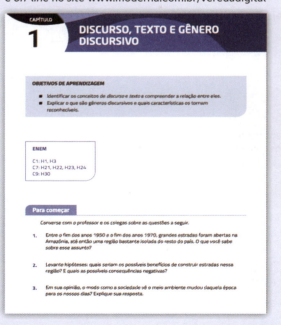

Aprova Enem – um caderno digital com questões comentadas do Enem, outras questões elaboradas de acordo com as especificações desse exame de avaliação, propostas de redação do Enem de 2015 e 2016 comentadas e mais propostas de redação produzidas segundo os critérios adotados por esse exame de avaliação. Nosso foco é que você se sinta preparado para os maiores desafios acadêmicos e para a continuidade dos estudos.

Suplemento de revisão e vestibulares – síntese dos principais temas do curso, com questões de vestibulares de todo o país.

CONTEÚDO DOS MATERIAIS DIGITAIS

Lista de OEDs

Parte	Capítulo	Título do OED	Tipo
I	6	*Cem monas*	audiovisual
I	7	Trabalho infantil	multimídia interativa
I	8	Literatura africana de língua portuguesa	audiovisual
I	9	O teatro grego	multimídia interativa
II	21	Uma história real	audiovisual
II	21	Como fazer um *podcast*	tutorial

Aprova Enem

- **Apresentação**
- **Organização do** *Aprova Enem*
- **Sumário**
- **Matriz de referência da área de Linguagens, Códigos e suas Tecnologias**
- **Questões do Enem comentadas**
- **Questões do tipo Enem**
- **Propostas de redação do Enem comentadas**
- **Propostas de redação do tipo Enem**

Suplemento de revisão e vestibulares

1. Discurso, texto e gênero discursivo
2. Tira, charge e cartum
3. Notícia
4. Reportagem
5. Entrevista
6. Crônica
7. Anúncio publicitário: comercial e institucional
8. Conto
9. Texto teatral
10. Biografia e perfil biográfico
11. Relato pessoal
12. Diário íntimo e *blog*
13. Carta pessoal e *e-mail*
14. Artigo de divulgação científica
15. Resumo
16. Exposição oral
17. Artigo de opinião
18. Editorial
19. Resenha crítica
20. Carta aberta e carta do leitor
21. Debate
22. Redação para o Enem e para vestibular

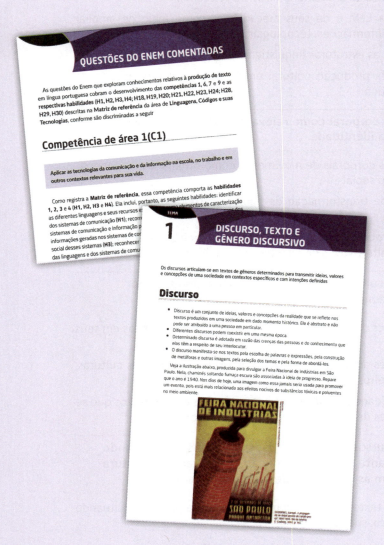

MATRIZ DE REFERÊNCIA DA ÁREA DE LINGUAGENS, CÓDIGOS E SUAS TECNOLOGIAS

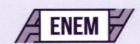

C1 — Competência de área 1
Aplicar as tecnologias da comunicação e da informação na escola, no trabalho e em outros contextos relevantes para sua vida.

- **H1** Identificar as diferentes linguagens e seus recursos expressivos como elementos de caracterização dos sistemas de comunicação.
- **H2** Recorrer aos conhecimentos sobre as linguagens dos sistemas de comunicação e informação para resolver problemas sociais.
- **H3** Relacionar informações geradas nos sistemas de comunicação e informação, considerando a função social desses sistemas.
- **H4** Reconhecer posições críticas aos usos sociais que são feitos das linguagens e dos sistemas de comunicação e informação.

C2 — Competência de área 2
Conhecer e usar língua(s) estrangeira(s) moderna(s) como instrumento de acesso a informações e a outras culturas e grupos sociais.

- **H5** Associar vocábulos e expressões de um texto em LEM ao seu tema.
- **H6** Utilizar os conhecimentos da LEM e de seus mecanismos como meio de ampliar as possibilidades de acesso a informações, tecnologias e culturas.
- **H7** Relacionar um texto em LEM, as estruturas linguísticas, sua função e seu uso social.
- **H8** Reconhecer a importância da produção cultural em LEM como representação da diversidade cultural e linguística.

C3 — Competência de área 3
Compreender e usar a linguagem corporal como relevante para a própria vida, integradora social e formadora da identidade.

- **H9** Reconhecer as manifestações corporais de movimento como originárias de necessidades cotidianas de um grupo social.
- **H10** Reconhecer a necessidade de transformação de hábitos corporais em função das necessidades cinestésicas.
- **H11** Reconhecer a linguagem corporal como meio de interação social, considerando os limites de desempenho e as alternativas de adaptação para diferentes indivíduos.

C4 — Competência de área 4
Compreender a arte como saber cultural e estético gerador de significação e integrador da organização do mundo e da própria identidade.

- **H12** Reconhecer diferentes funções da arte, do trabalho da produção dos artistas em seus meios culturais.
- **H13** Analisar as diversas produções artísticas como meio de explicar diferentes culturas, padrões de beleza e preconceitos.
- **H14** Reconhecer o valor da diversidade artística e das inter-relações de elementos que se apresentam nas manifestações de vários grupos sociais e étnicos.

C5 — Competência de área 5
Analisar, interpretar e aplicar recursos expressivos das linguagens, relacionando textos com seus contextos, mediante a natureza, função, organização, estrutura das manifestações, de acordo com as condições de produção e recepção.

- **H15** Estabelecer relações entre o texto literário e o momento de sua produção, situando aspectos do contexto histórico, social e político.

H16 Relacionar informações sobre concepções artísticas e procedimentos de construção do texto literário.

H17 Reconhecer a presença de valores sociais e humanos atualizáveis e permanentes no patrimônio literário nacional.

| **C6** Competência de área 6 | **Compreender e usar os sistemas simbólicos das diferentes linguagens como meios de organização cognitiva da realidade pela constituição de significados, expressão, comunicação e informação.** |

H18 Identificar os elementos que concorrem para a progressão temática e para a organização e estruturação de textos de diferentes gêneros e tipos.

H19 Analisar a função da linguagem predominante nos textos em situações específicas de interlocução.

H20 Reconhecer a importância do patrimônio linguístico para a preservação da memória e da identidade nacional.

| **C7** Competência de área 7 | **Confrontar opiniões e pontos de vista sobre as diferentes linguagens e suas manifestações específicas.** |

H21 Reconhecer, em textos de diferentes gêneros, recursos verbais e não verbais utilizados com a finalidade de criar e mudar comportamentos e hábitos.

H22 Relacionar, em diferentes textos, opiniões, temas, assuntos e recursos linguísticos.

H23 Inferir em um texto quais são os objetivos de seu produtor e quem é seu público-alvo, pela análise dos procedimentos argumentativos utilizados.

H24 Reconhecer no texto estratégias argumentativas empregadas para o convencimento do público, tais como a intimidação, sedução, comoção, chantagem, entre outras.

| **C8** Competência de área 8 | **Compreender e usar a língua portuguesa como língua materna, geradora de significação e integradora da organização do mundo e da própria identidade.** |

H25 Identificar, em textos de diferentes gêneros, as marcas linguísticas que singularizam as variedades linguísticas sociais, regionais e de registro.

H26 Relacionar as variedades linguísticas a situações específicas de uso social.

H27 Reconhecer os usos da norma-padrão da língua portuguesa nas diferentes situações de comunicação.

| **C9** Competência de área 9 | **Entender os princípios, a natureza, a função e o impacto das tecnologias da comunicação e da informação na sua vida pessoal e social, no desenvolvimento do conhecimento, associando-o aos conhecimentos científicos, às linguagens que lhes dão suporte, às demais tecnologias, aos processos de produção e aos problemas que se propõem solucionar.** |

H28 Reconhecer a função e o impacto social das diferentes tecnologias da comunicação e informação.

H29 Identificar, pela análise de suas linguagens, as tecnologias da comunicação e informação.

H30 Relacionar as tecnologias de comunicação e informação ao desenvolvimento das sociedades e ao conhecimento que elas produzem.

SUMÁRIO DO LIVRO

PARTE I

UNIDADE 1
INTRODUÇÃO, 19

CAPÍTULO 1 Discurso, texto e gênero discursivo 20
Discurso 22
Texto 24
Gênero discursivo 27
- Características dos gêneros discursivos 28
- Sequências textuais 29

UNIDADE 2
IMPRENSA: OPINIÃO E INFORMAÇÃO I, 33

CAPÍTULO 2 Tira, charge e cartum 34
Por dentro do gênero – Tira 36
- A linguagem visual das tiras 38
- A linguagem verbal das tiras 39
Por dentro do gênero – Charge 40
Por dentro do gênero – Cartum 42
Para ler e escrever melhor: Como ler textos multimodais 44
Produção autoral: Salão de Humor Gráfico 46

CAPÍTULO 3 Notícia 48
Por dentro do gênero – Notícia 50
- A estrutura da notícia: o lide 50
  - Outros elementos estruturais da notícia 50
- A linguagem da notícia 51
- A objetividade no jornalismo 52
Para ler e escrever melhor: Estratégia de leitura: levantamento de hipóteses 54
Produção autoral: Notícia 56

CAPÍTULO 4 Reportagem 57
Por dentro do gênero – Reportagem 63
- A estrutura da reportagem 63
  - Tipos de abertura 63
  - Outros elementos estruturais da reportagem ... 65
- A linguagem da reportagem 66
Para ler e escrever melhor: Estratégia de leitura: inferência ... 68
Produção autoral: Reportagem 70

CAPÍTULO 5 Entrevista 72
Por dentro do gênero – Entrevista 76
- A estrutura da entrevista 79
- A linguagem da entrevista 79
Para ler e escrever melhor: Da fala para a escrita ... 80
Produção autoral: Entrevista 83

CAPÍTULO 6 Crônica 85
Por dentro do gênero – Crônica 88
- Diferentes abordagens e estruturas da crônica ... 89
- A linguagem da crônica 91
Para ler e escrever melhor: Intertextualidade 92
Produção autoral: Coletânea de crônicas da turma ... 95

UNIDADE 3
O MUNDO DA PUBLICIDADE, 97

CAPÍTULO 7 Anúncio publicitário: comercial e institucional 98
Por dentro do gênero – Anúncio publicitário 99
- Estratégias de persuasão 100
- A estrutura do anúncio publicitário 102
- A linguagem do anúncio publicitário 103
Para ler e escrever melhor: Intergenericidade (mescla de gêneros) 105
Produção autoral: Anúncio publicitário 108
Projeto: Revista da turma 110

UNIDADE 4
LITERATURA E DRAMA, 113

CAPÍTULO 8 Conto 114
Por dentro do gênero – Conto 118
- Unidade de efeito 119
- A estrutura do conto 119
  - Enredo 119
    - Partes do enredo 120
  - Personagens 120
  - Tempo 122
  - Espaço 122
  - Narrador 123
    - Narrador-observador ou narrador-onisciente ... 123
    - Narrador-personagem 124
- A linguagem do conto 125

Para ler e escrever melhor: Discurso direto, indireto e indireto livre ... 125

Produção autoral: *Fanfiction* baseada no conto lido ... 127

CAPÍTULO 9 Texto teatral ... 129

Por dentro do gênero – Texto teatral ... 133

- A estrutura do texto teatral: texto principal e secundário ... 134
    - Texto principal – as falas ... 134
    - Texto secundário – as rubricas ... 136
- A linguagem do texto teatral ... 136

Para ler e escrever melhor: Da narrativa ao drama ... 137

Produção autoral: Sessão de esquetes humorísticos ... 139

UNIDADE 5
MEMÓRIA E COTIDIANO, 141

CAPÍTULO 10 Biografia e perfil biográfico ... 142

Por dentro do gênero – Biografia ... 146

- Biografia *versus* autobiografia ... 146

Por dentro do gênero – Perfil biográfico ... 147

- Estrutura e linguagem da biografia e do perfil biográfico ... 150

Para ler e escrever melhor: Coesão e coerência ... 151

Produção autoral: Perfil biográfico: quem dá nome às ruas? ... 153

CAPÍTULO 11 Relato pessoal ... 155

Por dentro do gênero – Relato pessoal ... 159

- Estrutura e linguagem do relato pessoal ... 159

Para ler e escrever melhor: Coesão remissiva I ... 160

Produção autoral: Relato oral ... 162

CAPÍTULO 12 Diário íntimo e *blog* ... 164

Por dentro do gênero – Diário íntimo ... 166

- Estrutura e linguagem do diário íntimo ... 167

Por dentro do gênero – *Blog* ... 168

- Estrutura e linguagem do *blog* ... 170

Para ler e escrever melhor: Coesão remissiva II ... 171

Produção autoral: *Blog* ... 174

CAPÍTULO 13 Carta pessoal e e-*mail* ... 175

Por dentro do gênero – Carta pessoal ... 177

- Estrutura e linguagem da carta pessoal ... 178

Por dentro do gênero – E-*mail* ... 179

Para ler e escrever melhor: Coesão sequencial I ... 181

Produção autoral: Carta pessoal ... 184

PARTE II

UNIDADE 6
CIRCULAÇÃO DE SABERES, 187

CAPÍTULO 14 - Artigo de divulgação científica ... 188

Por dentro do gênero – Artigo de divulgação científica ... 192

- O infográfico na divulgação científica ... 193
- Estrutura e linguagem do artigo de divulgação científica ... 196

Para ler e escrever melhor: Coesão sequencial II ... 197

Produção autoral: Exposição sobre curiosidades da ciência ... 199

CAPÍTULO 15 Resumo ... 201

Por dentro do gênero – Resumo ... 203

- Procedimentos para a construção do resumo ... 204
    - Supressão ... 206
    - Síntese ... 207
    - Generalização ... 207
    - Reconstrução ... 207
- Resumos esquemáticos e mapas conceituais ... 208

Para ler e escrever melhor: Retextualização ... 209

Produção autoral: Resumo ... 212

CAPÍTULO 16 Exposição oral ... 213

Por dentro do gênero – Exposição oral ... 217

- Recursos da exposição oral ... 217
- A estrutura da exposição oral ... 218
- A linguagem da exposição oral ... 219

Para ler e escrever melhor: Como buscar e selecionar informações ... 219

Produção autoral: Ciclo de seminários ... 222

UNIDADE 7
IMPRENSA: OPINIÃO E INFORMAÇÃO II, 225

CAPÍTULO 17 – Artigo de opinião ... 226

Por dentro do gênero – Artigo de opinião ... 231

- Argumentação: tese e argumentos ... 232
- Contra-argumentação ... 232
- A estrutura do artigo de opinião ... 234
- A linguagem do artigo de opinião ... 235
    - Pergunta retórica ... 236

Para ler e escrever melhor: Tipos de argumento I ... 237

Produção autoral: Artigo de opinião ... 239

CAPÍTULO 18 Editorial ... 241
Por dentro do gênero – Editorial ... 244
- A estrutura do editorial ... 246
- A linguagem do editorial ... 246
- Editoriais nas revistas de variedades ... 247

Para ler e escrever melhor: Tipos de argumento II ... 249
Produção autoral: Análise de editoriais ... 253

CAPÍTULO 19 Resenha crítica ... 255
Por dentro do gênero – Resenha crítica ... 258
- A estrutura da resenha crítica ... 259
- A linguagem da resenha crítica ... 260

Para ler e escrever melhor: Argumentos ou falácias? ... 261
Produção autoral: Vídeo com resenha crítica de livro ... 264

CAPÍTULO 20 Carta aberta e carta do leitor ... 267
Por dentro do gênero – Carta aberta ... 270
- Estrutura e linguagem da carta aberta ... 271

Por dentro do gênero – Carta do leitor ... 273
- Estrutura e linguagem da carta do leitor ... 275

Para ler e escrever melhor: A construção do parágrafo ... 276
Produção autoral: Carta aberta ... 278

CAPÍTULO 21 Debate ... 280
Por dentro do gênero – Debate ... 283
- Debate regrado ... 284
- Estrutura e linguagem dos debates ... 285

Para argumentar: Estratégias para a argumentação oral ... 286
Produção autoral: Debate regrado ... 288
Projeto: *Podcast* ... 292

UNIDADE 8
ENEM E VESTIBULAR, 295

CAPÍTULO 22 Redação para o Enem e para vestibular I ... 296
Por dentro do gênero – Texto dissertativo-argumentativo ... 300
Como é a proposta de redação do Enem ... 301
- Exemplo de proposta de redação do Enem ... 301
- Redação nota 1000 ... 304

Para ler e escrever melhor: Como ler e utilizar os textos motivadores ... 307
Produção autoral: Texto dissertativo-argumentativo ... 310

CAPÍTULO 23 Redação para o Enem e para vestibular II ... 312
Propostas de redação em vestibulares ... 317
- A estrutura da redação no Enem e no vestibular ... 318
  - A introdução da redação ... 318
    - Fazer uma declaração inicial ... 320
    - Propor perguntas retóricas ... 320
    - Mencionar fatos históricos ... 320
    - Estabelecer uma comparação ... 320
    - Apresentar uma citação ... 321
  - O desenvolvimento da redação ... 321
  - A conclusão da redação ... 323

Para ler e escrever melhor: Como planejar a redação ... 324
Produção autoral: Redação com base em uma proposta de vestibular ... 326

REFERÊNCIAS BIBLIOGRÁFICAS ... 328

PARTE I

UNIDADE 1
Introdução, 19

UNIDADE 2
Imprensa: opinião e informação I, 33

UNIDADE 3
O mundo da publicidade, 97

UNIDADE 4
Literatura e drama, 113

UNIDADE 5
Memória e cotidiano, 141

UNIDADE 1

INTRODUÇÃO

Capítulo 1
Discurso, texto e gênero discursivo, 20

Ao usar este livro ao longo de todo o Ensino Médio, você será convidado a ler e produzir textos de diversos gêneros. Mas o que isso significa exatamente? O que faz com que um conjunto de palavras ou outros elementos seja considerado um texto? E o que significa dizer que um texto pertence a certo gênero?

Tais noções básicas, apresentadas nesta unidade introdutória, serão, portanto, fundamentais para o desenvolvimento do trabalho nos próximos capítulos. Bons estudos!

CAPÍTULO 1

DISCURSO, TEXTO E GÊNERO DISCURSIVO

Para começar

Converse com o professor e os colegas sobre as questões a seguir.

1. Entre o fim dos anos 1950 e o fim dos anos 1970, grandes estradas foram abertas na Amazônia, até então uma região bastante isolada do resto do país. O que você sabe sobre esse assunto?
2. Levante hipóteses: quais seriam os possíveis benefícios de construir estradas nessa região? E quais as possíveis consequências negativas?
3. Em sua opinião, o modo como a sociedade vê o meio ambiente mudou daquela época para os nossos dias? Explique sua resposta.

OBJETIVOS DE APRENDIZAGEM

- Identificar os conceitos de *discurso* e *texto* e compreender a relação entre eles.
- Explicar o que são gêneros discursivos e quais características os tornam reconhecíveis.

Primeiro olhar

A seguir, você encontrará duas aberturas de reportagem. A primeira foi publicada na revista *O Cruzeiro*, em 1959. O tema era a recente inauguração da rodovia Belém-Brasília, uma das primeiras construídas na região amazônica. A segunda reportagem também fala sobre estradas na Amazônia, mas foi publicada cinquenta anos depois. Leia as aberturas, compare-as e responda às perguntas.

Revista semanal que circulou no Brasil entre 1928 e 1975.

Abertura 1

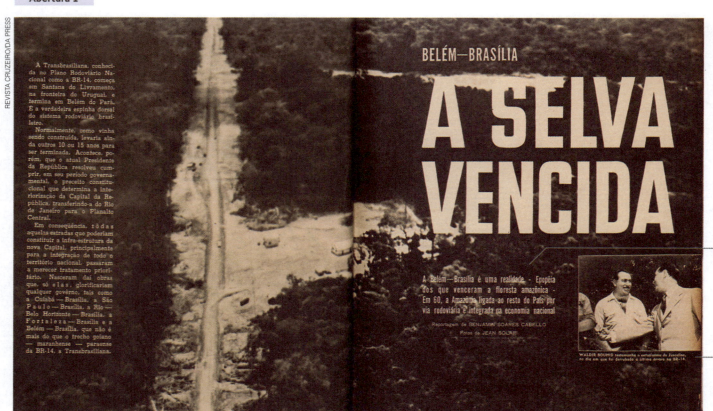

O Cruzeiro. n. 48. Rio de Janeiro: Diários Associados, 12 set. 1959, p. 64-65.

20 Produção de texto: interpretação e ação

Abertura 2

Veja Especial Amazônia. Abril: São Paulo, set. 2009, p. 48-49.

- A Belém-Brasília é uma realidade — Epopeia dos que venceram a floresta amazônica — Em 60, a Amazônia ligada ao resto do País por via rodoviária e integrada na economia nacional.

- Waldir Bouhid testemunha o entusiasmo de JK no dia em que foi derrubada a última árvore da BR-14

- **Risco no verde.** Trecho da Transamazônica: a estrada é um lamaçal durante metade do ano.

- O asfaltamento das estradas da Amazônia apressa a devastação do verde e o ritmo de ocupação da floresta. Mas qual é a alternativa? O asfalto é a garantia de qualidade de vida para milhões de moradores da região.

Glossário

Epopeia: sequência de feitos heroicos.
Waldir Bouhid: na época, superintendente da SPVEA (Superintendência do Plano de Valorização Econômica da Amazônia). Teve importante papel no planejamento e execução da rodovia Belém-Brasília.
JK: Juscelino Kubitschek (1902-1976), presidente do Brasil de 1956 a 1961.

BR-14: antiga denominação da rodovia Belém-Brasília, hoje chamada BR-153.
Transamazônica: rodovia inaugurada em 1972, mas que permanece inacabada até hoje. Como outras estradas da região, nunca chegou a ser totalmente asfaltada.

SAIBA MAIS

Durante muito tempo, tanto no Brasil como em outros países, predominou a ideia de que a natureza era uma fonte inesgotável de recursos. A meta era o progresso econômico, mesmo que isso implicasse destruição ambiental. Somente nas últimas décadas do século XX os líderes mundiais começaram a tomar consciência da importância da preservação. Um marco relevante nesse sentido foi a Conferência de Estocolmo, organizada pelas Nações Unidas em 1972. Pela primeira vez, ficou estabelecido que os países deveriam repensar suas prioridades: o desenvolvimento não deveria sacrificar o meio ambiente. A princípio, o Brasil fez parte de um grupo de países que resistiram a essas mudanças. A primeira lei ambiental brasileira viria apenas em 1981.

1. As duas aberturas mencionam consequências da implantação ou do asfaltamento de rodovias na Amazônia.
   a) Transcreva um trecho de cada uma em que são citadas possíveis consequências positivas.
   b) Transcreva de uma das aberturas um trecho em que são mencionadas possíveis consequências negativas.
   c) Essas consequências coincidem com as que você e seus colegas propuseram na discussão inicial? Explique.

2. Na abertura 1, identifique dois trechos em que é empregado o verbo *vencer* (flexionado em diferentes tempos).
   - Em geral, usamos o verbo *vencer* quando existe uma batalha ou disputa. Nesse caso, quais seriam os "adversários" e qual deles "venceu"?

3. Releia a legenda da foto menor nessa abertura: "Waldir Bouhid testemunha o entusiasmo de JK no dia em que foi derrubada a última árvore da BR-14".
   a) Em sua opinião, seria provável, hoje em dia, um governante demonstrar entusiasmo ao ver uma árvore sendo derrubada? Por quê?
   b) Considerando o texto da legenda, a foto e a composição geral da abertura, podemos dizer que a revista *O Cruzeiro* trata o entusiasmo do presidente com a derrubada da árvore como algo natural, previsível, ou como algo inesperado e censurável? Justifique sua resposta.

4. Ao responder à questão 2, você percebeu que a abertura 1 utiliza uma metáfora para referir-se à inauguração da Belém-Brasília. O mesmo recurso está presente na abertura 2.

   - Explique por que as estradas da Amazônia são comparadas a cicatrizes. Qual é a semelhança simbólica entre esses elementos?

5. As duas aberturas utilizam fotos parecidas. No entanto, as metáforas empregadas em cada título refletem diferentes interpretações da imagem. Explique quais são essas interpretações e como estão ligadas aos valores e concepções de cada época. Para responder, você pode utilizar as informações do boxe "Saiba mais".

Discurso

Ao comparar as duas aberturas de reportagem, você observou que o mesmo tipo de imagem — uma estrada em meio à floresta Amazônica — foi interpretado de formas diferentes. Você notou, também, que essas diferentes interpretações da realidade se refletiam na escolha das palavras e na formulação de cada texto.

Na época em que foi publicada a reportagem da revista *O Cruzeiro*, pouco se sabia sobre a importância da Amazônia para o funcionamento do clima no planeta, ou sobre a necessidade de preservar a cultura dos indígenas e a biodiversidade da região. De modo geral, as árvores e os povos da floresta eram vistos como empecilhos ao progresso.

Esse conjunto de valores, crenças e concepções determinou a abordagem da revista à inauguração da rodovia Belém-Brasília: o feito foi metaforicamente comparado a uma batalha heroica, uma verdadeira "epopeia" em que os agentes do progresso (políticos, engenheiros, operários, etc.) haviam enfrentado e "vencido" a selva. O entusiasmo do presidente com a derrubada da árvore foi descrito na legenda sem qualquer palavra de desaprovação, pois essa era a reação esperada de alguém que acabava de vencer o "adversário". Do mesmo modo, não havia na abertura qualquer referência a possíveis consequências negativas da rodovia, já que esses fatos não estavam na pauta da sociedade à época.

Cinquenta anos depois, a foto de uma estrada rasgando a selva desperta reações bem diferentes. De lá para cá, os conhecimentos sobre o impacto da devastação ambiental saíram dos círculos científicos e foram divulgados para a sociedade em geral. A importância de preservar o meio ambiente e combater o desmatamento passou a ser abordada em programas de TV, filmes, anúncios, reportagens, livros didáticos, conversas familiares — enfim, circulou intensamente pela sociedade.

> **metáfora**: Figura de linguagem que consiste em projetar as características de determinado ser em outro, com base em semelhanças simbólicas entre eles. Exemplo: Minha irmã é um doce.

Com isso, aquele conjunto de crenças e valores no qual só importava o progresso, e a natureza era concebida como um obstáculo ao seu avanço, foi substituído por outro conjunto de crenças e valores, no qual ainda se busca o progresso, é claro, mas se sabe que ele deve vir acompanhado pela preservação ambiental. Cada um desses conjuntos de crenças e valores que se reflete nos textos que circulam em diferentes épocas, ou em diferentes grupos sociais, recebe o nome de **discurso**.

> **Discurso** é um conjunto de ideias, valores e concepções da realidade que se reflete nos textos produzidos em certa sociedade, em determinado momento histórico. Ele é abstrato e não pode ser atribuído a uma pessoa em particular.

É importante observar que, em um mesmo momento histórico, diferentes discursos podem coexistir na sociedade. Pode haver, por exemplo, o discurso da tolerância religiosa e ao mesmo tempo o da intolerância religiosa, ou o discurso sexista e, ao mesmo tempo, o discurso da igualdade de gêneros.

As pessoas adotam este ou aquele discurso não apenas em função do que acreditam, mas também do que sabem sobre seus interlocutores. Por exemplo, hoje em dia, um político — ou outra pessoa pública qualquer — pode até se alegrar ao ver uma árvore sendo derrubada, mas dificilmente dirá palavras elogiosas sobre o fato em público, diante das câmeras, pois tem ciência de que, em nossa sociedade, predomina o discurso da preservação ambiental e sua atitude seria condenada pela população.

Aspas: marca do discurso alheio

Você provavelmente sabe que as aspas são um sinal de pontuação com várias funções na escrita. Elas servem, por exemplo, para destacar títulos (*Você já leu "O Hobbit"?*), palavras estrangeiras (*O "transponder" do avião foi desligado*), etc.

As aspas também têm um emprego relacionado ao conceito de discurso: elas servem para destacar, em um texto, certa expressão que não corresponde aos valores e às crenças do autor desse texto. Veja um exemplo disso nesta tira do personagem Armandinho:

Certas pessoas usam a expressão *cidadão de bem* para referir-se a si mesmas e excluir outras — que, muitas vezes, apenas pensam ou se comportam de modo diferente, sem cometer nenhuma ilegalidade. O personagem Armandinho conhece esse discurso, mas o rejeita, pois, em sua opinião, uma pessoa que fala "com raiva" e quer "punir quem é diferente" é assustadora. Então, para demonstrar que a expressão *cidadão de bem* foi usada no discurso de Armandinho, mas pertence a outro discurso, o quadrinista empregou as aspas. Uma das funções das aspas, portanto, é marcar o discurso alheio.

Texto

Pense e responda

Você lerá mais dois textos de épocas diferentes: o primeiro foi publicado alguns anos depois da reportagem da revista *O Cruzeiro*, e o segundo em 2014. Em seguida, responda às questões.

Texto 1

Tratores passam roncando mais alto que as onças. Terras nunca dantes removidas pelo homem são afastadas para os lados. Árvores seculares tombam e acompanham a sua terra, naquele movimento de sair da frente para o progresso passar.
Mas aquela região é tão rica que o progresso chegou lá até mesmo antes da estrada: no traçado da Transamazônica há também jazidas de cassiterita. Estanho, para os íntimos.
Este País tem mesmo uma sorte tão grande quanto ele. Quando abre uma grande estrada encontra recursos para abrir muitas outras. Mas certos de que a grandeza de uma Nação não se faz apenas com a sorte grande, já estamos explorando esta jazida.
Prospectando e cavando, vamos tirando do solo tudo que há de estanho naquela região.
Porque riqueza mineral já não é mais mistério para o Brasil.

Correio da Manhã. Rio de Janeiro, 15 fev. 1971, p. 11.

Texto 2

Derrubando água   Jota A

JOTA A. *Derrubando água*. 17 mar. 2014. Disponível em: <http://mod.lk/9azxt>. Acesso em: 18 set. 2017.

1. A que pessoa ou organização podemos atribuir cada texto?
2. Defina brevemente o objetivo de cada texto.
3. Transcreva do texto 1 um trecho que reflita o mesmo discurso da reportagem da revista *O Cruzeiro* a respeito da natureza. Justifique sua escolha.
4. Concentre-se agora no texto 2. Com base na linguagem visual do texto e em seus conhecimentos gerais, explique seu título: "Derrubando água".
   a) Nesse texto, a combinação entre as palavras do título e o desenho expressa determinado discurso. Que discurso é esse?
   b) Em sua opinião, se o texto 2 fosse publicado na época do texto 1 e da reportagem da revista *O Cruzeiro*, ele seria compreendido? Por quê?

Você acabou de examinar dois conjuntos de palavras e imagens que formam uma unidade de sentido. Cada um desses conjuntos constitui um **texto**.

Enquanto o discurso é abstrato e não pode ser atribuído a uma pessoa em particular, o texto representa um uso concreto da linguagem, realizado por determinada pessoa ou organização, em certo lugar e momento. O autor do texto — denominado **enunciador** — tem sempre um ou mais **interlocutores** em mente, com os quais pretende interagir a fim de alcançar certo objetivo. De fato, ao responder à questão 2, você identificou que o primeiro texto tinha a intenção de divulgar e enaltecer as ações do anunciante (a Companhia de Pesquisa de Recursos Minerais), enquanto o último tinha como objetivo fazer uma crítica bem-humorada sobre certo problema atual — a destruição das áreas verdes e a consequente escassez de água.

O discurso manifesta-se nos textos pela escolha de palavras e expressões, pela construção de metáforas e outras imagens, pela seleção dos temas e pela forma de abordá-los. Você percebeu, por exemplo, que a metáfora da natureza como um "adversário" a ser derrotado, expressa na reportagem da revista *O Cruzeiro*, também estava presente em anúncios da época.

Um texto pode ser oral ou escrito. Pode também utilizar apenas a linguagem verbal ou articulá-la com outras linguagens, como a visual, a sonora, a corporal, etc. Quando ocorre essa articulação, ele se denomina **texto multimodal**, pois comunica seus sentidos de diferentes modos. O anúncio publicitário e o cartum que você examinou são exemplos de textos multimodais.

> Linguagem é todo e qualquer sistema que possibilita a comunicação e a interação entre as pessoas. Linguagem verbal, especificamente, é aquela formada por palavras.

Existem textos formados por uma única palavra, como um aviso de "Pare", e textos que se estendem por muitas páginas, como um conto ou uma história em quadrinhos. Independentemente de sua extensão, o texto tem sinalizações (verbais ou não verbais) que permitem ao interlocutor identificar seu início e fim e, além disso, reconstruir os sentidos pretendidos por quem o produziu. Durante esse processo de compreensão, o interlocutor aciona seus próprios conhecimentos sobre textos, discursos e sobre o mundo em geral. É possível concluir, então, que um leitor dos anos 1960 teria dificuldades para entender a metáfora visual do cartum de Jota A, por desconhecer o discurso segundo o qual a floresta, longe de ser uma "adversária", é essencial para o fornecimento de água e para a própria sobrevivência da espécie humana.

Texto é um uso concreto da linguagem, realizado por uma pessoa ou organização específica, em determinado contexto e com intenções definidas. Aquele que o produz, o **enunciador**, tem em mente certos **interlocutores** e deixa sinalizações para que eles possam recuperar os sentidos pretendidos, acionando seus próprios conhecimentos textuais, discursivos e de mundo. O texto pode ser oral ou escrito; pode também usar apenas a linguagem verbal ou combiná-la a outras linguagens (**texto multimodal**).

EM EQUIPE

Dois discursos da atualidade

Em 2015, uma fabricante inglesa de suplementos alimentares colocou um cartaz publicitário nas estações do metrô de Londres. O cartaz mostrava uma modelo bem magra vestindo biquíni. Ao lado da moça, uma pergunta que, traduzida para o português, ficaria mais ou menos assim:

Seu "corpo de praia" já está pronto?

A ideia era sugerir às mulheres que, como o verão estava se aproximando, elas deveriam estar com um "corpo de praia", ou seja, um corpo adequado para ir à praia, tão esbelto quanto o da modelo mostrada no cartaz. E como conseguir isso? Segundo a anunciante, o segredo era substituir duas das refeições diárias por um composto emagrecedor fabricado por ela.

Muitas pessoas na Inglaterra e em outros países — inclusive no Brasil — não gostaram da campanha e reagiram de várias formas. Uma das reações foi a criação e circulação do seguinte meme:

meme: Gênero discursivo composto por uma imagem e poucas frases curtas. É criado e compartilhado rapidamente na internet e, em geral, tem intenção humorística.

1. Reúnam-se em grupos e discutam estas questões:
   a) Qual é o discurso veiculado no cartaz publicitário da fabricante de suplementos?
   b) E qual é o discurso veiculado pelo meme?

2. Você já ouviu ou leu outros textos que veiculavam o mesmo discurso do cartaz da fabricante de suplementos? E textos que veiculavam um discurso semelhante ao do meme? Que textos eram esses? Troque ideias com seus colegas de grupo.

3. Durante uma semana (ou outro prazo determinado pelo professor), seu grupo vai analisar textos encontrados em seu dia a dia. O objetivo será montar um **painel**: de um lado, textos com um discurso semelhante ao do cartaz da fabricante de suplementos; de outro, textos com um discurso semelhante ao do meme.

4. Antes de começar a pesquisa, façam um planejamento:
   a) Vocês vão pesquisar somente na internet ou também procurarão em outros lugares (bancas de jornal, *outdoors*, televisão, etc.)?
   b) Lembrem que, em geral, o discurso se manifesta nos textos por meio de palavras e expressões específicas. Portanto, ao procurar na internet, quais seriam as palavras-chave mais indicadas para cada discurso?

5. Vejam exemplos de textos aos quais vocês podem ficar atentos:
   - capas de revistas;
   - anúncios publicitários (inclusive os da TV e internet);
   - embalagens de produtos;
   - reportagens;
   - piadas;
   - charges e cartuns;
   - memes.

6. Quando tiverem reunido uma boa quantidade de textos que representem cada um dos discursos, montem o painel. Vocês podem fazer isso de maneira tradicional, colando o material impresso em uma cartolina; ou virtualmente, usando um programa para editar imagens e vídeos. No primeiro caso, o resultado pode ser compartilhado fisicamente em sala de aula; no segundo, via internet. Decidam a melhor opção com o professor e a turma toda.

7. Uma vez que todos os grupos tenham terminado seus painéis, analisem-nos em conjunto e reflitam sobre estas questões:
   a) Por que esses dois discursos, aparentemente contraditórios, estão tão presentes em nossa sociedade nos dias de hoje?
   b) Qual deles vocês acham que predomina? Por quê?
   c) Com qual desses discursos vocês se identificam mais? Por quê?

Gênero discursivo

Pense e responda

Leia a tira e responda às perguntas.

Níquel Náusea — Fernando Gonsales

1. Com base na linguagem verbal e visual da tira, explique esta fala do ratinho: "Avisa você!".

2. Como explica um dos ratinhos, as frases ditas pelo rato grande "não são piadas".
   a) Reescreva as frases do rato grande da forma como elas costumam circular na sociedade e indique o que elas são, afinal.
   b) A intenção dessas frases é a mesma que a das piadas? Explique.

3. Algumas piadas são compostas na forma de pergunta e resposta. Observe:

   > Sabe o que o Batman falou para o Homem Invisível?
   > "Há quanto tempo não te vejo!"
   >
   > *Piadas infantis*. Disponível em: <http://mod.lk/0paud>.
   > Acesso em: 18 set. 2017.

   a) Explique como essa estrutura ajuda a produzir o humor em uma piada.
   b) Compare essa estrutura com a empregada nas falas do rato grande. Explique por que, mesmo o rato apresentando suas falas em um formato semelhante ao desse tipo de piada, isso não foi suficiente para que fossem consideradas piadas pelos ratinhos.

Como você percebeu, essa tira brinca com a confusão feita por um dos personagens entre piadas e provérbios. Ao contrário desse personagem, a maioria de nós consegue diferenciar facilmente uma piada de um provérbio, ou um cardápio de uma bula de remédio, uma aula de uma entrevista, ou uma notícia de uma receita culinária.

Identificamos facilmente esses itens porque eles correspondem a formas relativamente padronizadas de organizar o texto. Em certa sociedade, em certo momento histórico, as pessoas acabam produzindo textos para cumprir funções sociais parecidas, por isso acabam organizando-os de modo parecido também, constituindo certos padrões.

Por exemplo, em muitos grupos sociais há o interesse de comunicar um conselho ou ensinamento de forma simples e expressiva, para que todos o conheçam. Os *provérbios* cumprem essa função social e, para tanto, são compostos de certa forma (em frases curtas e ritmadas), usam uma linguagem expressiva, enfim, assumem uma configuração específica para se adequar aos seus objetivos. Já as *piadas* têm outra função social (entreter, divertir), por isso se organizam de outra maneira.

Cada uma dessas maneiras relativamente estáveis e padronizadas de organizar o texto é um **gênero discursivo**. Assim, são gêneros discursivos a piada, o provérbio, o cardápio, a bula de remédio, a aula, a entrevista, a notícia, a receita culinária. Em alguns contextos, os gêneros discursivos também são chamados de **gêneros do discurso** ou **gêneros textuais**.

> **Gêneros discursivos** são as formas relativamente estáveis que os grupos sociais estabelecem para organizar o texto, a fim de cumprir certa finalidade comunicativa. Em alguns contextos, também são chamados de **gêneros do discurso** ou **gêneros textuais**.

> **Ciclo de vida dos gêneros**
>
> Os gêneros discursivos são *determinados socio-historicamente*. Isso significa que eles surgem em certa sociedade, em certo momento histórico, e podem se alterar com o passar do tempo ou mesmo desaparecer, conforme essa sociedade vai transformando seus valores, hábitos e tecnologias. Por exemplo, a *carta comercial*, que era trocada entre empresas, vem entrando em extinção e sendo substituída pelo *e-mail*. Ao mesmo tempo, as últimas décadas viram nascer uma série de gêneros, tais como os memes e os tuítes.

Publicações feitas em determinada rede social. Quando em formato de texto escrito, podem conter até 280 caracteres.

Características dos gêneros discursivos

Ao responder às perguntas sobre a tira, você observou que cada gênero — o provérbio e a piada — tinha certas características que nos permitiam diferenciá-los. De fato, os textos pertencentes a certo gênero normalmente têm em comum as seguintes características:

- **Intenção** – como dito, os gêneros surgem para cumprir certa função social. Assim, todos os textos representativos de determinado gênero têm basicamente a mesma intenção comunicativa: uma *receita médica* pretende dar orientações para o consumo de um medicamento, uma *prova* pretende avaliar o aprendizado do aluno em certa disciplina e assim por diante. A intenção comunicativa é a característica mais importante do gênero e a que determina todas as demais.

- **Temática** – os conteúdos tratados em certo gênero discursivo também são parecidos. Aventuras vividas por príncipes e princesas em reinos distantes são um tema típico do *conto de fadas*, por exemplo.

- **Composição** – muitos gêneros têm uma estrutura ou organização bem característica. Na tira dos ratos, você viu que os provérbios tiveram sua estrutura alterada para que se assemelhassem a piadas.

- **Linguagem** – como você reagiria caso se inscrevesse em um concurso para bolsas de estudo e, ao ler o *regulamento*, encontrasse um trecho assim: "O candidato precisa ficar ligado na data de matrícula e não marcar bobeira, senão perde o direito à bolsa"? Você certamente acharia bem estranho. Cada gênero pede um **estilo** de linguagem específico: alguns são mais formais (*regulamento, lei, formulário*), outros descontraídos (*tira, conversa espontânea*); alguns usam linguagem técnica (*bula de remédio*), outros permitem linguagem figurada (*poema, conto*) e assim por diante.

- **Circulação** – como cumprem finalidades sociais específicas, os gêneros nascem e vivem dentro de esferas específicas da ação humana. A *prova* e o *boletim* circulam na esfera escolar; o *poema* e o *romance*, na literária; a *notícia* e a *reportagem*, na jornalística. A esfera em que o gênero circula ajuda a prever quais são seus prováveis leitores ou ouvintes e em qual contexto ele aparece. Nesse aspecto, outro fator importante a considerar é o **suporte** ou **veículo** do gênero, isto é, a base física ou virtual na qual ele será fixado e chegará até seus destinatários. A *bula de remédio* tem como suporte uma folha de papel dobrada; a *notícia* e a *reportagem* têm como suporte jornais ou revistas. Atualmente, uma grande quantidade de gêneros aparece na internet, seja em *sites* ligados a veículos físicos (como os *sites* de jornais e revistas), seja em portais, redes sociais e outros suportes nascidos na própria *web*.

Sequências textuais

Pense e responda

Leia este anúncio e responda às perguntas.

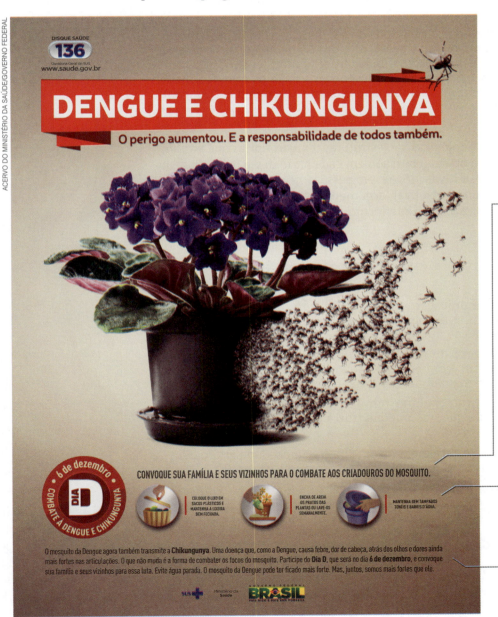

Ministério da Saúde. Disponível em: <http://mod.lk/mdgzo>. Acesso em: 28 nov. 2017.

1. Transcreva trechos do anúncio com as seguintes características:
   a) um trecho que tenha como objetivo expor informações;
   b) um trecho em que são dadas ordens ou instruções ao interlocutor, incentivando-o a tomar certa atitude;
   c) um trecho em que se expressa uma opinião.

2. Qual é o objetivo desse anúncio?
   a) Explique como a imagem principal se relaciona ao objetivo do anúncio.
   b) Reveja os trechos que transcreveu na questão 1. Em sua opinião, quais deles mais contribuem para que o anúncio atinja seus propósitos – os do item *a*, do item *b* ou do item *c*? Justifique sua resposta.

Ao analisar o anúncio, você observou que ele apresenta sequências textuais com características distintas: algumas expõem informações, outras expressam uma opinião, outras dão instruções.

Sequências textuais como essas aparecem em textos dos mais diversos gêneros. É comum que uma delas predomine ou exerça papel discursivo preponderante no texto em questão. Por exemplo, em um *verbete de enciclopédia*, predominam as sequências *expositivas*, pois o objetivo é explicar determinado assunto; em um *conto*, predominam as sequências *narrativas*, pois o objetivo é contar uma história.

Em *anúncios publicitários*, mesmo que haja vários tipos de sequência, as mais importantes geralmente são aquelas que dão ordens ou instruções (denominadas *injuntivas*), pois são elas que concentram o objetivo desse gênero: agir sobre o interlocutor, levando-o a tomar certa atitude. De fato, no anúncio lido, os trechos mais importantes são os que dão instruções e incentivam o leitor a fazer sua parte no combate ao mosquito da dengue: "Convoque sua família", "Evite água parada", etc.

> **Sequências textuais** ou **sequências tipológicas** são estruturas textuais típicas que entram na composição de um texto, conforme o objetivo buscado em cada parte desse texto. Podem ser **narrativas** (contam uma história); **descritivas** (descrevem pessoas, objetos, paisagens, etc.); **expositivas** (expõem informações de forma objetiva); **argumentativas** (defendem opiniões); **injuntivas** (dão ordens, conselhos ou instruções ao interlocutor).

EM EQUIPE

Conhecendo os gêneros do jornal

O jornal é um dos veículos de comunicação mais importantes nas sociedades modernas. Sua leitura não apenas nos mantém informados, como também nos permite conhecer análises críticas sobre temas da atualidade.

Hoje, a maioria dos jornais mantém *sites* na internet nos quais reproduz boa parte do seu conteúdo. Porém, é interessante conhecermos sua organização tradicional, no papel, inclusive para que a leitura no meio digital se torne mais eficiente e crítica.

Nesta atividade, você e os colegas vão explorar um jornal impresso e descobrir um pouco mais sobre sua organização, os gêneros que ele traz e a intenção comunicativa de cada um. Confira as instruções a seguir.

1. Sob orientação do professor, a classe será dividida em cinco grupos. Cada grupo deve providenciar um exemplar do principal jornal de seu estado ou de sua região.

2. Os grupos vão explorar os exemplares do jornal e buscar identificar os *gêneros discursivos* nomeados a seguir. Se tiverem dúvida sobre o nome do gênero, consultem o dicionário, a internet ou o professor.

Grupo 1	Grupo 2	Grupo 3	Grupo 4	Grupo 5
cabeçalho	expediente	notícia	horóscopo	palavras cruzadas
chamada	editorial	obituário	artigo de opinião	anúncio publicitário
carta do leitor	entrevista	previsão do tempo	anúncio classificado	tiras

3. Quando seu grupo tiver localizado textos representativos dos três gêneros que lhe cabem, vocês devem examiná-los e fazer as seguintes análises:
   a) A maioria dos jornais é dividida em **cadernos** — conjuntos de folhas dobradas juntas, geralmente dedicadas a um tema específico (política, economia, cultura, esporte, etc.). Identifiquem e anotem o *caderno* em que estão os textos representativos de cada gênero analisado pelo grupo.
   b) Busquem sintetizar, em uma frase ou duas, a *intenção comunicativa* de cada gênero analisado. Anotem as frases no caderno.

4. Depois de fazer as análises e anotações, recortem os textos representativos de cada gênero e colem-nos em folhas avulsas, uma para cada gênero. Escrevam no alto da folha o nome do gênero discursivo correspondente. Deixem um espaço de 5 cm entre o nome do gênero e as colagens, para a inclusão de mais informações no fim da atividade.

5. Quando tiver concluído o trabalho, cada grupo deve apresentar os resultados aos demais colegas, mostrando os gêneros identificados e lendo as anotações feitas sobre ele.

6. Terminadas as apresentações, a classe toda deve debater as seguintes questões:
   a) Vocês conhecem a organização de um jornal impresso? Tiveram dificuldades para identificar os gêneros?
   b) Deixando de lado os anúncios publicitários, separem os outros gêneros em cinco categorias:
      - gêneros que *informam* sobre fatos recentes;
      - gêneros que *opinam* sobre fatos recentes;
      - gêneros que buscam *entreter* ou divertir o leitor;
      - gêneros que buscam *prestar um serviço* ao leitor;
      - gêneros que fazem parte da *estrutura* do jornal e têm um lugar fixo em sua organização.
   c) Vocês percebem relações entre a intenção comunicativa do gênero e a posição física que ele ocupa no jornal (primeira página, tipo de caderno, alto da página, rodapé da página, etc.)? Expliquem.
   d) Voltem às anotações que fizeram no caderno e discutam se as definições dadas sobre a intenção comunicativa dos gêneros estão adequadas ou devem ser reformuladas. Quando chegarem a uma versão final, cada grupo deve passar suas anotações para a folha em que colou os textos, abaixo do nome do gênero. Vocês podem afixar as folhas nas paredes da sala ou organizá-las em portfólios, conforme a orientação do professor.

7. Chegou a hora de ampliar todos esses conhecimentos analisando o meio digital. Abram o *site* do jornal que examinaram e façam o que se pede.
   a) Cada grupo deve tentar localizar, no *site*, os três gêneros que identificou no jornal impresso. Todos eles estão presentes? A seção em que estão inseridos tem o mesmo nome do caderno ou seção na qual apareciam na versão impressa?
   b) A experiência de ler um jornal impresso é igual à de lê-lo na internet? Por quê?

Confira questões do Enem e de vestibulares e propostas de redação no **Vereda Digital Aprova Enem** e **Vereda Digital Suplemento de revisão e vestibulares**, disponíveis no livro digital.

UNIDADE 2
IMPRENSA: OPINIÃO E INFORMAÇÃO I

Capítulo 2
Tira, charge e cartum, 34

Capítulo 3
Notícia, 48

Capítulo 4
Reportagem, 57

Capítulo 5
Entrevista, 72

Capítulo 6
Crônica, 85

Damos o nome de **imprensa** ao conjunto de organizações e profissionais envolvidos na atividade jornalística. Além de jornais, fazem parte desse universo revistas de atualidades, programas de rádio, TV e internet, bem como *sites* e *blogs*.

Os gêneros discursivos que circulam na imprensa informam, orientam, divertem e mostram diferentes pontos de vista sobre os fatos. Conhecer esses gêneros é, portanto, essencial para atuar na sociedade como um cidadão crítico e consciente.

Nesta unidade, vamos conhecer, ler e produzir alguns dos gêneros publicados na imprensa: tira, charge, cartum, notícia, reportagem, entrevista e crônica. Depois, juntamente com os anúncios publicitários preparados na Unidade 3, suas produções vão integrar a revista da turma, que poderá ser compartilhada com amigos e familiares. Bons estudos!

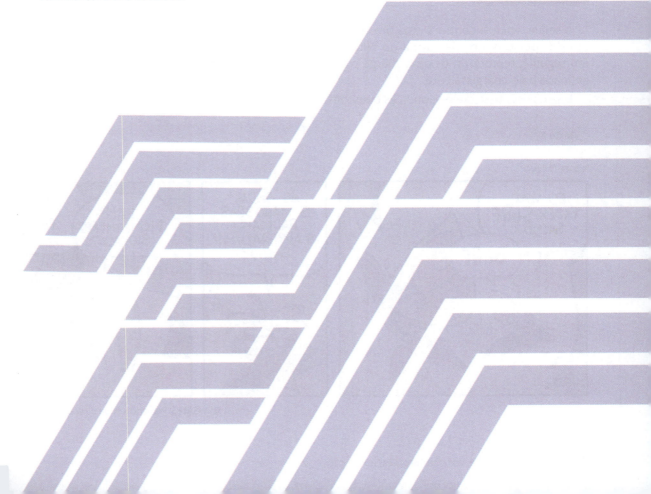

CAPÍTULO 2

TIRA, CHARGE E CARTUM

OBJETIVOS DE APRENDIZAGEM
- Identificar as principais características dos gêneros *tira*, *charge* e *cartum*.
- Relacionar a linguagem verbal e a não verbal desses gêneros discursivos, a fim de reconstruir seus sentidos.

ENEM
C1: H1, H3
C6: H18,
C7: H21,
H23, H24
C8: H25, H26

Para começar

Converse com o professor e os colegas sobre as questões a seguir.

1. Nesta unidade vamos ler várias tiras, charges e cartuns. Você conhece esses gêneros discursivos? Costuma lê-los?
2. Onde você costuma encontrar esses gêneros?
3. Além de provocar o riso, essas criações podem apontar um problema social ou levar à reflexão. Você já observou isso alguma vez? Se sim, dê um exemplo.

Primeiro olhar

A seguir, você encontrará uma tira em que aparece Fliti, o "barato" (isto é, uma barata macho), um dos personagens da turma do Níquel Náusea, criada pelo cartunista Fernando Gonsales. Em seguida, reproduzimos uma charge publicada em um jornal de Belo Horizonte, Minas Gerais, assinada pelo chargista Lute.

Leia os dois textos e responda às questões.

Texto 1

NÍQUEL NÁUSEA   FERNANDO GONSALES

GONSALES, Fernando. Níquel Náusea. *Folha de S.Paulo*. São Paulo, 9 dez. 2014. Ilustrada, p. E5. © Folhapress.

34   Produção de texto: interpretação e ação

Texto 2

LUTE. *Hoje em Dia*. Belo Horizonte, 4 maio 2017. Disponível em: <http://mod.lk/mjno2>. Acesso em: 20 set. 2017.

1. Nas tiras, um desfecho surpreendente ajuda a produzir o humor. Explique como isso acontece no texto 1.

2. Embora surpreendente, o desfecho é o resultado lógico das cenas apresentadas nos quadrinhos anteriores. Levando isso em conta, responda:
    a) Por que a palavra *surf* foi grafada com letras mais grossas no primeiro quadrinho? Explique como esse fato se relaciona ao desfecho.
    b) Nesse mesmo quadrinho, identifique um elemento da linguagem visual que também se relaciona ao desfecho.

3. Concentre-se agora no texto 2. Com base em seus conhecimentos gerais, identifique a espécie de mosquito retratada. Justifique sua resposta com pelo menos um elemento da linguagem verbal e outro da linguagem visual da charge.

4. Como dito, essa charge foi publicada em um jornal. Levando isso em conta, explique o que a frase reproduzida acima da imagem ("Cientistas criam método...") provavelmente representa.
    a) Baseados na relação entre essa frase, os balões de fala e o desenho, podemos afirmar que a intenção da charge é denunciar:
      • a capacidade de adaptação do mosquito, que aprende a transmitir novas doenças.
      • a incapacidade do governo e da população para evitar a proliferação do mosquito.
      • a inutilidade de investir em novos métodos para detecção de zika e outras doenças.
    b) Justifique sua escolha no item anterior com base na linguagem visual da charge.

5. Em sua opinião, existe humor nessa charge? Por quê?

6. No exemplar impresso ou no *site* dos jornais, tiras e charges normalmente aparecem em seções diferentes. Com base nos exemplos observados, indique em qual das partes a seguir a tira e a charge provavelmente são veiculadas:
    a) Junto com as notícias e os textos opinativos do jornal.
    b) Junto com os textos relacionados a cultura e diversão.

Capítulo 2 • Tira, charge e cartum 35

Ao responder às perguntas iniciais, você observou algumas semelhanças e diferenças entre dois gêneros do humor gráfico: as tiras e as charges. Em comum, elas têm o fato de ser tradicionalmente publicadas em jornais e revistas, seja no meio impresso, seja no digital. Outra importante característica de ambas, como você notou, é que para compreendê-las precisamos levar em conta tanto a linguagem verbal (das palavras) como a visual (das imagens). Por fim, elas também têm em comum o fato de geralmente produzir um efeito humorístico, podendo, inclusive, utilizá-lo para fazer uma crítica social ou política.

Nos tópicos a seguir, você conhecerá mais detalhes das tiras e charges. Estudará, também, as características de outro importante gênero do humor gráfico: o cartum.

Linha do tempo
História do humor gráfico

Por dentro do gênero – Tira

O ato de narrar uma história por meio de desenhos é uma prática humana muito antiga. Ela já estava presente na **arte rupestre**, isto é, nas representações de caçadas e outros eventos que o homem pré-histórico desenhava em paredes rochosas.

Registros rupestres encontrados no Parque Nacional Serra da Capivara, na região Nordeste do Brasil, e atribuídos às primeiras populações que lá viveram.

Foi apenas na Europa do século XVII, porém, que surgiram as primeiras narrativas formadas por desenhos e texto verbal. Um herdeiro dessa tradição foi Angelo Agostini (1843-1910), um italiano radicado no Brasil que lançou, em 1869, *As aventuras de Nhô-Quim*, considerada uma das primeiras histórias em quadrinhos brasileiras. Observe como era feita a narrativa: a ação era apresentada quadro a quadro e, na parte inferior, o texto trazia os comentários do  narrador e as falas dos personagens.

Em uma narrativa, aquele que conta a história. Pode participar dela como personagem ou narrar os acontecimentos de fora, em 3ª pessoa.

AS AVENTURAS DE NHÔ-QUIM — ANGELO AGOSTINI

Poucos dias depois de ter caído doente, apareceram-lhe as bexigas e das mais bravas!

O médico – não apologista das irmãs de Caridade – mandou-lhe enfermeiro, que tratou-o com todo o cuidado, sem rosários nem água benta.

O que fez com que ele se curasse depressa. Porém, apenas viu-se ao espelho...
– Que horror! Pareço-me com uma onça e das mais pintadas!

AGOSTINI, Angelo. *As aventuras de Nhô-Quim & Zé Caipora*. Pesquisa, organização e introdução de Athos E. Cardoso. Brasília: Senado Federal/Conselho Editorial, 2013. p. 86. Disponível em: <http://mod.lk/amxq>. Acesso em: 20 set. 2017.

As histórias em quadrinhos como conhecemos hoje, sem narrador e com balões de fala, surgiram em 1895, com o Yellow Kid (Menino Amarelo), uma criação do norte-americano Richard Outcault (1863-1928). Publicado em um jornal de Nova York, o Yellow Kid inaugurou, também, a tradição dos jornais de publicar sequências curtas de quadrinhos com um personagem fixo — as chamadas **tiras**.

Yellow Kid, o primeiro personagem de tiras.

Na atualidade, as tiras formam pequenas narrativas divididas em poucos quadrinhos, normalmente dispostas em sentido horizontal. Na maioria das vezes, sua intenção é provocar um efeito humorístico, em geral construído por uma **quebra de expectativa**: os primeiros quadrinhos criam determinada expectativa no leitor, a qual é rompida de forma cômica no desfecho.

Você viu um exemplo disso na tira de Níquel Náusea: pelas duas primeiras cenas, entendemos que o personagem Fliti está tentando impressionar a borboleta com sua pose de surfista; no último quadrinho, essa expectativa é quebrada quando descobrimos que ela está impressionada, sim, mas por um motivo nada positivo. Veja a seguir mais um exemplo em que o desfecho é responsável pela construção do humor na tira.

JEAN GALVÃO

GALVÃO, Jean. *JeanBlog*. Disponível em: <http://mod.lk/ai1yy>. Acesso em: 20 set. 2017.

O primeiro quadrinho cria a expectativa de que o menino teria um relógio desenhado no pulso, igual ao da menina. Na última cena, o leitor se surpreende ao descobrir que, na verdade, o desenho foi feito em um lugar incomum: a palma da mão, pois o pai do menino confere as horas em um telefone celular.

Tira é um gênero discursivo que narra uma pequena história por meio da linguagem visual, geralmente associada à linguagem verbal. Muitas tiras têm intenção humorística e, quando isso ocorre, o humor com frequência nasce de uma quebra de expectativas. As tiras são tradicionalmente publicadas em revistas, jornais e *sites* jornalísticos. Na atualidade, também existem *sites* e *blogs* voltados exclusivamente à divulgação de tiras, sem ligação com veículos jornalísticos.

O exagero e a repetição na produção do humor

Uma das formas de produzir o elemento-surpresa das tiras e, assim, criar o efeito humorístico, é lançar mão do **exagero**. Afinal de contas, uma situação ou uma pessoa com características intensificadas é, também, algo surpreendente. Veja um exemplo na tira abaixo:

ZITS   SCOTT E BORGMAN

No segundo quadrinho, os polegares do personagem foram desenhados com dimensões exageradas, a fim de demonstrar, humoristicamente, sua falta de habilidade para usar as teclas do *smartphone*.

Outro recurso humorístico comum nas tiras é a **repetição**. Como elas normalmente apresentam personagens fixos (Calvin, Garfield, Mônica, etc.), o leitor os conhece e já espera que terão determinado comportamento: que vão fazer traquinagens, comer demais ou irritar-se facilmente, por exemplo. Quanto mais essa expectativa se cumpre, e mais eles repetem as mesmas atitudes, mais engraçadas as tiras se tornam.

A linguagem visual das tiras

Pense e responda

Na tira a seguir, o personagem Hagar conversa com o filho Hamlet. Leia-a e responda às questões.

HAGAR, O HORRÍVEL   DIK BROWNE

1. Explique quais expectativas são criadas nos primeiros quadrinhos e como a quebra dessas expectativas produz o humor.
2. Como o enquadramento diferenciado no segundo quadrinho contribui para esse efeito-surpresa?

As tiras valem-se de uma série de recursos visuais para construir seus sentidos. Um deles, como você observou nessa tira de Hagar, é a *composição das cenas*. Embora cada quadrinho corresponda a uma cena, elas não são apresentadas sempre do mesmo modo. Assim como um diretor de cinema ou um fotógrafo, o desenhista focaliza o que mais interessa em cada momento. Na tira de Hagar, você viu que, ao optar por um enquadramento diferente no segundo quadrinho, ocultando o que se passava no nível da mesa, o desenhista tornou o elemento-surpresa do desfecho mais evidente e engraçado.

Outro recurso visual bem conhecido das tiras são os *formatos dos balões de fala*, que, como você provavelmente sabe, podem indicar pensamentos, gritos, cochichos, etc. Por fim, os desenhistas podem dar dinamismo às cenas e comunicar uma série de sentidos por meio de *traços e outros sinais gráficos*. Na tira de Níquel Náusea, por exemplo, você observou que as gotas de saliva ao lado do personagem Fliti, no primeiro quadrinho, estavam relacionadas ao comentário da borboleta no desfecho. Nessa tira de Hagar, também notamos que, no último quadrinho, os tracinhos curvos e os pequenos círculos indicam que o guerreiro está mastigando rapidamente o bolo roubado.

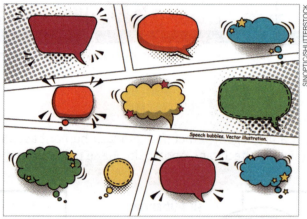

Os diferentes formatos dos balões e o que cada um indica (pensamento, espanto, grito, cochicho, etc.) fazem parte da linguagem visual das tiras.

A linguagem verbal das tiras

Em geral, a linguagem verbal das tiras é informal e próxima da oralidade. Isso significa que as regras da norma-padrão nem sempre são seguidas rigorosamente e, além disso, são empregados termos coloquiais e gírias (*tô*, *pra*, *valeu*, *falou*, *peraí*, *lacrou*, etc.).

Como é preciso comunicar as ideias de forma direta e expressiva, também são comuns as *onomatopeias* (reproduções de ruídos) e as *interjeições* (palavras e expressões que exprimem emoção). Veja exemplos disso na tira a seguir:

> Conjunto de usos de uma língua que, em certo momento histórico, se define como um modelo a ser seguido. É empregado em documentos, leis, jornais, livros, etc.

CALVIN — BILL WATTERSON

WATTERSON, Bill. Calvin. *O Estado de S. Paulo*. São Paulo, 9 ago. 2017.

Nos dois primeiros quadrinhos, as interjeições *caraca!* e *ahh!* dão expressividade às falas do filho e do pai, reforçando seu entusiasmo com o passeio. Já no terceiro quadrinho, a onomatopeia *BOOM!* indica uma enorme trovoada — prenúncio da chuva que desabará sobre eles e estragará todo o programa.

Capítulo 2 • Tira, charge e cartum

Para produzir o humor também é possível inventar palavras engraçadas, atribuir a certo personagem expressões que não combinam com ele (como gírias na fala de um idoso) ou, ainda, explorar os múltiplos sentidos de uma palavra. Na tira a seguir, observe que o humor foi criado pelo duplo sentido do substantivo *energia*: para Jon, *energia* significa eletricidade; para Garfield, força física, ânimo.

DAVIS, Jim. Garfield. *Folha de S.Paulo*. São Paulo, 11 nov. 2014. Ilustrada, p. E7. © Folhapress.

A ironia

Uma forma de empregar a linguagem verbal para produzir humor bastante frequente nas tiras é a **ironia**. Ser irônico significa declarar o oposto do que se pretende comunicar. Observe:

Armandinho não quer dizer que "nós, pessoas, somos muito inteligentes". Pelo contrário: ele quer dizer que os felinos são mais inteligentes do que nós, pois "passam a maior parte do tempo dormindo" e só correm quando querem ou precisam.

Observe que, apesar de a fala do personagem contradizer sua intenção comunicativa, o contexto permite chegar à interpretação correta. Nos primeiros quadrinhos, os felinos são apresentados de forma positiva, tanto na linguagem verbal como na visual; deduzimos, portanto, que o comentário de Armandinho não pode ser uma crítica a eles, e sim a nós, humanos.

Por dentro do gênero – Charge

O segundo texto analisado nas atividades iniciais era uma **charge**. Como vimos, ela utilizava uma cena divertida — dois mosquitos conversando e zombando dos humanos — para fazer uma leitura crítica da realidade. Seu objetivo era mostrar que, apesar dos avanços na ciência (a criação de um novo método para detectar zika), ainda somos incapazes de evitar os problemas causados pelo mosquito *Aedes aegypti*, pois, em muitas cidades, existem áreas propícias à sua proliferação, com pneus, garrafas e outros tipos de lixo a céu aberto. Esse uso do humor para fazer uma *crítica*, denunciando certo problema social ou político da atualidade, é a marca mais característica da charge.

A história da charge se confunde com a própria história da imprensa moderna. Nos séculos XVIII e XIX, os primeiros jornais europeus já traziam ilustrações que debochavam de aristocratas e líderes políticos. Um dos alvos prediletos era o militar francês Napoleão Bonaparte (1769-1821). A palavra *charge*, aliás, tem origem francesa: significa "carga" e se refere ao fato de que, ao produzi-la, o artista "carrega" nos traços e na crítica.

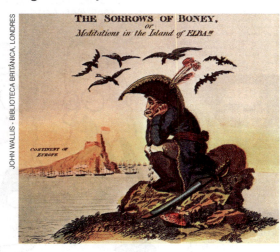

"As lamentações de Boney, ou Meditações na ilha de Elba". Esta charge inglesa de 1814 mostra Napoleão Bonaparte ("Boney") chorando em cima de uma pedra em que está inscrito o nome da ilha onde ficou exilado.

As charges costumam ser publicadas na seção dos jornais dedicada à opinião e à análise dos acontecimentos, já que normalmente fazem uma interpretação crítica de um fato recente. A charge dos mosquitos, por exemplo, foi produzida a partir de uma notícia ("Cientistas criam método mais rápido e barato para detectar zika"), como você observou.

Justamente por se referirem a um acontecimento específico, charges podem ficar "datadas", isto é, perder a graça meses ou anos após sua publicação. Do mesmo modo, uma charge referente a um fato ocorrido em certa cidade ou país pode não ser compreendida em outro lugar.

Assim como ocorre nas tiras, o humor das charges vem de um elemento surpreendente. Mas, como geralmente elas apresentam um único quadro, é a própria composição da cena que forma esse elemento-surpresa. Veja, por exemplo, a seguinte charge:

GALVÃO, Jean. *Folha de S.Paulo*. São Paulo, 23 abr. 2017. Opinião, A2. © Folhapress.

Essa charge foi publicada em abril de 2017, mês em que houve uma sequência de dois feriados prolongados. Para referir-se aos grandes engarrafamentos que se formaram nas estradas, a charge cria uma situação inesperada e, por isso, cômica: em vez de os motoristas regressarem a suas casas após o descanso, como seria usual, o trânsito é tão intenso que eles não voltam e acabam retornando para os destinos turísticos, a fim de aproveitar o feriado seguinte. Observe que, nesse caso, o *exagero* também foi utilizado para produzir o humor.

Uma forma de exagero típica das charges são as **caricaturas** — ilustrações que exageram as características físicas do retratado, a fim de torná-lo cômico e facilmente reconhecível. Como as charges tratam de temas atuais, é comum que recorram às caricaturas para representar políticos, artistas e outras figuras públicas. Observe, por exemplo, a charge ao lado. É provável que, com base no contexto e no desenho, você consiga reconhecer a personalidade pública caricaturizada à esquerda.

> **SAIBA MAIS**
>
> **Steve Jobs** (1955-2011) foi um dos nomes mais importantes do mundo da informática. Fundador de uma das maiores companhias mundiais de tecnologia, revolucionou essa área com produtos inovadores e de grande popularidade.
>
>
>
> O empresário Steve Jobs em 2006.

RUAS, Carlos. *Um sábado qualquer*. Disponível em: <http://mod.lk/bvypc>. Acesso em: 20 set. 2017.

Charge é um gênero discursivo que busca fazer uma interpretação crítica e bem-humorada de um fato recente. Para tanto, vale-se de uma combinação entre linguagem verbal e visual, muitas vezes apresentando caricaturas. Geralmente é publicada em jornais, revistas e *sites* jornalísticos, junto a outros textos opinativos. Também pode circular exclusivamente *on-line*, em *sites* ou *blogs* dedicados ao gênero.

Por dentro do gênero – Cartum

Pense e responda

Observe este cartum e responda às perguntas.

CAFERLI, Seyran. *Catálogo do 43º Salão Internacional de Humor de Piracicaba*. Piracicaba, 27 ago.-12 out. 2016, p. 49. Disponível em: <http://mod.lk/zxmuk>. Acesso em: 20 set. 2017.

1. Os personagens representam duas figuras tradicionais em uma corte. Quais são elas?
2. Em nossa sociedade atual, o que esses personagens podem simbolizar, respectivamente?
3. Em geral, por meio de uma cena inesperada e divertida, os cartuns propõem uma crítica ou reflexão. Explique como isso ocorre no cartum analisado.

Assim como as charges, os cartuns geralmente se compõem de uma única cena, que apresenta uma combinação surpreendente e divertida de elementos. Porém, diferentemente das charges, os cartuns não se relacionam a um fato específico do noticiário.

Eles podem fazer uma crítica ou levar a uma reflexão, como no exemplo analisado, mas também podem ter intenção puramente humorística. Nesse caso, funcionam como uma "piada visual". É o caso do cartum ao lado, que brinca com os braços desproporcionalmente curtos dos tiranossauros.

Por não se vincularem a um fato específico, os cartuns geralmente têm um alcance mais amplo do que as charges, podendo ser compreendidos em épocas diferentes e por pessoas de países e culturas distintas. O cartum do bobo e do rei que você analisou, por exemplo, foi exposto em um salão de humor brasileiro por um artista do Azerbaijão, Seyran Caferli.

> Evento em que se expõem os gêneros do humor gráfico: cartuns, charges, tiras, caricaturas. Geralmente há uma votação para escolher os melhores trabalhos.

Por outro lado, o humor dos cartuns não necessariamente será compreendido por todos os leitores, pois muitas vezes se baseia em *referências culturais* específicas. Considere, por exemplo, o seguinte cartum:

JARBAS. *Catálogo do 43º Salão Internacional de Humor de Piracicaba*. Piracicaba, 27 ago.-12 out. 2016, p. 33. Disponível em: <http://mod.lk/zxmuk>. Acesso em: 20 set. 2017.

Para produzir humor, o artista faz referência a três personagens de filmes: Darth Vader, o vilão de *Guerra nas Estrelas*, Bane, adversário do Batman, e o próprio Batman. Os três têm uma característica em comum: não falam com clareza, por isso estão no consultório de fonoaudiologia. Uma pessoa que não conheça esses personagens terá dificuldades para reconstruir os sentidos do cartum e, assim, identificar o humor proposto.

> **Cartum** é um gênero discursivo que usa a linguagem visual, às vezes combinada à verbal, para criar uma cena surpreendente e divertida. Pode ter intenção puramente humorística, ou também a de fazer uma crítica ou provocar uma reflexão. É veiculado em jornais, revistas, *sites* especializados, salões de humor ou mesmo livros.

Trocando ideias

Você viu que, para compreender o humor de alguns cartuns, o leitor precisa de certas referências culturais. Na verdade, todo texto humorístico só produzirá os sentidos pretendidos se os interlocutores conhecerem o conjunto de referências nos quais ele se baseia.

É por isso que muitos humoristas recorrem aos *estereótipos*, pois eles são conhecidos de grande parte do público, tornando a piada de fácil entendimento. Um **estereótipo** é uma ideia preconcebida sobre determinado grupo social ou determinado perfil de pessoa. Existem, por exemplo, estereótipos a respeito de portugueses, de judeus, de pessoas loiras, etc.

Leia a tira a seguir e depois discuta as questões propostas com o professor e os colegas.

Níquel Náusea 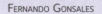 Fernando Gonsales

1. O humor dessa tira baseia-se em estereótipos sobre homens e mulheres. Quais são eles?
2. Como você se sente diante de textos humorísticos que zombam de determinado grupo social ou determinado tipo de pessoa? Você acha graça ou se sente incomodado? Explique.
3. Já aconteceu de *você* fazer parte do grupo alvo do deboche? Nesse caso, conte como se sentiu.
4. Algumas pessoas acham que fazer humor com estereótipos ajuda a reforçá-los. Por exemplo, contar piadas sobre pobres reforçaria o preconceito social. Você concorda? Por quê?

Para ler e escrever melhor

Como ler textos multimodais

Tiras, charges e cartuns são **textos multimodais**, pois produzem seus sentidos por meio da linguagem verbal e da visual. Para interpretar adequadamente esses gêneros discursivos, você pode seguir um roteiro como o que vamos lhe sugerir nesta seção. Como exemplo, vamos analisar esta charge de Dálcio Machado:

Dálcio Machado

MACHADO, Dálcio. *Correio Popular*. Campinas, 7 ago. 2016.

1. Analise detalhadamente a linguagem visual

Concentre-se primeiro no texto visual. Considere linhas, cores, o cenário, os elementos representados. Se houver pessoas retratadas, observe sua aparência, gestos e vestimenta. Pense que categoria de pessoas ou que grupo social elas representam. Leve em conta todos os detalhes, pois nada está ali sem um propósito.

Na charge sob análise, percebemos duas cenas contrastantes. De um lado, um quarto bem organizado e aconchegante, onde dorme um homem com semblante feliz. Cores vívidas destacam os três cobertores de que ele dispõe para enfrentar o inverno. Na outra cena, um morador de rua, em uma esquina da cidade, abraça-se aos familiares na tentativa de mantê-los aquecidos. Em vez de cores alegres, há apenas cinza e sombras.

Vários elementos evidenciam a fragilidade da família diante do frio: os pés descalços do menino, os chinelos do pai, as roupas curtas e insuficientes, as expressões faciais que refletem desalento e impotência.

2. Relacione o texto visual ao verbal

Nos textos multimodais, as linguagens não podem ser consideradas isoladamente, pois é da articulação entre elas que emerge o sentido. O texto verbal em tiras, charges e cartuns pode estar presente nos balões de fala dos personagens ou em títulos e legendas. No caso em análise, a charge apresenta um título de duplo sentido que vincula as duas cenas e aumenta o contraste entre elas: "Três para aquecer".

Na primeira cena, a preposição *para* significa "com a finalidade de", ou seja, o título indica que o homem tem três cobertores que cumprem a finalidade de aquecê-lo. Já na segunda cena, a preposição *para* tem o sentido de obrigação ou necessidade, como em "tenho dez camisas para passar", ou "tenho dois cálculos para fazer". O sentido, portanto, é de que as três pessoas precisam estar próximas, abraçadas, para se sentir aquecidas, já que não dispõem de nenhuma proteção contra o frio.

O numeral *três*, repetido nos títulos, reforça o contraste entre as situações: enquanto o homem abrigado tem três cobertores só para si, a família sem-teto, composta por três pessoas, não conta com nenhuma coberta.

3. Identifique como o texto utiliza as linguagens verbal e visual para atingir seus objetivos

Algumas produções do humor gráfico têm a intenção de provocar o riso; outras, a de fazer uma crítica social ou provocar a reflexão. Você precisa identificar qual é o objetivo do texto em questão e como ele se vale das linguagens verbal e visual para atingi-lo.

Na charge de Dálcio, fica claro o propósito de denunciar a desigualdade em nossa sociedade: muitas famílias vivem em condições indignas, sem abrigo e expostas ao frio. Se levarmos em conta que a charge foi publicada no inverno de 2016, quando uma onda de frio no centro-sul do país matou vários moradores de rua, a intenção crítica fica ainda mais evidente. O contraste visual entre duas cenas tão díspares, aparentemente unidas pelo mesmo título, mostra a injustiça social e o abismo entre diferentes segmentos de nossa sociedade.

Na prática

Agora é sua vez de interpretar um texto multimodal. Sua tarefa será escrever uma análise em três passos, semelhantes aos que apresentamos aqui:
1) análise da linguagem visual;
2) relação entre texto visual e verbal;
3) descrição de como o texto usa as linguagens para atingir seus objetivos. O alvo de seu estudo será a charge reproduzida ao lado.

Fique atento: lembre que charges estão relacionadas a acontecimentos da atualidade. Portanto, para interpretar adequadamente essa charge, você precisa considerar a data em que ela foi publicada.

JEAN GALVÃO

GALVÃO, Jean. *Folha de S.Paulo*. São Paulo, 1º jan. 2017. Opinião, A2. © Folhapress.

Produção autoral

Salão de Humor Gráfico

Contexto de produção

O quê: tira, charge ou cartum.
Para quê: fazer o público rir; se for o caso, fazê-lo também refletir sobre um problema social.
Para quem: colegas de classe, de outras turmas, professores e funcionários da escola.
Onde: local de fácil acesso dentro da escola; posteriormente, revista da turma.

Como dissemos, tiras, charges e cartuns podem ser inscritos em salões de humor — eventos em que são expostos ao público e julgados por uma comissão. Sob a supervisão do professor, você e os colegas vão organizar um *Salão de Humor Gráfico* na escola. Antes de começar, definam um local para a exposição; é interessante que seja um lugar de fácil acesso, para que os colegas de outras turmas também possam apreciar os trabalhos.

Primeiro passo: definir e escrever o regulamento

1. Todos os alunos da turma devem se inscrever, individualmente ou em duplas, em uma destas três categorias: tira, charge e cartum. Para organizar o concurso, vocês devem decidir:
   a) quem comporá a comissão julgadora;
   b) se haverá prêmios para os primeiros colocados de cada categoria e, se houver, quais serão;
   c) se haverá voto do público e, se houver, como ele será feito e qual será seu peso na definição do resultado.

2. Definam também o formato em que os trabalhos deverão ser apresentados, levando em conta que eles estarão expostos nas paredes, e o público, que estará de pé, deve conseguir lê-los facilmente.

3. Quando tiverem decidido esses pontos, escrevam o regulamento do salão. Ele pode iniciar-se deste modo, por exemplo:

Regulamento do Salão de Humor Gráfico –
Turma 1º A - Ensino Médio

✓ *Cada participante (individual ou dupla) deve entregar seu trabalho até a data estipulada neste regulamento.*

✓ *Serão aceitos cartuns, charges e tiras. Após finalizados ou impressos em boa qualidade, devem ser colados em um papel-cartão do tamanho A4, com identificação do título da obra e do nome do(s) autor(es).*

✓ *A comissão julgadora, formada pelo professor Fábio e pelos alunos Bárbara, Marcos e Célia, escolherá os três melhores trabalhos em cada categoria (tira, charge, cartum).*

✓ *O público também poderá votar pessoalmente ou pela internet.*

Segundo passo: fazer um esboço de sua produção

1. Antes de começar o trabalho, releia o que estudou sobre as características dos gêneros tira, charge e cartum.

2. Lembre que o humor nasce do inesperado. Uma forma de inspirar-se, então, é pensar em situações do cotidiano que poderiam ser "bagunçadas" por um fato ou elemento surpreendente. Você também pode ler notícias ou reportagens publicadas recentemente para identificar um problema da atualidade e fazer uma crítica bem-humorada a respeito, exagerando certo aspecto do problema ou inserindo um elemento inesperado.

3. Se for retratar uma personalidade pública, tente fazer uma caricatura engraçada dela, mas tome cuidado para que fique reconhecível. Se estiver criando uma tira, lembre que o humor funciona melhor quando o elemento-surpresa é deixado para o último quadrinho.

4. Leve em conta os vários recursos disponíveis para tornar seu trabalho compreensível e atraente: desenhos, cores, traços, balões de fala com diversos formatos, onomatopeias, interjeições, diferentes planos, etc. Se usar texto verbal, a linguagem deve ser direta, concisa e informal, próxima da oralidade.

5. Quando tiver definido sua ideia básica, faça um esboço a lápis.

> **Dicas importantes**
> - Evite "adaptar" para o humor gráfico uma piada antiga. Tente criar algo que seja genuinamente seu, mesmo que não fique tão engraçado.
> - Evite preconceitos e palavrões. Não se esqueça de que as produções serão vistas por toda a comunidade escolar, inclusive por colegas mais novos.

Terceiro passo: revisar e finalizar o esboço

1. Passe seu esboço para um colega (ou para outra dupla) e peça-lhe que faça as seguintes verificações:

> A tira, charge ou cartum:
> ✓ está compreensível?
> ✓ diverte o leitor (se for essa a intenção)?
> ✓ faz uma crítica social ou política coerente (se for essa a intenção)?
> ✓ utiliza adequadamente os recursos verbais e visuais?

2. Caso o colega considere o trabalho insatisfatório em algum dos itens, peça-lhe sugestões de aprimoramento. Avalie essas sugestões e modifique o que julgar conveniente.
3. Passe o esboço a limpo, finalizando-o e colorindo-o.

Quarto passo: montar e divulgar o Salão de Humor

1. Quando todos tiverem entregado suas criações no formato convencionado, organizem a exposição. Fixem os trabalhos nas paredes ou em cavaletes, posicionando-as aproximadamente à altura dos olhos do público.
2. Preparem faixas ou cartazes para convidar a comunidade escolar a visitar o Salão de Humor Gráfico da turma. Se houver a possibilidade de voto do público, deixem no local um cartaz com instruções sobre como votar. Informem também a data em que serão divulgados os resultados.

Quinto passo: divulgar os resultados e avaliar a produção

1. Na data combinada, a comissão julgadora divulgará os resultados e entregará os prêmios, se houver.
2. Encerrado o salão, discutam com toda a turma e com o professor:
   a) O regulamento do Salão de Humor Gráfico ficou claro e possibilitou que as atividades fossem conduzidas sem dúvidas ou controvérsias?
   b) A montagem e a divulgação foram bem planejadas e executadas?
   c) As tiras, charges e cartuns apresentados eram, de modo geral, criativos e divertidos?
   d) A turma toda se engajou no projeto e participou ativamente de todas as etapas?
   e) O que poderia ser aprimorado em um próximo projeto em equipe como este?
3. Guardem as produções, pois elas poderão ser inseridas na revista da turma, a ser preparada no final da Unidade 3.

> Confira questões do Enem e de vestibulares e propostas de redação no **Vereda Digital Aprova Enem** e no **Vereda Digital Suplemento de revisão e vestibulares**, disponíveis no livro digital.

CAPÍTULO 3
NOTÍCIA

OBJETIVOS DE APRENDIZAGEM
- Identificar as principais características do gênero *notícia*.
- Compreender a noção de *objetividade possível* dentro do jornalismo.

Para começar

Converse com o professor e os colegas sobre as perguntas a seguir.

1. Em 2015 e 2016, estudantes secundaristas de vários estados do país ocuparam escolas públicas para fazer certas reivindicações. O que você sabe sobre isso? Houve ocupações onde você mora? Quais eram as principais exigências dos alunos?
2. Você se interessa pelos fatos da atualidade? Como os acompanha?
3. Você acha que o mesmo fato pode ser apresentado de forma diferente por veículos de comunicação distintos? Explique.

Primeiro olhar

Leia esta notícia veiculada em um jornal de Goiânia. Depois, responda às perguntas.

Cidades

Estudantes ocupam Colégio Lyceu

Estudantes e professores ocuparam ontem de manhã o Colégio Estadual Lyceu de Goiânia, no Centro. É a terceira unidade escolar da rede estadual a ser ocupada em três dias. No Lyceu, os manifestantes começaram a chegar por volta de 6 horas e logo fecharam a unidade. Eles não deixaram professores e servidores administrativos da escola trabalhar. Uma prova que estava marcada para algumas classes ontem precisou ser suspensa por causa da ocupação.

Um grupo de estudantes e professores protesta contra a transferência da gestão das unidades da rede estadual de ensino para Organizações Sociais (OSs) e também contra a militarização das escolas estaduais. Os manifestantes afirmam que pretendem permanecer nas escolas ocupadas por tempo indeterminado. O movimento ocorre de maneira pacífica.

Outras ocupações

Na quarta-feira, o grupo formado por estudantes e professores ocupou o Colégio Estadual José Carlos de Almeida, também no Centro. A unidade está desativada há cerca de um ano, em reforma, e não deve voltar a funcionar como escola. Na quinta-feira, foi a vez do Robinho Martins de Azevedo, no Setor Nova Esperança. Durante a ocupação, os estudantes e professores organizam atividades culturais, de lazer e políticas.

Em nota, a Secretaria de Educação, Cultura e Esporte (Seduce) afirma que o movimento de ocupação das escolas é "extemporâneo, injustificável e desnecessário". De acordo com a nota, a pasta "sempre esteve aberta ao diálogo".

Glossário
Extemporâneo: fora de hora, inoportuno.

48 Produção de texto: interpretação e ação

"Nosso projeto de gestão compartilhada é único, e vai garantir que professores e diretores se dediquem exclusivamente ao ensino e aos alunos. As escolas vão permanecer 100% públicas e gratuitas", continuou a Seduce por meio da nota.

Colégio ocupado no centro de Goiânia.

O Popular. Goiânia, 12 dez. 2015. Disponível em: <http://mod.lk/w6tup>. Acesso em: 22 set. 2017. (Adaptado).

1. O parágrafo inicial de uma notícia costuma conter suas informações básicas. Responda às seguintes perguntas sobre o fato noticiado usando trechos extraídos do primeiro parágrafo.
   a) Quais pessoas desencadearam o fato?
   b) O que essas pessoas fizeram?
   c) Quando isso aconteceu?
   d) Onde aconteceu?

2. Outros dois dados importantes de uma notícia são: o motivo pelo qual as pessoas praticaram a ação e como elas fizeram isso. Transcreva os trechos do texto que fornecem essas informações.

3. Qual é o objetivo do jornal ao reproduzir a nota da Secretaria de Educação, no final do texto?

4. Segundo o texto, já haviam acontecido duas ocupações na cidade (no Colégio Estadual José Carlos de Almeida e no Robinho Martins de Azevedo). No entanto, essa foi a primeira notícia a esse respeito que saiu no jornal.
   - Levante hipóteses: qual critério o jornal usou para decidir que as ocupações mereciam virar notícia?

5. Os verbos do primeiro e do segundo parágrafos estão flexionados em tempos diferentes. Identifique a diferença e explique por que ela ocorre.

6. Observe os títulos de notícia a seguir.

> **Estudante da UFPB *vence* 200 candidatos e *ganha* bolsa no Canadá**
>
> *Jornal da Paraíba*, João Pessoa, 10 abr. 2017.

> **Parede *desaba* com o vento e *deixa* duas famílias desabrigadas**
>
> *Campo Grande News*, Campo Grande, 19 jun. 2017.

- Como se pode observar nesses exemplos e também no título da notícia lida ("Estudantes *ocupam* Colégio Lyceu"), os verbos dos títulos geralmente ficam no presente do Indicativo. Explique qual impressão sobre os fatos o emprego desse tempo verbal provoca no leitor.

Por dentro do gênero – Notícia

A intenção da **notícia** é relatar um fato recente. Evidentemente, nem todos os fatos serão noticiados; como você refletiu ao responder à pergunta 4, um acontecimento só se transforma em notícia quando é considerado relevante para o público do jornal, e essa decisão depende de vários fatores. Um fato isolado em certo bairro talvez não seja interessante para os leitores da cidade inteira, mas, se episódios semelhantes se repetirem em outros locais, pode se tornar importante noticiá-los.

Você observou também que o texto da notícia se limita às informações básicas do acontecimento e busca comunicá-las de forma objetiva. Justamente por isso, a notícia em geral não é assinada, pois o mais relevante é o fato em si, e não quem os apresenta.

> **Notícia** é um gênero discursivo que busca relatar, da maneira mais objetiva possível, um fato recente e considerado relevante para o público. Notícias escritas normalmente são publicadas em jornais, revistas e *sites* jornalísticos. Na modalidade oral, elas podem ser veiculadas em noticiários no rádio ou na TV. Muitas vezes não são assinadas, sendo atribuídas à equipe do jornal como um todo.

Linha do tempo
História da imprensa

A estrutura da notícia: o lide

Ao analisar a notícia sobre a ocupação da escola, você percebeu que o primeiro parágrafo do texto continha os dados principais do fato. Esse parágrafo é chamado de **lide**, do inglês *lead* ("condutor, guia"), e deve responder a quatro questões:

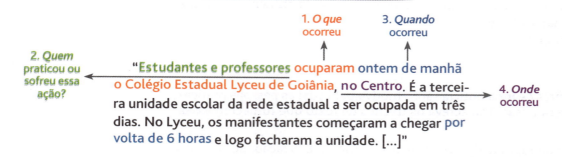

O lide também pode responder a duas outras questões importantes: *por que* ocorreu o fato e *como* ele ocorreu. Mas, se não for possível abordá-las no primeiro parágrafo, isso pode ser feito nos parágrafos seguintes.

Iniciando-se pelo lide, a notícia segue uma estrutura denominada **pirâmide invertida**, com as informações mais importantes primeiro e os dados secundários depois. É o leitor quem decide se fica só com o primeiro parágrafo ou se avança pelo texto para saber os detalhes.

> **Lide** é o parágrafo inicial da notícia, em que se apresentam os dados principais do fato: *o que* ocorreu, com *quem*, *onde* e *quando*. Também pode informar *por que* e *como* o fato aconteceu.

Estrutura aproximada de uma notícia.

Outros elementos estruturais da notícia

O lide e seu detalhamento formam o **corpo** da notícia, ou seja, seu texto principal. Para que o leitor identifique facilmente o tema e se sinta atraído para a leitura, a notícia pode apresentar alguns outros elementos estruturais. Além do *título*, que está sempre presente, pode haver *linha-fina*, *intertítulo*, *retranca*, *foto* e *legenda*. Na reprodução de uma página de jornal, a seguir, você pode identificar a função de cada um desses elementos e um exemplo de como eles se organizam espacialmente.

Título – é objetivo e em geral tem verbo no presente do Indicativo (abre).

Linha-fina – detalha e esclarece o título.

Intertítulo – organiza a leitura e separa os blocos de informação do texto.

Retranca – colocada acima do texto, indica o caderno ou a seção a que ele pertence.

Foto – além de atrair o olhar do leitor, funciona como um testemunho visual dos fatos.

Legenda – descreve a imagem, fornecendo informações que ajudam a compreendê-la melhor.

O Globo. Rio de Janeiro, 21 jun. 2017.

Pense e responda

Volte à notícia "Estudantes ocupam Colégio Lyceu", lida no início do capítulo, e responda às perguntas a seguir.

1. Quais dos elementos estruturais do gênero estão presentes na notícia?
2. Observe novamente a imagem que aparece na notícia e, considerando a intenção comunicativa desse gênero discursivo, explique por que as fotos usadas nas notícias não podem ser posadas.

Em que as pessoas fazem poses, ou seja, assumem posições ou gestos não espontâneos.

A linguagem da notícia

Leia o fragmento inicial de outra notícia, prestando atenção às formas verbais destacadas.

Nordestinos se *destacam* na seleção brasileira de matemática

O Instituto de Matemática Pura e Aplicada (IMPA) e a Sociedade Brasileira de Matemática (SBM) *apresentaram* hoje (13), no Rio de Janeiro, os seis jovens que *representarão* o Brasil na Olimpíada Internacional de Matemática (IMO, em inglês), a ser realizada pela primeira vez no Brasil, entre 17 e 23 de julho, no Rio. A equipe *contará* com três estudantes do Nordeste, dois de São Paulo e um de Minas Gerais, e *terá* dois professores nordestinos como líder e vice-líder da delegação.

A participação dos nordestinos, segundo o diretor do IMPA, Marcelo Viana, *segue* uma tradição. "Não chega a ser surpreendente", *diz* ele. [...]

Terra. 13 jun. 2017. <http://mod.lk/tt3df>. Acesso em: 22 set. 2017. (Fragmento).

A notícia relata fatos dos quais o jornalista tem certeza, pois já foram pesquisados e apurados. Por essa razão, predominam verbos no **Indicativo** — modo verbal utilizado quando o enunciador está certo dos fatos que declara. Como você pode ver nesse exemplo, as formas verbais podem estar flexionadas no presente do Indicativo (*destacam*, *segue*, *diz*), no passado (*apresentaram*) ou no futuro (*representarão*, *contará*, *terá*), de acordo com o momento em que se realizam, tomando como referência o momento de publicação da notícia. Nos títulos, conforme você já havia observado nas atividades iniciais, o verbo geralmente aparece no *presente*, pois isso ajuda a aproximar o acontecimento do leitor, dando uma impressão de atualidade: "Nordestinos se *destacam*".

Tipo de flexão verbal que indica a atitude do enunciador em relação aos fatos declarados. Há três modos: Indicativo (certeza), Subjuntivo (hipótese, dúvida) e Imperativo (ordem, conselho).

Além da atualidade, uma das principais qualidades buscadas na notícia é a *imparcialidade*. É em nome da imparcialidade que, como você observou, a notícia sobre a ocupação de escolas trazia trechos da nota da Secretaria de Educação. Afinal, sempre que o acontecimento contém interesses conflitantes, é importante que a notícia reproduza o ponto de vista das diferentes pessoas ou dos grupos envolvidos.

O efeito de imparcialidade também é obtido pelo emprego de uma **linguagem objetiva**. Para tanto, o redator em geral:

- emprega verbos e pronomes na 3ª pessoa – "A equipe *contará* com três estudantes", "diz *ele*";
- apresenta dados concretos, precisos e verificáveis – "apresentaram *hoje (13)*, *no Rio de Janeiro*, os *seis* jovens que representarão o Brasil na Olimpíada [...] a ser realizada *pela primeira vez* no Brasil, entre *17 e 23 de julho*, *no Rio*";
- evita adjetivos que expressem juízo de valor — na notícia sobre a ocupação, adjetivos como *injustificável* e *desnecessário*, que qualificam o movimento dos estudantes de maneira pejorativa, aparecem entre aspas, pois reproduzem trechos da nota da Secretaria de Educação. Na notícia "Nordestinos se destacam na seleção brasileira de matemática" ocorre o mesmo: a frase "Não chega a ser *surpreendente*" está entre aspas porque reproduz a fala de um entrevistado, o diretor do Impa. Nos trechos atribuídos ao próprio redator da notícia, raramente há adjetivos com carga opinativa.

Para assistir

Baseado em fatos reais, *A honra perdida de Christopher Jefferies* (de Roger Michell, Inglaterra, 2014) conta a história de um ex-professor de literatura injustamente acusado do assassinato de uma jovem. O filme enfatiza o papel da imprensa sensacionalista britânica, que transformou o professor em um monstro aos olhos da sociedade apenas porque ele tinha uma personalidade excêntrica, fora dos padrões. Depois de ser inocentado, Jefferies ganhou processos contra os jornais que o difamaram.

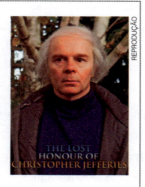

A objetividade no jornalismo

Pense e responda

1. Releia estas frases da notícia sobre a ocupação da escola.

    "Eles não deixaram professores e servidores administrativos da escola trabalhar."

    "Uma prova que estava marcada para algumas classes ontem precisou ser suspensa por causa da ocupação."

    "O movimento ocorre de maneira pacífica."

    a) Imagine que você seja o editor no jornal e queira despertar nos leitores maior simpatia pelo movimento das ocupações. Qual ou quais dessas frases você omitiria?

    b) E se você quisesse despertar maior antipatia pelo movimento, qual ou quais frases omitiria?

2. Agora, compare o título dessa notícia com o de outra sobre tema semelhante.

    Estudantes *ocupam* Colégio Lyceu
    O Popular, Goiânia, 12 dez. 2015. Disponível em: <http://mod.lk/w6tup>. Acesso em: 22 set. 2017.

    Alunos *invadem* Américo Brasiliense e Galeão contra reorganização
    Diário do Grande ABC, Santo André, 17 nov. 2015. Disponível em: <http://mod.lk/8mzkx>. Acesso em: 22 set. 2017.

    - A escolha dos verbos *ocupar* ou *invadir* também pode despertar maior ou menor simpatia do público quanto à atitude dos estudantes? Explique sua resposta.

3. Leia um trecho de manual de redação dirigido a jornalistas.

    [...] Não existe objetividade em jornalismo. Ao escolher um assunto, redigir um texto e editá-lo, o jornalista toma decisões em larga medida subjetivas, influenciadas por suas posições pessoais, hábitos e emoções.

    Isso não o exime, porém, da obrigação de ser o mais objetivo possível. Para relatar um fato com fidelidade, reproduzir a forma, as circunstâncias e as repercussões, o jornalista precisa encarar o fato com distanciamento e frieza, o que não significa apatia nem desinteresse. Consultar outros jornalistas e pesquisar fatos análogos ocorridos no passado são procedimentos que ampliam a objetividade possível. [...]

    Círculo Folha. *Novo manual da redação*. Disponível em: <http://mod.lk/yoye9>. Acesso em: 22 set. 2017. (Fragmento). © Folhapress.

    Glossário
    Exime: livra, desobriga.
    Apatia: indiferença, desânimo.
    Análogos: semelhantes.

    - Discuta com os colegas e o professor: qual é a relação entre esse trecho do manual e as observações que vocês fizeram nas questões anteriores? Depois da discussão, explique, por escrito, o que se pode entender por *objetividade* no jornalismo.

Nos tópicos anteriores, afirmamos que o jornalista toma certos cuidados para que a abordagem e a linguagem da notícia sejam imparciais, como, por exemplo, apresentar o ponto de vista dos diferentes grupos envolvidos, usar a 3ª pessoa e evitar palavras com carga opinativa. Apesar disso, ao responder às perguntas do boxe "Pense e responda", você percebeu que é impossível alcançar a objetividade total, já que a própria composição do texto envolve uma série de escolhas, desde quais fatos devem ser incluídos ou omitidos até a seleção de palavras para relatá-los.

Concluímos, então, que, para julgar se uma notícia é confiável, não devemos tomar como critério que ela seja o único retrato possível da realidade, pois sempre haverá outros pontos de vista. Em vez disso, devemos levar em conta o grau de *responsabilidade* e *ética* que os jornalistas demonstraram ao apurar os fatos, ao mostrar os diferentes lados da questão e ao redigir o texto segundo os padrões estruturais e linguísticos do gênero.

Trocando ideias

Leia este anúncio publicado por um jornal brasileiro. Depois, discuta as questões propostas com o professor e os colegas.

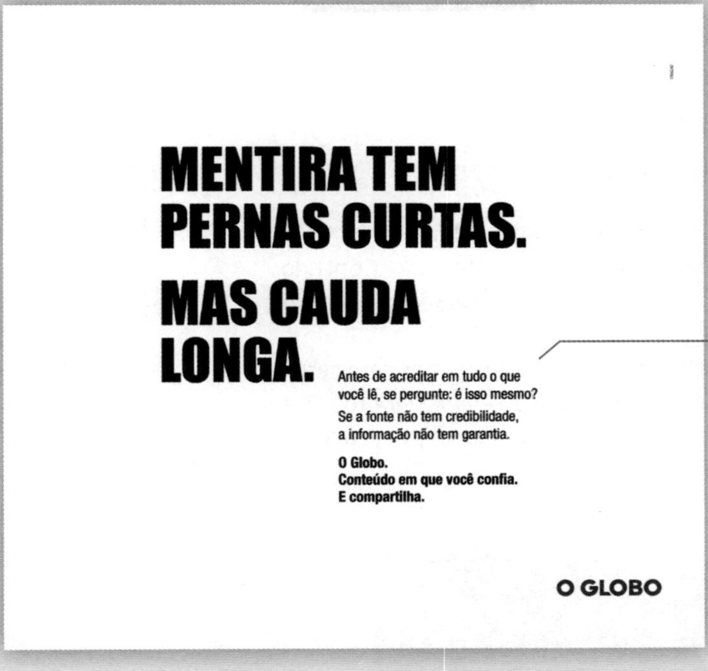

MENTIRA TEM PERNAS CURTAS.

MAS CAUDA LONGA.

Antes de acreditar em tudo o que você lê, se pergunte: é isso mesmo?
Se a fonte não tem credibilidade, a informação não tem garantia.
O Globo.
Conteúdo em que você confia.
E compartilha.

O GLOBO

Antes de acreditar em tudo o que você lê, se pergunte: é isso mesmo? Se a fonte não tem credibilidade, a informação não tem garantia. O Globo. Conteúdo em que você confia. E compartilha.

O Globo. Disponível em: <http://mod.lk/x9ynw>. Acesso em: 9 out. 2017.

1. O texto principal propõe uma continuação para um dito popular. Explique qual é o sentido dessa continuação, no contexto do anúncio.
   - Pensando no ambiente virtual, o sentido do texto principal está mais relacionado à ação de curtir, reagir ou compartilhar?

2. Notícias falsas sempre circularam, mas nos dias de hoje elas se tornaram muito mais comuns.
   a) Em sua opinião, o que explica esse fenômeno?
   b) Ao ler uma notícia, você costuma fazer o questionamento proposto pelo anúncio? Como podemos proceder quando temos dúvida a respeito da veracidade de uma informação?

3. Recentemente, uma das maiores redes sociais do mundo lançou uma campanha para evitar a disseminação de notícias falsas. Entre outras orientações, a rede sugere que as pessoas fiquem atentas aos seguintes aspectos:

   - títulos apelativos e com pontos de exclamação – exemplo: "Assombroso! Russos encontram múmia de ET no Egito!";
   - menções vagas a datas, lugares e pessoas – exemplo: "Semana passada, uma fonte do Departamento de Arqueologia do Egito confirmou a descoberta".

   - Troque ideias com os colegas: levando em conta tudo que estudamos neste capítulo, por que esses aspectos são indícios de que a notícia é falsa?

4. Alguns *sites* humorísticos publicam textos que parecem notícias, mas na verdade são brincadeiras. Você conhece algum *site* assim? Se conhece, diria que, além de divertir, eles fazem críticas políticas e sociais? Troque suas impressões com os colegas.

Capítulo 3 • Notícia

Para assistir

O documentário brasileiro *O mercado de notícias*, dirigido por Jorge Furtado (2014), apresenta um panorama das transformações que o jornalismo vem sofrendo em nossos dias.

O fio condutor do documentário é uma montagem da peça *O mercado de notícias*, do dramaturgo inglês Ben Jonson (1572-1637), encenada pela primeira vez em 1626. Bem-humorada, a peça retrata os primórdios da imprensa e revela que, desde aquela época, o gosto do público por notícias sensacionalistas muitas vezes dita o que os jornais publicarão. Em meio às cenas da peça, o documentário traz depoimentos de treze importantes jornalistas brasileiros, que falam sobre os desafios da profissão na atualidade.

Para ler e escrever melhor

Estratégia de leitura: levantamento de hipóteses

Estratégias de leitura são operações mentais que executamos enquanto lemos um texto e buscamos compreendê-lo. Nós as fazemos naturalmente, sem nos darmos conta disso. Contudo, se prestarmos atenção a essas estratégias e as conhecermos melhor, será possível realizá-las com mais controle e eficiência.

Uma das estratégias de leitura mais comuns é o *levantamento de hipóteses* com base em certas sinalizações ou pistas que o texto nos dá. Essas pistas incluem: a identidade do *enunciador* (ou seja, da pessoa ou organização que produziu o texto), o *veículo* ou *suporte* em que ele foi publicado e o *gênero discursivo*, além de outros elementos verbais e visuais que o cercam.

Considere, por exemplo, o anúncio publicitário abaixo.

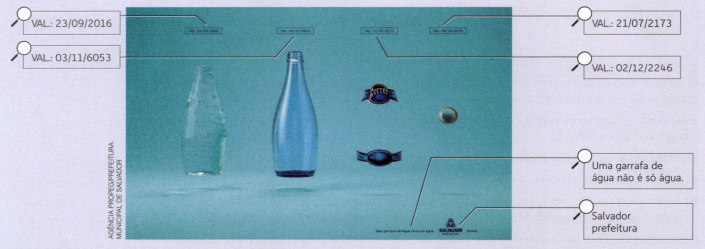

Se o anunciante fosse um fabricante de água mineral, essa pista nos levaria a estabelecer determinadas hipóteses sobre o texto: seu objetivo seria, provavelmente, incentivar o público a comprar água da marca anunciada. Porém, como o anunciante é a Prefeitura de Salvador, devemos tomar um caminho interpretativo diferente. Uma prefeitura não tem interesse em vender água engarrafada, mas pode querer incentivar a população a tomar atitudes benéficas à cidade.

Assim, partindo dessa hipótese, será mais fácil entender a estratégia argumentativa do anúncio. Combinando linguagem verbal e visual, o texto mostra que "uma garrafa de água não é só água", pois em sua fabricação entram componentes (vidro, rótulo, tampinha) que podem levar dezenas, centenas ou até milhares de anos para "perder a validade", isto é, decompor-se no meio ambiente. O objetivo, portanto, é encorajar a população a adotar hábitos de consumo mais conscientes.

Além de estabelecer hipóteses no início da leitura, é importante verificá-las ao longo do processo, pois podem surgir elementos que as confirmem ou refutem. Você colocará essa estratégia em prática na atividade a seguir.

Na prática

Junte-se a um colega para realizar as atividades a seguir.

1. Na primeira página de jornal reproduzida abaixo, considerem apenas as imagens e o título da chamada ("Do tronco ao poste"). Com base nesses indícios, formulem hipóteses para responder aos itens *a* e *b*.

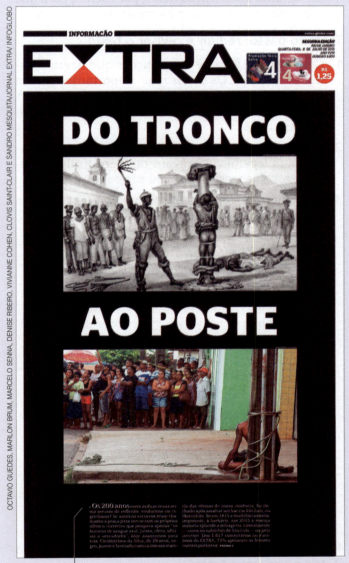

Extra. Rio de Janeiro, 8 jul. 2015.

Os 200 anos entre as duas cenas acima servem de reflexão: evoluímos ou regredimos? Se antes os escravos eram chamados à praça para verem com os próprios olhos o corretivo que poupava apenas os "homens de sangue azul, juízes, clero, oficiais e vereadores", hoje avançamos para trás. Cleidenilson da Silva, de 29 anos, negro, jovem e favelado como a imensa maioria das vítimas de nossa violência, foi linchado após assaltar um bar em São Luís, no Maranhão. Se em 1815 a multidão assistia, impotente, à barbárie, em 2015 a maciça maioria aplaude a selvageria. Literalmente — como no subúrbio de São Luís — ou pela internet. Dos 1.817 comentários no Facebook do EXTRA, 71% apoiaram os feitores contemporâneos.

a) A que épocas pertencem as imagens? O que cada uma delas representa?

b) Qual teria sido o objetivo do jornal ao montar a primeira página dessa forma, com essas duas imagens e o título em destaque?

2. Agora leiam o texto da chamada e façam o que se pede.
   - Transcrevam trechos do texto da chamada que confirmem (ou contestem) as hipóteses que vocês formularam nos itens *a* e *b* da questão 1.

3. Releiam.

   "Se antes os escravos eram chamados à praça para verem com os próprios olhos o corretivo que poupava apenas os 'homens de sangue azul, juízes, clero, oficiais e vereadores', hoje avançamos para trás."

   a) O trecho "homens de sangue azul, juízes, clero, oficiais e vereadores" foi colocado entre aspas porque:
      - representa a opinião pessoal do jornalista que produziu a primeira página.
      - sintetiza o ponto de vista da chamada, por isso merece destaque.
      - é uma citação de um especialista ouvido pelo jornal sobre o linchamento.
      - é uma citação de algum historiador ou de um documento histórico.

   b) Indiquem em quais elementos vocês se basearam para formular essa hipótese.

4. O texto oferece uma resposta ao questionamento que aparece na primeira frase: "evoluímos ou regredimos?". Explique.

5. Para manter as vendas de exemplares e assinaturas, jornais e revistas normalmente adotam um discurso que coincide com os valores e as concepções de seus leitores. Isso também ocorreu no caso dessa primeira página do jornal *Extra*? Justifiquem sua resposta.
   - Na opinião de vocês, por que o jornal tomou essa atitude?

6. Troquem ideias com as outras duplas: o levantamento de hipóteses foi uma estratégia útil para compreender as intenções dessa primeira página? Por quê? Em quais outros contextos seria relevante adotar essa estratégia de leitura?

Capítulo 3 • Notícia 55

Produção autoral

Notícia

Contexto de produção

O quê: notícia.
Para quê: relatar um fato atual e relevante.
Para quem: colegas de outras turmas, pais, professores e funcionários da escola; público em geral.
Onde: mural da sala; posteriormente, revista da turma.

Reunidos em duplas ou trios, você e seus colegas vão elaborar uma notícia. Para isso, considerem o contexto de sua comunidade escolar ou bairro e sigam os passos a seguir.

Primeiro passo: selecionar o fato a ser noticiado

▪ Vocês já sabem que os jornais noticiam acontecimentos atuais e considerados relevantes para seu público. Seguindo os mesmos critérios, pensem nos fatos que vocês poderiam transformar em notícias. Concentrem-se em fatos positivos, que possam servir de inspiração aos leitores. Vejam abaixo algumas sugestões.

- Um colega, professor ou funcionário da escola que tenha recebido algum prêmio ou se destacado em alguma competição, seja esportiva, cultural ou de outra natureza.
- A inauguração de uma praça ou outra área de lazer no bairro.
- Um evento (*show*, peça de teatro, feira de ciências) que aconteceu ou ainda acontecerá na escola.
- Um fato curioso que tenha movimentado a rotina escolar ou o bairro; exemplo: um pássaro fez um ninho ao lado de uma das salas, uma turma resolveu adotar um cachorro de rua, etc.

Segundo passo: levantar informações para a notícia

1. Lembrem-se de que a notícia deve trazer as seguintes informações.

- O QUE aconteceu
- QUEM estava envolvido
- ONDE aconteceu
- QUANDO aconteceu
- COMO aconteceu
- POR QUE aconteceu

2. Planejem como vão levantar esses dados. Talvez seja preciso pesquisar na internet ou entrevistar pessoas envolvidas. Se entrevistarem alguém, gravem ou anotem as falas da pessoa para depois transcrever na notícia os trechos mais importantes, entre aspas.

3. No caderno, façam uma lista com os itens acima (o que, quem, onde, quando, como e por quê) e preencham-nos com as informações à medida que as coletarem. Aproveitem a fase da coleta de dados para tirar fotos relacionadas ao acontecimento.

Atenção: se fotografarem pessoas, vocês vão precisar de uma autorização delas, por escrito, para que a imagem seja reproduzida na revista da turma.

Terceiro passo: redigir e revisar o texto

1. Com base na lista de informações que fizeram, redijam a notícia. Os dados mais importantes devem ficar no primeiro parágrafo (lide) ou no segundo, no máximo. Deixem os detalhes para os parágrafos seguintes.

2. Escolham qual foto vai ilustrar a notícia e preparem sua legenda. Escrevam também título, linha-fina e, se necessário, um ou mais intertítulos.

3. Troquem o texto com outra dupla ou trio e peçam que façam as seguintes verificações:

> ✓ Todas as perguntas básicas são respondidas: o que aconteceu, com quem, quando, onde, por que e como?
> ✓ O texto está objetivo e impessoal, com verbos e pronomes na 3ª pessoa e sem palavras que denotem juízo de valor?
> ✓ São apresentadas informações verificáveis e concretas?
> ✓ O título está sucinto e contém verbo no presente (ou futuro, caso a notícia se refira a algo que ainda vai ocorrer)?
> ✓ A linha-fina complementa as informações do título sem repeti-las?
> ✓ Há problemas de concordância, pontuação ou ortografia?

4. Avaliem as sugestões da outra dupla ou do outro trio e revisem o texto.

5. Vocês podem afixar a versão final da notícia no mural da sala ou compartilhá-la por meios digitais, para que todos possam ler os textos uns dos outros.

6. Depois, guardem o material para inseri-lo na revista da turma.

Confira questões do Enem e de vestibulares e propostas de redação no **Vereda Digital Aprova Enem** e no **Vereda Digital Suplemento de revisão e vestibulares**, disponíveis no livro digital.

CAPÍTULO 4

REPORTAGEM

ENEM
C1: H1, H2, H3
C6: H18, H19
C7: H21, H23, H24
C8: H25, H26, H27

OBJETIVOS DE APRENDIZAGEM

- Identificar as principais características do gênero *reportagem*.
- Avaliar a importância da ampla coleta de dados para a produção desse gênero discursivo.
- Reconhecer a polifonia (multiplicidade de vozes) como marca característica da construção da reportagem.

Para começar

Converse com o professor e os colegas sobre as perguntas a seguir.

1. Uma das maneiras de os jovens participarem ativamente na sociedade é criando seus próprios veículos de comunicação. Existem projetos em que jovens produzem jornais, revistas, programas de rádio, TV ou internet. Em sua opinião, qual pode ser a relevância de um projeto desses para a vida dos estudantes?

2. Você acha que o olhar do jovem sobre os fatos da atualidade é diferente do olhar do adulto? Por quê?

3. A reportagem que você lerá a seguir foi publicada na revista *Viração*, produzida por conselhos de jovens — os chamados Virajovens. Observe a capa da publicação.

   a) Como você estudou no capítulo anterior, um dos elementos que podemos observar para levantar hipóteses antes da leitura é o **suporte**, ou seja, o veículo em que o texto foi publicado. Considerando a capa de revista ao lado, responda: é provável que o principal público-alvo da reportagem sejam os jovens ou os pais deles e professores? Justifique sua resposta com elementos verbais e visuais da capa.

   b) De acordo com a chamada da capa, que hipóteses podemos formular sobre quais aspectos dos jogos serão abordados na reportagem?

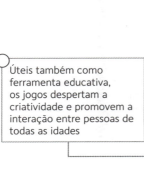

Úteis também como ferramenta educativa, os jogos despertam a criatividade e promovem a interação entre pessoas de todas as idades

REVISTA VIRAÇÃO

Primeiro olhar

Leia a seguir uma reportagem sobre *games* publicada na revista *Viração*. Em seguida, responda às questões propostas.

CAPA

PRESS START:
ONDE A AVENTURA COMEÇA

Mergulhe no mundo dos games e descubra que ele pode ser bem maior do que você imagina!

Juliana Cordeiro e Paula Nishizima, do Virajovem Curitiba (PR)

1 Deuses enraivecidos, criaturas mitológicas, assassinos profissionais ou a fauna e a flora de uma ilha desconhecida. Os desafios a serem enfrentados podem ser os mais diversos quando se busca alcançar um objetivo. Mas não se preocupe, você não está sozinho: outras criaturas e seres poderosos estão dispostos a ajudá-lo, sem contar o apoio dos amigos mais próximos.

2 Ainda assim, a jornada será longa. Aquele que ingressar deve estar pronto para enfrentar seus medos mais profundos e abrir mão de itens valiosos em prol de um bem maior. As recompensas, por outro lado, serão o reconhecimento pelo trabalho e (por que não?) riquezas inestimáveis.

3 Que atire a primeira pedra quem nunca, ao menos uma vez, se deixou levar por enredos e conflitos como esse. Se você sabe do que estamos falando, meus parabéns: você está, definitivamente, no universo dos *games*!

1.

4 Se você acha que os *games* mobilizam esforços apenas no mundo virtual, pense duas vezes. Inúmeros eventos são organizados e preparados por empresas do ramo, fã-clubes ou até mesmo grupos de amigos apaixonados por um *game* ou gênero específico, sem contar que na própria rede é possível fazer contato com pessoas dos mais diferentes cantos do mundo.

5 Se, por outro lado, você é do tipo que prefere uma boa interação cara a cara, os RPGs (*Role-playing game*) de mesa vão cair como uma luva. "Jogar *games* eletrônicos é uma coisa mais individual. É um jogo que se joga sozinho. RPG, por sua vez, é um jogo de contar histórias: você senta com seus amigos ao redor de uma mesa e conta histórias. E a graça do jogo é ver essa história seguir em frente", defende o *game designer* Guilherme Korn.

6 A estudante de ensino médio do Colégio Sepam, de Ponta Grossa (PR), Mariana Macedo, de 16 anos, viu no RPG uma forma de aguçar sua criatividade. "Eu até tinha interesse em jogos eletrônicos, mas nunca consegui me adaptar. Acho que o melhor do RPG de mesa é poder imaginar. Por isso, prefiro ele ao *game* de computador", explica.

A expansão do mercado dos *games* amplia as possibilidades de atuação de profissionais de diferentes áreas.

58 Produção de texto: interpretação e ação

Os jogos proporcionam a vivência de situações e a aquisição de valores aplicáveis na realidade.

Não é à toa que os RPGs vêm sendo usados, inclusive, em experiências na área de educação. O professor de Física da Universidade Federal de Pernambuco (UFPE), Ricardo Roberto do Amaral, desenvolve há nove anos iniciativas com esse tipo de jogo com adolescentes do ensino fundamental e médio. Ele salienta que os RPGs são jogos cooperativos, além de auxiliarem no desenvolvimento do raciocínio lógico e na aplicação prática de ciências como Física, Química e Biologia.

"É incrível como é perceptível uma mudança de atitudes nos alunos após uma experiência com o RPG. Eles interagem mais uns com os outros, aqueles mais tímidos vão perdendo o medo de falar diante de todos, os laços de amizade se fortalecem e toda a turma cresce em experiência", conta Ricardo Amaral. O professor também é responsável pelo lançamento do livro *RPG na Escola: aventuras pedagógicas*, em que orienta outros professores sobre como utilizar a ferramenta em sala de aula, além de apresentar cinco aventuras prontas para serem executadas.

Por outro lado, é visível a dificuldade de inserção desse tipo de metodologia na área educacional, como explica o próprio Ricardo: "Há que se pensar num roteiro, em situações-problemas que envolvam os conteúdos que se quer abordar, criar personagens e cenários e conseguir passar toda a riqueza de detalhes apenas pela narração. Realmente não é fácil e não podemos esperar que um professor que tenha uma carga horária sufocante possa ter motivação para criar tudo isso".

O estudante de jogos digitais do Centro Tecnológico Positivo, Marcelo de Carvalho, decidiu desenvolver jogos educativos porque também percebeu uma necessidade de mudança na área. "O modelo educacional brasileiro precisa de uma reforma urgente e isso é algo muito amplo, envolve muita gente. O papel dos jogos está atrelado a isso. É um sonho poder ver os rostos de crianças se iluminarem enquanto jogam e aprendem ao mesmo tempo", comenta.

Marcelo foi vencedor na categoria educacional da 7ª edição do Prêmio Ozires Silva de empreendedorismo Sustentável com o jogo *As Aventuras de Bomberix*, que possui foco no tema da preservação ambiental e é voltado para crianças de 6 a 12 anos.

2.

De acordo com uma pesquisa feita em 2013 pela empresa de pesquisa Newzoo, existem 48,8 milhões de *gamers* no Brasil, sendo que 61% deles costumam gastar dinheiro com jogos eletrônicos ou produtos relacionados a eles.

Ela aponta que entre 2011 e 2013 o mercado de *games* ganhou 13,8 milhões de novos adeptos. Agora, imagine os impactos do crescimento dessa indústria no país: novas oportunidades de emprego para *designers*, programadores, publicitários, jornalistas (trabalhar fazendo *reviews* de jogos até que não é nada mal, hein?), maior variedade e número de jogos em português e por aí vai.

No Brasil, a agenda dos apaixonados por jogos tem data e hora marcadas. Anualmente, eles comparecem ao Brasil Game Show, maior evento de jogos eletrônicos da América Latina. [...]

"*Stands* com decorações incríveis, *cosplayers* (pessoas que se caracterizam como um personagem de histórias de ficção) com fantasias mais que perfeitas, vários novos lançamentos e aquela multidão de *gamers* dispostos a ficar horas em filas para poder experimentar um pouco de tudo", relata empolgado o Oficial de Chancelaria do Ministério das Relações Exteriores e blogueiro da página *Omninérdia* [sobre *games*], Welton Luiz Costa Rocha Filho, de 29 anos.

Se alguém da sua família já soltou a frase: "Menino, larga disso! Vai arranjar trabalho que isso não dá futuro!", rebata com este argumento: atualmente, o Brasil movimenta um mercado de *games* com consumidores receptivos maior que o da Rússia, que possui 56% de seus 46,4 milhões de *gamers* dispostos a pagar para jogar, enquanto esses números no cenário chinês, por exemplo, correspondem a 65% de 173,4 milhões de jogadores.

Mas nem tudo são flores: quem tem a área de *games* como campo de atuação profissional precisa lidar com outros obstáculos, como a invisibilidade e o preconceito. "O ser humano, por instinto, tem medo do que não entende, do diferente. [...] Para a sociedade, *videogames*, assim como o RPG e outros *hobbies* considerados de *nerds* ou CDFs, são coisas muito novas, ainda incompreendidas pela maioria", declara Welton.

3.

Jogar não é só um passatempo. Mesmo com diferentes enredos, os *games* absorvem desafios e necessidades que são inerentes ao nosso cotidiano, tais como conseguir alimento, derrotar adversários ou ajudar amigos em apuros. Do contrário, jogos como *Pacman* e *Mario Bros* não seriam considerados clássicos.

"Hoje as coisas mudaram, um jogo tem muito mais a oferecer do que apenas diversão. Alguns oferecem exercícios físicos; outros, um enredo maravilhoso. Os *videogames* são semicomputadores, com redes sociais, interação, conexão com a internet e outros recursos", defende o auxiliar administrativo Vinícius Rodrigues Marcili, de 18 anos.

Assim como do lado de fora da tela, somos impelidos a interagir com outros personagens, enfrentar problemas e criar estratégias para alcançar nossos objetivos. Com o tempo, aprendemos o que funciona e o que não dá certo e nos sentimos motivados (ou não) a continuar.

Mas há que se encontrar o ponto de equilíbrio para que os *games* não sejam encarados de forma inocente, tampouco considerados completamente nocivos (quem está cansado de ver matérias na TV acusando um *game* de ter "formado" um assassino, levante a mão!). Se necessário, nossa postura com relação ao jogo deve ser repensada: *games* foram feitos para corresponder à necessidade humana de contar histórias, trocar ideias, trabalhar em equipe e não devem tirar o gosto pelo "mundo real", nem servir de meio para você ser grosseiro ou trapacear sem passar pelas consequências disso.

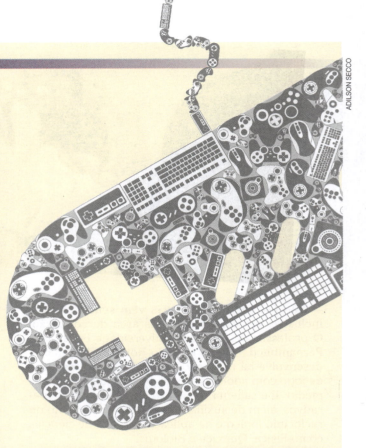

TÁ NA MÃO

Essa é para quem se empolgou com tantas possibilidades educativas ofertadas pelos jogos e quer ficar por dentro desse universo: acessando o *site* <www.rpgnaescola.com.br>, você pode saber mais sobre RPG, formas de aplicá-lo em sala de aula e até acessar alguns jogos prontos. O material foi elaborado pelo professor de Física da UFPE Ricardo Roberto do Amaral.

Confira os *links* sugeridos pelos QR Codes!

Glossário

Press start: aperte [o botão] "início".
Role-playing game (RPG): literalmente, jogo de vivência de papéis.
Game designer: profissional que concebe e projeta *games*.
Gamers: jogadores.
Reviews: resenhas, avaliações.
QR Codes: códigos QR (sigla do inglês *quick response*, "resposta rápida") são códigos de barras que podem ser acessados por câmeras de celular.

CORDEIRO, Juliana; NISHIZIMA, Paula. *Viração*, ano 12, n. 105, abr. 2014, p. 18-21. (Fragmento).

1. O texto apresenta várias expressões em inglês. Qual é a relação entre o uso desses estrangeirismos e o tema da reportagem?

   > Palavras estrangeiras que se incorporam à língua, com adaptações (como *escâner*, do inglês *scanner*), ou sem adaptações (como *cappuccino*, do italiano, e *réveillon*, do francês).

2. Entre as afirmações a seguir, identifique as que refletem características linguísticas dessa reportagem.
   a) O texto às vezes dirige-se diretamente ao leitor, simulando um diálogo com ele.
   b) São usados verbos no modo Imperativo, o que reforça a sensação de contato direto com o leitor.
   c) O ponto de exclamação, um sinal que exprime emotividade, é empregado algumas vezes.
   d) Não há preocupação em seguir a norma-padrão da língua, por isso existem erros de concordância e de pontuação.
   e) São usados diversos verbos e pronomes na 1ª pessoa do singular (*eu acho, eu gosto*).
   f) São empregados alguns termos coloquiais e expressões idiomáticas.
   g) O texto apresenta opiniões sobre *games*, mas não dados numéricos e verificáveis.

3. Transcreva pelo menos um exemplo de cada uma das características linguísticas que você indicou no item anterior.

4. Recorde o que você aprendeu sobre o gênero *notícia* no capítulo anterior e explique como o título dessa reportagem se diferencia dos títulos das notícias.

5. No capítulo anterior, você viu que a principal intenção comunicativa de uma notícia é relatar um fato recente de forma objetiva. Com base no texto da reportagem, indique a principal intenção comunicativa desse gênero:
   a) Opinar, de forma crítica e pessoal, sobre um tema da atualidade.
   b) Informar, de forma ampla e aprofundada, sobre um tema da atualidade.
   c) Convencer o leitor a adotar novos hábitos ou mudar de opinião sobre certo assunto.
   d) Orientar o leitor na escolha de uma profissão ou *hobby*.

6. Uma das principais fontes de informação para uma reportagem são pessoas envolvidas com o tema abordado.
   a) Ao todo, foram citadas seis pessoas na reportagem da revista *Viração*. Indique quem são elas e qual a relação de cada uma com o universo dos jogos.
   b) No caso de uma das pessoas citadas, não fica clara a relação dela com os jogos. Quem é essa pessoa? Como a descrição dela que aparece no texto poderia ser melhorada?

7. Separe as pessoas que você identificou na questão anterior nas seguintes categorias:

   - Se as repórteres tivessem consultado apenas pessoas pertencentes a uma dessas categorias (por exemplo, somente *gamers*), qual teria sido a consequência para a reportagem?

8. Além de pessoas ligadas à área dos *games*, a qual outra fonte de informação as repórteres recorreram?

9. Intertítulos são usados em reportagens para separar os blocos de informação. Considerando essa função, indique em qual das três lacunas assinaladas no texto deve entrar cada um destes intertítulos.

   > Vamos falar de negócios?
   > O universo em equilíbrio?
   > Fazendo novos amigos

10. Além dos elementos estruturais estudados no capítulo anterior (retranca, título, linha-fina, intertítulos, fotos, legendas), a reportagem da revista *Viração* também traz um boxe, próximo do final da matéria. Qual é a finalidade desse boxe?

11. Releia o trecho que vai do sétimo ao nono parágrafo.
    a) Levante hipóteses: quais perguntas as repórteres fizeram ao professor Ricardo Amaral?
    b) Algumas opiniões do professor foram apresentadas na forma de *discurso direto* (com as palavras tais como foram ditas por ele) e outras na forma de *discurso indireto* (incorporadas ao texto das repórteres). Dê um exemplo de cada ocorrência.
    c) Em sua opinião, como o texto ficaria se houvesse apenas discurso direto ou apenas indireto? É importante haver alternância entre as formas de apresentar as falas dos entrevistados em uma reportagem? Por quê?
    d) Transcreva os verbos que as repórteres usaram para apresentar as falas de Ricardo, tanto no discurso direto, como no indireto.
    e) Identifique, em outras passagens do texto, mais três verbos usados com a finalidade de introduzir falas de pessoas entrevistadas.

12. No boxe "Para começar", você fez uma previsão sobre o público-alvo da reportagem: se ela seria dirigida aos jovens ou a pais e professores. Sua previsão estava correta? Qual é, afinal, o público-alvo do texto? Transcreva um trecho que justifique sua resposta.

13. Ainda no boxe "Para começar", você formulou, com base na chamada da capa da revista, hipóteses sobre quais aspectos dos jogos seriam abordados na reportagem. Após a leitura do texto, suas hipóteses se confirmaram? Justifique com a indicação dos parágrafos respectivos.

14. O vigésimo primeiro parágrafo é o único que cita aspectos potencialmente negativos dos jogos.
    a) Quais são esses aspectos negativos?
    b) Em sua opinião, por que a reportagem cita os aspectos negativos apenas no parágrafo final?

Trocando ideias

Observe o cartum a seguir. Depois, discuta com o professor e os colegas as questões propostas.

JOTA A. 12 maio 2016. Disponível em: <http://mod.lk/ecfwk>. Acesso em: 27 set. 2017.

1. As declarações abaixo foram dadas pelos entrevistados da reportagem. Com qual delas o cartum se relaciona mais diretamente? Justifique sua resposta.
   a) "O ser humano, por instinto, tem medo do que não entende, do diferente. [...]"
   b) "[...] não podemos esperar que um professor que tenha uma carga horária sufocante possa ter motivação para criar tudo isso."
   c) "O modelo educacional brasileiro precisa de uma reforma urgente e isso é algo muito amplo, envolve muita gente. O papel dos jogos está atrelado a isso. [...]"

2. Com base no cartum e na reportagem, compare a forma como seus pais e avós se relacionavam com o conhecimento — e, consequentemente, com a escola — e a forma como sua geração se relaciona. Quais as diferenças e quais as semelhanças? Explique.

3. Em sua opinião, os jogos podem ser uma boa alternativa para adaptar nosso modelo educacional ao século XXI? Por quê? Caso já tenha tido experiência com jogos educativos, conte aos colegas como foi.

4. Observe as opções a seguir. Em sua opinião, elas podem ajudar a tornar o ensino mais atraente e significativo para os jovens? Por quê?
   • atividades práticas (laboratório, pesquisa de campo);
   • uso de tecnologia, como aplicativos para *smartphones* e *tablets*;
   • participação dos estudantes na gestão da rotina escolar;
   • criação de jornais, revistas, canais de vídeos, etc. pelos próprios alunos.

Por dentro do gênero — Reportagem

Nem sempre é fácil traçar uma linha nítida entre notícia e reportagem. Como ponto de partida, podemos dizer que a **reportagem** é uma notícia "robustecida". Ela pode se originar de uma série de notícias; por exemplo, após a ocorrência de vários acidentes de trânsito envolvendo ciclistas, pode ser produzida uma reportagem sobre o assunto. Mas também há reportagens que tratam de temas não relacionados a um episódio específico — como os *games*, alvo da matéria lida.

A primeira característica que distingue a reportagem da notícia e de outros gêneros jornalísticos é a *ampla coleta de dados*. Como você percebeu ao analisar a reportagem "*Press start*: onde a aventura começa", para construir o texto as repórteres entrevistaram uma série de pessoas, com diferentes tipos de relação com os jogos (*game designers*, jogadores, professores, etc.), e também consultaram uma pesquisa realizada por uma empresa especializada no assunto. Conforme o tema da reportagem, o trabalho de investigação pode ser ainda mais extenso, incluindo viagens, acompanhamento da rotina de uma pessoa ou comunidade, consulta a arquivos históricos, entre outros.

Um segundo aspecto importante das reportagens é a *humanização*, pois elas costumam trazer histórias de uma ou mais pessoas envolvidas em determinado fato. Na reportagem da revista *Viração*, por exemplo, a experiência do professor Ricardo Amaral foi detalhada, citando-se quando ele começou a trabalhar com os jogos de RPG, quais resultados obteve, o livro que lançou, além de suas observações sobre vários aspectos do uso educativo de *games*.

Por fim, um último traço característico da reportagem é o *aprofundamento* que ela possibilita. Uma reportagem não pretende apenas relatar fatos, mas fomentar o debate e a reflexão. Para tanto, é necessário apresentar os diversos aspectos da questão e diferentes pontos de vista, sobretudo quando se trata de um tema polêmico.

> **Reportagem** é um gênero discursivo da esfera jornalística que busca informar sobre um fato ou tema atual, de forma ampla e aprofundada. Pode estar ligada a um episódio específico (por exemplo, um desastre ambiental, um surto de certa doença) ou pode focalizar um tema mais geral, como relacionamento entre pais e filhos, importância de atividades físicas, etc. Diferencia-se da notícia pela ampla coleta de dados e pela preocupação em humanizar e aprofundar os temas tratados. Circula em jornais e revistas, impressos ou digitais. Na modalidade oral, aparece em programas jornalísticos no rádio, na TV e na internet.

A estrutura da reportagem

A organização da reportagem pode variar, mas, de modo geral, há uma **abertura**, que deve atrair o leitor e instigá-lo a continuar; um **desenvolvimento**, que apresenta os diversos aspectos do tema tratado, geralmente separados por intertítulos; e uma **conclusão**, que muitas vezes traz uma interpretação dos fatos feita pelo próprio repórter. Na reportagem lida, você observou que a conclusão apresenta alguns potenciais aspectos negativos dos jogos, deixando ao leitor uma reflexão final sobre a necessidade de lidar equilibradamente com essas formas de entretenimento. Portanto, a estrutura da reportagem poderia ser representada desta forma:

Tipos de abertura

Na estrutura da reportagem, a abertura é um componente essencial, pois tem, como dito, a missão de seduzir o interlocutor para a leitura do texto todo. Conforme o tema, a abertura pode ser simplesmente *informativa*, assemelhando-se ao lide das notícias. Veja, por exemplo, como começa uma reportagem que faz uma retrospectiva dos movimentos estudantis de 2015 e 2016.

> **O legado das ocupações nas escolas**
>
> A ocupação das escolas paulistas do fim de 2015 foi a mobilização estudantil exclusivamente secundarista mais bem-sucedida da história. Os estudantes, majoritariamente com idades entre 15 e 17 anos, protestavam contra o projeto de reorganização escolar em São Paulo, que transformaria escolas de dois ciclos — ensino fundamental e médio — em unidades de ciclo único. Depois de quase 60 dias de ocupações, que envolveram mais de 200 colégios, o governo paulista recuou e suspendeu a reorganização. O sucesso do movimento paulista inspirou outras mobilizações pelo país ao longo de 2016. [...] Um ano depois das ocupações iniciais, *Época* voltou à primeira escola ocupada na capital paulista, a Fernão Dias Paes, a fim de conferir que tipo de mudança se manteve.
>
> OSHIMA, Flávia Yuri; MORRONE, Beatriz. *Época*, 20 jan. 2017, p. 60. (Fragmento).

Observe que essa abertura informa o que ocorreu, quando, onde, quem esteve envolvido, etc., lembrando bastante o lide tradicional. Por outro lado, em seu esforço para atrair o leitor, o repórter pode lançar mão de aberturas mais criativas, inclusive empregando técnicas literárias.

Uma dessas técnicas, por exemplo, é narrar ações ou descrever um lugar. Esse tipo de abertura — chamado abertura *cinematográfica* — é bastante envolvente, pois transporta o leitor para dentro da cena, como se ele estivesse vendo uma reportagem de TV ou um documentário. Veja um exemplo dessa técnica em uma reportagem sobre abandono escolar.

Evasão escolar reserva futuro de incertezas a milhares de jovens mineiros

A noite se aproximava e um grupo de meninos na marginal do Anel Rodoviário, na saída para a avenida Cristiano Machado, não tirava os olhos do céu. Em uma espécie de torneio, disputavam quem conseguia manter a pipa voando sem ter a linha cortada pelo adversário.

Mateus*, de 14 anos, sabe exatamente o que fazer para se sair bem na brincadeira. Fora dela, porém, mostra estar perdido. Sem interesse pela escola, já tomou duas bombas e, neste ano, abandonou os estudos antes mesmo de o primeiro semestre acabar. "Perdi muita nota, não dá mais para recuperar. Vou ficar seis meses de férias".

[...]

*Nomes fictícios

RAMOS, Raquel; FONSECA, Renato. *Hoje em Dia*, Belo Horizonte, 9 jul. 2015. Disponível em: <http://mod.lk/8ghyd>. Acesso em: 27 set. 2017. (Fragmento).

Outra possibilidade é abrir o texto *fazendo uma comparação* entre o assunto focalizado e outro elemento. Por exemplo, no início de uma reportagem sobre a "geração *touch*" — a geração nascida a partir do ano 2000 e que sempre conviveu com telas sensíveis ao toque —, foi feita uma comparação entre o uso que nossos ancestrais faziam do polegar opositor e o uso que fazemos hoje dos dedos, digitando velozmente em dispositivos eletrônicos. Observe:

A geração *touch*

Há milhões de anos, os ancestrais do homem adquiriam uma característica que revolucionou sua relação com o mundo: o polegar opositor. Com ele, conseguiam agarrar e manipular ferramentas para criar objetos que marcaram a história humana: roupas, casas, computadores. Os movimentos finos de nossas mãos ainda são comandados pelos polegares, que, nos últimos anos, aprenderam a digitar velozmente em telas *touch* de *smartphones* e *tablets*. Esses aparelhos poderosos e de uso intuitivo se tornaram de tal modo uma extensão de nossos dedos que passaram a moldar o comportamento de uma geração inteira. Os jovens que hoje têm 15 anos conhecem a vida com um celular nas mãos. [...]

LOIOLA, Rita; CARNEIRO, Raquel. *Veja*. Disponível em: <http://mod.lk/uxlck>. Publicado em: 29 dez. 2015. Acesso em: 27 set. 2017. (Fragmento).

Por fim, também há reportagens que, para prender a atenção do leitor, iniciam-se *apresentando o perfil* de uma das pessoas entrevistadas. Veja a seguir um exemplo em uma reportagem sobre a importância de caminhar pela cidade.

Caminhar é preciso

No cotidiano da estudante Bruna Camila, 17, a rua não é propriamente um espaço para estar. No máximo, é lugar para passar. E, de preferência, em um carro. Para ela, caminhar pelas vias públicas é exceção à regra. A começar pelo trajeto que faz entre a casa e a escola: embora sejam apenas cerca de cinco minutos, ela, que está no segundo ano do ensino médio, nunca havia ido a pé para o Estadual Central, onde estuda. "Eu sempre vou de carro, geralmente com meu pai ou algum responsável", explica a adolescente.

[...]

BESSAS, Alex. *O Tempo*. Belo Horizonte, 1º jul. 2017. Disponível em: <http://mod.lk/necaf>. Acesso em: 27 set. 2017. (Fragmento).

Pense e responda

Volte à reportagem "*Press Start*: onde a aventura começa" e responda às perguntas.

1. Quais parágrafos compõem a abertura da reportagem?
2. Essa abertura corresponde a qual dos tipos mencionados — ela é informativa, cinematográfica, comparativa ou destaca o perfil de alguém?
3. Explique como a escolha desse tipo de abertura se relaciona ao tema da reportagem.
4. Em sua opinião, essa abertura cumpre a função de prender a atenção do leitor e estimulá-lo a prosseguir com a leitura do texto? Por quê?

Para ler

Profissão Repórter 10 anos – grandes aventuras, grandes coberturas, de Caco Barcellos e equipe (São Paulo: Planeta, 2016).

"*Profissão Repórter*" é um programa sobre jornalismo investigativo, comandado por Caco Barcellos há mais de dez anos. As reportagens apresentadas já ganharam diversos prêmios e são objeto de estudo para quem deseja conhecer melhor a carreira jornalística.

O livro comemorativo reúne relatos de jornalistas, informações sobre os bastidores e acompanha um DVD com vinte dos melhores programas na íntegra.

Outros elementos estruturais da reportagem

Enquanto as fotos das notícias têm função informativa, servindo como um testemunho visual dos acontecimentos, as fotos da reportagem desempenham papel mais simbólico. Elas podem até mesmo passar por tratamentos e montagens para refletir os aspectos do tema que o texto pretende realçar. Veja abaixo, por exemplo, a foto de abertura de uma reportagem sobre um *game* muito popular, que começou a ser usado também na área educacional.

O CRIADOR — Markus Persson lançou o jogo em 2009, de forma despretensiosa, por sua então pequena produtora Mojang. Cinco anos depois, o título foi vendido à Microsoft por 2,5 bilhões de dólares

Presente em 105 países e jogado por mais de 100 milhões de aficionados — a maioria entre 10 e 17 anos —, o *game* sueco, pródigo em criar celebridades na internet, avança sobre outro mercado: o editorial. Além de estimular a criatividade, ele já começa a ser empregado para desenvolver o aprendizado

VILICIC, Felipe; THOMAS, Jennifer Ann. *Veja*, 17 fev. 2016, p. 76-77.

Observe que a foto do criador do *game*, o sueco Markus Persson, passou por uma montagem para que ele pareça segurar a espada característica do jogo. Além disso, foram aplicadas sobre o céu figuras de nuvens com o típico visual "pixelado" (com os *pixels* visíveis) do *game*. Como se nota, a intenção não é apresentar uma cena real, que pareça um flagrante da realidade, e sim um cenário deliberadamente construído para atrair o leitor.

Além das fotos com alto valor simbólico e das montagens, um recurso visual comum em reportagens são os **gráficos**, que não apenas despertam o interesse do leitor, como facilitam o entendimento dos dados numéricos. Veja ao lado como essa mesma reportagem sobre o *game* sueco usa gráficos de *pizza* – também desenhados no visual típico do jogo – para apresentar algumas estatísticas.

> O gráfico de *pizza* (também chamado de gráfico de setores ou gráfico circular) é uma representação gráfica dividida em setores para relacionar informações. Há uma relação proporcional entre cada valor porcentual representado pelos setores e a medida em graus do respectivo ângulo dentro do círculo.

Pense e responda

Volte à reportagem "*Press start*: onde a aventura começa" e responda às perguntas abaixo.

1. Em sua opinião, quais outras fotos poderiam ter sido incluídas (pessoas, objetos, cenas)? Seria possível fazer alguma montagem com esses elementos?
2. Quais parágrafos da reportagem contêm dados que poderiam ser expostos por meio de gráficos? Justifique sua resposta.

A linguagem da reportagem

Ao responder às perguntas iniciais após a leitura de "*Press start*: onde a aventura começa", você percebeu que as reportagens, de modo geral, não usam um tom tão impessoal quanto as notícias. Especialmente quando o tema permite maior descontração — como é o caso dos *games* —, é possível empregar termos coloquiais e expressões idiomáticas ("Que atire a primeira pedra", "vão cair como uma luva"), pontos de exclamação ("ele pode ser bem maior do que você imagina!"), entre outros recursos linguísticos que tornam a abordagem leve e cativante.

Além disso, é comum que os redatores simulem um diálogo com o leitor, dirigindo-lhe perguntas e conselhos, pois isso ajuda a deixá-lo mais envolvido com o tema. Vimos alguns exemplos disso na reportagem lida ("Se alguém da sua família já soltou a frase: 'Menino, larga disso! Vai arranjar trabalho que isso não dá futuro!', rebata com este argumento [...]").

Esse diálogo com o leitor depende, é claro, do público-alvo imaginado para a reportagem. Diferentemente da matéria da revista *Viração*, que se dirige principalmente ao adolescente, a matéria sobre o Minecraft se dirige aos adultos, portanto estabelece o diálogo em outros termos. Observe:

> O mundo virtual ficou pequeno para o Minecraft. Não sabe do que se trata? Se souber, pule uma casa (equivalente a este primeiro parágrafo). Se não, pergunte à criança ou ao adolescente mais próximo (podem ser seus próprios filhos). Mas esteja preparado para uma resposta que, dita na língua deles [...], significa: "Em que planeta você vive? Em Marte?". [...]
>
> VILICIC, Felipe; THOMAS, Jennifer Ann. *Veja*, 17 fev. 2016, p. 78. (Fragmento).

Apesar de a reportagem permitir um estilo de linguagem descontraído e próximo do leitor, isso não significa abrir mão da objetividade. Você observou que, em "*Press start*: onde a aventura começa", houve a preocupação de apresentar dados concretos e verificáveis ("existem 48,8 milhões de *gamers* no Brasil", "entre 2011 e 2013 o mercado de *games* ganhou 13,8 milhões de novos adeptos").

O UNIVERSO EM BLOCOS
O *Minecraft* se tornou um fenômeno global. Eis alguns de seus números extraordinários

100 milhões de jogadores

13,5% deles acham o game divertido porque é fácil aprender seus comandos

16 000 unidades são vendidas por dia apenas nas versões para computador

22,5% dos gamers gostam do jogo porque ele estimula a criatividade

MINECRAFT
3º videogame mais querido pelo público em toda a história, atrás apenas de *Super Mario Bros.* e *Call of Duty*, segundo levantamento do *Guinness*

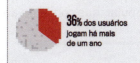
36% dos usuários jogam há mais de um ano

VILICIC, Felipe; THOMAS, Jennifer Ann. *Veja*, 17 fev. 2016, p. 80.

Além disso, as repórteres não exprimem opiniões pessoais sobre o tema, tampouco empregam a 1ª pessoa do singular (não usam, por exemplo, expressões como *eu acho* ou *na minha opinião*).

Essa atitude do jornalista de não manifestar sua "voz" explicitamente no texto está ligada a uma característica marcante da reportagem: a *polifonia* (do grego *poli*, muitos + *phone*, voz), isto é, o fato de que esse gênero discursivo é construído pela junção de *múltiplas vozes*. O repórter atua como um condutor da apresentação das opiniões, expressas pela "voz" das pessoas entrevistadas.

Como você observou, as falas dessas pessoas podem ser inseridas tanto por meio do *discurso direto* (entre aspas) como do *indireto* (incorporadas ao texto). Para que o texto não se torne cansativo nem excessivamente fragmentado, é interessante alternar as duas formas de inserção. Outro cuidado a ser tomado é variar os verbos *dicendi*, ou seja, os "verbos de dizer" que servem para introduzir as falas, como *dizer*, *falar*, *declarar*, *afirmar*, *comentar*, etc.

Veja exemplos dessa harmonização entre discurso direto e indireto nos parágrafos a seguir, extraídos de uma reportagem sobre um outro lado dos *games* — o perigo do uso exagerado, que pode até se transformar em vício.

> A "voz" do entrevistado também pode ser introduzida por conectivos como *segundo*, *conforme*, *para*, etc.

Segundo a psicóloga Dineia Domingues, do laboratório de Psicologia e Educação da PUC Minas, o jogo praticado de forma adequada pode ser positivo para a criança. "Certamente jogar é uma experiência muito interessante, gera desafios, mobiliza emoções e traz agregação social", **explica**. O problema é quando o *game* se torna uma dependência. [...]

Para a especialista, não existe um tempo limite considerado saudável para a criança ou jovem passar jogando. Ela **considera** que os casos devem ser estudados separadamente e depende de cada família. "Cabe ao pai e à mãe chamar o filho para conversar, forjar o encontro, compartilhar o que pode ser bom para ele. Possivelmente, pais e filhos encontrarão brechas para apreciar outros jogos além dos eletrônicos, pelo lazer, convívio e bem-estar", **diz**.

> Para evitar as repetições, é interessante variar os verbos *dicendi* (*explica*, *considera*, *diz*).

ANDRADE, Vinicius. Cuidado com o vício em *games*. Encontro, Brasília, 20 mar. 2015. Disponível em: <http://mod.lk/iin2h>. Acesso em: 27 set. 2017. (Fragmento).

Material complementar
Texto integral

- discurso indireto
- discurso direto

EM EQUIPE

Notícia ou reportagem?

1. Em sala de aula, com a turma toda, definam cinco temas ou acontecimentos que estejam em foco na imprensa na atualidade.

2. Junte-se a um colega e escolham um desses temas. Em um prazo definido pelo professor, a dupla deve trazer à sala uma notícia e uma reportagem sobre o assunto.

3. Mostrem as matérias a outra dupla e expliquem quais critérios vocês usaram para definir se era uma notícia ou uma reportagem. Considerem estes aspectos:
   a) linguagem;
   b) estrutura;
   c) quantidade de dados coletados (pessoas ouvidas, documentos consultados, etc.).

4. Depois, discutam com toda a turma: é fácil distinguir entre notícias e reportagens? Por quê?

Para ler

Relato de um náufrago, de Gabriel García Márquez (Rio de Janeiro: Record, 1997).

Jornalismo e literatura mantêm relação estreita. Não são poucos os escritores célebres que foram também repórteres. Podemos citar como exemplos os brasileiros Euclides da Cunha e João do Rio, o estadunidense Ernest Hemingway e o colombiano Gabriel García Márquez — esses dois últimos vencedores do Prêmio Nobel de Literatura.

O livro *Relato de um náufrago* é fruto desse feliz encontro entre reportagem e literatura. Em 1955, Márquez, então repórter do jornal *El Espectador*, foi incumbido de contar a história de um homem que havia passado dez dias numa balsa à deriva no mar do Caribe. Em vinte sessões diárias de seis horas cada uma, o náufrago relatou seu drama ao escritor, que o transformou em um eletrizante relato em 1ª pessoa.

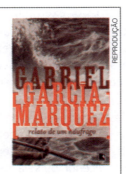

Para ler e escrever melhor

Estratégia de leitura: inferência

No capítulo anterior, falamos da importância de levantar hipóteses ou de fazer previsões sobre o texto a ser lido para melhor compreendê-lo. Outra importante estratégia de leitura é a **inferência**. Fazer inferências significa deduzir, com base em informações aparentes, outras informações que não estejam explícitas. Por exemplo, se um colega chega todo molhado à sala de aula, você infere que está chovendo, mesmo que a janela esteja fechada e não seja possível olhar o tempo lá fora.

Em um texto escrito, nem todas as informações necessárias à compreensão estão explícitas. De acordo com o que o autor sabe sobre seus prováveis leitores e o nível de conhecimento deles, e também de acordo com os efeitos de sentido que pretende obter, ele faz um balanceamento entre as informações que precisa explicitar e as que pode deixar subentendidas, pois serão inferidas pelo leitor.

Na tira abaixo, vamos ver um exemplo de como isso acontece.

ZITS   SCOTT E BORGMAN

Conforme estudamos no Capítulo 2, o humor das tiras normalmente é produzido no último quadro, por meio de uma quebra de expectativas. Nesse caso, a mentira que o adolescente conta à amiga Sara sobre a resposta do pai ("Ele não deixou!") é o elemento-surpresa que dá graça à tira. Pelo contexto e pela expressão dos personagens, deduzimos que o jovem mentiu porque não quer que os amigos vejam – e ouçam – o pai tocando cavaquinho, provavelmente porque ele toca muito mal.

Embora o motivo da mentira não apareça explícito no texto, somos capazes de *inferi-lo*. Se o autor da tira optasse por explicitá-lo (por exemplo, se no penúltimo quadro o jovem respondesse ao pai: "Bom, já que você vai ficar aí tocando cavaquinho, vou mentir para a Sara e dizer que você não os deixou vir, porque não quero passar vergonha"), o efeito humorístico se perderia totalmente.

O desafio do enunciador é, portanto, fornecer informações explícitas em um volume suficiente ao entendimento e, ao mesmo tempo, que não seja excessivo a ponto de deixar o texto óbvio, redundante, incapaz de cumprir os efeitos desejados. Por outro lado, o desafio do leitor é recuperar os implícitos do texto, preenchendo adequadamente as lacunas deixadas pelo enunciador.

Na prática

Para colocar em prática o conceito de inferência, você lerá outro boxe contido na reportagem "*Press start*: onde a aventura começa". Leia-o e responda às perguntas.

Player Killer Mode: a violência e os *games*

Não são raros os casos em que crimes hediondos cometidos por crianças e adolescentes são justificados pelo fato de seus *videogames* favoritos serem classificados para a faixa etária de maiores de 18 anos.

Para citar alguns exemplos, a morte de 12 crianças e adolescentes pelas mãos do atirador Wellington Menezes de Oliveira, no bairro Realengo (Rio de Janeiro), em abril de 2011, e o assassinato de 12 estudantes e um professor por Eric Harris e Dylan Klebold, na escola de Columbine (Colorado), em 1999, chamaram a atenção da sociedade e da mídia. As especulações giravam em torno dos *games Counter Strike* e *GTA – Grand Theft Auto*, no caso da escola de Realengo, e *Doom*, pelos estudantes de Columbine.

Em sua tese, publicada em 2004, a doutora em educação Lynn Alves afirma serem reducionistas as conclusões que apontam os jogos como causadores da violência. "A violência se constitui em um fenômeno complexo que envolve, ao mesmo tempo, questões sociais, econômicas, culturais, políticas e afetivas", escreve.

Influenciado por uma série de fatores e acontecimentos, o ser humano é capaz de cometer atos de violência embasados em ideologias, religiões e visões políticas. "Mark Chapman, o 'fã' que matou o John Lennon, disse ter se inspirado no livro *O apanhador no campo de centeio* para cometer o crime e ninguém fez campanha para que as pessoas parassem de ler o livro (ainda bem!), nem mesmo para que não o imprimissem mais [...]. Pessoas violentas encontram inspiração para cometer os seus atos nos mais variados elementos da nossa cultura, mas o problema são essas pessoas, e não os elementos que elas elegem como seus 'inspiradores'", afirma o oficial de chancelaria do Ministério das Relações Exteriores, Welton Rocha Filho.

CORDEIRO, Juliana; NISHIZIMA, Paula. *Viração*, ano 12, n. 105, abr. 2014, p. 22. (Fragmento).

Glossário

Tese: trabalho apresentado no término de um curso de pós-graduação com a finalidade de obtenção de grau ou de título.
Reducionistas: simplificadoras, superficiais.
O apanhador no campo de centeio: livro escrito pelo estadunidense J. D. Salinger (1919-2010); o personagem principal é um adolescente que relata os conflitos em seu cotidiano escolar, seus medos, sua forma de ver os adultos e de encarar a vida.

---

1. Concentre-se na primeira frase da declaração de Welton Rocha Filho:

    "Mark Chapman, o 'fã' que matou o John Lennon, disse ter se inspirado no livro *O Apanhador no campo de centeio* para cometer o crime e **ninguém fez campanha para que as pessoas parassem de ler o livro (ainda bem!), nem mesmo para que não o imprimissem mais** [...]."

    a) Por que Welton Rocha Filho menciona o caso de Mark Chapman, o assassino do cantor John Lennon? Qual é a relação entre esse caso e os exemplos mencionados no segundo parágrafo do texto?

    b) No trecho destacado, existe uma argumentação implícita. O entrevistado defende certa opinião a respeito dos *games* acusados de provocar comportamentos violentos. Qual é essa opinião? Escreva uma continuação para essa frase, explicitando a argumentação de Welton.

2. Releia agora os dois primeiros parágrafos do texto e responda: de acordo com o texto, quem é responsável por associar crimes e *games* de conteúdo violento?

3. Compare, de um lado, a ênfase dada pela reportagem às especulações sobre o vínculo entre crimes e *games* e, de outro, a ênfase dada a opiniões contrárias a essa vinculação. Com base nessa comparação, é possível inferir qual é o posicionamento assumido pela reportagem. Como ele se torna perceptível?

Produção autoral

Reportagem

Contexto de produção

O quê: reportagem.
Para quê: informar sobre certo tema da atualidade.
Para quem: colegas de outras turmas, pais, professores e funcionários da escola; público em geral.
Onde: sala de aula; posteriormente, revista da turma.

Confira questões do Enem e de vestibulares e propostas de redação no **Vereda Digital Aprova Enem** e no **Vereda Digital Suplemento de revisão e vestibulares**, disponíveis no livro digital.

Assim como as repórteres da revista *Viração*, você e seus colegas vão escrever uma reportagem feita por jovens e para jovens. Escolham um tema que possa interessar alunos da sua sala, pois eles serão os primeiros leitores de sua reportagem. Ao final da próxima unidade, vocês desenvolverão o projeto "Revista da turma", que poderá incluir a produção de seu grupo. Sigam os passos abaixo e produzam uma reportagem caprichada!

Primeiro passo: definir o tema da reportagem

1. Cada grupo deve escolher um tema. Como vocês viram, uma reportagem pode se originar de fatos da atualidade ou tratar de assuntos atemporais. Além disso, é possível adotar uma abordagem global, voltada a questões que afetam o Brasil ou o planeta todo, ou regional, focalizando um aspecto do bairro ou da cidade onde vocês moram. Seja qual for o tema escolhido, o importante é que ele seja atraente para seu público – e, é claro, para os membros do grupo também.

2. Vejam algumas sugestões de temas:

Gerais	Regionais
• Desafios da adolescência.	• Estilos musicais populares entre os jovens na sua região.
• Como seria a escola ideal.	• Problemas do bairro e suas possíveis soluções (por exemplo: segurança, limpeza, áreas de lazer).
• Sonhos dos jovens.	
• Trabalho voluntário entre jovens.	• Um projeto de sucesso na cidade (por exemplo: reciclagem de lixo, horta comunitária, grupo teatral).

Produção de texto: interpretação e ação

Segundo passo: planejar e realizar a coleta de dados

1. Pensem em como realizarão a *coleta de dados*. Conforme estudamos, as principais fontes de informações para uma reportagem são as entrevistas com pessoas envolvidas com o tema. Lembrem-se de que, quanto mais diversificados forem os grupos aos quais pertençam os entrevistados, mais completa ficará a reportagem. Por exemplo, se vocês escolherem abordar o voluntariado, podem entrevistar jovens que façam parte de projetos voluntários; responsáveis por instituições que coordenam esses projetos; pessoas beneficiadas pelos projetos, etc.

2. Ao entrevistar alguém, não se esqueçam de perguntar: o nome completo da pessoa, a ocupação e a relação dela com o tema. Esses dados serão necessários para compor a apresentação de cada entrevistado na reportagem.

3. Além das entrevistas, vocês provavelmente precisarão de dados numéricos, estatísticas, datas e outras informações. Elas podem ser encontradas na internet, mas tomem o cuidado de utilizar somente fontes confiáveis, como *sites* de universidades ou de jornais e revistas reconhecidos.

4. Enquanto realizam as entrevistas, aproveitem para tirar fotos de pessoas, lugares ou objetos relacionados ao tema. **Atenção**: se fotografarem pessoas, vocês vão precisar de uma autorização delas, por escrito, para que a imagem seja reproduzida.

Terceiro passo: planejar e redigir o texto

1. Quando tiverem terminado a coleta de dados, reúnam os resultados e os analisem. Como eles poderiam ser agrupados? Isso vai ajudá-los a definir os blocos de texto a serem separados por intertítulos.

2. Pensem no melhor tipo de abertura para a reportagem do grupo: informativa, cinematográfica, comparativa, com perfil. Vocês também podem pesquisar outras aberturas em jornais e revistas para se inspirar.

3. Planejem quantos blocos de texto o desenvolvimento apresentará e qual será o intertítulo de cada um; por fim, pensem na conclusão, que pode trazer uma interpretação do grupo sobre o tema discutido.

4. Depois de ter planejado o texto, redijam uma primeira versão. Não se esqueçam de incluir *retranca*, *título*, *linha-fina*, *intertítulos*, *fotos* e *legendas* respectivas.

5. Lembrem-se de alternar a forma de apresentar as declarações dos entrevistados (discurso direto e indireto). Busquem também variar os verbos usados para introduzir as declarações: *comenta*, *explica*, *ressalta*, *esclarece*, etc.

6. Verifiquem se há dados que podem ser apresentados por meio de gráficos. Se for conveniente, planejem *boxes* para colocar informações complementares ou prestação de serviços ao leitor (sugestões de leitura, passeios, etc.).

Quarto passo: diagramar a reportagem

1. Um ou dois membros do grupo devem ficar responsáveis por diagramar a reportagem. Para tanto, vocês podem usar um programa de editor de textos comum. Se quiserem um resultado mais sofisticado, há programas de diagramação gratuitos disponíveis na internet.

2. Na diagramação, busquem organizar os elementos textuais e visuais de forma atraente e, ao mesmo tempo, fácil de ler.

Quinto passo: revisar e finalizar o trabalho

1. Quando a reportagem estiver diagramada, imprimam uma cópia e revisem-na, fazendo as seguintes verificações:

> ✓ Os elementos estruturais (retranca, título, linha-fina, intertítulos, fotos, legendas, gráficos) estão presentes e cumprem adequadamente sua função?
>
> ✓ Os parágrafos estão bem construídos e claros, sem frases longas demais?
>
> ✓ A linguagem está envolvente e descontraída, mas ao mesmo tempo objetiva, com dados precisos e verificáveis?
>
> ✓ As pessoas entrevistadas estão adequadamente identificadas?
>
> ✓ As falas foram introduzidas por meio dos discursos direto e indireto, com uso variado de verbos dicendi?
>
> ✓ A diagramação está agradável e clara?

2. Façam as alterações necessárias e preparem a versão final da reportagem.

Sexto passo: apresentar a reportagem

1. No dia combinado pelo professor, cada grupo deverá apresentar um breve comentário oral para os demais alunos com as seguintes informações: qual o tema da reportagem, o porquê da escolha e quais foram os desafios para o desenvolvimento do texto. Em seguida, deverá disponibilizar cópias da reportagem em uma mesa.

2. Após a apresentação de todos os grupos, cada aluno poderá se dirigir à mesa em que estarão as reportagens e escolher a que mais despertar seu interesse para a leitura.

3. Por fim, guardem uma cópia de cada uma das reportagens apresentadas para inseri-las posteriormente na revista da turma.

CAPÍTULO 5

ENTREVISTA

OBJETIVOS DE APRENDIZAGEM
- Identificar as principais características do gênero *entrevista*.
- Distinguir entrevistas temáticas, testemunhais e de perfil.
- Reconhecer as relações entre língua falada e língua escrita na edição de uma entrevista.

ENEM
C1: H1, H3
C6: H18
C7: H21, H22, H23, H24
C8: H25, H26

Para começar

Organizem-se em grupos de três ou quatro colegas. Observem a tira a seguir, discutam as questões e tomem notas das conclusões a que chegarem.

1. Que problema comum no mundo atual é apontado na tira?
2. Quais obstáculos a vida moderna coloca para o convívio entre pais e filhos?
3. Em sua opinião, é importante que filhos e pais (ou outros responsáveis) mantenham diálogo frequente? Por quê?
   - Como fazer para alcançar isso?
4. Alguns especialistas dizem que mais importante do que a quantidade de tempo gasta no convívio em família é a *qualidade* desse tempo. O que vocês pensam a esse respeito?
   - Como melhorar a qualidade das horas vividas com os familiares?
5. Agora, examinem rapidamente a entrevista das próximas páginas e respondam às questões.
   a) Vocês conhecem o entrevistado, Mario Sergio Cortella? Se sim, o que sabem sobre ele?
   b) Levantem hipóteses: por que o título da entrevista está entre aspas?
   c) Leiam a linha-fina da entrevista. Qual seria a diferença entre *escolarização* e *educação*?
   d) É possível estabelecer uma relação entre as afirmações feitas na linha-fina e a tira analisada?

FÁBIO COALA

COALA, Fábio. Mentirinhas. Disponível em: <http://mod.lk/qaxdz>. Acesso em: 4 out. 2017.

Primeiro olhar

ENTREVISTA

Mario Sergio Cortella, professor, educador e filósofo

Violência. "Nunca tivemos tanta agressividade dos alunos contra docentes", afirma Cortella.

"A escola passou a ser vista como um espaço de salvação"

Famílias confundem escolarização com educação, diz educador; para ele, pais devem retomar seu papel

Bia Reis

QUEM É

- Graduado em Filosofia, é mestre e doutor em Educação — no doutorado foi orientado pelo educador Paulo Freire. Foi professor na Pontifícia Universidade Católica de São Paulo (PUC-SP) por 35 anos, secretário da Educação na gestão da prefeita Luiza Erundina (PT) e membro do Conselho Técnico-Científico de Educação Básica da Coordenação de Aperfeiçoamento de Pessoal de Nível Superior (Capes). É autor de mais de 20 livros.

SÃO PAULO – As expectativas das famílias em relação às escolas e o que elas oferecem – ou são, de fato, capazes de ofertar – estão em descompasso. De um lado, há adultos cada vez menos presentes, seja pelo excesso de trabalho, pelos longos deslocamentos nas megalópoles ou até pela falta de paciência, que esperam que a escola ensine o conteúdo obrigatório e eduque os seus filhos. Do outro, as instituições se desdobram para dar conta de uma infinidade de disciplinas regulares e ainda são cobradas a disciplinar os alunos e abordar temas considerados pertinentes. Tudo em quatro horas diárias.

As críticas são feitas pelo professor, educador e filósofo Mario Sergio Cortella, que lança nesta semana o livro *Educação, Escola e Docência – Novos Tempos, Novas Atitudes*. "As famílias estão confundindo escolarização com educação. É preciso lembrar que a escolarização é apenas uma parte da educação. Educar é tarefa da família. Muitas vezes, o casal não consegue, com o tempo de que dispõe, formar seus filhos e passa a tarefa ao professor, responsável por 35, 40 alunos." [...]

A seguir, Cortella fala sobre a necessidade de uma parceria entre escolas e famílias, o impacto da tecnologia e como tornar as aulas mais atraentes.

O senhor fala em métodos de ensino do século 19, docentes do século 20 e alunos do século 21. É possível resolver o descompasso?

A escola tem de ficar em estado de prontidão para acompanhar uma parcela das mudanças, que acontecem de forma extremamente veloz. Isso porque nem tudo o que vem do passado tem de ser levado adiante. A escola precisa distinguir o que vem do passado e deve ser protegido, ou seja, o que é tradicional, daquilo que precisa ser deixado para trás porque é arcaico. Autoridade docente, atenção ao conteúdo e formação de personalidade ética são valores tradicionais. A escola tem de estar atenta às mudanças tecnológicas, mas não se submeter a elas. Vou dar um exemplo. Imagine se em 2004, quando foi criado o Orkut, uma escola criasse um projeto pedagógico baseado nessa rede social. Como um projeto pedagógico demora 10, 12 anos para ser aplicado na sequência de seriação, hoje ele já estaria obsoleto. Já pensou se quando o *pen drive* foi lançado outra escola tivesse decidido que todos os alunos deveriam organizar seus materiais nesse formato, que, chegou-se a dizer, substituiria a mochila? Hoje, nenhum jovem usa *pen drive*: eles guardam tudo em nuvens. Portanto, o que digo é que a escola tem de ficar atenta ao novo, mas não ser refém.

Cada vez mais a aprendizagem ocorre fora do espaço escolar. O que é preciso fazer para conquistar o aluno quando tudo fora da escola parece mais interessante?

Vou te dizer uma coisa que parece óbvia: ninguém deixa de se interessar por aquilo que interessa. Nós temos de saber o que interessa ao aluno para, a partir daí, chegar ao que é necessário.

Capítulo 5 • Entrevista 73

É preciso conhecer o universo circunstancial dos alunos: as músicas que eles estão ouvindo, o que estão assistindo de programas e vendo de desenho animado, para chegar à seleção do conteúdo científico necessário. Temos de partir do universo vivencial que o aluno carrega para chegar até aquilo que de fato é necessário acumular como cultura produzida pela humanidade. Hoje, a escola não pode ser extremamente abstrata, como no meu tempo. O conteúdo tem de ser conectado com o dia a dia.

O que as escolas precisam fazer para encantar as crianças?

É preciso incorporar o que elas já fazem. A geração anterior, de quem já tem mais de 30 anos, só se comunicava pelo telefone. Esta geração de crianças e jovens voltou a escrever – no Facebook, no Twitter, no WhatsApp, em *blogs*. A escola tem de aproveitar essa produção. Alguns até dirão que eles escrevem errado. Claro, todo mundo escreve errado antes de escrever certo. Podemos partir de uma escrita que não está no padrão para chegar à norma culta.

Conversando com pais e professores, a impressão é de que estão insatisfeitos. As famílias se queixam das escolas e as escolas, dos pais. O que acontece?

Antes de mais nada, não estamos diante do crime perfeito, em que só há vítimas. Temos autor também. E essa autoria é multifacetada. A escola foi soterrada nos últimos 30 anos com uma série de ocupações que ela não dá conta – e não dará. Em uma sociedade em que os adultos passaram a se ausentar da convivência com as crianças, seja por conta do excesso de trabalho, da distância nas megalópoles ou da falta de paciência para conviver com aqueles que têm menos idade, a escola ficou soterrada de tarefas. As famílias confundem escolarização com educação. É preciso lembrar que a escolarização é apenas uma parte da educação. Educar é tarefa da família. Muitas vezes, o casal não consegue, com o tempo de que dispõe, formar seus filhos e passa a tarefa ao professor, responsável por uma classe de 35 ou 40 alunos, tendo de lidar com educação artística, religiosa, ecológica, sexual, para o trânsito, contra a droga, português, matemática, história, biologia, língua estrangeira moderna, etc., etc., etc. A escola passou a ser vista como um espaço de salvação.

E como resolver a questão?

A família precisa retomar o seu papel, porque ter filho dá trabalho. Ou será que as pessoas não sabiam? Existe tempo, aplicação, reordenamento, partilha das tarefas. A escola não tem como dar conta de tudo o que dela hoje se requisita. Quando há um linchamento, querem que a escola fale sobre linchamento. O mesmo ocorre com briga em estádios, corrupção, etc. E nem adianta o pai ou a mãe dizer: "A gente paga, a gente quer o serviço". É preciso uma parceria entre a escola e as famílias. Uma ideia é manter, como algumas instituições fazem, uma escola de pais, com reuniões periódicas para ajudar as famílias na reflexão.

De que maneira a convivência reduzida das famílias com os filhos afeta a escola?

Nunca tivemos tanta agressividade dos alunos contra os docentes. Parte das crianças fica sozinha, come se quiser, vai de perua para a escola e quase não encontra adultos. Se é de classe média, o único adulto que ela encontra é a empregada, para quem ela dá ordem. Não há uma estrutura da disciplina. O primeiro adulto que ela encontra no dia é o professor, que pergunta cadê o uniforme, você fez a tarefa, guarde o celular. Claro que nessa hora a criança vem para cima. É uma geração que confunde desejos com direitos. É preciso uma educação que seja mais firme, mas isso exige tempo, e tempo é questão de prioridade.

CORTELLA, Mario Sergio. Entrevista concedida a Bia Reis. *O Estado de S. Paulo*, São Paulo, 18 maio 2014. p. A28.

Glossário
Docentes: professores, mestres.
Arcaico: antigo demais, ultrapassado.
Obsoleto: ultrapassado.
Multifacetada: que tem múltiplas faces.

1. Para compreender melhor um texto longo e complexo como esse que você leu, uma estratégia útil é resumi-lo.
   - No quadro a seguir, há duas opções de frase para resumir cada uma das respostas dadas por Cortella às perguntas da jornalista. Escolha qual delas representa, de fato, uma boa síntese das ideias do educador.

	Pergunta	Opção 1	Opção 2
a)	O senhor fala em métodos de ensino do século 19, docentes do século 20 e alunos do século 21. É possível resolver o descompasso?	A escola deve preservar seus valores tradicionais, absorvendo somente as mudanças tecnológicas realmente relevantes.	A escola deve acompanhar a evolução tecnológica, que hoje ocorre de forma extremamente veloz.
b)	O que é preciso fazer para conquistar o aluno quando tudo fora da escola parece mais interessante?	A escola precisa conhecer o universo vivencial dos alunos e, dentro dele, selecionar os conteúdos a serem ensinados.	A escola precisa partir do universo vivencial do aluno para determinar o conteúdo científico que lhe deve ser acrescentado.
c)	O que as escolas precisam fazer para encantar as crianças?	Devem respeitar a forma como escrevem no Facebook, no Whatsapp e em outros meios digitais, sem forçá-las a adotar a norma culta.	Devem incorporar o que os jovens já fazem, como a produção textual em redes sociais, *blogs* e mensagens instantâneas.
d)	As famílias se queixam das escolas e as escolas, dos pais. O que acontece?	Os pais deixaram de exercer seu papel na formação dos filhos e delegaram essa tarefa às escolas, que ficaram sobrecarregadas.	O excesso de trabalho e as distâncias nas megalópoles vêm causando um afastamento entre pais e filhos, e isso se reflete no mau desempenho escolar.
e)	E como resolver a questão?	A família precisa retomar seu papel e dedicar mais tempo e atenção à educação dos filhos.	É preciso investir em escolas de pais, com reuniões periódicas para reflexão.
f)	De que maneira a convivência reduzida das famílias com os filhos afeta a escola?	Por meio da agressividade e rebeldia dos jovens contra o corpo docente.	Por meio do isolamento das crianças e jovens, que quase não encontram adultos no dia a dia.

2. Concentre-se nas perguntas da entrevista, reproduzidas na primeira coluna do quadro.
   a) Qual delas revela que, antes de preparar o roteiro da entrevista, a jornalista buscou se informar sobre as ideias de Cortella? Justifique sua resposta.
   b) Uma das perguntas parece ter sido feita de improviso. Identifique-a e levante uma hipótese para explicar por que a jornalista saiu do roteiro e fez essa pergunta.
3. Identifique o pronome de tratamento que a entrevistadora escolheu para dirigir-se ao entrevistado e explique essa escolha, levando em conta a situação comunicativa.

> Formas que usamos com referência à 2ª pessoa do discurso (aquela com quem se fala) e que podem demonstrar maior ou menor solenidade; por exemplo: *você, o senhor, Vossa Senhoria*.

4. Indique todas as opções que completam coerentemente a afirmação a seguir.

   Os três primeiros parágrafos do texto foram empregados para:
   a) antecipar os principais pontos de vista defendidos por Cortella na entrevista.
   b) destacar uma frase importante dita pelo filósofo.
   c) apresentar o entrevistado, dando informações detalhadas sobre sua formação e experiência.
   d) justificar por que Cortella foi convidado para dar entrevista nesse momento.

5. O objetivo que você *não* marcou na questão anterior é cumprido em qual parte do texto?

6. O texto falado sempre apresenta *marcas de oralidade*, como marcadores conversacionais (*hein?*, *né?*) e hesitações (*hum... ehhh...*). Levante hipóteses: por que essas marcas não estão presentes na entrevista com Mario Sergio Cortella, apesar de ela ter sido realizada pessoalmente?

7. No boxe "Para começar", você e os colegas conversaram sobre possíveis obstáculos que a vida moderna impõe ao convívio familiar.
   a) Transcreva dois trechos da entrevista em que são mencionados esses obstáculos.
   b) Os obstáculos mencionados na entrevista coincidem com os que seu grupo levantou inicialmente? Explique.

8. Releia o sétimo parágrafo da entrevista e responda às questões propostas a seguir.
   a) Cortella afirma que, muitas vezes, o casal não consegue "formar seus filhos e passa a tarefa ao professor". De acordo com seu conhecimento de mundo e com outras informações da entrevista, explique o que seria "formar" uma pessoa.
   b) Com base nesse sétimo parágrafo, explique qual é a diferença entre escolarização e educação segundo Cortella.

9. Detenha-se agora no nono parágrafo e responda às questões seguintes.
   a) De acordo com o entrevistado, a falta de convívio familiar é algo exclusivo da classe média? Explique.
   b) Para o filósofo, a atual geração "confunde desejos com direitos". Explique essa ideia com suas palavras.

10. Releia a última frase de Cortella:

    "É preciso uma educação que seja mais firme, mas isso exige tempo, e tempo é questão de prioridade."

- No capítulo anterior, falamos sobre a importância de fazer inferências durante a leitura, recuperando os implícitos do texto. Quando Cortella diz que uma educação firme exige tempo, "e tempo é questão de prioridade", qual opinião sobre o comportamento dos pais ele deixa implícita?

Trocando ideias

Discuta as questões propostas com o professor e os colegas.

1. Você concorda com a opinião de Cortella de que muitos pais hoje em dia não conseguem formar seus filhos e delegam essa tarefa à escola? Explique seu ponto de vista.
2. Segundo Cortella, "nunca tivemos tanta agressividade dos alunos contra os docentes". Em sua opinião, sua geração é mesmo mais agressiva e indisciplinada que as anteriores? Explique sua resposta. Você costuma conversar com seus pais ou responsáveis sobre isso?
3. No capítulo anterior, você e os colegas discutiram como *games* e outras inovações no modelo educacional podem (ou não) tornar os alunos mais envolvidos com a escola. Como isso se relaciona aos problemas de agressividade e indisciplina comentados por Cortella?

Por dentro do gênero – Entrevista

Ao lado da notícia e da reportagem, a **entrevista** está entre os principais gêneros jornalísticos. Em jornais e revistas, ela ocupa posição de destaque, podendo aparecer tanto de forma autônoma como integrada a reportagens. No rádio, na TV e na internet, há programas dedicados exclusivamente a entrevistar personalidades. Alguns deles adotam o formato denominado *talk show* — nesse caso, além de entrevistas (geralmente bastante informais), há *shows* musicais, piadas e outras atrações.

O jornalista e apresentador Pedro Bial entrevista as cantoras Maiara e Maraísa no programa *Conversa com Bial*, exibido pela Rede Globo, em 2017.

Embora excepcionalmente possa ser realizada por *e-mail*, a entrevista é, em essência, um gênero oral, que depende da interação face a face entre entrevistador e entrevistado. Mesmo depois de transcrita e editada para publicação na imprensa escrita, ela conserva o dinamismo de um diálogo.

De acordo com sua intenção comunicativa, as entrevistas podem ser divididas em três categorias básicas: temática, testemunhal e de perfil. A entrevista que você leu, com o filósofo Mario Sergio Cortella, é **temática**, pois tem como objetivo principal enfocar determinado tema considerado relevante para o público do jornal — no caso, educação.

Dentro dessa categoria, há casos em que o entrevistado apenas expõe informações de forma objetiva; isso pode ocorrer, por exemplo, em uma entrevista com um médico sobre cuidados que devemos ter para prevenir certa doença. Contudo, em muitas entrevistas temáticas o entrevistado assume uma postura *argumentativa* — é o caso de Cortella, que defende pontos de vista próprios sobre a confusão de papéis entre família e escola.

Para assistir

Desde 2006, o ator Lázaro Ramos comanda o programa de entrevistas *Espelho*, no qual recebe personalidades e debate temas atuais, sempre destacando aspectos ligados à cultura negra. O programa é veiculado pelo Canal Brasil. Para saber mais e conferir trechos das entrevistas, acesse a página: <http://canalbrasil.globo.com/programas/espelho/>.

O ator Jesuíta Barbosa é entrevistado por Lázaro Ramos no programa *Espelho*, 2017.

O segundo tipo de entrevista é o **testemunhal**. Nesse caso, o entrevistado merece destaque não por dominar profundamente certo assunto, mas por ter vivido uma experiência marcante. Veja um exemplo disso nas perguntas a seguir, extraídas de uma entrevista com Nanette Blitz Konig, uma judia holandesa que sobreviveu a um campo de concentração nazista, onde foi presa quando adolescente.

[...]

EXAME.com – Vocês chegam ao campo de Bergen-Belsen em 1944. Neste ponto, vocês imaginavam o que lhes aguardava daquele momento em diante?

Nanette – Ao chegar à estação de trem percorremos todo o caminho até o campo a pé. E esse trajeto era acompanhado de cães raivosos, treinados para atacar, e guardas igualmente agressivos. Era uma repressão tremenda, então já tínhamos uma ideia do que aconteceria.

EXAME.com – Como era o seu dia a dia no campo?

Nanette – Não tinha dia a dia. Em casa, você acorda, vai ao banheiro, toma o seu café da manhã. Lá, não tínhamos nada disso, apenas latrinas. Às vezes, eu passava horas em pé, ouvindo ameaças e apenas aguardando o fim da contagem.

[...]

Entrevista concedida a Gabriela Ruic. 13 jun. 2017. Disponível em: <http://mod.lk/rgdfr>. Acesso em: 4 out. 2017. (Fragmento).

Nanette Blitz Konig em foto de 2015.

Glossário

Latrinas: vasos sanitários, geralmente rústicos.

Observe que as perguntas buscam levar a entrevistada a revelar detalhes da experiência vivida. É esse seu olhar de testemunha histórica que interessa ao entrevistador e aos leitores.

O último tipo de entrevista, a **de perfil**, normalmente é feito com artistas, atletas, empresários e outras personalidades públicas. Leia, como exemplo, alguns trechos de uma entrevista com a escritora inglesa J. K. Rowling, autora da famosa série de livros protagonizados pelo bruxinho Harry Potter.

[...]

Quando a ideia de escrever sobre Harry Potter surgiu pela primeira vez em sua cabeça?

Meu namorado estava se mudando para Manchester e queria que eu me mudasse para lá também. Foi durante uma viagem de volta de Manchester para Londres, depois de um fim de semana em que estivemos procurando um apartamento, que Harry Potter apareceu pela primeira vez. Eu nunca tinha ficado agitada daquele jeito. Soube imediatamente que seria muito divertido escrever sobre ele. Mas não fazia ideia se seria um livro infantil – só sabia que eu tinha esse menino, Harry. Durante a viagem, também descobri Rony, Nick-Quase-Sem-Cabeça, Hagrid e Pirraça. [...]

Você pode descrever o processo de criação das histórias?

Foi uma questão de descobrir por que Harry estava onde estava, por que seus pais haviam morrido. Eu estava inventando tudo isso, mas para mim era como se fosse uma pesquisa. Ao final daquela viagem de trem, eu sabia que seria uma série de sete livros. [...]

FRASER, Lindsey. *Conversa com J. K. Rowling*. São Paulo: Panda Books, 2000. (Fragmento).

J. K. Rowling em foto de 2017.

Como se nota, a intenção é mostrar detalhes da vida e do trabalho do entrevistado. No caso de uma escritora, as perguntas buscam saciar a curiosidade que os fãs naturalmente têm sobre como surgiu a história e como é o processo criativo da autora.

Entrevista é um gênero jornalístico que tem como intenção divulgar as opiniões e/ou as informações sobre certo assunto dadas por um especialista (*entrevista temática*), obter o relato de determinada experiência marcante (*entrevista testemunhal*) ou apresentar a história de vida e o pensamento de uma personalidade pública (*entrevista de perfil*). Ainda que possa ser transcrita e editada para publicação por escrito, a entrevista é um gênero essencialmente oral. Circula em jornais, revistas, *sites*, *blogs*; na modalidade oral, está presente no rádio, na TV e em canais de vídeos da internet, muitas vezes em programas dedicados exclusivamente ao gênero.

Para ler

A coleção Encontros (Azougue Editorial) é uma série de livros de entrevistas com personalidades de diversas áreas da cultura brasileira. Cada volume é dedicado a um intelectual ou artista e reúne entrevistas realizadas em diferentes momentos, permitindo ao leitor conhecer melhor o pensamento de cada personalidade. Para saber mais, acesse: <http://www.azougue.com.br/encontros>.

A estrutura da entrevista

A entrevista é normalmente antecedida por uma **introdução**. Como você observou nas atividades iniciais, essa introdução pode cumprir diversas funções. Vamos revê-las.

> "[...] As expectativas das famílias em relação às escolas e o que elas oferecem – ou são, de fato, capazes de ofertar – estão em descompasso. De um lado, há adultos cada vez menos presentes, seja pelo excesso de trabalho, pelos longos deslocamentos nas megalópoles ou até pela falta de paciência, que esperam que a escola ensine o conteúdo obrigatório e eduque os seus filhos. Do outro, as instituições se desdobram para dar conta de uma infinidade de disciplinas regulares e ainda são cobradas a disciplinar os alunos e abordar temas considerados pertinentes. Tudo em quatro horas diárias. → Antecipa as principais ideias do entrevistado.
>
> As críticas são feitas pelo professor, educador e filósofo Mario Sergio Cortella, que lança nesta semana o livro Educação, Escola e Docência – Novos Tempos, Novas Atitudes. → Justifica por que ele está sendo entrevistado nesse momento.
>
> 'As famílias estão confundindo escolarização com educação. É preciso lembrar que a escolarização é apenas uma parte da educação. Educar é tarefa da família. Muitas vezes, o casal não consegue, com o tempo de que dispõe, formar seus filhos e passa a tarefa ao professor, responsável por 35, 40 alunos.' [...]" → Destaca uma declaração marcante do entrevistado.

Nesse caso, a apresentação do entrevistado — isto é, os detalhes sobre sua formação e experiência — foi feita no boxe "Quem é", mas ela também pode ser realizada nos parágrafos introdutórios.

O corpo principal da entrevista é composto, evidentemente, por perguntas e respostas. Antes de se encontrar com o entrevistado, o entrevistador pesquisa sobre o trabalho dele, suas principais ideias, e elabora um **roteiro** de perguntas. Nessa preparação, o entrevistador leva em consideração também o tipo de entrevista (temática, testemunhal, de perfil) e, consequentemente, o tipo de informação que os leitores ou ouvintes gostariam de obter daquela pessoa.

A existência de um roteiro não significa, porém, que o entrevistador vá ficar preso às perguntas pensadas inicialmente. Uma resposta do entrevistado pode não satisfazer por completo o questionamento feito, ou pode dar margem a uma nova pergunta. Na entrevista com Cortella, por exemplo, você notou que a penúltima pergunta ("E como resolver a questão?"), ao que tudo indica, não constava do roteiro, mas foi feita para aprofundar a resposta dada à questão anterior.

A linguagem da entrevista

Pense e responda

Leia um trecho de entrevista com o cantor Luan Santana, publicada na revista *Todateen*. Depois, responda às perguntas.

[...]
Qual a música que você mais gosta de cantar em seus *shows*?
A música que eu mais gosto de cantar nos meus *shows*? Hum... difícil. Acho que é *Você não sabe o que é o amor*.
Você tem feito muitos *shows* por mês, sobra tempo pra compor?
Sobra. Tem que sobrar, né? No hotel, nas viagens, eu consigo compor, sim.
[...]
Você já viveu uma paixão Meteoro? Já se envolveu com alguém que partiu seu coração (como em *Você não sabe o que é o amor*)?
Já, nos dois casos (risos). Eu acho que um ocasionou o outro, sabe? Foi o meu primeiro amor. Eu era muito apaixonado e quando ela terminou me deu raiva. Acabou comigo, mesmo.
[...]

Entrevista concedida a Thaís Coimbra. 17 out. 2016. Disponível em: <http://mod.lk/rjad6>. Acesso em: 4 out. 2017. (Fragmento).

Luan Santana em foto de 2017.

1. Levante uma hipótese coerente para explicar por que o cantor repete a primeira pergunta da entrevistadora: "A música que eu mais gosto de cantar nos meus *shows*?".
   - Como a interjeição "Hum...", dita em seguida, se relaciona à repetição da pergunta?
2. Em suas respostas, o entrevistado dirige mais duas perguntas à entrevistadora. Identifique essas perguntas e formule hipóteses para explicar por que são feitas.
3. Ao transcrever a última resposta, a entrevistadora indica que o cantor riu: "Já, nos dois casos (risos)". Levando em conta o teor da pergunta, explique por que é importante, para o leitor, saber que o entrevistado riu nesse momento.
4. Na entrevista com Cortella, você observou que não havia *marcas de oralidade*; não havia, por exemplo, expressões como *hum...* e *né?*, que aparecem na entrevista com Luan. Explique o porquê dessa diferença com base no tema das entrevistas, no veículo que publicou cada uma e no perfil dos leitores.

Quando você analisou o trecho da entrevista com o cantor Luan Santana, observou que, ao transcrevê-la e editá-la, a revista *Todateen* optou por manter algumas **marcas de oralidade** — nome dado às marcas características da língua falada que podem, eventualmente, aparecer em um texto escrito. São marcas de oralidade, por exemplo, as *repetições* ("A música que eu mais gosto de cantar nos meus *shows*?"), as *hesitações* ("Hum...") e os *marcadores conversacionais*, isto é, palavras ou expressões que ajudam a manter a interação oral, às vezes ditas em tom de pergunta, como *né?*, *sabe?*, *hein?*.

Como as entrevistas publicadas em jornais, revistas, *sites* e *blogs* são quase sempre feitas oralmente e depois transcritas, é preciso editá-las e adaptá-las à modalidade escrita, para que o texto se torne claro e fluente. Nesse processo, o entrevistador pode eliminar *todas* as marcas de oralidade, como na entrevista com Mario Sergio Cortella, ou manter algumas delas, com o objetivo de preservar a naturalidade do diálogo. Essa decisão, conforme você refletiu nas atividades, depende do tema da entrevista, do veículo em que ela será publicada e do perfil dos leitores.

Esses fatores podem influenciar, igualmente, o **nível de formalidade** da linguagem utilizada durante a própria entrevista. De acordo com o contexto, tanto entrevistador quanto entrevistado podem monitorar sua fala com cuidado, evitando expressões coloquiais e buscando seguir a norma-padrão (como fizeram Bia Reis e Mario Sergio Cortella na entrevista sobre educação) ou, pelo contrário, adotar um estilo de linguagem mais relaxado. Isso se reflete na maneira como se tratam durante a interação. Ao responder às perguntas iniciais do capítulo, você observou que a jornalista tratava Cortella por *senhor* ("O senhor fala em métodos de ensino [...]") — algo, obviamente, impensável no caso da entrevista com Luan Santana, na qual o cantor é tratado por *você* ("Você já viveu uma paixão Meteoro?").

Para ouvir

O poeta Carlos Drummond de Andrade (1902-1987) era pouco afeito às entrevistas. Em 1984, porém, sua filha Maria Julieta Drummond (1928-1987) conseguiu contornar essa característica do pai e gravou com ele uma entrevista, editada e publicada no caderno cultural do jornal *O Globo*. A íntegra da conversa foi remasterizada e lançada no audiolivro *Maria Julieta entrevista Carlos Drummond de Andrade* (Rio de Janeiro: Luz da Cidade, 2008). Na entrevista, o poeta discorre sobre aspectos de sua vida e obra, além de opinar sobre velhice, religião, política e amor.

Para ler e escrever melhor

Da fala para a escrita

Como comentamos, a maioria das entrevistas são realizadas oralmente, transcritas e depois editadas. Nesta seção, vamos ver com mais detalhes como funciona esse processo.

Antes de mais nada, devemos recordar que a **fala** e a **escrita** são duas modalidades de uso da língua. Ambas utilizam o mesmo sistema linguístico — ou seja, as mesmas palavras e regras para combiná-las em frases. As duas também apresentam variação linguística, podendo ser, por exemplo, mais formais ou informais, mais próximas ou mais distantes da norma-padrão, etc. E tanto uma como outra visam à construção do sentido e à interação entre os interlocutores. Contudo, ao falar e ao escrever, os interlocutores tendem a adotar *estratégias* um pouco diferentes.

A *repetição*, por exemplo, é uma estratégia importante na oralidade. O falante tende a repetir várias vezes as mesmas palavras e expressões porque isso ajuda a manter a **coesão**, de modo que o interlocutor acompanhe seu raciocínio. Ele também pode repetir uma palavra ou frase dita pelo outro,

> Encadeamento das ideias em um texto.

para mostrar que entendeu: foi o que fez Luan Santana ao repetir a pergunta da jornalista ("A música que eu mais gosto de cantar nos meus *shows*?"). Da mesma forma, os marcadores conversacionais são uma estratégia típica da oralidade, pois servem para manter a interação (*né?*, *tá certo?*) ou para redirecionar o rumo da conversa (*bom*, *pois é*).

Ao editar o texto oral para publicação no meio escrito, precisamos ajustá-lo às estratégias interativas típicas da modalidade escrita. Entre elas, podemos citar os sinais de pontuação e a construção de frases lineares e completas, capazes de assegurar a clareza na ausência da interação face a face.

Vamos examinar um exemplo desses ajustes. A seguir, apresentamos a primeira pergunta de uma entrevista realizada pela educadora Telma Vinha com o também educador Yves de La Taille. A entrevista foi veiculada em um canal de vídeos da internet voltado para professores, e o tema é o mesmo da conversa com Cortella: a divisão de papéis entre família e escola. Na primeira coluna do quadro, reproduzimos a transcrição da pergunta tal como foi feita, oralmente, e, na coluna da direita, uma possível versão para publicação na modalidade escrita.

Compare-as e observe, além da inserção dos sinais de pontuação, as edições que foram realizadas.

Versão oral		Versão escrita
"O trabalho com a educação moral, o trabalho com os valores, ele deve ocorrer na família... **e muitas vezes inclusive a gente, quando vai trabalhar** com um programa de intervenção na escola, a questão da moral, ou mesmo a questão da boa convivência, esbarra muito nessa **concepção**... afinal, **se é responsabilidade da família, a gente tá tapando buraco**... entendeu a ideia?... a gente tá... a escola tá consertando algo que cabe primeiro à família... como é que você vê essa questão?"	Eliminação de repetições. / Construção de frases lineares, sem truncamentos. / Substituição de palavras por outras mais precisas. / Inserção de palavras para deixar as frases mais claras e completas. / Eliminação de correções, marcadores conversacionais e outras marcas que poderiam diminuir a fluidez do texto escrito.	*O trabalho com educação moral e valores deve ocorrer na família. **Muitas vezes, quando a gente vai trabalhar** com um programa de intervenção na escola sobre a questão da moral ou mesmo da boa convivência, a gente esbarra muito nessa **lacuna**. Afinal, se **isso** é **uma** responsabilidade **da família, a escola está tapando buraco, está consertando algo que cabe primeiro à família**. Como é que você vê essa questão?*

Transcrição de vídeo de entrevista realizada pela educadora Telma Vinha com o educador Yves de La Taille. Disponível em: <http://mod.lk/r8rsc>. Publicado em: 4 nov. 2013. Acesso em: 4 out. 2017. (Fragmento).

Note que, apesar de todas as edições, o estilo da linguagem foi mantido. Por exemplo, a forma de tratamento familiar (*você vê*), o uso de *a gente* em vez de *nós* (*a gente vai trabalhar*) e as expressões coloquiais (*a escola está tapando buraco*), naturais em uma conversa entre colegas de profissão, foram todos preservados.

Na prática

Junte-se com dois ou três colegas e leiam a transcrição da resposta de Yves de La Taille. Depois, façam o que se pede.

Oh pobre família, né?... eu diria... primeiro... nunca na história a família foi a única instituição responsável pela formação moral dos... dos alunos... antigamente ela havia... ela tinha um grande apoio da religião... da religião... o catecismo... é lá que em geral o discurso do bom menino, da boa menina era colocado... ela nunca ficou sozinha... segunda diferença... então, não vejo por que ela estaria sozinha hoje... [...] segunda... antigamente, a sociedade, até porque menos democrática, era mais homogênea... todo mundo pensava mais ou menos da mesma forma, se vestia da mesma forma, havia... digamos... menos diversidade do que tem agora... ou seja, o que se ouvia numa família e na outra e na outra e na outra era praticamente a mesma coisa, então fazia uma caixa de eco, tá certo? que, na prática, fazia com que as famílias [...] se ajudassem mutuamente... e a escola... me desculpe muito... e a escola... pra você não, mas pra quem acha isso... a escola republicana [...] é uma escola feita para... e isso está na Constituição brasileira... é para formar cidadãos... ora, se o objetivo da escola é formar cidadão e não há cidadania sem entre outras coisas moral, então como não seria o papel da escola formar moralmente?... então... sim, a família tem um papel... ninguém vai negar que a família tem um papel, e ela deveria cumprir melhor esse papel, mas isso em nada desculpa ou tira a responsabilidade da escola, que é uma responsabilidade... digamos ... anterior [...].

> Transcrição de vídeo de entrevista realizada pela educadora Telma Vinha com o educador Yves de La Taille. Disponível em: <http://mod.lk/r8rsc>. Publicado em: 4 nov. 2013. Acesso em: 4 out. 2017.
> (Fragmento).

1. Comparando a opinião de Yves de La Taille com a de Mario Sergio Cortella (na entrevista lida no início do capítulo), concluímos que ambos concordam que a formação moral dos jovens é responsabilidade da família; contudo, La Taille enfatiza que:
    a) a formação moral deve ser realizada, em conjunto, pela família, pela Igreja e pela escola.
    b) a família não pode dar conta sozinha dessa tarefa e precisa de parceiros, como a escola.
    c) quando as famílias têm perfil diversificado, o papel formador da escola perde importância.
    d) quando a sociedade era mais homogênea, havia mais preocupação com a formação moral.

2. Localizem na transcrição da resposta de La Taille um exemplo de:
    a) repetição;
    b) marcador conversacional;
    c) correção, isto é, o entrevistado empregou certa palavra, mas em seguida avaliou que não era a mais adequada e a substituiu.

3. Identifiquem um trecho em que o entrevistado enumera ideias.
    - Expliquem a importância dessa enumeração para a coesão da fala.

4. Releiam este trecho, prestando atenção às passagens destacadas.

    "[...] e a escola... *me desculpe muito...* e a escola... *pra você não, mas pra quem acha isso...* a escola republicana [...] é uma escola feita para... *e isso está na Constituição brasileira...* para formar cidadãos..."

    a) No desenvolvimento do raciocínio do entrevistado, o que as passagens destacadas representam?
    b) Expliquem por que o entrevistado pede desculpas ("me desculpe muito...") antes de apresentar sua opinião. Para responder, releiam a pergunta da entrevistadora.
    c) Em seguida, o entrevistado especifica que o pedido de desculpas não é para a entrevistadora, mas sim para outras pessoas ("pra você não, mas pra quem acha isso..."). Em sua opinião, por que ele fez questão de fazer essa ressalva?

5. Agora é a hora de vocês colocarem em prática o processo de editar o texto oral e adequá-lo à modalidade escrita. Revejam o exemplo de edição dado no início desta seção, observando os procedimentos realizados. Em seguida, editem a resposta de Yves de La Taille imaginando que ela seria publicada em uma revista para pais e professores.

Produção autoral

Entrevista

Contexto de produção

O quê: entrevista.
Para quê: traçar o perfil de uma pessoa relevante na comunidade.
Para quem: colegas de outras turmas, pais, professores e funcionários da escola.
Onde: exposição em diferentes espaços da escola; posteriormente, revista da turma.

So b a coordenação do professor, você e os colegas vão organizar, em diferentes espaços da escola, uma exposição de entrevistas com pessoas relevantes na comunidade escolar, no bairro ou na cidade. Reúnam-se em grupos de três ou quatro colegas e mãos à obra!

Primeiro passo: definir e convidar o entrevistado

1. Primeiro, pensem em alguém na escola, no bairro ou na cidade cuja trajetória de vida mereça ser divulgada. Considerem estas possibilidades:
    - um estudante que tenha vencido uma competição esportiva ou cultural (olimpíadas de matemática, concurso de redação, vestibulares, etc.);
    - um professor experiente e querido pelos alunos;
    - um artista que more no bairro;
    - um líder comunitário;
    - uma pessoa que tenha imigrado de outro país ou outra região e possa falar sobre sua cultura e sua adaptação à nova cidade.
2. Quando tiverem definido a pessoa, convidem-na para conceder a entrevista, explicando o propósito do trabalho.

Segundo passo: preparar-se para a entrevista

1. Levantem o máximo possível de informações sobre o entrevistado e anotem-nas.
2. Em seguida, de acordo com o que estudaram neste capítulo, reflitam: a entrevista que farão será temática, testemunhal ou de perfil? Com base nisso e no que pesquisaram sobre a pessoa, definam as informações que pretendem obter dela e preparem o *roteiro de perguntas*. Escrevam três ou quatro perguntas, em frases simples e objetivas. Por exemplo:
    - *Quando você descobriu sua paixão pelos números?*
    - *Como você se preparou para a Olimpíada de Matemática?*
    - *Você contou com a ajuda de alguém?*

3. Façam também uma lista dos dados de que precisarão para compor a apresentação do entrevistado, como idade, lugar de nascimento, estado civil, número de filhos, etc.

4. Providenciem um ou mais dispositivos que gravem áudio e tirem fotos. Certifiquem-se de que funcionam bem e estão com a bateria carregada.

Terceiro passo: realizar a entrevista

1. Antes de começar as perguntas, cumprimentem o convidado e deixem-no à vontade. Peçam permissão para fotografá-lo e para gravar a conversa.

2. Durante a entrevista, não interrompam o entrevistado. Prestem atenção ao que ele diz e anotem pontos que possam ser retomados mais tarde. Lembrem-se: o roteiro não é uma camisa de força; vocês podem acrescentar perguntas na hora ou eliminar as que não pareçam pertinentes.

Quarto passo: editar e finalizar a entrevista

1. A próxima etapa é transcrever e editar a entrevista. Para isso, revejam o que aprenderam ao longo do capítulo e na seção "Para ler e escrever melhor". Lembrem que algumas marcas de oralidade podem ser mantidas a fim de preservar a naturalidade da conversa.

2. Depois que tiverem transcrito e editado a entrevista, preparem a introdução, apresentando o entrevistado e, se for o caso, antecipando algumas declarações dele.

3. Entreguem a entrevista a outro grupo e peçam que a avaliem. Devem ser considerados os seguintes pontos:

> ✓ A introdução apresenta adequadamente o entrevistado?
> ✓ Há problemas de ortografia, pontuação ou concordância?
> ✓ As perguntas e respostas foram devidamente editadas, de modo que o texto final ficou claro e fluente?

4. Após receber as considerações do outro grupo, façam as devidas correções e passem o texto a limpo em uma cartolina ou um papel-cartão grande. Não se esqueçam de dar algum destaque gráfico às perguntas.

5. As entrevistas serão espalhadas em diferentes espaços da escola. Para que o público identifique que se trata de um único projeto, vocês devem dar um título à exposição. Por exemplo: **Estrelas da nossa escola/do nosso bairro** ou **Com a voz: ... [nome da pessoa]**.

6. Quando tiverem decidido o nome do projeto, insiram-no com destaque no alto de cada cartaz. Coloquem também o nome do entrevistado em letras grandes e uma foto da pessoa (se foi possível).

7. Exponham os cartazes pela escola. Observem a reação dos colegas durante a leitura e perguntem a eles o que acharam das entrevistas. Por fim, guardem o material para ser publicado na revista da turma.

Confira questões do Enem e de vestibulares e propostas de redação no **Vereda Digital Aprova Enem** e no **Vereda Digital Suplemento de revisão e vestibulares**, disponíveis no livro digital.

CAPÍTULO 6
CRÔNICA

ENEM
C1: H1, H3
C5: H16, H17
C6: H18
C7: H22, H23
C8: H25, H26

OBJETIVOS DE APRENDIZAGEM
- Identificar as principais características do gênero *crônica*.
- Reconhecer a crônica como um gênero flexível, que pode adotar diversas abordagens e estruturas.
- Compreender a intertextualidade como um importante recurso na construção de textos, capaz de servir a diferentes propósitos.

Para começar

Converse com o professor e os colegas sobre as questões a seguir.

1. Pense na última vez em que você comprou um calçado. Para escolher o produto, você levou em consideração a estética, o conforto ou outro fator? Conte como foi.
2. Em sua opinião, seria possível escrever um texto divertido ou reflexivo sobre um fato do cotidiano como a compra de um calçado? Você já leu algum texto assim?
3. A crônica que você lerá foi publicada primeiro em um jornal e depois escolhida para ser reunida em um livro, com várias outras do mesmo autor. Observe a capa do livro.

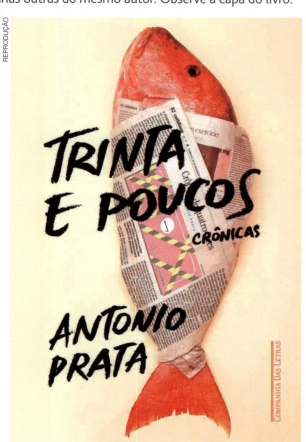

Capítulo 6 • Crônica 85

4. A imagem da capa refere-se a certa utilidade do jornal bem diferente de informar ou opinar sobre os fatos da atualidade. Qual é essa utilidade? Você já viu um jornal sendo usado para esse fim ou já ouviu falar disso?

5. Por que esse uso do jornal tende a desaparecer em nossos dias? O que o substitui, nessa função?

6. Na folha de jornal que aparece na capa desse livro, há uma crônica do autor, Antonio Prata. O que a imagem sugere, portanto, sobre a "durabilidade" das crônicas, isto é, sobre o tempo que elas podem permanecer interessantes para o leitor?

7. Por outro lado, o texto que aparece na folha do jornal foi republicado no livro, o que indica um aspecto diferente sobre a vida útil das crônicas. Explique.

Primeiro olhar

Leia a seguir uma crônica de Antonio Prata e responda às questões.

Na maciota

1 No meio da adolescência, tendo em vista uma maior valorização de minha pessoa pelo sexo oposto, resolvi implementar algumas melhorias no *layout* e abri mão do conforto em nome da estética. Troquei os moletons pelos jeans, aposentei o relógio com joguinho e, mais difícil, abandonei os deliciosos tênis esportivos, passando a usar calçados com proposta: All Stars, Adidas vintage, Pumas invocados, sapatênis e outros modelos cheios de conceito e sem nenhuma tecnologia de entressola. Foram vinte anos castigando as juntas em nome do coração, batendo os calcanhares contra a rígida crosta terrestre, só pra tentar me mostrar um pouquinho mais atraente às mulheres — o que a gente não faz por amor?

2 Não sei se foi o aprimoramento de minha "identidade visual" — como dizem os publicitários —, o amadurecimento interior, o curso natural da vida ou tudo isso junto, só sei que funcionou. Longe de ter me tornado um Don Juan, mas [...] tive algumas namoradas, depois casei. E foi uma sensação de comezinha plenitude, uma cotidiana paz interior que me levou, semana passada, de volta aos tênis esportivos. Depois de duas décadas sem moleza — literalmente —, passei os últimos sete dias calçando um Nike Air de corrida, cinza e amarelo, tão aprazível às juntas quão desagradável à visão — pelo menos, à visão da minha mulher.

3 Ela está preocupada: não só com a feiura desses tênis, de cores berrantes e cheios de faixas refletoras [...], mas com o que virá depois. Moletom? Roupão aos domingos? Bigode? Pijama na padaria? [...]

4 Ontem, minha irmã me ligou. Sempre defensora da elegância e solidária à minha mulher, queria saber dos detalhes. "É dos coloridos?", "Não, não, branco é pior ainda!", "Cê usa como, com jeans? Sei... E a meia, de que cor? Branca? Nossa...", "E se você usasse só dentro de casa?", "Eu tô falando é pelo seu bem!", "Tá, pela Julia, então! Pensa na Julia! Cê acha que é legal ela se arrumar toda e sair por aí com um marido de tênis de corrida?!".

5 Estou vivendo dias contraditórios. [...] Me sinto reconfortado e aflito, como o divorciado que, fraquejando, volta ao casamento problemático. Estarei eu me libertando dos grilhões da moda ou me atolando na areia movediça da preguiça? Seria esse um movimento de independência ou apenas mais um passo em direção ao Homer Simpson que aguarda a todos os maridos depois de alguns anos de casado?

6 Não sei, mas acho que vale a pena insistir e ver no que dá. A cada dia, caminhando pela calçada, dando aquela corridinha pra atravessar a rua ou mesmo parado, numa fila, passando o peso de uma perna pra outra, tenho mais certeza de minha opção. Do pó viemos e ao pó voltaremos: que possamos ao menos colocar, entre o corpo e a terra, os anteparos necessários para amaciar a jornada. A vida já é curta, meus amigos, não precisa ser dura também. E que venha o moletom! (Brincadeira, amor, brincadeira...)

PRATA, Antonio. *Trinta e poucos*. São Paulo: Companhia das Letras, 2006. p. 103-105. (Fragmento). © by Antonio Prata.

Antonio Prata (1977-) é um escritor brasileiro que publica crônicas semanalmente em um jornal de grande circulação. Também escreve roteiros para programas de televisão e filmes.

Antonio Prata em foto de 2015.

Glossário

Comezinha: simples, corriqueira.
Grilhões: cadeias de ferro usadas para prender os pés dos prisioneiros.
Anteparos: auxílios, proteções.

1. Qual fato do cotidiano levou à produção dessa crônica? Transcreva o trecho do texto que relata esse fato.
2. Releia o primeiro parágrafo da crônica.
   a) O que significa a palavra *vintage*, usada nesse parágrafo? Se necessário, pesquise.
   b) Com base no texto, explique o que seriam "calçados com proposta".
   c) Transcreva desse parágrafo o trecho que explica por que o cronista, no meio da adolescência, decidiu usar os "calçados com proposta".
3. No segundo parágrafo, o que as aspas em "identidade visual" indicam sobre essa expressão?
   a) Que ela foi usada com um sentido diferente do habitual.
   b) Que a expressão pode não ser compreendida por todos os leitores.
   c) Que "identidade visual" não faz parte do vocabulário usual do cronista.
   d) Que, embora usada por publicitários, essa expressão não agrada ao cronista.
4. No caderno, faça um quadro semelhante a este e preencha-o com trechos da crônica.

Palavras e expressões usadas para descrever os tênis esportivos e as sensações que seu uso provoca	Palavras e expressões usadas para descrever os "calçados com proposta" e as sensações que seu uso provoca

5. Leia agora o fragmento inicial de uma reportagem sobre tênis, prestando atenção nas palavras e expressões destacadas.

> Usar **o tênis certo** para cada atividade física pode prevenir lesões e outros problemas ortopédicos. "Com um tênis **sem um amortecimento adequado**, há **maior sobrecarga nas articulações** do joelho e do quadril, que podem levar a uma degeneração precoce da coluna", alerta Thiago Coutinho, ortopedista membro do Instituto de Patologia da Coluna em São Paulo.
>
> *Corpo a corpo*. Disponível em: <http://mod.lk/8lapr>. Acesso em: 11 out. 2017.

   a) Entre as palavras e expressões que você inseriu no quadro da questão anterior, escolha pelo menos uma com sentido semelhante a cada expressão destacada nesse fragmento.
   b) Compare o vocabulário da crônica com o da reportagem. Dos atributos a seguir, quais se relacionam à crônica e quais se relacionam à reportagem?

   • previsibilidade   • expressividade   • objetividade   • originalidade

6. Releia.

   "Ontem, minha irmã me ligou. Sempre defensora da elegância e solidária à minha mulher, queria saber dos detalhes. 'É dos coloridos?', 'Não, não, branco é pior ainda!', 'Cê usa como, com jeans? Sei... E a meia, de que cor? Branca? Nossa...', 'E se você usasse só dentro de casa?', 'Eu tô falando é pelo seu bem!', 'Tá, pela Julia, então! Pensa na Julia! Cê acha que é legal ela se arrumar toda e sair por aí com um marido de tênis de corrida?!'."

   a) Embora o autor tenha transcrito apenas as falas da irmã, podemos deduzir o que ele disse durante o telefonema. Reescreva o diálogo, incluindo as possíveis falas do cronista.
   b) Compare sua versão com a original e levante uma hipótese para explicar por que o cronista escreveu apenas as falas da irmã.
7. No penúltimo parágrafo, o autor afirma: "Estou vivendo dias contraditórios.". Identifique as palavras ou as ideias que demonstram contradição nesse parágrafo.
8. A que conclusão o autor chega sobre o dilema que está vivendo? Transcreva os trechos do último parágrafo que expressam de forma mais evidente essa conclusão.
9. Por que a penúltima frase do sexto parágrafo fala em *moletom*?
   • Você diria que essa referência ao moletom é importante para manter a coesão (o encadeamento das ideias) no texto? Por quê?
10. Identifique traços humorísticos da crônica e explique suas escolhas.
11. Levando em consideração todas as análises que fez, explique qual é o objetivo do texto.

Capítulo 6 • Crônica   87

Por dentro do gênero — Crônica

Ao analisar a crônica de Antonio Prata, você observou as principais características desse gênero discursivo. Enquanto notícias, reportagens e outros textos jornalísticos adotam uma abordagem *objetiva*, voltada aos fatos, a **crônica** trata os acontecimentos da atualidade por uma perspectiva *subjetiva*, direcionada às impressões e vivências do próprio autor.

Na maioria das vezes, o texto baseia-se em um fato do cotidiano, como uma experiência vivida pelo cronista (por exemplo, a compra de um calçado), uma recordação de seu passado, uma notícia lida no jornal que lhe chamou a atenção, entre outros. Geralmente, a crônica usa esse ponto de partida para propor uma reflexão — muitas vezes bem-humorada — sobre certo aspecto da vida.

A crônica está presente nos jornais brasileiros desde o século XIX. Nessa época, os diários costumavam veicular *folhetins* — romances divulgados capítulo por capítulo, que o público acompanhava ansiosamente, tal como faria, décadas depois, com as novelas de TV. Observando o interesse dos leitores por esse espaço dedicado à literatura, os jornais passaram a contratar escritores para produzir textos diários. Esses textos não teriam o compromisso de trazer uma narrativa complexa como a dos romances, mas sim comentários ou pequenas histórias sobre acontecimentos do dia a dia. Nascia, assim, a crônica tipicamente brasileira, um gênero discursivo de grande sucesso até hoje.

Desde o início, a crônica representa uma interseção entre o jornalismo e a literatura. Como outros textos do jornal, ela se relaciona à atualidade, ao dia a dia e, por causa disso, pode ser efêmera, ou seja, durar pouco, sendo esquecida semanas depois de sua publicação. Ela também precisa obedecer aos padrões do veículo em que é publicada; não pode, por exemplo, ser longa demais nem adotar um estilo que possa provocar estranhamento ou ser incompreensível para determinados leitores.

Por outro lado, a crônica tem traços que a aproximam da literatura. Com sua sensibilidade, o cronista pode dar a um acontecimento banal uma dimensão significativa e duradoura. Além disso, muitas vezes a crônica incorpora a estética literária, valendo-se de uma linguagem elaborada, que comunica as ideias de forma expressiva e original.

As crônicas podem, portanto, ultrapassar a esfera do dia a dia e passar a integrar nosso patrimônio literário. A crônica "Na maciota", por exemplo, foi republicada em um livro — cuja capa, conforme você observou no boxe "Para começar", propõe uma brincadeira justamente com a suposta efemeridade desses textos.

> **Crônica** é um gênero discursivo que transita entre a esfera do jornalismo e a da literatura. Publicada em jornais e revistas, ela pretende propor uma reflexão em tom subjetivo e leve, recorrendo muitas vezes ao humor. Em geral, sua produção é desencadeada por um fato do cotidiano: uma experiência vivida pelo cronista, uma notícia publicada no jornal, um tema em destaque na atualidade, etc.

SAIBA MAIS

A palavra *crônica* vem do grego *khrónos*, que significa "tempo". Originalmente, o termo designava um relato cronológico de acontecimentos, geralmente ligados a nobres e outras pessoas importantes. A corte portuguesa, por exemplo, tinha um cronista-mor, que registrava a "crônica", isto é, a história de seus monarcas.

É com esse sentido tradicional que o termo é empregado no título da série de romances *As crônicas de Nárnia*, do escritor irlandês C. S. Lewis (1898-1963). Os livros têm esse nome porque registram os fatos ocorridos no país imaginário de Nárnia.

Cena do filme *As crônicas de Nárnia – o leão, a feiticeira e o guarda-roupa* (de Andrew Adamson, EUA/Inglaterra, 2005), adaptação do livro homônimo de C. S. Lewis.

Para ler

A alma encantadora das ruas, de João do Rio (São Paulo: Companhia de Bolso, 2008).

Entre a metade do século XIX e as duas primeiras décadas do século XX, a crônica firmou-se como o gênero que dialogava com a pequena parcela da sociedade brasileira que era alfabetizada e vivia nas cidades. Um dos mais notáveis autores dessa época foi João do Rio, pseudônimo de João Paulo Emílio Cristóvão dos Santos Coelho Barreto (1881-1921). João se interessava pelo lado "esquecido" da cidade do Rio de Janeiro: as favelas, os cortiços, os vendedores ambulantes, as moças pobres que sonhavam em frente às vitrines. No livro *A alma encantadora das ruas*, encontramos alguns dos textos inspirados por esses temas e que nos permitem viajar no tempo, diretamente para os becos e vielas do Rio de Janeiro do início do século XX.

Diferentes abordagens e estruturas da crônica

Pense e responda

A crônica é um gênero discursivo muito diversificado, no que diz respeito tanto à estrutura quanto à abordagem. Para conhecer um pouco mais da variedade de formas em que ela pode se apresentar, leia uma das crônicas mais conhecidas de Rubem Braga. Depois, responda às perguntas propostas.

O padeiro

1 Levanto cedo, faço minhas abluções, ponho a chaleira no fogo para fazer café e abro a porta do apartamento — mas não encontro o pão costumeiro. No mesmo instante me lembro de ter lido alguma coisa nos jornais da véspera sobre a "greve do pão dormido". De resto não é bem uma greve, é um *lockout*, greve dos patrões, que suspenderam o trabalho noturno; acham que obrigando o povo a tomar seu café da manhã com pão dormido conseguirão não sei bem o que do governo.

2 Está bem. Tomo o meu café com pão dormido, que não é tão ruim assim. E enquanto tomo café vou me lembrando de um homem modesto que conheci antigamente. Quando vinha deixar o pão à porta do apartamento ele apertava a campainha, mas, para não incomodar os moradores, avisava gritando:

3 — Não é ninguém, é o padeiro!

4 Interroguei-o uma vez: como tivera a ideia de gritar aquilo? "Então você não é ninguém?"

5 Ele abriu um sorriso largo. Explicou que aprendera aquilo de ouvido. Muitas vezes lhe acontecera bater a campainha de uma casa e ser atendido por uma empregada ou outra pessoa qualquer, e ouvir uma voz que vinha lá de dentro perguntando quem era; e ouvir a pessoa que o atendera dizer para dentro: "não é ninguém, não senhora, é o padeiro". Assim ficara sabendo que não era ninguém...

6 Ele me contou isso sem mágoa nenhuma, e se despediu ainda sorrindo. Eu não quis detê-lo para explicar que estava falando com um colega, ainda que menos importante. Naquele tempo eu também, como os padeiros, fazia o trabalho noturno. Era pela madrugada que deixava a redação de jornal, quase sempre depois de uma passagem pela oficina — e muitas vezes saía já levando na mão um dos primeiros exemplares rodados, o jornal ainda quentinho da máquina, como pão saído do forno.

7 Ah, eu era rapaz, eu era rapaz naquele tempo! E às vezes me julgava importante porque no jornal que levava para casa, além de reportagens ou notas que eu escrevera sem assinar, ia uma crônica ou artigo com o meu nome. O jornal e o pão estariam bem cedinho na porta de cada lar; e dentro do meu coração eu recebi a lição de humildade daquele homem entre todos útil e entre todos alegre; "não é ninguém, é o padeiro!".

8 E assobiava pelas escadas.

Maio, 1956.

BRAGA, Rubem. *200 crônicas escolhidas*. 18. ed. Rio de Janeiro: Record, 2002. p. 319 e 320.

Natural de Cachoeiro de Itapemirim, no Espírito Santo, **Rubem Braga** (1913-1990) formou-se em Direito, mas jamais exerceu a profissão, tendo atuado como cronista e jornalista a vida toda. Com suas crônicas líricas, marcadas por um elaborado trabalho com a linguagem, foi um dos principais responsáveis por dar *status* literário a esse gênero discursivo.

Rubem Braga em foto de 1989.

Glossário

Abluções: ações de lavar o rosto, as mãos ou o corpo.

1. No esquema abaixo, foi representada a organização das ideias nessa crônica. Complete o esquema no caderno.

Parágrafo(s)	
1º	Apresenta o acontecimento recente que serve de inspiração para a produção da crônica (a "greve do pão dormido").
2º e 3º	Apresenta uma memória relacionada ao pão: um padeiro que sempre dizia "não é ninguém, é o padeiro".
4º e 5º	a)
6º	Compara a situação do padeiro à sua própria: um jornalista que também trabalhava de noite e via o fruto de seu trabalho (o jornal) ficar pronto pela manhã.
7º e 8º	b)

2. Releia: "Eu não quis detê-lo para explicar que estava falando com um colega, *ainda que menos importante*". Considerando a comparação que o cronista estabelece entre a profissão dele e a do padeiro, explique por que, em sua opinião, ele se considera "menos importante" que o colega.

3. Sabemos que essa crônica foi produzida em maio de 1956. Entre os costumes relatados na primeira frase do texto, qual parece mais relacionado a essa época do que a nossos dias?

4. Na parte final do texto, o autor diz que recebeu uma "lição de humildade". Explique qual é a reflexão promovida pela crônica a partir dessa expressão.
   - Em sua opinião, a mensagem comunicada na crônica permanece atual, apesar de a data de sua publicação não ser recente? Por quê?

5. A abordagem da crônica "O padeiro" é humorística como a da "Na maciota"? Explique.

6. Essa crônica combina *sequências narrativas* (que narram ações e diálogos) e *sequências argumentativas* (que expõem ideias ou reflexões). Identifique-as usando este código: (I) para sequências narrativas e (II) para sequências argumentativas.
   a) "Levanto cedo, faço minhas abluções, ponho a chaleira no fogo para fazer café e abro a porta do apartamento — mas não encontro o pão costumeiro."
   b) "dentro do meu coração eu recebi a lição de humildade daquele homem entre todos útil e entre todos alegre."
   c) "No mesmo instante me lembro de ter lido alguma coisa nos jornais da véspera sobre a 'greve do pão dormido'."
   d) "Ah, eu era rapaz, eu era rapaz naquele tempo! E às vezes me julgava importante porque no jornal que levava para casa, além de reportagens ou notas que eu escrevera sem assinar, ia uma crônica ou artigo com o meu nome."
   e) "acham que obrigando o povo a tomar seu café da manhã com pão dormido conseguirão não sei bem o que do governo."
   f) "Quando vinha deixar o pão à porta do apartamento ele apertava a campainha, mas, para não incomodar os moradores, avisava gritando: — Não é ninguém, é o padeiro!"

7. Essa combinação entre sequências textuais narrativas e argumentativas também ocorre na crônica "Na maciota", lida no início do capítulo? Justifique sua resposta.

Comparando as duas crônicas lidas até aqui, podemos perceber algumas variações dentro do gênero discursivo. Uma delas é a *abordagem* utilizada. Nem todas as crônicas têm tom humorístico, como a de Prata; o texto pode adotar um estilo mais sentimental ou reflexivo, sem a intenção de produzir humor, como ocorre na crônica de Braga.

Também há, contudo, semelhanças entre as crônicas. Você notou, por exemplo, que ambas combinam sequências *narrativas*, em que se contam fatos, às vezes com diálogos, e sequências *argumentativas*, nas quais o autor propõe suas reflexões e análises.

Embora possa haver grandes variações na forma como as crônicas se organizam, podemos dizer que muitas delas seguem esta **estrutura**:

- primeiro há uma *introdução*, na qual o autor apresenta o tema que abordará e/ou o acontecimento que motivou a produção do texto (nas crônicas lidas, a introdução corresponde aos dois primeiros parágrafos);
- depois, o *desenvolvimento* conduz a uma reflexão, seja por meio da narração de ações e diálogos, seja pela exposição de ideias;
- e por fim a *conclusão*, em que o cronista apresenta, explicitamente ou não, a mensagem que a experiência vivida lhe deixou. Em ambas as crônicas, os dois últimos parágrafos representam essa conclusão.

Crônicas narrativas

Existem crônicas que fogem ao esquema estrutural que acabamos de apresentar porque são totalmente narrativas, assemelhando-se a pequenos contos. O cronista, nesse caso, não explicita sua "voz" no texto; em vez disso, assume o papel de um narrador em 3ª pessoa. Veja um exemplo disso nos parágrafos a seguir, em que se narra uma situação incomum e divertida:

Os bons ladrões

Morando sozinha e indo à cidade em um dia de festa, uma senhora de Ipanema teve a sua bolsa roubada, com todas as suas joias dentro. No dia seguinte, desesperada [...], recebeu um telefonema:

— É a senhora de quem roubaram a bolsa ontem?
— Sim.
— Aqui é o ladrão, minha senhora.
— Mas como o... senhor descobriu o meu número?
— Pela carteira de identidade e pela lista.
— Ah, é verdade. E quanto quer para devolver meus objetos?
— Não quero nada, madame. O caso é que sou um homem casado.
— Pelo fato de ser casado, não precisa andar roubando. Onde estão as minhas joias, seu sujeito ordinário?
— Vamos com calma, madame. Quero dizer que só ontem, por um descuido meu, minha mulher descobriu quem eu sou realmente. A senhora não imagina o meu drama.
— Escute uma coisa, eu não estou para ouvir graçolas de um ladrão muito descarado...
— Não é graçola, madame. O caso é que adoro minha mulher. [...] Estou lhe telefonando por isso. Imagine a senhora que minha mulher falou que me deixa imediatamente se eu não regenerar...
[...]

CAMPOS, Paulo Mendes. In: *Para gostar de ler*. Vol. 1. São Paulo: Ática, 1999. p. 54 e 55. (Fragmento). © by Joan A. Mendes Campos.

Para ler

As cem melhores crônicas brasileiras, organizada por Joaquim Ferreira dos Santos (Rio de Janeiro: Objetiva, 2007).

Uma boa maneira de conhecer crônicas dos mais diversos estilos é ler uma coletânea com produções de diferentes autores. Essa obra conta com textos de Rubem Braga, Moacyr Scliar, Luis Fernando Verissimo, Clarice Lispector, Fernando Sabino, Carlos Drummond de Andrade, entre outros grandes nomes desse gênero.

A linguagem da crônica

Nos Capítulos 3 e 4, vimos que tanto a notícia quanto a reportagem utilizam uma linguagem *objetiva*, com verbos e pronomes na 3ª pessoa, apresentação de dados concretos, verificáveis, e preferência por adjetivos mais "neutros", ou seja, que não expressem juízos de valor. Na maioria das vezes, as crônicas seguem padrões opostos. O leitor da crônica não está interessado em uma análise imparcial dos fatos; pelo contrário, ele busca justamente encontrar no texto o olhar subjetivo do autor, seja para divertir-se com seu bom humor, seja para fazer uma reflexão com base nas memórias e nas experiências pessoais do cronista.

Por conta disso, como você observou ao analisar o texto de Antonio Prata, a crônica rompe com a previsibilidade da linguagem jornalística, lançando mão de palavras com forte carga opinativa, que descrevem os fatos de forma *expressiva* e *pessoal*. Veja:

"[...] abandonei os *deliciosos* tênis esportivos [...]"

"Foram vinte anos *castigando as juntas em nome do coração, batendo os calcanhares contra a rígida crosta terrestre* [...]"

Outra evidência da subjetividade das crônicas é que a maioria delas é redigida na *1ª pessoa*: "tendo em vista uma maior valorização de *minha* pessoa pelo sexo oposto, *resolvi* implementar [...]"; "*Levanto* cedo, faço *minhas* abluções, *ponho* a chaleira no fogo para fazer café [...]".

O estilo geralmente tende à *informalidade*. Observe, por exemplo, que o texto de Antonio Prata usa a abreviatura *pra*, em vez de *para*: "só *pra* tentar me mostrar".

Outra marca bastante característica da crônica é a utilização de figuras de linguagem, o que a aproxima da estética literária. Veja alguns exemplos:

> Recursos estilísticos empregados pelo enunciador para comunicar suas ideias com mais intensidade ou expressividade.

- **Comparação** – consiste na equiparação de dois elementos por meio da conjunção *como* ou similares (*tal como*, *tal qual*). Em "Na maciota", o cronista usa uma comparação para explicar, com expressividade, o dilema que está vivendo: "Me sinto reconfortado e aflito, *como o divorciado que, fraquejando, volta ao casamento problemático.*"

- **Metáfora** – é uma comparação implícita, ou seja, as características de certo elemento são projetadas diretamente ao que se pretende definir ou descrever, sem o emprego de *como* ou outros conectivos. Por exemplo, na frase "Estarei eu me libertando dos *grilhões* da moda ou me atolando na *areia movediça* da preguiça?", os *grilhões* e a *areia movediça* são metáforas que simbolizam, respectivamente, os padrões da moda, que nos prendem como correntes, e a preguiça, que nos imobiliza como a areia movediça. Veja como a frase perderia expressividade sem essa figura de linguagem: *Estarei eu me libertando da moda ou me atolando na preguiça?*

- **Metonímia** – outra figura de linguagem comum nas crônicas é a *metonímia*, que consiste no uso de certa palavra em lugar de outra, havendo entre elas uma relação de coexistência ou implicação mútua. Quando alguém diz, por exemplo, que foi à livraria e "comprou *o Jorge Amado*", utiliza uma metonímia, porque quer dizer que comprou um livro de Jorge Amado, e não o escritor em si (menciona-se a obra no lugar de seu criador). Na crônica "Na maciota", ocorre metonímia neste trecho: "Longe de ter me tornado *um Don Juan*, mas [...] tive algumas namoradas, depois casei". Don Juan é um personagem extremamente sedutor que aparece em peças de teatro, óperas, poemas e filmes. No texto de Antonio Prata, o nome próprio é usado no lugar do que ele representa (*sedutor*, *namorador*). Portanto, em uma linguagem previsível, pouco expressiva, o texto ficaria assim: *Longe de ter me tornado um grande sedutor, mas tive algumas namoradas.*

Para ler e escrever melhor

Intertextualidade

No Capítulo 1, você aprendeu que, para reconstruir os sentidos de um texto, o leitor precisa acionar seus conhecimentos sobre textos, discursos e sobre o mundo em geral. Uma situação em que isso se torna particularmente evidente é aquela em que o autor faz uso da **intertextualidade**, recurso que consiste em referir-se, em determinado texto, a outro texto previamente existente (denominado **intertexto**).

Para entender melhor o conceito, leia as duas tiras a seguir.

BENETT. Disponível em: <http://mod.lk/qsoao>. Acesso em: 11 out. 2017.

ARNALDO BRANCO E CLÁUDIO MOR

A primeira tira apresenta um personagem que, em certa manhã, descobre-se transformado em um "monstruoso inseto". Na segunda tira, a história é semelhante, exceto pelo fato de que, "ao despertar de sonhos inquietantes", o personagem descobre que *não* se transformou em um inseto.

Para compreender plenamente o humor dessas produções, o leitor precisa saber que ambas se referem a outro texto: a novela *A metamorfose*, do escritor tcheco Franz Kafka (1883-1924), publicada pela primeira vez em 1915. Considerada uma das mais perturbadoras narrativas da literatura contemporânea, *A metamorfose* conta a história de Gregor Samsa, um caixeiro-viajante que trabalha duro e desiste dos próprios sonhos para ajudar a pagar dívidas dos pais. Ao despertar certa manhã, Gregor descobre-se transformado em um gigantesco inseto. O texto não dá qualquer explicação para a metamorfose do personagem. Em vez disso, transporta o leitor para o estranho e solitário mundo em que ele passa a viver, rejeitado pela família e obrigado a permanecer recluso no próprio quarto.

Na literatura, *novela* é uma narrativa mais longa que o conto, mas não tão extensa e complexa quanto um romance.

Leia o primeiro parágrafo dessa célebre narrativa, que já inspirou tantas outras criações:

A metamorfose

Quando certa manhã Gregor Samsa acordou de sonhos intranquilos, encontrou-se em sua cama metamorfoseado num inseto monstruoso. Estava deitado sobre suas costas duras como couraça e, ao levantar um pouco a cabeça, viu seu ventre abaulado, marrom, dividido por nervuras arqueadas, no topo do qual a coberta, prestes a deslizar de vez, ainda mal se sustinha. Suas numerosas pernas, lastimavelmente finas em comparação com o volume do resto do corpo, tremulavam desamparadas diante dos seus olhos.

KAFKA, Franz. *A metamorfose*. 2. ed. São Paulo: Companhia das Letras, 2003. p. 13. (Fragmento).

Para navegar

Em 2015, o jornal *Folha de S.Paulo* publicou um especial *on-line* em comemoração aos cem anos de *A metamorfose*. No *link*, há muitas informações sobre o livro — inclusive uma versão em quadrinhos. Para ler, acesse <http://temas.folha.uol.com.br/metamorfose/metamorfose-em-quadrinhos/>.

O recurso da intertextualidade pode ser utilizado com os mais variados propósitos e aparecer nos mais diversos gêneros discursivos. Um anúncio publicitário pode referir-se a um texto famoso a fim de chamar a atenção dos consumidores e seduzi-los para a compra de determinado produto. Um poema pode referir-se a outro com o propósito de homenageá-lo, por exemplo. Nas tiras, você observou que o texto de Kafka é evocado para produzir o humor.

Algumas crônicas humorísticas também fazem uso da intertextualidade. Você verá exemplos disso na atividade a seguir.

Na prática

Junte-se a dois colegas e leiam, a seguir, o fragmento inicial de duas crônicas de Luis Fernando Verissimo também inspiradas pela novela de Franz Kafka. Em seguida, respondam às perguntas.

Para ler e escrever melhor

Texto 1

Metamorfose

Quando Gregório Souza acordou certa manhã de uma noite mal dormida cheia de sonhos perturbadores, olhou seus pés que emergiam da outra extremidade da coberta curta e viu que tinha se transformado em Franz Kafka. Na verdade, levou algum tempo para descobrir quem era. Começou certificando-se que aqueles pés, decididamente, não eram os dele. Examinou-os com interesse e deduziu que eram pés da Europa Central, possivelmente checos. Mas só quando sua mãe entrou no quarto e ele respondeu ao seu "bom-dia!" em checo, espantando-se tanto quanto a ela, deu-se conta de quem era. [...]

VERISSIMO, Luis Fernando. *O Globo*. Rio de Janeiro, 9 set. 2001, Opinião, p. 7. (Fragmento).
© by Luis Fernando Verissimo.

Texto 2

A metamorfose

Uma barata acordou um dia e viu que tinha se transformado num ser humano. Começou a mexer suas patas e descobriu que só tinha quatro, que eram grandes e pesadas e de articulação difícil. Acionou suas antenas e não tinha mais antenas. Quis emitir um pequeno som de surpresa e, sem querer, deu um grunhido. As outras baratas fugiram aterrorizadas para trás do móvel. Ela quis segui-las, mas não coube atrás do móvel. O seu primeiro pensamento humano foi: que vergonha, estou nua! O seu segundo pensamento humano foi: que horror! Preciso me livrar dessas baratas! [...]

VERISSIMO, Luis Fernando. *Mais comédias para ler na escola*. Rio de Janeiro: Objetiva, 2008. p. 123. (Fragmento). © by Luis Fernando Verissimo.

1. Expliquem brevemente como o tema original de Franz Kafka é revivido em cada texto.

2. Mencionem pelo menos um aspecto em cada texto que, na opinião de vocês, produz um efeito humorístico.

3. No último parágrafo da crônica "Na maciota", também ocorre uma intertextualidade. Identifiquem-na. Se necessário, pesquisem ou troquem ideias com outros grupos.

4. Comparem a intertextualidade presente na crônica "Na maciota" com a observada nos fragmentos iniciais das crônicas de Luis Fernando Verissimo e respondam: qual delas tem mais chance de ser compreendida pela maior parte dos leitores do jornal? Por quê?
   - Com base nessa comparação, o que vocês concluem sobre quais fatores o autor do texto precisa considerar ao fazer uso da intertextualidade?

5. Em um prazo determinado pelo professor, seu grupo vai trazer mais um exemplo de intertextualidade para apresentar ao restante da turma. Vocês poderão pesquisar gêneros variados (crônicas, tiras, contos, letras de canção, etc.) em livros, revistas ou em *sites* na internet. Depois, preencham uma ficha com alguns dados sobre o intertexto (texto preexistente) e sobre a criação que ele inspirou. Veja abaixo um modelo de como a ficha deve ser preenchida (utilizamos como exemplo a primeira tira lida nesta seção):

Intertextualidade	
Intertexto: *"A metamorfose", de Franz Kafka.* Gênero discursivo: *novela (conto longo).*	Criação inspirada no intertexto: *tira de Benett.* Gênero discursivo: *tira.* Objetivo: *produzir humor.*

Produção autoral

Coletânea de crônicas da turma

Contexto de produção

O quê: crônica.
Para quê: propor uma reflexão ou contar uma história com base em um fato do cotidiano.
Para quem: colegas de outras turmas, pais, professores e funcionários da escola; público em geral.
Onde: primeiro, na coletânea de crônicas da turma; posteriormente, na revista da turma.

Individualmente, você e os colegas vão escrever crônicas para compor uma coletânea. Depois, algumas delas serão escolhidas para integrar a revista da turma. Siga as instruções e liberte sua imaginação!

Primeiro passo: inspirar-se em uma experiência, uma notícia ou em outro texto

1. Relembre as duas crônicas lidas neste capítulo: na primeira, o texto baseou-se em uma experiência do cronista (a compra de um tênis); na segunda, em um fato da atualidade ("greve do pão dormido") que fez o cronista se recordar de uma experiência do passado (a conversa com o padeiro).

2. Para escrever sua crônica, você pode seguir um desses caminhos. Pense, portanto, nestes pontos de partida: experiências que viveu ou notícias atuais que poderiam gerar uma reflexão.

3. Uma outra opção, ainda, é recorrer à *intertextualidade*: você pode pensar em um texto que seja conhecido de seu público (um conto, um filme, etc.) e do qual você poderia criar uma versão engraçada, como as crônicas de Luis Fernando Verissimo sobre *A metamorfose*.

▶ **Segundo passo: planejar seu texto**

1. Se você pretende escrever uma crônica que proponha uma reflexão, faça um planejamento do texto:
   - *introdução* – aqui você apresentará o fato que deu origem à produção;
   - *desenvolvimento* – pense em como vai desenvolver sua reflexão; lembre que você pode misturar trechos narrativos a argumentativos;
   - *conclusão* – no(s) último(s) parágrafo(s), você deve apresentar a conclusão a que sua reflexão levou, ou a mensagem que o episódio lhe deixou.

2. Se você pretende produzir uma crônica narrativa, crie uma história simples e com poucos personagens. Tente elaborar um desfecho que produza um efeito humorístico.

3. Seja qual for o planejamento de seu texto, recorde que você pode adotar uma abordagem divertida ou mais séria, reflexiva.

Terceiro passo: escrever e revisar a crônica

1. Depois que tiver organizado as ideias e acertado o planejamento, prepare a primeira versão de sua crônica. Lembre que ela não deve ser curta demais, pois isso a impediria de desenvolver a reflexão ou a história, nem longa demais, a ponto de fugir dos padrões do gênero.

2. Adote uma linguagem expressiva e pessoal, descrevendo os fatos à sua maneira. Sempre que possível, utilize figuras de linguagem. O estilo pode ser informal, mas tome cuidado para que não haja erros de ortografia ou de gramática.

3. Quando tiver concluído sua primeira versão, mostre-a a um colega e peça-lhe que avalie os seguintes pontos:

   - ✓ Está claro qual é o ponto de partida do texto (uma experiência, uma notícia, referência a outro texto, etc.)?
   - ✓ O desenvolvimento das ideias é coerente com o ponto de partida?
   - ✓ Se o autor optou por propor uma reflexão, essa reflexão e a conclusão a que ele chega ficam claras ao longo da crônica?
   - ✓ Se o autor optou por narrar uma história, ela ficou interessante e coerente?
   - ✓ A linguagem está expressiva?

4. Considere as sugestões de seu colega e passe o texto a limpo.

▶ **Quarto passo: organizar a coletânea da turma**

1. Quando todos tiverem produzido suas crônicas, será organizada uma coletânea. Vocês vão preparar um livro físico, com as folhas impressas e encadernadas. Pode ser preparada também uma versão virtual, a ser publicada em plataformas editoriais *on-line*.

2. Um grupo de cinco ou seis alunos formará a comissão responsável por montar a coletânea. Um primeiro aspecto a considerar é que coletâneas sempre são organizadas segundo determinado critério. Os textos podem ser reunidos segundo a época em que foram produzidos, segundo a nacionalidade dos autores, etc. No caso da coletânea da turma, vocês podem usar a *temática* como critério organizador. Assim, a comissão deve ler todas as crônicas e agrupá-las segundo o tema; por exemplo: Amor, Amizade, Família, Escola, Animais de estimação, etc.

3. A comissão deve, então, preparar uma *Apresentação* para a coletânea. Será um texto de aproximadamente uma página que explicará como surgiu a obra e como os textos estão ordenados.

4. Em seguida, a comissão deve fazer uma última revisão nas crônicas, corrigindo eventuais problemas de ortografia ou gramática. A comissão deve cuidar, também, para que todas estejam no mesmo formato (mesmas margens, fonte, tamanho da letra, etc.). Se acharem interessante, vocês podem ilustrar os textos.

5. O último passo é numerar as páginas e montar o *Sumário*, com o título das crônicas, o nome de seus autores e o número da página em que se encontram.

6. Pensem em um título interessante para a coletânea (por exemplo, *Inspirações do cotidiano: crônicas do 1º ano C*) e ilustrem a capa com uma foto ou desenho.

7. Depois que o livro estiver pronto e encadernado, vocês podem providenciar cópias para leitura de amigos e familiares e disponibilizar um exemplar na biblioteca da escola. Se publicarem também a versão digital, podem divulgar o *link* e alcançar ainda mais leitores. Não se esqueçam de que algumas crônicas da coletânea farão parte da revista da turma. No momento oportuno, o professor vai orientá-los.

Confira questões do Enem e de vestibulares e propostas de redação no **Vereda Digital Aprova Enem** e no **Vereda Digital Suplemento de revisão e vestibulares**, disponíveis no livro digital.

UNIDADE 3

O MUNDO DA PUBLICIDADE

Capítulo 7
Anúncio publicitário: comercial e institucional, 98

A publicidade está em toda parte: em jornais e revistas, nas ruas, no rádio, na TV, na internet. Nesta unidade, você vai conhecer melhor os objetivos dos publicitários e as estratégias que eles utilizam para persuadir os consumidores a adquirir produtos ou a tomar determinadas atitudes.

Em seguida, você e os colegas vão colocar essas estratégias em prática e produzir seus próprios anúncios. No final da unidade, serão apresentadas instruções para a produção da revista da turma, que reunirá não só alguns desses anúncios, como também os textos criados na unidade anterior.

CAPÍTULO 7

ANÚNCIO PUBLICITÁRIO: COMERCIAL E INSTITUCIONAL

OBJETIVOS DE APRENDIZAGEM
- Identificar as intenções comerciais ou institucionais do gênero *anúncio publicitário*.
- Reconhecer estratégias de persuasão e recursos linguísticos utilizados por publicitários.
- Identificar as partes que compõem o anúncio e a função de cada uma.
- Reconhecer a mescla de gêneros como recurso de originalidade e expressividade.

ENEM
C1: H1, H2
C6: H18, H19
C7: H21, H23, H24
C8: H25, H26

Para começar

Converse com o professor e os colegas sobre as questões a seguir.

1. Em um mundo repleto de estímulos como o nosso, o grande desafio da publicidade é chamar a atenção do público. Cite alguns anúncios publicitários que permaneceram em sua memória. O que eles tinham de marcante?
2. Muitos anúncios apelam para o lado emocional do consumidor, mexendo com seus desejos, sua vaidade e até seus medos. Você já observou isso? Se sim, dê exemplos.

Primeiro olhar

Leia o anúncio a seguir e responda às perguntas.

- O trote atrapalha quem mais precisa de ajuda.
- Paraná Governo do Estado

Colunistas. Disponível em: <http://mod.lk/ttouc>. Acesso em: 12 out. 2017.

1. Qual é o objetivo desse anúncio?
2. Qual é a entidade responsável pelo anúncio? Por que ela teria decidido produzi-lo?
3. Na publicidade, imagens muitas vezes têm valor simbólico. Explique o que a imagem representa, nesse caso.
4. Nesse anúncio, além de chamar a atenção do consumidor, o *exagero* contribui para a estratégia persuasiva. Explique como isso ocorre.
5. Compare o texto verbal do anúncio com uma versão alternativa:

    "O trote atrapalha quem mais precisa de ajuda."

    O trote afeta quem mais precisa de ajuda.

    - Com base na comparação, explique como as palavras foram escolhidas para dar maior expressividade ao texto original.

Por dentro do gênero — Anúncio publicitário

Empresas, órgãos públicos e outras instituições comunicam-se com a sociedade de diversas formas. Uma delas é a produção de um **anúncio publicitário**, um gênero discursivo que tem como objetivo convencer o interlocutor a fazer (ou deixar de fazer) algo.

Muitos anúncios têm intenções *comerciais*, pois pretendem estimular a aquisição de certo produto ou serviço. Outros, como o que você analisou, têm fins *institucionais*, buscando conscientizar o interlocutor de determinada ideia e levá-lo a adotar certos comportamentos. No anúncio lido, o objetivo era conscientizar as pessoas dos prejuízos que os trotes causam e convencê-las a abandonar essa prática.

Quando uma empresa ou instituição pretende comunicar-se por meio de um anúncio, ela procura os serviços de uma *agência de publicidade*. Então, os *redatores* e outros profissionais especializados vão pensar nas melhores estratégias para persuadir o interlocutor.

Uma dessas estratégias é a combinação de diversas linguagens: em geral, o anúncio é um texto *multimodal*, em que se alia a linguagem das palavras a imagens, sons, movimentos. Os tipos de linguagem usados estão ligados ao meio em que o anúncio vai circular, como jornais, revistas, *outdoors*, rádio, TV, internet, etc.

No anúncio a seguir, por exemplo, além da linguagem verbal e da visual, foram empregados elementos tridimensionais: milhares de garrafas PET, latinhas e outros materiais aos quais nem sempre se dá a destinação correta. O objetivo é enfatizar ao público que o lixo pode ser reciclado e até virar arte, mas jamais deve ser jogado no mar.

Painel do artista Ivo Gato para o Dia Mundial do Meio Ambiente, 2015. Disponível em: <http://mod.lk/317tu>. Acesso em: 5 nov. 2017.

Anúncio publicitário é um gênero discursivo que tem por objetivo persuadir o interlocutor a consumir produtos e serviços ou a tomar (ou deixar de tomar) determinada atitude. Geralmente articula diferentes linguagens e pode circular em diversos meios, como jornais, revistas, *outdoors*, rádio, TV, internet.

Campanha publicitária

Em geral, um anúncio publicitário não é produzido de forma isolada; normalmente ele faz parte de uma **campanha publicitária**, que, além de anúncios, pode incluir cartazes, *banners*, comerciais de TV e internet, etc. Um elemento importante da campanha publicitária é o *slogan*. Trata-se de uma frase ou de um pequeno texto marcante que será repetido em todas as peças dessa campanha. No anúncio analisado na seção "Primeiro olhar", o *slogan* era: "O trote atrapalha quem mais precisa de ajuda".

Slogans também podem ser criados para a marca em si e utilizados em todas as suas comunicações. Você talvez se lembre de alguns, pois essas frases são concebidas justamente para ser repetidas e memorizadas com facilidade.

Estratégias de persuasão

Pense e responda

Leia este outro anúncio e responda às perguntas.

- Pedale. Faz bem para você. Faz bem para sua cidade.
- Pedalar pode mudar o seu penteado. Mas muda também a sua cabeça.
- Trocou o salto pelo sapato baixo. No pedal. Evitou a subida e atravessou o parque. Na primavera. Flores na cestinha, cabelos ao vento, óculos de sol. Mais que pedalar, desfilou estilo, desfilou atitude. É cycle. É chic. É transformador. Está na hora de descobrir o bem que a bicicleta faz para você e sua cidade.

Inove ideias. Disponível em: <http://mod.lk/ceyc3>. Acesso em: 12 out. 2017.

1. Qual é o objetivo desse anúncio?

2. Um anúncio sempre tem um *público-alvo*, isto é, uma parcela do público que ele pretende atingir mais diretamente. Qual é o público-alvo desse anúncio? Descreva sua faixa etária, gênero, hábitos, local de moradia e justifique suas respostas.

3. Uma das estratégias de persuasão empregadas em textos publicitários é mostrar que, consumindo o produto, o interlocutor se transformará em alguém melhor, com características superiores às atuais. Explique como isso ocorre no anúncio lido.

Ao contrário do que se pode imaginar, muitas de nossas decisões não dependem tanto de fatores objetivos, mas dos valores afetivos que associamos a certos produtos ou a certas atitudes. Tendo isso em mente, os publicitários recorrem a uma série de *estratégias de persuasão* que apelam mais às emoções do interlocutor do que a seu lado racional.

A primeira dessas estratégias é a **identificação**: o interlocutor precisa sentir que o anúncio foi feito para ele, que dialoga diretamente com ele. No anúncio da bicicleta, por exemplo, você observou que a imagem, o título e o texto foram concebidos para captar a atenção de mulheres jovens, moradoras de áreas urbanas e que cuidam bastante da aparência.

Uma vez estabelecida a identificação do consumidor, o próximo passo é levá-lo à **projeção**: ele deve acreditar que, comprando o produto ou tomando certa atitude, será uma pessoa melhor, com características mais desejáveis. Ao analisar o anúncio, você percebeu que, de acordo com a linha de raciocínio proposta, se a consumidora passar a utilizar a bicicleta em seus trajetos diários, ela se tornará uma pessoa "chique", que vive em harmonia com a natureza ("Flores na cestinha, cabelos ao vento, óculos de sol"), cheia de estilo e atitude ("desfilou estilo", "desfilou atitude").

Outros anúncios, por sua vez, utilizam a estratégia da **rejeição**. Nesse caso, o texto enfatiza os aspectos negativos de uma situação e apresenta a solução para o problema. O anúncio ao lado, por exemplo, mostra uma situação que ninguém quer vivenciar — um acidente de trânsito, simbolizado pela gota de sangue na tela do celular.

Para que o interlocutor possa evitar a situação rejeitada, o anúncio oferece a solução: "Não digite e dirija".

Note que tanto a projeção quanto a rejeição exploram a *vaidade* do interlocutor: ele quer ser percebido como alguém com características desejáveis, e não como alguém antiquado, sem espírito ecológico ou que dirige de forma perigosa, por exemplo. Outra emoção bastante explorada, especialmente em anúncios que usam o mecanismo de rejeição, é o *medo*, já que eles em geral apresentam situações temidas pelo público (no exemplo, um acidente).

Colunistas. Disponível em: <http://mod.lk/p60h8>. Acesso em: 12 out. 2017.

Trocando ideias

Algumas campanhas publicitárias lançam mão de estratégias pouco convencionais. É o caso de uma campanha chamada *Adesivo Sincero*, promovida pela Santa Casa de Misericórdia de Porto Alegre. A ideia era esta: primeiro, uma equipe procurava carros estacionados irregularmente em vagas para deficientes; em seguida, colava nesses carros um dos adesivos reproduzidos abaixo. Leia o texto dos adesivos e depois discuta com o professor e com os colegas as questões propostas.

Colunistas. Disponível em: <http://mod.lk/5g3w3>. Acesso em: 12 out. 2017.

1. Explique como essa campanha explorou os mecanismos de identificação, projeção e rejeição.

2. Em sua opinião, a estratégia da campanha é eficiente? Por quê?

A estrutura do anúncio publicitário

A composição dos anúncios publicitários apresenta alguns elementos característicos. Além do *slogan*, que já comentamos, pode haver *título*, *texto*, *imagem* e *logomarca*. Veja a seguir, em um anúncio veiculado durante o Carnaval de 2014 no Rio de Janeiro, um exemplo de como esses elementos podem se organizar espacialmente.

Imagem: para despertar o interesse do interlocutor, a imagem deve ser impactante. A foto de um homem coberto de lixo, por exemplo, chama bastante a atenção.

Texto: detalha os objetivos do anúncio. Pode apelar para o lado racional do leitor trazendo informações objetivas. Nesse caso, é mencionada a quantidade de lixo jogada nas ruas (770 toneladas).

Título: deve complementar a imagem, mas não meramente descrevê-la. Nesse caso, o título explica a imagem: o homem está coberto de lixo porque está "fantasiado de rua".

Comunica que muda. Disponível em: <http://mod.lk/34uxg>. Acesso em: 12 out. 2017.

Mais de 770 toneladas de lixo foram jogadas na rua no último carnaval. **Neste carnaval, jogue lixo no lixo.**

Logomarca: é a "assinatura" do anúncio; compõe-se pelo símbolo visual da marca e por seu nome, escrito em letras de traçado específico.

***Slogan*:** este anúncio tem dois *slogans* — o da campanha ("Neste carnaval, jogue lixo no lixo") e o da marca anunciante ("O plano de saúde oficial do carnaval carioca").

A linguagem do anúncio publicitário

Pense e responda

Leia o anúncio a seguir e responda às perguntas.

TRABALHO INFANTIL NÃO É LEGAL.

No Brasil, milhões de crianças abandonam as escolas para trabalhar nas ruas, muitas vezes obrigadas pela própria família ou coagidas por exploradores. Nas ruas, elas estão desprotegidas e expostas aos maiores perigos, como drogas, violência, exploração sexual e morte. Quando você dá dinheiro a uma criança que trabalha na rua, está ajudando a promover o trabalho infantil.

Ministério Público de Pernambuco. Disponível em: <http://mod.lk/dpavu>. Acesso em: 12 out. 2017.

Multimídia interativa
Trabalho infantil

1. Qual é o público-alvo do anúncio? Justifique sua resposta.
   - Qual estratégia predomina nesse anúncio: a projeção ou a rejeição? Explique.

2. O título é composto por duas partes com a mesma estrutura, resultando em um **paralelismo**. Explique como isso ocorre.

   > Repetição, em uma sequência, de estruturas sintáticas ou de conteúdos.

3. Explique como a sonoridade das palavras foi explorada nesse título.

4. Observe o *slogan* da campanha: "Trabalho infantil não é legal". Essa frase permite duas leituras, de acordo com os sentidos que se podem atribuir ao adjetivo *legal*. Quais são essas leituras? Qual ou quais delas são possíveis no contexto?

5. Anúncios publicitários muitas vezes empregam um verbo no Imperativo.
   a) Identifique um verbo no Imperativo no anúncio do Ministério Público do Trabalho.
   b) Verbos no Imperativo também aparecem nos outros textos publicitários que analisamos até agora neste capítulo? Justifique sua resposta.
   c) Formule uma hipótese para explicar por que o uso do modo Imperativo é comum na publicidade.

Capítulo 7 • Anúncio publicitário: comercial e institucional

Nessa análise, você observou a importância dos **recursos linguísticos** para a construção dos anúncios publicitários. A fim de chamar a atenção do interlocutor, o anúncio precisa usar uma linguagem criativa e expressiva.

Uma das estratégias para isso é dar atenção especial à **construção sintática**, isto é, à forma como as frases são elaboradas. Você viu que o título do anúncio do Ministério Público do Trabalho era formado por duas partes com estrutura semelhante:

"Para você diversão, para ele exploração."

O paralelismo cria uma comparação entre as pessoas mencionadas, contribuindo para estabelecer um contraste entre o interlocutor, que, mesmo sem perceber, pode estar estimulando o trabalho infantil, e a criança explorada, que perde sua infância e suas chances de um futuro melhor. Além de ajudar na produção dos sentidos, esse tipo de construção paralela dá uma melodia regular à frase, tornando-a mais expressiva e chamativa.

Nos anúncios, a *sonoridade* das frases e palavras também é explorada por meio de *rimas* ("Para você divers*ão*, para ele explora*ção*") e de *repetições*: "*Para* você [...], *para* ele", "*É* cycle. *É* chic. *É* transformador."; "Neste carnaval, jogue *lixo* no *lixo*".

Em seu esforço para criar textos marcantes, os publicitários também podem explorar os *sentidos* das palavras. No anúncio contra trotes analisado no início deste capítulo, você observou que o *slogan* aproximava duas palavras que remetem a ideias opostas: "O trote *atrapalha* quem mais precisa de *ajuda*". O anúncio do Ministério Público do Trabalho, por sua vez, apoia-se na *polissemia* (múltiplos sentidos) do adjetivo *legal*, que pode se referir tanto ao aspecto jurídico do problema, quanto ao uso coloquial da palavra (não ser legal significa não ser bacana ou bom).

Uma última característica linguística marcante dos anúncios publicitários é que eles muitas vezes se dirigem diretamente ao interlocutor. Para isso, apresentam *pronomes* referentes à pessoa com quem se fala ("Quando *você* dá dinheiro a uma criança que trabalha [...]"; "Pedalar pode mudar o *seu* penteado") e verbos no modo *Imperativo*, que expressam ordens ou conselhos, indicando claramente o que se espera que o interlocutor faça ou não ("Não *compre*.", "*Pedale*." "[...] *jogue* lixo no lixo").

> A linguagem dos **anúncios publicitários** deve ser expressiva e criativa, a fim de chamar a atenção do interlocutor. Alguns dos recursos utilizados para isso são: *construções sintáticas* cuidadosamente elaboradas; *recursos sonoros*, como rimas e repetições; exploração dos *sentidos* das palavras; uso do *Imperativo* e de *pronomes* que se referem diretamente ao interlocutor.

Para navegar

Nos *sites* do *Museu virtual memória da propaganda* <http://www.memoriadapropaganda.org.br/> e das *Propagandas históricas* <http://www.propagandashistoricas.com.br/> é possível conferir anúncios publicitários de diferentes épocas.

Com o objetivo de resgatar, preservar e divulgar a publicidade, principalmente nacional, esses espaços disponibilizam materiais interessantes para quem quer conhecer mais a respeito do universo publicitário.

Variações linguísticas na publicidade

Os usuários de uma língua não a empregam da mesma forma. Diferenças no perfil dos falantes (faixa etária, origem, escolaridade, etc.) e na situação comunicativa em que se encontram fazem com que haja variações — são as denominadas **variações linguísticas**, muitas vezes exploradas pela publicidade.

É comum, por exemplo, que os publicitários utilizem uma linguagem informal, com gírias e expressões coloquiais, a fim de aproximar-se do interlocutor. Além disso, conforme o contexto, eles podem valer-se de variações regionais para garantir a identificação do público. É o que faz este anúncio que homenageia os festejos de São João na Bahia. Observe como foram utilizadas algumas expressões características do falar sertanejo (*ói, mió*) para marcar o caráter regional da festa.

Rede Bahia de televisão. Disponível em: <http://mod.lk/O41j9>. Acesso em: 12 out. 2017.

Para ler e escrever melhor

Intergenericidade (mescla de gêneros)

Na seção "Para ler e escrever melhor" do capítulo anterior, vimos como a intertextualidade — isto é, a referência a outro texto — pode ser utilizada para produzir diversos efeitos de sentido e servir a diferentes propósitos comunicativos. Nesta seção, você conhecerá um recurso semelhante: a **intergenericidade** ou **mescla de gêneros**, que consiste no emprego, em determinado gênero discursivo, de características próprias de *outro* gênero.

Observe um exemplo de intergenericidade na tira a seguir.

CACO GALHARDO

A etiqueta colada com adesivos no fundo da geladeira lembra as fichas que são colocadas ao lado de obras de arte em uma exposição. Veja um exemplo desse tipo de ficha, extraído do catálogo de uma exposição do artista brasileiro Siron Franco.

pássaros
[1975]
óleo s/ tela
0,90 x 0,80 m
coleção Eugenia Gorini Esmeraldo
e Francisco de Assis Esmeraldo

BIBLIOTECA MÁRIO DE ANDRADE.
Siron Franco em 38 obras: 1974-2017.
São Paulo, 2017. p. 45.

Observe as semelhanças:

Tupperware	←— **título** —→	Pássaros
Técnica mista (possivelmente massa sobre molho de tomate)	←— **técnica utilizada** —→	óleo sobre tela
março 2003	←— **data de criação** —→	[1975]

Em outras palavras: embora o texto de Caco Galhardo pertença ao gênero *tira*, ele absorve características de outro gênero, a *ficha catalográfica de obra de arte*. O propósito é produzir humor, sugerindo que a pessoa esqueceu há tanto tempo o macarrão na geladeira que ele se tornou uma verdadeira "escultura", endurecida e nada comestível. A legenda na parte inferior da tira — "*refrigerator art*" (ou arte de refrigerador) — confirma essa intenção.

Para ler e escrever melhor

A intergenericidade é bastante frequente no mundo da publicidade, como você verá na atividade a seguir.

Na prática

Junte-se a quatro ou cinco colegas para analisar os anúncios a seguir, discutir as questões propostas e registrar por escrito as conclusões a que chegarem.

Anúncio 1

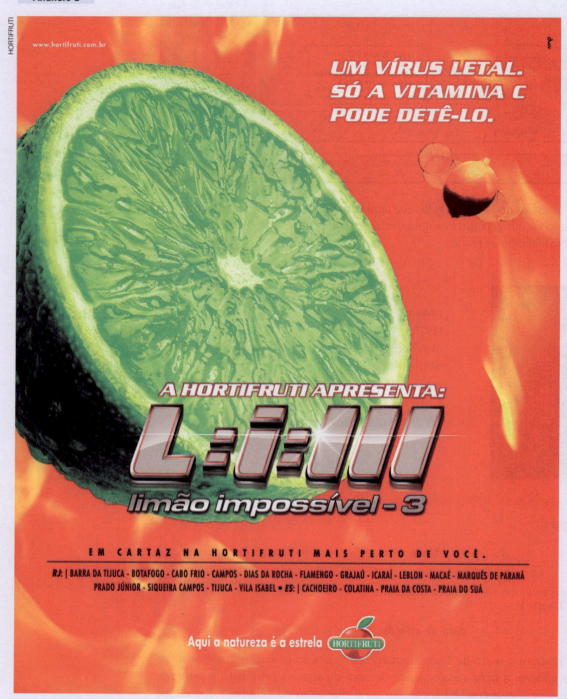

Hortiflix. Disponível em: <http://hortiflix.com.br/hortifilme/limao-impossivel-iii/>. Acesso em: 12 out. 2017.

Anúncio 2

Preservar o meio ambiente é preservar a nossa própria vida.

Faça a sua parte e não deixe que notícias como essas também entrem em extinção.

Acontecendo aqui. Disponível em: <http://mod.lk/nqkvc>. Acesso em: 24 nov. 2017.

1. Qual é o objetivo de cada anúncio?
2. Qual gênero discursivo cada um desses anúncios imita? Expliquem como é feita essa imitação.
    a) Qual é a relação entre o gênero discursivo que se escolheu imitar, em cada caso, e a estratégia persuasiva do anúncio?
    b) No caso do segundo anúncio, o gênero imitado também está relacionado ao ramo de atividade do anunciante. Expliquem.
    c) Na opinião de vocês, existe a possibilidade de o leitor *não* entender que esses textos são anúncios e confundi-los com os gêneros que imitam? Justifiquem sua resposta.
3. A seguir, vocês vão criar um anúncio publicitário voltado a toda a comunidade escolar. Troque ideias com seus colegas: seria interessante seguir o caminho desses anunciantes e absorver características de outros gêneros discursivos? Se sim, quais seriam esses gêneros? Dica: pensem naqueles que estão mais próximos do cotidiano de crianças e jovens (o público-alvo de vocês), como memes ou bate-papos por aplicativo de mensagens. Que tipo de temas vocês poderiam abordar por meio dessa intergenericidade?

Capítulo 7 • Anúncio publicitário: comercial e institucional

Produção autoral

Anúncio publicitário

Contexto de produção

O quê: anúncio publicitário com fins institucionais.
Para quê: persuadir os colegas e a comunidade escolar em geral a tomar (ou deixar de tomar) certa atitude.
Para quem: colegas de todas as turmas, professores, funcionários.
Onde: paredes da escola; posteriormente, revista da turma.

Chegou a hora de colocar em prática as estratégias publicitárias estudadas neste capítulo. Você e seus colegas de grupo vão elaborar um **anúncio publicitário** que será exibido nas paredes da escola e, depois, pode também ser publicado na revista da turma. Se quiserem, vocês podem ainda criar uma versão digital do anúncio para divulgar nas redes sociais de que fazem parte.

Primeiro passo: planejar o anúncio

1. O anúncio que você e seus colegas vão criar se destinará a todos os alunos da escola. Para começar, pensem em atitudes que, na opinião de vocês, deveriam ser estimuladas (ou desestimuladas) no ambiente escolar. Vejam algumas sugestões:

    - combater o *bullying*
    - jogar o lixo no lugar certo
    - tomar cuidado com a segurança *on-line*
    - manter a limpeza dos banheiros
    - evitar o consumismo (compras exageradas)
    - praticar atividades físicas

2. Quando cada grupo tiver definido seu tema, comecem a planejar o anúncio. Discutam as questões a seguir e façam anotações no caderno.
    a) Quais são as características do público-alvo: faixa etária, gênero, classe social, etc.?
    b) Por que o público-alvo atualmente toma (ou deixa de tomar) a atitude que vocês querem combater ou estimular? Por exemplo: o que leva uma pessoa a praticar *bullying* ou o que impede alguém de praticar atividades físicas? Compreendendo as motivações do público-alvo, será mais fácil traçar a estratégia adequada para alterar seus hábitos.

3. Ao criar suas campanhas, os publicitários costumam fazer uma sessão de *brainstorm* ("tempestade de ideias"): eles liberam a criatividade e vão anotando todas as ideias que lhes vêm à mente, sem fazer julgamentos. Você e seus colegas de grupo podem fazer um *brainstorm* também e anotar todas as sugestões relacionadas ao tema escolhido, levando em consideração o perfil do público-alvo que traçaram.

4. Depois, revejam a lista de ideias e filtrem-nas com base nos seguintes critérios: quais delas podem ser usadas para criar a *identificação* do interlocutor? E quais podem ser empregadas para explorar suas emoções, usando estratégias de *projeção* e/ou *rejeição*?

5. Discutam também se seria interessante utilizar a *intergenericidade* na campanha. Nesse caso, qual seria o gênero a ser imitado? Como vocês poderiam aproveitar suas características?

Segundo passo: fazer um esboço do anúncio

1. Preparem o esboço do anúncio, lembrando que ele deve conter: título, texto, imagem, *slogan* e logomarca. Escolham uma imagem impactante e chamativa.

2. Se optaram por empregar a intergenericidade, imitem as características do gênero escolhido, mas tomem cuidado para deixar clara a intenção comunicativa do anúncio.

3. Tentem empregar uma linguagem expressiva, explorando, por exemplo, a construção das frases, os recursos sonoros, os sentidos das palavras, as variações linguísticas (gírias, por exemplo) e o uso de verbos no Imperativo.

Terceiro passo: revisar, finalizar e expor o anúncio

1. Quando o esboço estiver pronto, entreguem-no a outro grupo e peçam que opinem sobre os seguintes pontos:

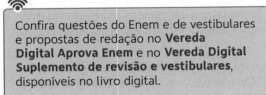

✓ O anúncio está atraente e criativo?

✓ A linguagem está expressiva?

✓ Os elementos estruturais (título, texto, imagem, *slogan* e logomarca) cumprem sua função e estão bem organizados espacialmente?

✓ Fica clara qual é a reação esperada do interlocutor, isto é, o que se pretende que ele faça ou deixe de fazer?

2. Depois de receber as considerações do outro grupo, finalizem as peças. Passem o anúncio a limpo em uma folha de papel sulfite ou cartolina e, sob a coordenação do professor, afixem-no nas paredes da escola. Se quiserem, preparem e compartilhem uma versão digital das produções.

3. Peçam a opinião dos colegas sobre a eficiência dos anúncios. Se houver sugestões de aprimoramento, vocês podem incorporá-las na versão a ser inserida na revista da turma (vejam o projeto na seção a seguir).

Confira questões do Enem e de vestibulares e propostas de redação no **Vereda Digital Aprova Enem** e no **Vereda Digital Suplemento de revisão e vestibulares**, disponíveis no livro digital.

Projeto: Revista da turma

Neste projeto em equipe, você e seus colegas vão montar uma revista com os textos produzidos nas Unidades 2 e 3. A princípio, essa revista vai circular entre a comunidade escolar e familiares. Vamos começar?

Conhecendo o mercado de revistas

Antes de começar o trabalho, seria interessante que você e seus colegas fizessem uma análise das revistas que circulam hoje pelas bancas de jornal e pela internet — especialmente porque, nos últimos anos, diversas publicações independentes e alternativas ganharam destaque e novos leitores.

Procurem selecionar alguns exemplos e tentem observar os aspectos mais característicos de cada revista: qual a periodicidade de cada uma? Que tipo de assunto é mais comum? A revista é focada em um público específico ou é feita para o público em geral? Como são apresentados os gêneros ao longo da revista? A publicação possui quantas páginas? Lembrem-se de que todos esses aspectos podem determinar o estilo e a forma de comunicação do veículo.

Hora de criar um nome para a revista

Observem os nomes das revistas analisadas por vocês. Os títulos estão de alguma forma relacionados ao conteúdo da publicação ou ao público-alvo? São títulos que chamam a atenção? A partir dessas considerações, pensem na originalidade e na capacidade que o nome tem de conquistar o público e façam sua escolha!

Agora é preciso montar as equipes de trabalho

A divisão das tarefas permite que cada colega possa colaborar do modo como se sente mais à vontade. Uma possibilidade é pensar em pelo menos dois grupos. Por exemplo:

Grupo 1 – Editores de texto	Grupo 2 – Editores de arte
Responsáveis por:	Responsáveis por:
• organizar os textos recebidos e selecionar os que vão entrar na revista; • redigir as chamadas da capa e a apresentação da revista.	• providenciar ilustrações e fotos; • diagramar a revista, definindo como títulos, textos e imagens serão dispostos espacialmente; • elaborar a capa.

Selecionando e organizando os textos (Grupo 1)

A revista da turma deverá incluir os gêneros produzidos nas Unidades 2 e 3: charges, cartuns, tiras, notícias, reportagens, entrevistas, crônicas e anúncios publicitários.

Peçam que os colegas entreguem os textos que produziram nesses capítulos e façam uma seleção. Levem em conta não apenas a qualidade dos materiais, mas também a variedade de autores e temas. Cuidem para que todos na turma tenham pelo menos uma de suas produções incluída na revista.

Revisem os textos em busca de eventuais problemas de ortografia ou gramática e, por fim, organizem-nos, decidindo em que ordem entrarão. Vocês podem começar com as notícias e, depois, para que a leitura não se torne cansativa, entremear reportagens, entrevistas e crônicas. Já charges, tiras e cartuns podem ser agrupados ao final. Os anúncios podem entrar em praticamente qualquer parte da revista; eles podem servir, inclusive, para completar a diagramação caso sobre uma página inteira ou meia página em branco no final de determinada matéria.

Se quiserem, criem nomes para as seções da revista que apresentarão cada gênero. Por exemplo, a seção de entrevistas pode se chamar "Com a palavra...", a de charges, tiras e cartuns, "Hora do riso", e assim por diante.

Concebendo a linguagem visual (Grupo 2)

Após receberem do Grupo 1 os textos a serem publicados na revista e a ordem em que devem ser inseridos, comecem a planejar a diagramação. Façam um **espelho**, isto é, um esquema das páginas da revista e dos textos que serão inseridos em cada uma. Para que não haja folhas em branco, a revista deve ter um número par de páginas. Vejam um exemplo de como pode começar o espelho:

Apresentação	Sumário	Notícias	Primeira reportagem	Primeira reportagem (continuação)
páginas 1/2	páginas 3/4	páginas 5/6	páginas 7/8	páginas 9/10

Com o espelho concluído, decidam como fazer a diagramação propriamente dita: vocês podem utilizar um programa de edição de textos comum ou algum *site* especializado na criação de revistas *on-line*.

Durante a diagramação, levem em conta que a revista deve ser visualmente atraente e, ao mesmo tempo, fácil de ler. Vocês devem, portanto, dar destaque às fotos e outras imagens e, por outro lado, evitar fundos coloridos ou outros elementos que atrapalhem a leitura. No caso das crônicas, pode ser interessante incluir fotos ou desenhos para ilustrá-las.

Vejam, na diagramação de uma reportagem, um exemplo de como harmonizar textos e imagens.

Para a abertura da reportagem, uma imagem grande e impactante, com o título em destaque.

No desenvolvimento, fotos e ilustrações são distribuídos de forma harmônica em relação ao texto. É bom usar branco ou cores claras no fundo e garantir alguns espaços "vazios" para o leitor descansar o olhar.

Galileu, nº 306. São Paulo: Globo, 2017. p. 52-55.

Projeto: Revista da turma

Últimos detalhes: elaboração da capa, do sumário e da apresentação

Com a diagramação das páginas internas resolvida, é hora de elaborar a capa. Lembrem-se de que ela causará a primeira impressão nos leitores, por isso deve ser atraente e informativa.

Analisem a capa da revista abaixo e observem seus componentes:

O **cabeçalho** contém os dados básicos da publicação, como ano e número de edição (no caso da revista da turma, será ano 1, número 1) e data.

Escolham uma **imagem** que se relacione à matéria de capa e atraia a atenção do leitor.

Escolham uma das reportagens para ser a **matéria de capa**, ou seja, a que receberá maior destaque. O Grupo 1 deve criar uma **chamada** para ela, com um **título** atraente e uma ou duas frases que a apresentem brevemente.

O **nome** da revista será grafado com destaque. Pode haver subtítulo.

O Grupo 1 também deve escrever **chamadas** menores para outras matérias que queiram destacar na capa; por exemplo, uma das entrevistas e uma das crônicas.

Planeta, n. 527. São Paulo: Editora Três, 2016.

Com as chamadas e a imagem escolhida em mãos, o Grupo 2 deve elaborar a capa. Em seguida, é hora de o Grupo 1 criar o texto de *apresentação* da revista, que deve contar um pouco do processo de criação e apresentar a edição, isto é, os assuntos e abordagens que o leitor encontrará ao longo das páginas.

Por fim, o mesmo grupo de editores deve criar o *sumário*, com a indicação da página em que entrou cada texto. Essa etapa exige muita atenção e revisão, para que não haja nenhuma indicação errada.

Divulgação e circulação

É hora de comemorar a criação coletiva e divulgar o trabalho de vocês!

Impressa ou virtual, a revista poderá circular entre os colegas das outras turmas, os familiares e a comunidade escolar, ou poderá romper as fronteiras da escola e ganhar público no mundo virtual.

Decidam quantas cópias serão impressas e, se houver uma versão digital, em que *sites* ou redes sociais o material será veiculado.

Não se esqueçam de disponibilizar um exemplar na biblioteca da escola.

UNIDADE 4
LITERATURA E DRAMA

Capítulo 8
Conto, 114

Capítulo 9
Texto teatral, 129

Quem não gosta de mergulhar em um livro empolgante ou ver uma peça de teatro divertida? A criação artística não apenas nos entretém, mas também nos emociona, nos ensina, nos faz refletir, nos apresenta as questões da vida sob novos ângulos.

Nesta unidade, vamos conhecer melhor duas formas de expressão artística e cultural que se manifestam pela palavra: o conto e o texto teatral. Bons estudos!

CAPÍTULO

CONTO

OBJETIVOS DE APRENDIZAGEM

- Reconhecer a presença de valores sociais e humanos em textos literários de diferentes épocas e lugares.
- Reconhecer os elementos da narrativa e a maneira como se apresentam no gênero *conto*.
- Identificar os diferentes tipos de foco narrativo.
- Distinguir os discursos direto, indireto e indireto livre.

Para começar

Leia uma tira do menino Calvin e, em seguida, o fragmento de um livro sobre literatura. Depois, converse com o professor e os colegas sobre as questões propostas.

Texto 1

Texto 2

[A literatura] é a incorporação do outro em mim sem renúncia da minha própria identidade. No exercício da literatura, podemos ser outros, podemos viver como os outros, podemos romper os limites do tempo e do espaço de nossa experiência e, ainda assim, sermos nós mesmos. É por isso que interiorizamos com mais intensidade as verdades dadas pela poesia e pela ficção.

COSSON, Rildo. *Letramento literário*: teoria e prática. 2. ed. São Paulo: Contexto, 2009. p. 17. (Fragmento).

1. Assim como Calvin, você já leu um livro que o(a) fez "enxergar as coisas de forma diferente"? Em caso positivo, conte aos colegas que livro foi esse e por que ele lhe provocou tanto impacto.

2. Um possível motivo para certos livros nos deixarem uma impressão tão forte é apresentado no texto 2: "interiorizamos com mais intensidade as verdades dadas pela poesia e pela ficção". Você concorda com essa afirmação? Se sim, dê exemplos. Em sua resposta, não considere apenas a ficção literária, mas também a dos filmes, do teatro, das séries de TV, etc.

3. O texto 2 afirma que, por meio da literatura, "podemos ser outros, podemos viver como os outros, podemos romper os limites do tempo e do espaço de nossa experiência e, ainda assim, sermos nós mesmos". Explique como a literatura permite isso.

4. A justificativa que Calvin dá para não querer mais ler (isso está "complicando" a vida dele) é bem incomum — e por isso dá graça à tira. Normalmente, o que pode levar alguém a não se interessar pela literatura? Qual é sua opinião sobre esses motivos?

Primeiro olhar

Você lerá a seguir um conto de Mia Couto, escritor nascido em Moçambique — um dos países africanos lusófonos, ou seja, no qual se fala a língua portuguesa. Leia-o e responda às perguntas.

Os amores de Alminha

1   Descobriram que Maria Alminha há mais de meses que não ia às aulas. A moça faltava por regime e sistema, enviuvando o banco da escola. A diretora mandou chamar a mãe e lhe comunicou da filha, vítima de prolongada ausência. A mãe, face à notícia, não tinha buraco onde se amiudar.

5   Assunto de menina diz respeito à mãe. Assunto de rapaz também. Assunto de mãe não diz respeito a ninguém. Assim, a senhora fez o percurso para casa como se aquilo não fosse um regresso. Como sequer não houvesse destino.

Tinha sido assim a vida inteira: o marido sentia vergonha de ter gerado apenas um descendente. Ainda por cima uma filha. A menina se tornara incumbência de sua mãe. Noite
10   e dia, ela sozinha se ocupava. Ganido de cachorro, gemido de filha? Tudo sendo igual, sem motivo para perturbação de pai. Só ela se levantava, atravessando a noite com cadência de estrela. Pelos escuros corredores, seus passos se cuidavam para não despertar nem marido nem a filha já readormecida.

Agora, regressando da escola a mãe parecia ainda noturna. Os mesmos passos leves
15   para não incomodar o mundo. Chegada à casa, segredou ao pai. Os dois ruminaram o pânico: anteviam Alminha metida em namoriscos. Mas que namoro, se nem rapaz se lhe via? Ou seria motivo pior? Nem ousaram mencionar a palavra. Mas droga era o receio mais escondido. Decidiram nada dizer, adiar conversa. Urgia apanhar Alminha em flagrante. O pai logo invocou parecenças hereditárias com a mãe. Aquilo era doença de mulherido.
20   Antes tivessem tido rapazes. Que esses são tratáveis, espécie da mesma espécie. O homem descarregava: tivera irmãos, tios, primos. Nenhum nunca desmandara.

— Essa miúda não sabe a quantas desanda.

E ordenou que fossem vasculhados a pasta e os materiais escolares. Procurava-se sinais de desvario. Nada. Livros e caderninhos todos ordenados. Apenas um caderno, feito à mão,
25   causara estranheza na cabeceira. A mãe abriu, espreitou as linhas e leu, em voz de se ouvir:

— Hoje lhe vi. Gosto de espreitar seu corpo, assim branco, no meio de tanto sujo deste mundo.

Um branco? A miúda andava metida com um branco. O pai, então, se disparatou. Como é? Não lhe chega a raça? Quer andar por aí, usufrutífera, em trânsitos de pele?
30   — Não quero cá dissos — rematou.

E pegou no caderno com fúria de tudo rasgar. Esticou os braços e estreitou as pálpebras para enxergar melhor. Mas logo devolveu à mulher o objeto do crime:

— Leia você que os meus olhos já estão todos a tremer, meu coração está num feixe nervoso.

Glossário
Incumbência: responsabilidade.
Urgia: era urgente.
Invocou: trouxe à lembrança, mencionou.
Não lhe chega: não lhe basta.

35 Antes de ler, a mãe olhou demoradamente o caderno. Havia uma disfarçada ternura em seus olhos? Passou a mão como se afagasse o papel. Aquilo não era um diário, que ela não tinha fôlego para tanta rotina. Na capa se lia: "meu temporário". Cada semana ela anotava umas escassas linhas. Eram magras palavras, só engordando nas entrelinhas. Na página, já roída pelos dedos, a senhora leu, a lágrima resvalando na voz:

40 — Hoje vi-o a nadar e me apeteceu atirar para a água, me banhar nua com ele.

— Nua? Viu, mulher, como isso vem da sua parte? Porque você a mim nunca me viu nu nem muito menos a banhar-me em aquáticas companhias. Isso é mania de mulherido. Adiante, mais adiante! — ordenou.

Queria que ela continuasse lendo mas não queria ouvir mais. Abanava a cabeça, pesaroso.
45 Nua? Na água? A moça andava por aí, rapazeando-se com este e aquele?

— Nunca pensei ser tristemunha de tanta vergonha.

Antes de lhe descer mais pensamento, o pai já tomara decisão: expulsá-la de casa. E que nem conversa. Não valeu o pranto, não valeu nada nem ninguém.

— E sai já hoje que amanhã pode nem haver dia.

50 A moça se foi, quase se extinguindo da história. Não fosse a mãe, inconsolada, se ter votado a seguir o encalço de Alminha. Mas nem rasto nem cheiro. Onde refazia seu existir? Ter-se-ia internado na casa do tal amante, o segredado branco?

Até que, certa vez, a mãe descobre a moça, tênue, na bruma do jardim público. Se cortinando entre arvoredos, a senhora a seguiu. E viu a filha sentar-se no banco, triste como
55 quem espera o invindável. Alminha ficou olhando o lago, as águas já fétidas de nem tratadas. De longe, a mãe espraiava o olhar em sua menina, desatenta ao tempo e na gente. Quase não se continha, no desejo de a trazer de volta. Não tardaria que ela a retomasse em seus braços e a reconduzisse à antiga casa. O pai haveria de esquecer, amolecido em perdão.

De súbito, ela viu o rosto da menina todo se iluminar. Alguém se aproximava, entre os
60 bambus. Seria, por certo, o tal amante. A mãe fincou os olhos, pronta à revelação. Mas eis que, em vez de pessoa, ela vê surgir um cisne. A ave caminhava, deselegante, parecendo coxear das ambas poucas pernas. O bicho veio direito e direto ao banco de Alminha. Ali se postou, volteando seu longo pescoço em redor da moça. Ela se deixava acarinhar e de dentro de seu saco retirou umas quantas migalhas que espalhou no chão. A ave não debi-
65 cou logo, em modos de bicho. Antes, deitou a cabeça no colo de Alminha e ali se deixou, fazendo do tempo um infinito.

A mãe ainda se ergueu, dando gesto à sua vontade de rever e reaver a sua menina. À medida que se aproxima, porém, seus passos esmoreceram ante o amor que ela via se trocando, amor que ela nunca saboreara em sua inteira vida.

70 E pé ante pé ela se retirou, como se, de novo, cuidasse não despertar a sua menina no sossego do quarto natal.

COUTO, Mia. *Na berma de nenhuma estrada*.
São Paulo: Companhia das Letras, 2015. p. 141-144.

Mia Couto (1955-) é considerado um dos escritores mais importantes de Moçambique e também um dos autores mais traduzidos do país. Uma característica marcante de seus poemas, contos, crônicas e romances é o uso de neologismos. Entre suas obras destacam-se: *Raiz de orvalho*, *Vozes anoitecidas*, *Estórias abensonhadas*, *Terra sonâmbula* e *O último voo do flamingo*.

Mia Couto em foto de 2011.

Glossário
Resvalando: escorregando; roçando.
Me apeteceu: me deu vontade (de).
Pesaroso: que sente pesar, tristeza.
Esmoreceram: enfraqueceram.

Audiovisual
Literatura africana de língua portuguesa

---

1. Você provavelmente percebeu que algumas palavras do conto são neologismos. Analise estes exemplos.

   [Palavras inventadas para comunicar certo significado.]

   • mulherido (l. 19)   • rapazeando-se (l. 45)   • tristemunha (l. 46)   • invindável (l. 55)

   a) A partir de quais outras palavras cada um desses neologismos foi criado?
   b) No contexto em que aparecem, o que cada um deles significa?

2. Além de neologismos, o texto usa certas palavras e expressões com um sentido diferente do habitual. Observe.

   "A moça faltava por regime e sistema, *enviuvando* o banco da escola." (l. 1-2)
   "Eram *magras* palavras, só *engordando* nas entrelinhas." (l. 38)
   "*Se cortinando* entre arvoredos, a senhora a seguiu." (l. 53-54)

a) Indique o significado mais comum ou habitual de cada uma das palavras destacadas. Se necessário, consulte o dicionário.

b) Explique o significado que essas palavras adquirem no contexto em que são usadas no conto.

3. Releia: "A mãe, face à notícia, não tinha buraco onde se amiudar". Com base nessa frase, qual reação entendemos que a mãe teve ao saber das faltas da filha? Justifique sua resposta.

4. O narrador participa dessa narrativa? Justifique sua resposta com trechos do texto.

5. Considera-se *protagonista* de uma narrativa o personagem principal, aquele que tem suas ações e emoções acompanhadas mais de perto. No conto "Os amores de Alminha", qual seria o protagonista?
a) Alminha
b) a mãe de Alminha
c) o pai de Alminha
d) o cisne

6. Ao longo da história, o protagonista busca algo e enfrenta obstáculos, o que gera uma tensão na narrativa. Em "Os amores de Alminha", o que o(a) protagonista almeja?

7. A tensão provocada pelo conflito entre o protagonista e os obstáculos enfrentados atinge o ponto máximo no *clímax*. Em "Os amores de Alminha", qual das frases a seguir representa melhor o *clímax*, ou seja, o ponto máximo da tensão e do suspense que antecede o desfecho?
a) "Os dois ruminaram o pânico: anteviam Alminha metida em namoriscos." (l. 15-16)
b) "Antes de lhe descer mais pensamento, o pai já tomara decisão: expulsá-la de casa." (l. 47)
c) "A mãe fincou os olhos, pronta à revelação." (l. 60)
d) "A mãe ainda se ergueu, dando gesto à sua vontade de rever e reaver a sua menina." (l. 67)

8. No desfecho, a tensão criada ao longo da narrativa se dissolve, e o protagonista geralmente revê seus comportamentos ou sofre uma transformação devido às experiências vividas.
a) Em sua opinião, em "Os amores de Alminha" o desfecho é positivo ou negativo? A história tem um final feliz? Explique sua resposta.
b) O(a) protagonista passou por alguma transformação interna devido à experiência que viveu? Explique.

9. Reveja os trechos do diário de Alminha.

"— Hoje lhe vi. Gosto de espreitar seu corpo, assim branco, no meio de tanto sujo deste mundo.
[...]
— Hoje vi-o a nadar e me apeteceu atirar para a água, me banhar nua com ele."

a) Esses trechos oferecem pistas que podem ser comprovadas na parte final da narrativa? Explique sua resposta.
b) Levante uma hipótese para explicar por que essas informações foram colocadas ao longo do conto. Que tipo de reações elas pretendem provocar no leitor?

10. A literatura aborda simbolicamente temas que são importantes para o ser humano em qualquer sociedade e em qualquer época: o amor, a amizade, a morte, a honra, etc.
a) Quais desses temas universais são abordados no conto de Mia Couto?
b) Em sua opinião, qual é o tratamento dado a esses temas? A abordagem desses assuntos suscita que tipo de reflexão no leitor?

Para ler

Na berma de nenhuma estrada, de Mia Couto (São Paulo: Companhia das Letras, 2016).

"Berma" significa acostamento. Neste livro, Mia Couto reúne 38 contos que publicou ao longo dos anos em jornais e revistas. Marcados pela linguagem poética e por um toque de sobrenatural, os textos tratam de relações amorosas e familiares em todas as fases da vida, desde a infância até a velhice.

Trocando ideias

Na tira a seguir, Garfield acompanha a conversa entre seu dono, Jon, e a namorada dele, Liz. Leia a tira e discuta com os colegas e o professor as questões propostas.

1. Considerando as expectativas construídas nos dois primeiros quadrinhos, o que revelam o "chinelo de coelhinho" e o "sr. Cobertorzinho", mencionados no último quadro?

2. Em textos narrativos, um personagem pode expressar determinado discurso (conjunto de crenças e valores), mas isso não significa que o texto em si apoie tal discurso; pelo contrário, o texto pode até criticá-lo. Você diria que isso ocorre na tira de Garfield? Por quê?

3. No conto de Mia Couto, há um personagem que expressa um discurso semelhante ao de Jon na tira. Indique quem é esse personagem e justifique sua resposta com passagens do texto.

4. Em sua opinião, o desenvolvimento do conto aponta para uma aprovação ou para uma desaprovação do discurso desse personagem? Explique sua resposta.

Por dentro do gênero – Conto

O **conto** é um gênero narrativo da esfera literária. Assim como outras formas de narrativa literária (romance ou fábula, por exemplo), o conto é uma **ficção**, ou seja, mesmo que se inspire em fatos reais, representa uma *recriação* da realidade.

Contar uma história fictícia relativamente curta, com poucos personagens, é uma tradição milenar. Contos populares, como *João e Maria* ou *Ali Babá e os quarenta ladrões*, estão presentes na cultura oral de povos do mundo todo. Essas histórias eram transmitidas de geração a geração, revividas à volta da lareira por contadores anônimos, que as repetiam praticamente com as mesmas palavras que tinham ouvido dos pais e avós. Não era possível determinar sua autoria, e, na realidade, os ouvintes não se importavam com isso, pois o mais relevante era a história em si e a mensagem que ela trazia, geralmente ligada aos valores e às crenças da comunidade.

No século XIX, com a urbanização da sociedade, a popularização da imprensa e a troca do modo de vida comunitário por outro mais individualista, surge o **conto moderno**, uma nova maneira de compor as narrativas curtas.

Em vez de uma história anônima, recontada com ligeiras variações por parte de cada intérprete, o conto moderno — ou simplesmente **conto** — tem autoria definida e uma forma única, registrada por escrito. Desse modo, ele pode ser veiculado em revistas ou livros (e atualmente em *sites* da internet) e lido individualmente pelos interlocutores. Outro aspecto que diferencia o conto moderno do popular é que seus personagens, em lugar de serem príncipes ou bruxas que representam claramente o Bem e o Mal, em geral são pessoas comuns, com defeitos, virtudes, contradições, enfim, com características mais complexas.

Unidade de efeito

O escritor estadunidense Edgar Allan Poe (1809-1849) é considerado um dos pioneiros do conto moderno e, também, um dos teóricos que mais contribuíram para o estudo e a conceituação do gênero. Segundo Poe, diferentemente do romance, que em geral traz uma história intrincada, com diversos personagens, o conto é pensado para ser lido de uma única vez, em uma só "sentada". Ele precisa, portanto, ter algo que Poe denomina **unidade de efeito**, que é a capacidade de prender a atenção do leitor do início ao fim, por meio de um enredo denso, com poucos personagens e ação concentrada.

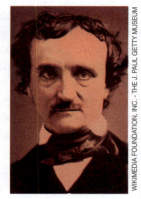

Edgar Allan Poe, pioneiro e teórico do conto moderno. Imagem de 1849.

De acordo com Poe, o contista deve começar a pensar seu texto pelo final, ou seja, pelo **desfecho**, que deve provocar uma forte impressão no leitor. Definido o desfecho, todo o resto da narrativa deve ser concebido para conduzir naturalmente até ele, sem desvios desnecessários.

De fato, no conto "Os amores de Alminha" o desfecho é impactante: o leitor descobre que o "amante" da moça é na verdade um cisne. Além de se surpreender, o leitor se emociona ao acompanhar o momento de revelação vivido pela protagonista (a mãe de Alminha), que percebe nunca ter tido um amor tão pleno e puro quanto aquele. A unidade de efeito pretendida pelo contista — nesse caso, emocionar o leitor, despertar sua sensibilidade — é, portanto, alcançada.

> **Conto** é uma narrativa literária relativamente curta e que se caracteriza pela densidade. O conto deve provocar uma unidade de efeito no leitor: emocioná-lo, aterrorizá-lo, deixá-lo em suspense, etc. Para tanto, deve ter um enredo enxuto, que conduza a narrativa sem detalhes supérfluos, e um desfecho impactante.

Para ler

Contos de imaginação e mistério, de Edgar Allan Poe. (Trad. Cassio de Arantes Leite. São Paulo: Tordesilhas, 2015).

Além de um estudioso do gênero *conto*, Edgar Allan Poe é considerado um dos maiores contistas de todos os tempos. Sua especialidade são os contos de mistério, horror e suspense, que podem ser encontrados em diversas coletâneas. Uma delas é *Contos de imaginação e mistério*, que reúne 22 narrativas — entre elas "Os assassinatos da rua Morgue", um dos primeiros contos policiais do mundo. O volume conta com as ilustrações originais do artista irlandês Harry Clarke (1889-1931).

A estrutura do conto

A **narrativa** é uma sequência de acontecimentos apresentados por um narrador e vividos por personagens, em certo tempo e espaço. Dizemos, portanto, que as narrativas se estruturam sobre cinco elementos principais: *enredo*, *personagens*, *tempo*, *espaço* e *narrador*. Nos tópicos a seguir, detalharemos esses elementos e explicaremos como eles geralmente se apresentam no gênero *conto*.

Enredo

O **enredo** é uma sequência de fatos interligados de forma lógica. Isso não significa que eles precisam seguir a lógica do mundo real. O enredo do conto "Os amores de Alminha", por exemplo, contém um elemento impossível ou, pelo menos, improvável em nossa realidade: uma moça abandonar a escola para manter encontros secretos com um cisne. Há narrativas em que os personagens fazem coisas ainda mais extraordinárias, como voar, transformar-se em animais ou objetos, viajar no tempo.

Embora não tenha compromisso com a lógica de nosso universo, o enredo precisa seguir uma lógica própria, a qual denominamos **verossimilhança**. Esse termo refere-se à propriedade de uma narrativa de manter a coerência interna e, assim, parecer plausível (acreditável) para o leitor.

Uma das formas de estabelecer a verossimilhança é fazer com que as pistas do desfecho dadas ao longo do enredo — chamadas **índices** — sejam, de fato, coerentes com o final da história. Em "Os amores de Alminha", os trechos do diário da menina são *índices* do desfecho, pois revelam que ela se encontrava com uma criatura de corpo branco e que nadava. Se no final descobríssemos que a menina se encontrava com um corvo, a verossimilhança ficaria prejudicada, pois esse pássaro não sabe nadar, tampouco tem o corpo branco.

Cena do filme *Inteligência artificial* (EUA, 2001), dirigido por Steven Spielberg e baseado em um conto de Brian Aldiss: o enredo pode trazer fatos fantásticos, desde que verossímeis.

• Partes do enredo

No conto "Os amores de Alminha", você observou que a protagonista, a mãe de Alminha, buscava um valor — o bem-estar e a segurança da filha —, mas encontrava obstáculos em seu caminho: a atitude misteriosa da jovem, o pai que só pensava em puni-la, a expulsão da menina de casa e seu desaparecimento sem deixar "rasto nem cheiro". Contudo, a mulher persistiu e acabou alcançando o que buscava, ao descobrir que a moça estava bem, amando e sendo amada.

Essa busca do protagonista por certo valor imaterial (proteger alguém, provar algo a alguém, encontrar amor, poder, autoestima, etc.), durante a qual ele enfrenta obstáculos, gera um **conflito**, que é a base de qualquer narrativa. Não existe narrativa sem conflito; afinal, uma história seria muito enfadonha se o protagonista conseguisse facilmente tudo que desejasse.

Por ser uma narrativa curta, o conto apresenta um único conflito, em torno do qual todo o enredo se articula. No esquema abaixo, observe as partes que compõem o enredo e como elas se estruturam.

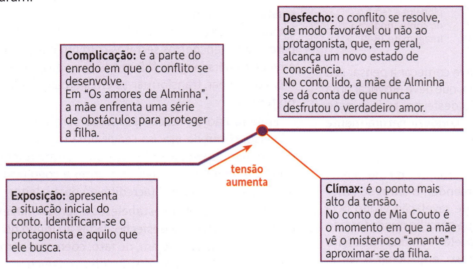

Conflito é o embate entre o protagonista, que busca alcançar certo valor imaterial, e os obstáculos que ele encontra, representados por diversos fatores (outros personagens, a sociedade, a pobreza, o clima, etc.). O enredo da narrativa depende da existência do conflito e se compõe de quatro partes: **exposição, complicação, clímax e desfecho**.

Personagens

Pense e responda

Volte ao conto "Os amores de Alminha" e responda às perguntas a seguir.

1. Quais são as principais características do pai de Alminha? Justifique sua resposta com passagens do texto. Entre essas passagens, deve haver pelo menos uma fala do próprio personagem e pelo menos um comentário do narrador.

2. E quanto à mãe de Alminha? Quais são suas características principais? Transcreva passagens do texto que comprovem sua resposta.

3. Releia as duas únicas falas da mãe de Alminha na narrativa. Essas falas manifestam as opiniões dela? Justifique sua resposta e explique como isso se relaciona às características dessa personagem.

4. Quais são as características de Alminha? Aponte passagens do texto para comprovar sua resposta.

Como você pôde observar, as características dos *personagens* do conto são reveladas tanto por sua própria "voz", isto é, por suas falas, como pela "voz" do narrador, que apresenta as ações e pensamentos deles. Uma vez que o conto é uma narrativa sucinta, enxuta, raramente os personagens são descritos em todos os seus aspectos. Segundo os objetivos da narrativa, certo conjunto de características é privilegiado em detrimento de outros; em "Os amores de Alminha", como a intenção é focalizar as relações familiares e amorosas, descrevem-se as *características psicológicas* dos personagens, sem que se faça menção, por exemplo, a detalhes de sua aparência física, idade exata, profissão, classe social, etc.

Veja, porém, como é descrita a protagonista deste outro conto, de autoria da neozelandesa Katherine Mansfield (1888-1923).

Tomada de hábito

Parecia impossível que alguém pudesse estar infeliz numa manhã tão bonita. Ninguém estava, concluiu Edna, a não ser ela mesma. [...]

Talvez nem ela parecesse tão infeliz como se sentia. Não é fácil parecer-se trágica aos dezoito, quando se está extremamente bonita; rosto, lábios e olhos brilhantes da juventude. Acima de tudo, quando se está usando um vestido azul francês e um chapéu de primavera novo, enfeitado com centáureas. [...]

MANSFIELD, Katherine. *Cinco contos*. São Paulo: Paz e Terra, 1997. p. 17. (Fragmento).

Glossário
Centáureas: flores de espécie de planta ornamental, geralmente de cor azul.

O estado emocional da personagem (infelicidade) é descrito; mas, nesse caso, também é importante mencionar sua idade exata — dezoito anos —, sua bela aparência e o traje sofisticado que usa, pois todos esses detalhes ajudam a mostrar que talvez ela não tivesse motivos para estar infeliz.

Protagonista e antagonista

Os personagens podem ser classificados de acordo com a importância que têm na narrativa. Nesse sentido, temos o **personagem principal** (ou **protagonista**) e os **personagens secundários**. Em certos enredos também existe um **antagonista**, que atrapalha o protagonista em sua busca pelo valor almejado.

Uma forma interessante de fazer a releitura de um conto tradicional é dar ao antagonista um destaque superior ao do próprio protagonista. Foi o que fizeram os criadores do filme *Malévola*: nesse longa-metragem, uma antiga animação da Disney chamada *A Bela Adormecida* — inspirada, por sua vez, no conto popular de mesmo nome — é recontada pela perspectiva da antagonista, a vilã Malévola, vivida por Angelina Jolie.

Cartaz do filme *Malévola* (de Robert Stromberg, EUA, 2014), que reconta a história de *A Bela Adormecida* pelo ângulo da antagonista.

Tempo

Pense e responda

Leia o fragmento inicial do conto "O enfermeiro", do escritor brasileiro Machado de Assis (1839-1908). Depois, responda às perguntas.

> ### O enfermeiro
>
> Parece-lhe então que o que se deu comigo em 1860 pode entrar numa página de livro? Vá que seja, com a condição única de que não há de divulgar nada, antes da minha morte. Não esperará muito, pode ser que oito dias, se não for menos; estou desenganado.
>
> [...]
>
> Já sabe que foi em 1860. No ano anterior, ali pelo mês de agosto, tendo eu quarenta e dois anos, fiz-me teólogo, — quero dizer, copiava os estudos de teologia de um padre de Niterói, antigo companheiro de colégio, que assim me dava, delicadamente, casa, cama e mesa. Naquele mês de agosto de 1859, recebeu ele uma carta de um vigário de certa vila do interior, perguntando se conhecia pessoa entendida, discreta e paciente, que quisesse ir servir de enfermeiro ao coronel Felisberto, mediante um bom ordenado. O padre falou-me, aceitei com ambas as mãos, estava já enfarado de copiar citações latinas e fórmulas eclesiásticas. Vim à Corte despedir-me de um irmão, e segui para a vila.
>
> Chegando à vila, tive más notícias do coronel. Era homem insuportável, estúrdio, exigente, ninguém o aturava, nem os próprios amigos. Gastava mais enfermeiros que remédios. A dous deles quebrou a cara. Respondi que não tinha medo de gente sã, menos ainda de doentes; e depois de entender-me com o vigário, que me confirmou as notícias recebidas, e me recomendou mansidão e caridade, segui para a residência do coronel.
>
> [...]
>
> MACHADO DE ASSIS, Joaquim Maria. *Várias histórias*. São Paulo: Martins Fontes, 2004. p. 135-136. (Fragmento).

Glossário
Desenganado: sem esperança de vida.
Enfarado: enjoado, farto.
Eclesiásticas: ligadas à Igreja.
Estúrdio: esquisito.
Dous: dois.

Material complementar — Texto integral

1. Com base nesse fragmento inicial, podemos identificar três momentos na narrativa. Posicione os dois primeiros momentos na linha do tempo a seguir, indicando os principais fatos ocorridos em cada um deles.

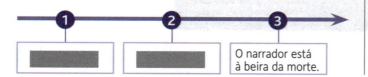

O narrador está à beira da morte.

2. Levante uma hipótese: em qual desses três momentos ocorrerá o *clímax* do conto, seu ponto de maior tensão? Justifique sua hipótese.

3. Você observou que, nesse conto de Machado de Assis, os fatos não são apresentados em ordem cronológica, isto é, na sequência natural do tempo. Podemos dizer o mesmo de "Os amores de Alminha"? Por quê?

4. Em sua opinião, no conto "Os amores de Alminha", quanto tempo transcorre, aproximadamente, desde o início da narrativa até o final? Justifique sua resposta.

Para assistir

O conto "O enfermeiro" narra a história de Procópio, que acaba se tornando o cuidador de um coronel muito doente. Após vários episódios de agressão entre eles, um incidente altera os rumos da narrativa de maneira surpreendente. Uma adaptação da obra para o cinema foi lançada em 1999. Dirigido por Mauro Farias, o filme conta com a interpretação de Matheus Nachtergaele, no papel do protagonista, e de Paulo Autran como o coronel Felisberto.

Existem duas dimensões do **tempo** na narrativa: o *tempo cronológico* e o *tempo psicológico*. O **tempo cronológico** é a sequência natural em que os acontecimentos podem ser colocados, enquanto o **tempo psicológico** é a ordem em que eles são apresentados pelo narrador.

Esses dois tempos podem coincidir, como ocorre em "Os amores de Alminha", ou não, como no conto de Machado de Assis. Em "O enfermeiro", o texto começa no presente da narrativa, quando o narrador está às vésperas da morte ("*Parece-lhe* então que o que se deu comigo em 1860 *pode* entrar numa página de livro? *Vá* que seja [...]; *estou* desenganado"), e, em seguida, retrocede ao passado, para que ele conte como se iniciou, em agosto de 1859, o acontecimento marcante que viveu em 1860. Essa técnica de voltar no tempo e narrar fatos do passado é denominada *flashback*.

Espaço

Espaço é o lugar ou os lugares em que se passam as ações da narrativa. No conto "Os amores de Alminha", a narrativa acontece primeiro na escola, depois na casa da família e, por fim, no jardim público, onde a mãe vê a filha com o cisne.

O espaço pode contribuir para criar a unidade de efeito buscada no conto, sugerindo diferentes impressões, como alegria, vivacidade, mistério, medo, etc. Veja um exemplo disso no fragmento inicial do conto "O travesseiro de penas", do uruguaio Horacio Quiroga (1878-1937).

O travesseiro de penas

Sua lua de mel foi um longo arrepio. Loura, angelical e tímida, o temperamento rude de seu marido enregelou seus sonhos infantis de noiva. [...]

A casa em que viviam influía um pouco em seus tremores. A brancura do pátio silencioso — frisos, colunas e estátuas de mármore — produzia uma outonal impressão de palácio encantado. Dentro, o brilho glacial do gesso, sem o mais leve arranhão nas altas paredes, acentuava aquela sensação de frio desagradável. Ao passar de um cômodo a outro, os passos ecoavam por toda a casa, como se um longo abandono tivesse acentuado sua ressonância.

[...]

QUIROGA, Horacio. In: COSTA, Flávio Moreira da. *Os melhores contos de medo, horror e morte*. Trad. Celina Portocarrero. Rio de Janeiro: Nova Fronteira, 2005. p. 87. (Coleção Escolha de Mestre). (Fragmento).

Glossário
Frisos: barras pintadas ou esculpidas em paredes.
Ressonância: repercussão de sons.

A casa pouco acolhedora em que a noiva foi morar combina com "o temperamento rude de seu marido" e reforça a sensação de medo e solidão que a domina. Nesse caso, a descrição do cenário funciona como um *índice* de que não se trata de uma história romântica, e sim de um conto de horror.

Narrador

É muito comum que as pessoas confundam as figuras do autor e do narrador. Embora o autor tenha escrito o texto, é pela voz do narrador que o leitor tem contato com a narrativa. Por exemplo, uma escritora adulta pode criar um conto narrado por um menino. Podemos considerar, então, que o **narrador** é a entidade fictícia que conta a história.

O **foco narrativo**, isto é, o *ponto de vista* assumido pelo narrador, tem fundamental importância no desenvolvimento da história, pois é a partir dele que o leitor conhecerá os fatos. Nesse sentido, podemos distinguir dois focos principais: o do narrador que não participa da história (*narrador-observador* ou *onisciente*) e o daquele que participa (*narrador-personagem*), dos quais falaremos a seguir.

• Narrador-observador ou narrador-onisciente

O **narrador-observador** ou **narrador-onisciente** é aquele que narra os fatos em 3ª pessoa, posicionando seu foco acima dos personagens. A palavra *onisciente* (do latim *omni*, "tudo" + *sciente*, "que sabe") traduz bem suas capacidades, pois ele tem ciência do que ocorre em diferentes momentos e espaços da narrativa, com diferentes personagens, podendo até descrever seus pensamentos e emoções.

O fato de o narrador ter acesso a todas essas informações não significa que vá sempre explicitá-las. No conto "Os amores de Alminha", o narrador é onisciente, mas seu foco está concentrado na protagonista, a mãe, cujas ações e pensamentos são acompanhados mais de perto. Não sabemos, por exemplo, onde Alminha foi morar ou como se sentiu ao ser expulsa de casa. Concluímos, então, que, conforme os objetivos do conto, o narrador seleciona quais informações vale a pena comunicar ao leitor.

Uma variação desse tipo de narrador é o **narrador-onisciente intruso**, que, em alguns momentos, abre mão de seu papel como condutor da história e passa a dialogar diretamente com o leitor. Machado de Assis empregou esse foco narrativo em vários de seus romances e contos. Veja um exemplo extraído do conto "Almas agradecidas", que traz como personagens os amigos Magalhães e Oliveira.

Para assistir

Connor e Eleanor são casados e passam por um trágico acontecimento. Abalada pela dor, Eleanor decide separar-se. Parece um drama romântico como muitos outros, mas o filme *Dois lados do amor* (de Ned Benson, EUA, 2015) tem um detalhe particular: a história do auge e da decadência desse casal é contada por dois ângulos diferentes — o dele e o dela. Além de comovente, o filme é uma boa pedida para refletir sobre a importância do foco narrativo.

Material complementar
Texto integral

[...]
— Pensas que serei feliz, Magalhães? perguntou Oliveira apenas se acharam na rua.
— Penso.
— Não imaginas que dia passei hoje.
— Não hei de imaginar!
— Olha, nunca pensei que esta paixão pudesse dominar tanto a minha vida.

Magalhães animou o rapaz, que o convidou a cear, não porque o amor lhe deixasse largo campo às exigências do estômago, senão porque havia jantado pouco.

Eu peço perdão aos meus leitores, se entro nestas explicações a respeito da comida.

Quer-se um herói romântico, acima das necessidades vulgares da vida humana; mas não posso deixar de as mencionar, não por sistema, mas por ser fiel à história que estou contando.

[...]

MACHADO DE ASSIS, Joaquim Maria. Disponível em: <http://mod.lk/w5jjf>. Acesso em: 16 out. 2017. (Fragmento).

Glossário
Largo campo: espaço.
Sistema: regra; costume.

Note que, nos dois últimos parágrafos, o narrador abandona momentaneamente seu "posto" e interage com o leitor, tecendo comentários sobre a própria narrativa e justificando suas escolhas.

- **Narrador-personagem**

A história também pode ser apresentada por um narrador que participa do enredo e, por isso, utiliza a 1ª pessoa: é o chamado **narrador-personagem**. Sua visão é mais limitada que a do onisciente, pois ele só tem acesso aos fatos em que está diretamente envolvido. Quanto às emoções ou aos pensamentos dos outros personagens, o narrador-personagem pode apenas fazer interpretações ou suposições. Por outro lado, sua narração dá uma grande vivacidade ao texto, já que ele experimenta os acontecimentos por si mesmo.

O tipo mais comum de narrador-personagem é o **narrador-protagonista**, ou seja, aquele que é também o personagem principal da história. O narrador do conto "O enfermeiro", cujo início você leu há pouco, é um exemplo de narrador-protagonista:

> "Já sabe que foi em 1860. No ano anterior, ali pelo mês de agosto, *tendo eu* quarenta e dois anos, *fiz-me* teólogo. [...] O padre falou-*me*, *aceitei* com ambas as mãos [...]. *Vim* à corte *despedir-me* de um irmão, e *segui* para a vila."

Uma modalidade menos frequente de narrador-personagem é o **narrador-testemunha**. Nesse caso, em vez de estar no centro dos acontecimentos, ele os observa a certa distância. Esse é o tipo de narrador que aparece no conto de Carlos Drummond de Andrade do qual reproduzimos alguns trechos a seguir.

Conversa de velho com criança

Quando o bonde ia pôr-se em movimento, o senhor idoso subiu, com a criança. Não havia lugar para os dois, e mesmo a menina só pôde acomodar-se em meu banco porque uma senhora magra aí consumia pouco espaço. A garota sentou-se a meu lado, o velho dependurou-se no estribo. O bonde seguiu.

Notei que a menina levava um pacote de balas, e que com o velho iam vários embrulhos; entre eles, um guarda-chuva. Não sabendo que fazer dos acessórios, e desistindo de ordená-los, o velho resignou-se ao mínimo de desconforto na viagem. [...]

— Ferreira, você quer uma bala?

Só então voltei a reparar na menina, que se sentara no meu banco e era miudinha, morena. Sentara-se na ponta do banco. O corpo do velho e seus embrulhos protegiam-na, a ponto de anulá-la. Mas a presença infantil ressurgia na voz, que era lépida e desejosa.

— Quero, sim. Me dê uma aí.

— Eu também quero uma. Abre pra mim, Ferreira.

[...]

Avô e neta? Ou, simplesmente, amigo e amiga? O certo é que eram íntimos.

[...]

DRUMMOND DE ANDRADE, Carlos. *Contos de aprendiz*. São Paulo: Companhia das Letras, 2012. p. 107-109. (Fragmento). Carlos Drummond de Andrade © Graña Drummond – www.carlosdrummond.com.br.

Glossário
Estribo: degrau de apoio para embarque e desembarque.
Lépida: ágil, ligeira; alegre.

Embora o narrador participe como personagem no texto ("a menina só pôde acomodar-se em *meu* banco", "Só então *voltei* a reparar na menina"), sua presença é discreta. O foco está sobre a interação entre Ferreira e sua jovem acompanhante — personagens que, aliás, dão nome ao conto: "Conversa de velho com criança".

Resumindo:

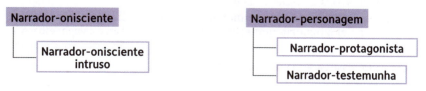

A linguagem do conto

Ao responder às perguntas iniciais sobre "Os amores de Alminha", você observou que certas palavras eram empregadas com um sentido incomum. Veja um exemplo.

"A moça faltava por regime e sistema, *enviuvando* o banco da escola."

O sentido mais comum do verbo *enviuvar* é "tornar ou tornar-se viúvo", isto é, perder o cônjuge. A esse sentido mais básico e habitual de uma palavra damos o nome de **sentido literal** ou **denotativo**.

No contexto do conto, foi associado um novo significado ao termo, com base em uma semelhança simbólica com o sentido literal: a moça *enviuvava* o banco da escola, isto é, deixava-o privado de sua companhia, assim como uma esposa ou um marido, ao morrer, deixa o cônjuge sem sua companhia costumeira. Esse sentido que se acrescenta ao literal por manter certa relação com ele é chamado de **sentido figurado** ou **conotativo**.

Os sentidos conotativos estão muito presentes em nossa comunicação do dia a dia; basta pensar em expressões como *morrer de fome*, *quebrar o galho*, *dar um sorriso amarelo*. Quando esses sentidos aparecem na linguagem literária, em geral há a preocupação de criar associações inéditas, originais, que conferem maior expressividade ao texto. Dizer, por exemplo, que uma mulher "se cortina" entre os arvoredos para espiar a filha é uma associação de ideias bem original, que dificilmente encontraríamos em conversas do cotidiano.

No gênero *conto*, a opção por utilizar palavras com sentido conotativo depende do estilo do autor. Como você percebeu, Mia Couto emprega uma linguagem intensamente expressiva, rica em imagens, neologismos e figuras de linguagem, como comparações e metáforas: "Passou a mão *como se afagasse o papel*. [...] A moça se foi, quase *se extinguindo* da história".

Há contos, porém, em que a linguagem é objetiva, e as palavras são empregadas em sentido predominantemente denotativo. Veja um exemplo neste trecho de um conto do escritor italiano Italo Calvino (1923-1985).

A ovelha negra

Havia um país onde todos eram ladrões.

À noite, cada habitante saía, com a gazua e a lanterna, e ia arrombar a casa de um vizinho. Voltava de madrugada, carregado, e encontrava a sua casa roubada.

E assim todos viviam em paz e sem prejuízo, pois um roubava o outro, e este, um terceiro, e assim por diante, até que se chegava ao último, que roubava o primeiro. [...]

CALVINO, Italo. *Um general na biblioteca*. São Paulo: Companhia de Bolso, 2010. p. 27. (Fragmento).

Glossário

Gazua: ferramenta utilizada para abrir fechaduras.

O emprego de uma linguagem direta e objetiva funciona bem nesse conto. O narrador conduz a história como se fosse um jornalista apresentando uma reportagem ou documentário, e isso faz com que os fatos fantásticos do enredo — um país onde todos eram ladrões — se tornem ainda mais surpreendentes.

Para ler e escrever melhor

Discurso direto, indireto e indireto livre

Em uma narrativa, independentemente do foco narrativo adotado (narrador-onisciente ou narrador-personagem), as falas dos personagens podem ser apresentadas de diferentes formas.

Se elas são reproduzidas tais como seriam ditas pelos personagens, temos o emprego do **discurso direto**. É o que ocorre no trecho abaixo do conto "Os amores de Alminha", em que se apresentam diretamente as falas da mãe e do pai.

"Na página, já roída pelos dedos, a senhora leu, a lágrima resvalando na voz:
— Hoje vi-o a nadar e me apeteceu atirar para a água, me banhar nua com ele.
— Nua? Viu, mulher, como isso vem da sua parte? Porque você a mim nunca me viu nu nem muito menos a banhar-me em aquáticas companhias. Isso é mania de mulherido. Adiante, mais adiante! — **ordenou**."

Quando o narrador opta pelo discurso direto, emprega certos sinais de pontuação para marcar os turnos de fala. Geralmente são usados dois-pontos e travessões ou aspas (veja os destaques no texto). Pode haver também verbos *dicendi*, inseridos no início, no meio ou no fim das falas. Nesse trecho, foi utilizada a forma verbal *ordenou* no final da frase.

Outra forma de apresentar as falas dos personagens é incorporando-as ao discurso do próprio narrador; nesse caso, temos o **discurso indireto**. Veja um exemplo em outro trecho de "Os amores de Alminha".

"E ordenou que fossem vasculhados a pasta e os materiais escolares."

Se quiséssemos passar esse trecho para o discurso direto, ele ficaria assim:

E ordenou:
— Vasculhe a pasta e os materiais escolares!

Por fim, uma terceira forma de apresentar as falas é o **discurso indireto livre**. Nesse caso, são utilizadas as palavras do próprio personagem, mas não aparecem as indicações do discurso direto, ou seja, a fala não vem separada do resto do texto por travessões ou aspas. O discurso indireto livre ocorre em vários trechos de "Os amores de Alminha".

Para ler e escrever melhor

> "Um branco? A miúda andava metida com um branco. O pai, então, se disparatou.
> *Como é? Não lhe chega a raça? Quer andar por aí, usufrutífera, em trânsitos de pele?*
> [...]
> Queria que ela continuasse lendo mas não queria ouvir mais. Abanava a cabeça, pesaroso.
> *Nua? Na água? A moça andava por aí, rapazeando-se com este e aquele?*"

Entendemos que os trechos destacados correspondem a palavras e expressões ditas pelo pai. Contudo, elas não estão graficamente separadas do discurso do narrador.

Na prática

Junte-se com um colega para realizar uma atividade sobre os três tipos de discurso.

1. Primeiro, leiam esta tira do gato Astolfo.

ASTOLFO, UM GATO NO MUNDO CÃO — WILL LEITE

LEITE, Will. *Willtirando*. Disponível em: <http://mod.lk/0k1kn>. Acesso em: 16 out. 2017.

2. Discutam: como é produzido o efeito humorístico nessa tira?

3. Cada um de vocês vai recontar a história da tira na forma de um miniconto. Ambos empregarão um narrador-onisciente, em 3ª pessoa. Mas, na hora de apresentar as falas dos personagens, um de vocês utilizará *discurso direto*, enquanto o outro usará o *indireto*. E, no texto dos dois, deve ser empregado pelo menos uma vez o *discurso indireto livre*.

4. Ao realizar a tarefa, provavelmente vocês notarão que, em alguns momentos, seria mais fácil ou natural utilizar o outro tipo de discurso — quem estiver usando o discurso direto terá vontade de usar o indireto, e vice-versa. Anotem quais são esses trechos e guardem as anotações para discutir posteriormente.

5. Como o conto e a tira são gêneros discursivos diferentes, cada qual com uma forma específica de composição, vocês também terão de fazer adaptações. Será necessário, por exemplo, colocar por escrito certas informações que, na tira, são fornecidas pelos desenhos.

6. Quando tiverem terminado as versões, discutam entre si:
   a) De modo geral, em quais situações vocês acham que o discurso direto funciona melhor? E em quais é preferível o discurso indireto?
   b) Vocês dois usaram o discurso indireto livre no mesmo trecho? Em sua opinião, quais efeitos o discurso indireto livre provoca?

Produção autoral

Fanfiction baseada no conto lido

Contexto de produção

O quê: *fanfiction* baseada no conto "Os amores de Alminha", de Mia Couto.
Para quê: criar um conto; experimentar o jogo da literatura.
Para quem: colegas da turma, amigos, familiares.
Onde: *blog* da turma ou página de rede social criada para essa finalidade.

A palavra inglesa *fanfiction* (às vezes abreviada para *fanfic*) significa, literalmente, "ficção feita por fãs". Essa atividade consiste em escrever novas narrativas com base em uma narrativa preexistente. Existem *fanfictions* muito populares inspiradas, por exemplo, nos livros de *Harry Potter*. Para criar sua *fanfic*, o fã pode criar um enredo totalmente novo vivido pelos personagens originais, pode dar um novo desfecho às histórias ou, ainda, pode recontá-las sob uma nova perspectiva. Essa última hipótese é a que você vai executar nesta seção a partir do conto "Os amores de Alminha".

Primeiro passo: planejar seu enredo

1. Conforme estudamos ao longo do capítulo, no conto "Os amores de Alminha" a protagonista é a mãe da moça. No conto de *fanfiction* que você criará, o protagonista poderá ser:

   - o pai de Alminha
   - a própria Alminha
   - o cisne

▶ 2. A escolha de cada um desses protagonistas levará a um enredo distinto. Afinal, esse novo protagonista buscará um valor imaterial diferente do almejado pela mãe: por exemplo, o pai de Alminha pode ter como objetivo *punir a filha*, a própria Alminha pode simplesmente *buscar o amor*, e o cisne, dependendo do tipo de conto que você queira criar (humorístico, romântico, fantástico, de horror), poderá buscar os mais diferentes valores.

3. Quando tiver escolhido seu protagonista, siga o conselho de Edgar Allan Poe: defina a unidade de efeito que pretende provocar no leitor (emocioná-lo, aterrorizá-lo, diverti-lo, etc.) e comece a planejar o texto pelo desfecho. Veja algumas possibilidades.
   - Se você escolheu o pai de Alminha como protagonista, ele pode viver uma experiência no fim do conto que o faça respeitar as mulheres e abandonar o machismo.
   - Se você escolheu a própria Alminha, pode imaginar que ela flagrou a mãe espiando-a, resolveu conversar com ela e, a partir do diálogo entre elas, a moça passou a ver as relações familiares e amorosas de uma nova forma.
   - Se você escolheu o cisne como protagonista, pode criar um desfecho no qual o pássaro resolva "dar uma lição" engraçada no pai de Alminha, ou, se preferir um conto fantástico, pode terminar o texto com a moça se transformando em cisne (ou o cisne se transformando em ser humano).

4. Após definir o desfecho, faça um esboço das outras partes do enredo (exposição, complicação, clímax), indicando quais fatos serão narrados em cada uma delas.

Segundo passo: planejar como vai contá-lo

1. Com o enredo já esboçado, defina qual será o foco narrativo. Você pode manter o narrador-onisciente, como no original, ou adotar um narrador-personagem.

2. Decida também se os fatos serão apresentados em ordem cronológica, ou se você começará a história pelo presente, movendo-se depois para o passado (*flashback*).

Terceiro passo: escrever, revisar e publicar sua *fanfiction*

1. Com o conto todo planejado, comece a escrevê-lo. Lembre que o enredo deve ser enxuto; evite, portanto, inserir fatos ou elementos supérfluos. A linguagem pode ser expressiva, com figuras de linguagem e uso conotativo das palavras, ou mais objetiva, com uso denotativo.

2. Para criar suspense, insira índices (pistas do desfecho) ao longo do texto, mas tomando cuidado para não revelar o final.

3. Use o discurso direto, o indireto e/ou o indireto livre, conforme os efeitos que queira obter em cada trecho. Varie os verbos *dicendi* e, se optar pelo discurso direto, não se esqueça de usar adequadamente os sinais de pontuação (dois-pontos, travessões, aspas).

4. Se o título "Os amores de Alminha" não combinar com seu conto, crie outro. Quando tiver terminado o texto, entregue-o a um colega e peça a ele que avalie estes aspectos:

   ✓ O enredo é conciso e prende a atenção do leitor do início ao fim, provocando uma unidade de efeito?
   ✓ O desfecho é impactante?
   ✓ A sequência de fatos é verossímil, isto é, um fato provoca logicamente o outro, e os índices (pistas ao longo do texto) combinam com o desfecho?
   ✓ A utilização dos diferentes tipos de discurso (direto, indireto e/ou indireto livre) está adequada e corretamente sinalizada?
   ✓ Há problemas de gramática, ortografia ou pontuação?

5. Reescreva seu conto segundo as sugestões do colega.

6. Sob a coordenação do professor, vocês vão criar um *blog* ou página em rede social para reunir as *fanfics* da turma. É interessante estabelecer categorias para organizar os textos: por exemplo, *fanfics* em que o protagonista é o pai, Alminha, o cisne; ou então *fanfics* de fantasia, de humor, de amor, etc.

7. Quando os textos tiverem sido publicados, leiam as *fanfics* dos colegas e façam comentários. Mandem o *link* para amigos e familiares, para que eles também possam ler e comentar.

Confira questões do Enem e de vestibulares e propostas de redação no **Vereda Digital Aprova Enem** e no **Vereda Digital Suplemento de revisão e vestibulares**, disponíveis no livro digital.

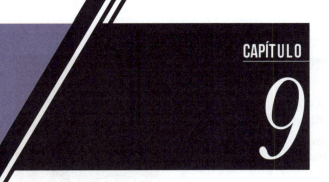

CAPÍTULO 9

TEXTO TEATRAL

ENEM
C1: H1
C5: H16, H17
C6: H18
C7: H23

OBJETIVOS DE APRENDIZAGEM
- Identificar as principais características do gênero *texto teatral*.
- Reconhecer os possíveis interlocutores do texto teatral.
- Identificar a função das falas e das rubricas na composição do texto teatral.
- Entender as relações entre a construção do texto narrativo e a do dramático.

Para começar

Converse com o professor e os colegas sobre as questões a seguir.

1. Você já assistiu a uma peça de teatro? Sobre o que era? Conte sua experiência.
2. Levante hipóteses: o que seria necessário para a montagem de um espetáculo teatral?
3. O texto que você lerá serviu de base para a encenação de um *esquete humorístico*, isto é, uma representação breve e engraçada. Esquetes humorísticos são exibidos não só no teatro, mas também na TV e na internet, por exemplo. Troque ideias com os colegas: vocês costumam ver pequenas histórias humorísticas em alguns desses meios? Quais?
4. Você lerá a seguir um texto teatral escrito para ser encenado por dois atores. Observe os destaques em itálico que aparecem nos parágrafos centralizados e no meio das falas. Levante hipóteses: essas partes devem ser faladas pelos atores? Explique.

Primeiro olhar

A comédia *Doce deleite* foi encenada pela primeira vez em 1981. Dirigida por Alcione Araújo, era formada por 12 esquetes cômicos — oito de autoria do próprio Araújo, os demais, de Mauro Rasi e Vicente Pereira. Num momento em que o país começava a se redemocratizar, o objetivo da peça era fazer um humor leve e despretensioso, brincando com o universo do próprio teatro.

Leia, a seguir, o fragmento inicial de um dos esquetes que compõem a peça.

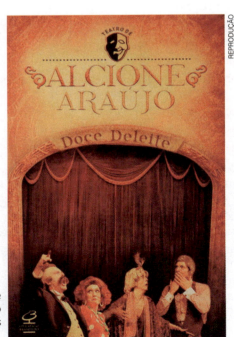

Capa do livro *Doce deleite*, de Alcione Araújo (Rio de Janeiro: Civilização Brasileira, 2009), que reúne esquetes ambientados em um teatro.

O palhaço nu

Diante de um espelho a ATRIZ experimenta vários tipos de óculos. O ATOR se aproxima. Observa fascinado, depois passa a comentar cada óculos. A ATRIZ o ignora.

ATOR   Este lhe fica ótimo! *(Ela troca)* Este também! *(Ela troca)* Maravilhoso! *(Ela troca, ele se aproxima mais)* Esplêndido! *(Troca)* Incrível! *(Troca)* Não tenho palavras! *(Troca)* Sabe que é um grande prazer estar com uma atriz tão genial? *(Troca)* Acompanho a sua carreira com o maior entusiasmo! *(Troca)* Seja no palco, na tela ou no vídeo! E é sempre aquele... aquela... aquele... nem sei! Você é uma... é um... incrível!

ATRIZ   Quer um autógrafo, é isso?

ATOR   *(Constrangido)* Bem... quer dizer, aceito o seu autógrafo, mas... não é bem por isso que... quer dizer... estou aqui para trabalhar...

ATRIZ   Toda a imprensa sabe que pra falar comigo só com hora marcada! Estou num intervalo de ensaio. Não posso dar entrevista.

ATOR   Não está me reconhecendo? A gente comia sempre no mesmo horário lá no velho Lamas, lembra-se? No Largo do Machado? Sou o Argentino de Oliveira.

ATRIZ   *(Sem se lembrar, querendo ver-se livre)* Ah... tudo bem? Há quanto tempo! Outra hora a gente conversa com calma...

ATOR   Você não se lembrou. Meu nome artístico é Tino Argen Oliver Eiras...

ATRIZ   *(Sem convicção)* Me lembro sim...

ATOR   Não, você não está se lembrando...

ATRIZ   Lembro sim... Não comíamos no velho Lamas, no Largo do Machado...?

ATOR   Não está me reconhecendo por causa do bigode. Acabo de gravar um comercial para a Casa da Banha. *(Tira o bigode)* E agora, lembra-se?

ATRIZ   Claro, claro...

ATOR   Puxa, você ainda não se lembrou...

ATRIZ   Já disse que lembrei!

ATOR   Então, cadê o meu abraço?

Constrangidíssima, ela o meio-abraça. Ele aproveita a oportunidade e dá dois beijinhos.

ATRIZ   Como vão as coisas?

ATOR   Se melhorarem não sei se vou aguentar. *(Só ele ri)* Mas, com essa chance na sua companhia, não posso pretender mais nada.

ATRIZ   Chance???

ATOR   Vai ser uma honra pra mim.

ATRIZ   Não estou entendendo.

ATOR   Falo do papel que tem para mim...

ATRIZ   Papel??? Desculpa, mas... você é ator?

ATOR   Viu como não tinha me reconhecido? Há vinte e dois anos estou nessa luta pelo teatro nacional.

ATRIZ   Mas... em que peças trabalhou?

ATOR   Todas??? É impossível!

ATRIZ   As mais recentes ou as mais importantes.

ATOR   Modéstia à parte, foram tantas!

ATRIZ   Deve trabalhar muito caracterizado! Diga uma!

ATOR   Seria indelicado. Você sabe como são os nossos colegas... Mas ouvi num bar que na sua próxima peça tem um papel que me serve como uma luva. Então, pensei comigo: puxa, se somos amigos dos tempos do Lamas, o papel será meu...

ATRIZ   A coisa não é bem assim... Já temos seis candidatos, inclusive com o tipo físico adequado... e, depois, eu nunca o vi no palco...

ATOR   Está me vendo no palco agora... mas se não gosta do meu "ar" diabólico, posso mudar. *(Ele arranca as sobrancelhas postiças. Ela ri desdenhosamente)* Se você está rindo, imagine o público! Quando subo no palco é um delírio!

Na primeira montagem de *Doce deleite*, os atores eram Marco Nanini e Marília Pêra. Em 2008, Marília Pêra dirigiu uma nova montagem, estrelada por Reynaldo Gianecchini e Camila Morgado.

Glossário
Lamas: cafeteria e restaurante tradicional do Rio de Janeiro.
Casa da Banha: rede de supermercados muito popular nos anos 1980.
Desdenhosamente: com desprezo ou indiferença.

ATRIZ Deixa eu ver essas sobrancelhas... e o bigode também... Que gracinha!

Sempre ridicularizando-o, ela aplica em si mesma o bigode e as sobrancelhas.

ATOR Na minha última apresentação, o público riu tanto, tanto, que teve gente que se mijou. Nem pude acabar o espetáculo.

Diante do insistente riso desdenhoso dela, ele vai se constrangendo até ficar sério.

ATOR ... teve gente que desmaiou de tanto rir.

ATRIZ *(Olhando-se no espelho)* Adoro esses artifícios! Lembram a minha infância. Eu comecei numa companhia de comediantes que mambembava pelo país afora. Usávamos todos esses truques maravilhosos que os mais antigos tinham aprendido em circos e cabarés. Tenho o maior carinho pelos comediantes populares que faziam rir pelo prazer de fazer rir... Pena que o tempo deles tenha passado!

ATOR Ah, passou! Hoje não há mais lugar para essa ingenuidade... Hoje o teatro precisa... assumir, não é?

ATRIZ Ah, claro!... *(Desafiando)* Mas assumir o quê?

ATOR Bem... assumir, não é? Assumir a sua seriedade, não é? Ou não?

ATRIZ Ah, claro... o teatro precisa ser sério!

ATOR Seriíssimo, é o que eu sempre achei.

ATRIZ O palco tem que ser uma trincheira!

ATOR É o que vivo dizendo: o palco é a nossa última trincheira!

ATRIZ *(Admirando-se no espelho)* E é uma trincheira tão iluminada, tão maravilhosa, tão...

ATOR Tirou de minha boca... Mas qual é mesmo a próxima peça?

ATRIZ Você sabe, nós somos uma companhia séria. Queremos montar peças sérias. É hora de dar uma sacudida nesse marasmo que anda o teatro. Estamos pensando num Sóclofes...

ATOR Que maravilha!

ATRIZ Em Shakespir...

ATOR Que maravilha!

ATRIZ Em Tolstoievski...

ATOR Que maravilha!... Você disse Tolstoievski, não seria Dostoiévski?

ATRIZ Mas e o Tolstói?

ATOR Esse é outro. É romancista.

ATRIZ Não. Eles escreviam de parceria. Eles não são russos? Só porque são russos não podem escrever em parceria?

ATOR Não sabia que Dostoiévski tinha escrito peças de teatro.

ATRIZ Não sabia??? Então, nunca representou Dostoiévski?

ATOR Dostoiévski?... Ah, claro! Estava me esquecendo... É uma maravilha! Enfim, uma companhia preocupada com cultura!

ATRIZ Para nós, teatro é cultura com "C" maiúsculo!

ATOR Que maravilha! [...]

ARAÚJO, Alcione. *Doce deleite*. Rio de Janeiro: Civilização Brasileira, 2009. p. 55-61. (Fragmento).

Reynaldo Gianecchini e Camila Morgado em cena de *Doce deleite*, 2008.

Glossário
Mambembava: viajava apresentando-se de cidade em cidade.
Marasmo: estagnação, paralisação.

Mineiro de Januária, **Alcione Araújo** (1945-2012) só começou a carreira artística depois de tornar-se engenheiro, mestre em filosofia e professor universitário. Em 1974 teve sua primeira peça encenada, *Há vagas para moças de fino trato*, um drama sobre as desilusões amorosas de três mulheres. Ainda nos anos 1970 escreveu mais duas peças, ambas com forte discussão política e social. Seu primeiro grande sucesso de bilheteria veio com a comédia *Doce deleite*. A partir de então passou a escrever também roteiros para o cinema e a TV, além de vários romances.

Alcione Araújo em foto de 2012.

1. Imagine que você seja o diretor dessa peça.
   a) Quais objetos você providenciaria para a encenação?
   b) Em qual espaço você montaria o esquete, ou seja, em qual dependência do teatro essa situação poderia se passar?

2. Qual das fotos da peça apresentadas nas páginas anteriores corresponde ao esquete lido? Justifique sua resposta.

3. Resuma o que ocorre nesse fragmento inicial.

4. Releia o início do texto e responda à pergunta a seguir.

   "Diante de um espelho a ATRIZ experimenta vários tipos de óculos. O ATOR se aproxima. Observa fascinado, depois passa a comentar cada óculos. A ATRIZ o ignora.

   ATOR Este lhe fica ótimo! *(Ela troca)* Este também! *(Ela troca)* Maravilhoso! *(Ela troca, ele se aproxima mais)* Esplêndido! *(Troca)* Incrível! *(Troca)* Não tenho palavras! *(Troca)* Sabe que é um grande prazer estar com uma atriz tão genial? *(Troca)* Acompanho a sua carreira com o maior entusiasmo! *(Troca)* Seja no palco, na tela ou no vídeo! E é sempre aquele... aquela... aquele... nem sei! Você é uma... é um... incrível!"

   • No Capítulo 2, ao analisar tiras, charges e cartuns, conhecemos os principais recursos para a construção do humor. Nesse trecho inicial do esquete, quais desses recursos foram utilizados? Escolha entre as opções abaixo e justifique sua resposta.
   a) situações inesperadas
   b) emprego incomum da linguagem
   c) exagero
   d) repetição

5. Releia esta fala da atriz: "Toda a imprensa sabe que pra falar comigo só com hora marcada! [...] Não posso dar entrevista". Qual é o motivo de ela se dirigir ao homem dessa maneira? Ao responder, considere a fala anterior dele.

6. O enredo dramático (do teatro) tem muito em comum com o enredo narrativo. Levando isso em conta, responda às perguntas.
   a) Identifique o protagonista e o antagonista do esquete. Lembre-se: *protagonista* é o personagem principal, aquele que busca algo e enfrenta obstáculos nessa busca; uma das fontes de obstáculos pode ser o *antagonista*, que se opõe aos seus desejos e interesses.
   b) Transcreva a passagem do esquete em que começa a *complicação*, isto é, em que o protagonista revela seu desejo e o antagonista demonstra sua oposição a ele.
   c) Assim como o enredo narrativo, o dramático começa com uma *exposição*, em que se introduzem os personagens e sua situação inicial. Releia o início do esquete até a passagem que você indicou no item anterior (início da complicação) e explique como os personagens são caracterizados nessa exposição inicial.

7. Ao longo do texto, a atriz aponta limitações do ator que, na opinião dela, seriam empecilhos à sua contratação. Quais são essas limitações?

8. Releia esta passagem.

   "ATRIZ [...] Queremos montar peças sérias. [...] Estamos pensando num Sóclofes...
   ATOR Que maravilha!
   ATRIZ Em Shakespir...
   ATOR Que maravilha!
   ATRIZ Em Tolstoievski...
   ATOR Que maravilha!... Você disse Tolstoievski, não seria Dostoiévski?
   ATRIZ Mas e o Tolstói?
   ATOR Esse é outro. É romancista.
   ATRIZ Não. Eles escreviam de parceria. Eles não são russos? Só porque são russos não podem escrever em parceria?
   ATOR Não sabia que Dostoiévski tinha escrito peças de teatro.
   ATRIZ Não sabia??? Então, nunca representou Dostoiévski?
   ATOR Dostoiévski?... Ah, claro! Estava me esquecendo... É uma maravilha! Enfim, uma companhia preocupada com cultura!"

   • Agora, leia estas breves informações biográficas e responda às perguntas.

   Sófocles (495?-406 a.C.) – Dramaturgo grego. Um dos mais importantes escritores gregos de tragédia, ao lado de Ésquilo e Eurípedes.

   William Shakespeare (1564-1616) – Dramaturgo e poeta inglês. Destaca-se entre os mais importantes da história do teatro.

   Fiódor Dostoiévski (1821-1881) – Romancista e contista russo cuja obra teve imensa influência na literatura ficcional do século XX.

   Leon Tolstói (1828-1910) – Escritor russo, mestre da ficção realista e um dos maiores romancistas do mundo.

   Fontes: *Almanaque Abril 2014*. São Paulo: Abril, 2014. p. 22 e 254. *The New Encyclopaedia Britannica*. Encyclopaedia Britannica, Inc.: Chicago. 15. ed. v. 17. p. 451 a 454. v. 28. p. 687 a 690.

   Glossário
   Dramaturgo: autor de peças de teatro.

   a) Quais são as diferenças entre os nomes que a atriz cita e os nomes do quadro acima?
   b) Como foi criado o nome "Tolstoievski"?
   c) A explicação que a atriz dá para falar em "Tolstoievski" faz sentido? Por quê?

d) De acordo com as informações biográficas, Tolstói e Dostoiévski eram dramaturgos, ou seja, escreviam peças de teatro? Explique.

e) Quem tem mais conhecimentos de teatro: o ator ou a atriz? Justifique sua resposta.

f) O ator primeiro diz que Dostoiévski não escreveu peças teatrais, mas depois, ao ser questionado pela atriz, volta atrás e alega "estar se esquecendo". Explique por que o ator voltou atrás, levando em conta o restante do texto.

g) Explique como esse trecho, em que ator e atriz falam sobre os supostos dramaturgos, colabora para a construção do humor no esquete.

h) Nos capítulos anteriores, você estudou que o autor de um texto precisa prever o perfil de seu interlocutor, a fim de usar referências que este consiga reconhecer. Levando em conta esse trecho, qual é o perfil do público imaginado para a peça *Doce deleite*?

9. Ao criar o texto, o dramaturgo imaginou esse interlocutor final, isto é, o público que assistiria à peça. Mas ele também pensou nas pessoas que leriam o texto teatral. Quem são essas pessoas, ou seja, quem pode se interessar em ler o texto teatral? Por quais motivos?

10. Leia o boxe "Saiba mais" abaixo para responder às questões a seguir.
    a) Em sua opinião, os personagens do esquete que você acabou de ler seguem os padrões da comédia clássica? Justifique sua resposta.
    b) Considerando que "O palhaço nu" segue a tradição da comédia clássica no que diz respeito ao desfecho, deduza como a história termina.

SAIBA MAIS

No teatro clássico grego, havia basicamente dois tipos de peça: as *tragédias* e as *comédias*. Na tragédia, os personagens eram retratados como heróis virtuosos, com sentimentos nobres e puros. Na comédia, ao contrário, os personagens tinham seus defeitos exagerados, para que se tornassem ridículos.

Outra diferença diz respeito ao desfecho. As tragédias sempre terminavam mal para o protagonista, que não conseguia escapar do destino terrível que os deuses haviam lhe reservado. Nas comédias, porém, o desfecho era alegre, favorável a todas as partes, ou pelo menos aos personagens de bom caráter.

Por dentro do gênero – Texto teatral

O objetivo do **texto teatral** ou **texto dramático** é servir de base à representação de uma peça de teatro. Um *dramaturgo* (como Alcione Araújo) cria esse texto imaginando como interlocutores os espectadores que assistirão à peça. Podemos dizer, portanto, que o texto teatral só atinge a plenitude de sua intenção comunicativa quando é encenado no palco, diante da plateia.

Contudo, esse texto também tem interlocutores "intermediários": o diretor, os atores e a equipe técnica, que o utilizam como referência para a montagem do espetáculo. Às vezes, apenas essas pessoas têm acesso ao texto. Mas, em alguns casos, o texto teatral pode ser divulgado em um livro, ficando à disposição do público em geral. Muitas pessoas podem se interessar por ler textos como esse: alunos e profissionais de teatro para o estudo de uma peça, por exemplo, e mesmo leitores comuns podem apreciar o texto teatral como apreciariam um conto ou romance.

O texto teatral também circula em livro e atinge leitores diversos. A publicação da peça *Conselho de Classe*, de Jô Bilac, encenada pela Cia. dos Atores, por exemplo, marcou os 25 anos de atuação dessa companhia carioca.

Texto teatral ou **texto dramático** é o texto que serve de base à encenação de uma peça teatral. Seus interlocutores imediatos são o diretor, os atores e a equipe técnica que montarão o espetáculo. Porém, o texto só cumprirá plenamente sua intenção comunicativa quando chegar ao interlocutor final — a plateia que o verá encenado no palco.

Como surgiu o teatro?

No mundo ocidental, os mais antigos registros de encenações teatrais remontam à Grécia. Acredita-se que o teatro grego tenha se originado do *ditirambo*, um canto de louvor ao deus Dionísio. Para celebrar a colheita da uva, um coro composto de homens fantasiados de *sátiros* (semideuses que eram metade humanos e metade bodes) reunia-se em torno de um altar, dançando e entoando cânticos.

Entre os séculos VI e VII a.C., foi introduzida uma inovação no ditirambo: o coro ganhou um líder, o *corifeu*, que, entre um canto e outro, recitava versos contando histórias relacionadas a Dionísio. Mais tarde surgiu um "respondedor", um homem que conversava com o corifeu, ajudando-lhe a contar a trama. Nesses dois elementos — uma história a ser contada e um diálogo para contá-la — estava a semente de uma nova expressão artística, o **drama**, palavra grega para "ação".

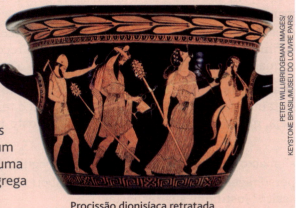

Procissão dionisíaca retratada em vaso grego do século V a.C.

A estrutura do texto teatral: texto principal e secundário

Ao ler o esquete "O palhaço nu", você observou que havia duas partes no texto: uma sem nenhum tipo de destaque e outra destacada em itálico (aparecendo ora entre parênteses, ora em parágrafos centralizados). Essas duas partes correspondem aos elementos que estruturam o texto teatral: um **texto principal**, formado pelas falas dos personagens; e um **texto secundário**, composto de orientações para a encenação da peça. Vamos examiná-los a seguir.

Texto principal – as falas

No texto teatral, são os diálogos que apresentam os personagens e fatos. Se em um conto ou romance o narrador pode descrever certo personagem como arrogante ou pão-duro, no teatro só é possível identificar essas características por meio das falas desse personagem (e da linguagem corporal do ator que o representa, é claro).

Do mesmo modo, no texto teatral geralmente não há um narrador para contar que um personagem contraiu uma doença, decidiu estudar engenharia, apaixonou-se pela vizinha, etc. Tudo tem de ficar claro para a plateia por meio das falas e ações dos atores no palco.

Isso não significa que os diálogos devem "explicar" o que está ocorrendo na peça. Além de se tornar enfadonho, um texto teatral escrito dessa maneira perderia *verossimilhança*, já que na vida real não explicamos tudo que está acontecendo às pessoas ao nosso redor. Os diálogos teatrais devem, portanto, conduzir o enredo com naturalidade, revelando implicitamente as intenções e reflexões dos personagens.

Pense e responda

Releia este trecho de "O palhaço nu" e responda às perguntas.

"ATRIZ Mas... em que peças trabalhou?
ATOR   Todas??? É impossível!
ATRIZ As mais recentes ou as mais importantes.
ATOR   Modéstia à parte, foram tantas!
ATRIZ Deve trabalhar muito caracterizado! Diga uma!"

1. Por que a atriz diz que o ator "deve trabalhar muito caracterizado"?

2. Provavelmente, ao interpretar esse trecho, a atriz fala "Diga uma!" com tom de voz e expressão facial que indicam:
   a) pedido.
   b) desafio.
   c) bajulação.
   d) tédio.

3. Reescreva essa última fala da atriz, de modo que o pensamento dela sobre o ator fique explícito.

4. Qual das versões da fala fica mais engraçada — a sua ou a original? Por quê?

Ver seção Para ler e escrever melhor: "Estratégia de leitura: inferência", no Capítulo 4.

Teatro sem roteiro

Certas formas de teatro dispensam o texto dramático. É o caso do **teatro de improviso**, que ganhou muita notoriedade a partir da década de 1960 e no qual o ator atua também como criador da dramaturgia, improvisando ações e textos a partir da interação com o público.

Outro exemplo é a ***commedia dell'arte***, que surgiu no século XV, na Itália. Apresentado em ruas e feiras livres, esse tipo de comédia popular trazia atores caracterizados como personagens fixos — arlequim, colombina, *pulcinella* — que interagiam com o público na base da improvisação. O universo da *commedia dell'arte* acabou por influenciar diversos dramaturgos, entre eles o italiano Carlo Goldoni (1707-1793).

Nesta pintura anônima do século XVII estão representadas algumas figuras da *commedia dell'arte*.

Para assistir

O filme *As aventuras de Molière* (de Laurent Tirard, Bélgica/França, 2007) narra um provável episódio da biografia de Jean-Baptiste Poquelin, que se tornaria mundialmente conhecido como Molière, autor de comédias de teatro. Preso por dívidas, ele é resgatado pelo aristocrata Monsieur Jourdain, que, em troca, pretende usufruir dos dons artísticos do jovem para seduzir uma amante.

Texto secundário — as rubricas

As orientações para a encenação presentes no texto teatral são chamadas de **rubricas**. Elas têm basicamente duas funções:

- orientar o diretor e a equipe técnica sobre a composição do cenário, a entrada e saída de atores, os efeitos de luz e som;
- sugerir aos atores como movimentar-se no palco e como interpretar as falas.

Elas se distinguem do texto principal por meio do itálico ou outro destaque gráfico. Quando são mais gerais, aparecem em um parágrafo centralizado; quando dizem respeito a uma fala específica, aparecem na mesma linha que ela, geralmente entre parênteses, como você viu em "O palhaço nu".

As rubricas direcionadas aos atores podem ser **objetivas**, indicando uma ação ou movimento que eles devem realizar, ou **subjetivas**, sugerindo o tipo de sentimento que devem simular ao dizer certa fala. Veja a diferença:

"ATOR Não está me reconhecendo por causa do bigode. Acabo de gravar um comercial para a Casa da Banha. *(Tira o bigode)* E agora, lembra-se? — rubrica objetiva

ATOR *(Constrangido)* — rubrica subjetiva — Bem... quer dizer, aceito o seu autógrafo, mas... não é bem por isso que... quer dizer... estou aqui para trabalhar..."

Divisão em atos e cenas

Em um espetáculo como *Doce deleite*, cada esquete funciona como uma "minipeça" com enredo completo. Em peças de teatro mais longas, porém, é comum que o enredo se divida em **atos**. Entre um ato e outro, as cortinas do palco são baixadas e pode haver troca de cenário e/ou atores. Também pode ser feito um intervalo para que público e elenco descansem. Em geral, os atos se subdividem em **cenas**. Estas se caracterizam pela entrada e saída de atores do palco, podendo haver também troca de cenário.

A linguagem do texto teatral

Pense e responda

Você lerá a seguir o início de outro esquete da peça *Doce deleite*. Dessa vez, a cena se passa na bilheteria do teatro. O telefone começa a tocar, e a bilheteira — Godelívia — corre para atender. Abaixo, reproduzimos cada fala de Godelívia duas vezes: na primeira, transcrevemos a fala original constante do texto teatral; na segunda, transcrevemos a mesma fala tal como foi dita pela atriz Alessandra Maestrini, em uma das encenações dessa peça.

TEXTO TEATRAL	Oooooooi! Calma, meu querido. É do Teatro, sim. Não precisa gritar, meu amor.
REPRESENTAÇÃO	Alô? Hã? Calma, querido. Aqui é do Teatro, sim. Não precisa gritar, meu amor.
TEXTO TEATRAL	É Godelívia, a bilheteira. Go-de-lí-vi-a. De Godofredo e Olívia.
REPRESENTAÇÃO	Godelívia, a bilheteira. Go-de-lí-vi-a. De Godofredo e Olívia.
TEXTO TEATRAL	Você tem toda razão, paixão. Mas, se você me deixasse falar, eu tenho certeza de que ia me entender. Um rapaz inteligente, que frequenta teatro, que tem uma voz bonita como você, deve ser educado. Eu demorei a atender, meu amor, porque estava no banheiro. Também sou gente, não é, querido?
REPRESENTAÇÃO	Você tem toda razão, paixão. Mas um rapaz inteligente, com uma voz bonita como a sua, que frequenta teatro, devia ser mais educado. Demorei a atender, meu amor, porque eu tava lá no banheiro fazendo um... um download. Também sou gente...

ARAÚJO, Alcione. Sonhando com cabras. In: *Doce deleite*. Rio de Janeiro: Civilização Brasileira, 2009. p. 25. (Adaptado).
Montagem da peça *Doce deleite*. Disponível em: <http://mod.lk/p7wrt>. Acesso em: 19 ago. 2017.

Alessandra Maestrini também atuou na montagem de 2008 de *Doce deleite*.

1. Em alguns trechos, o texto teatral indica que as falas devem ser pronunciadas de forma especial. Identifique dois desses trechos.
2. Dê dois exemplos de trechos em que a representação da atriz não coincide com o texto teatral. Explique por que isso ocorre.
3. Releia o último trecho da transcrição da representação: "Demorei a atender, meu amor, porque eu tava lá no banheiro *fazendo um... um download*". Explique por que o trecho destacado foi acrescentado pela atriz durante a representação.

As falas dos personagens no texto teatral são construídas de modo semelhante às falas em *discurso direto* do texto narrativo. Para manter sua naturalidade, empregam *marcas de oralidade*, como alongamentos de vogais, marcadores conversacionais e hesitações ou correções:

"*Oooooooi!* Calma, meu querido."

"Também sou gente, *não é*, querido?"

"*Bem... quer dizer*, aceito o seu autógrafo, mas... não é bem por isso que... *quer dizer*... estou aqui para trabalhar..."

Contudo, elas não chegam ao interlocutor final — os espectadores da peça — exatamente como foram escritas. Afinal, embora ensaiem e decorem as falas, os atores têm liberdade para alterá-las um pouco durante a representação. Eles também podem inserir elementos próprios em uma fala, a fim de deixá-la mais engraçada ou atual; foi o que fez a atriz na fala final, dizendo que foi ao banheiro "fazer um *download*". No jargão do teatro, esses acréscimos pessoais dos atores ao texto são chamados de **cacos**.

Para ler e escrever melhor

Da narrativa ao drama

Muitos contos e romances são adaptados para o teatro ou outras formas de representação dramática, como cinema ou TV. Analisar e executar esse tipo de adaptação é uma forma interessante de desenvolver suas habilidades de leitura e escrita, pois ela envolve uma série de operações relacionadas à maneira como cada texto é construído.

Para começar a refletir sobre esse assunto, leia o fragmento inicial de uma crônica humorística do escritor brasileiro Fernando Sabino (1923-2004). Durante a leitura, pense em como faria para adaptar o texto a uma representação teatral.

Festa de aniversário

Leonora chegou-se para mim, a carinha mais limpa desse mundo:

— Engoli uma tampa de coca-cola.

Levantei as mãos para o céu: mais esta agora! Era uma festa de aniversário, o aniversário dela própria, que completava seis anos de idade. Convoquei imediatamente a família:

— Disse que engoliu uma tampa de coca-cola.

A mãe, os tios, os avós, todos a cercavam, nervosos e inquietos. Abre a boca, minha filha. Agora não adianta: já engoliu. Deve ter arranhado. Mas engoliu como? [...]

Não tinha dúvida: pronto-socorro. Dispus-me a carregá-la, mas alguém sugeriu que era melhor que ela fosse andando: auxiliava a digestão.

No hospital, o médico limitou-se a apalpar-lhe a barriguinha, cético:

— Dói aqui, minha filha?

[...]

SABINO, Fernando. *A mulher do vizinho*. 17. ed. Rio de Janeiro: Record, 1997. p. 95-96. (Fragmento).

Para ler e escrever melhor

Na prática

Junte-se a um colega para realizar a atividade. Primeiro, leiam o esboço de uma possível adaptação da crônica para um texto teatral e respondam às perguntas.

> **Festa de aniversário**
>
> PERSONAGENS
> a) ▓▓▓▓▓▓▓▓▓▓▓▓▓
>
> Cena 1
> b) ▓▓▓▓▓▓▓▓▓▓▓▓▓ LEONORA aproxima-se do PAI.
>
> LEONORA — Engoli uma tampa de coca-cola.
> PAI — Mais essa agora! *(Chamando a família.)* Ei, gente, olha só: a Leonora disse que engoliu uma tampa de coca-cola.
> MÃE — *(Nervosa)* Abre a boca, minha filha.

1. Releiam o fragmento inicial da crônica e reflitam: considerando apenas esse fragmento, quantos personagens são necessários para a encenação? Escrevam, então, a lista de personagens que deveria preencher a lacuna a).

2. Transcrevam da crônica o trecho que indica onde se passa a história. Pensem em como vocês poderiam comunicar essas informações aos espectadores da peça. Então, escrevam a rubrica que preenche a lacuna b), indicando ao diretor como montar o cenário.

3. No esboço do texto teatral, aparecem duas rubricas para os atores: *(Chamando a família.)* e *(Nervosa)*. Essas rubricas são objetivas ou subjetivas? A que trechos da crônica correspondem?

4. No esboço acima, a Cena 1 se passa na festa de aniversário de Leonora. No fragmento inicial da crônica, em certo ponto a ação passa a transcorrer em outro cenário. Qual é ele? No texto teatral, como se deve indicar a mudança de cenário?

5. Continuem a adaptação desse fragmento inicial. Quando terminarem, reúnam-se com outra dupla, comparem os resultados e discutam: houve diferenças significativas nas adaptações? Quais foram as melhores soluções para cada trecho?

6. Por fim, copiem o quadro a seguir no caderno e preencham as lacunas com base nas conclusões a que chegaram.

No texto narrativo		No texto dramático
As descrições de cenário...		... rubricas para a montagem do cenário.
Todas as falas e pensamentos dos personagens, estejam em discurso direto, indireto ou indireto livre...	... se transformam em...	▓▓▓▓▓▓▓▓▓▓
Os trechos em que o narrador descreve o que os personagens fazem (levantam-se, comem, atendem o telefone, etc.)...		▓▓▓▓▓▓▓▓▓▓
Os trechos em que o narrador descreve o estado de espírito dos personagens (se estão tristes, pensativos, inquietos, etc.)...		▓▓▓▓▓▓▓▓▓▓
As mudanças de cenário...		▓▓▓▓▓▓▓▓▓▓

7. Guardem o quadro preenchido, pois vocês vão utilizá-los na produção a seguir.

Produção autoral

Sessão de esquetes humorísticos

Contexto de produção

O quê: esquete humorístico.
Para quê: divertir os colegas; experimentar o jogo teatral.
Para quem: colegas de sala; se possível, também colegas de outras classes, professores, funcionários da escola e familiares.
Onde: sala de aula; se possível, teatro ou auditório da escola.

Participar de uma *Sessão de Esquetes Humorísticos* pode ser bem divertido! Sob a orientação do professor, organizem-se em dois ou três grupos para realizar esta atividade. Além de apresentar os esquetes aos colegas de classe, vocês poderão convidar colegas de outras turmas, professores, funcionários da escola e até familiares. Combinem com o professor o melhor local e dia para a apresentação.

Primeiro passo: selecionar o texto a ser adaptado

1. Sob a supervisão do professor, cada grupo vai escolher uma crônica ou conto a ser adaptado para esquete teatral. A história precisa ser curta, engraçada e conter referências que o público compreenda. Além da crônica "Festa de aniversário", de Fernando Sabino, considerem estas outras sugestões:
   - "O homem nu", de Fernando Sabino. In: *O homem nu*. 46. ed. Rio de Janeiro: Record, 2010.
   - "Hábito nacional", de Luis Fernando Verissimo. In: *Comédias para se ler na escola*. Objetiva, 2001.
   - "As pílulas", de Arthur Azevedo. In: Mauro Rosso (Org.). *Contos de Arthur Azevedo: os "efêmeros" e inéditos*. São Paulo: Loyola, 2009.
   - "A obra de arte", de Anton Tchekov. In: Flávio Moreira da Costa (Org.). *Os 100 melhores contos de humor da literatura universal*. 5. ed. Rio de Janeiro: Ediouro, 2001.

2. Outra opção é recuperar as *fanfictions* do conto de Mia Couto produzidas no capítulo anterior e verificar se há, entre elas, alguma de tom humorístico, que poderia ser adaptada para um esquete.

Segundo passo: transformar o texto narrativo em dramático

1. Dois ou três colegas serão os *dramaturgos* do grupo e ficarão responsáveis por transformar a crônica ou conto selecionado em texto teatral. Durante a adaptação, utilizem como guia o quadro que prepararam na seção "Para ler e escrever melhor".

   > **Dica**
   >
   > Não exagerem nas rubricas. Elas devem conter apenas as orientações indispensáveis. O resto fica por conta da criatividade dos atores, do diretor e da equipe técnica.

2. Quando tiverem terminado a adaptação, os dramaturgos devem mostrar o texto para o restante do grupo, que deverá fazer estas verificações:

   - ✓ O texto principal (falas) foi composto de forma que os espectadores consigam entender o enredo, inclusive suas intenções humorísticas?
   - ✓ As falas estão naturais?
   - ✓ O texto secundário (rubricas) orienta adequadamente o elenco e a equipe técnica? Ele prevê, de fato, todos os personagens e cenários necessários para a representação?

3. Os dramaturgos devem, então, discutir as mudanças sugeridas e preparar a versão final.

Terceiro passo: planejar a encenação

1. Um ou dois colegas serão os *diretores* da peça e vão coordenar todo o processo de encenação. De acordo com o número de personagens, decidam quem serão os *atores* e *atrizes*. Os demais componentes do grupo comporão a *equipe técnica*, responsável pela cenografia, pelo figurino e, se for o caso, pela sonoplastia e iluminação.

▶ 2. Em conjunto com a equipe técnica, o diretor deve listar tudo que será necessário providenciar para encenar a peça. Usem materiais que já tenham em casa, como madeira velha e caixas de papelão. Vejam um exemplo dos materiais que poderiam ser pensados para a encenação de "Festa de aniversário", considerando apenas o fragmento reproduzido anteriormente:

> **Lista de materiais a providenciar para a peça**
>
> **Cenografia**
> - Cenário 1 (festa de aniversário): Bexigas, bolo feito de papelão, velas para colocar sobre o "bolo".
> - Cenário 2 (consultório de hospital): Símbolo de hospital (cruz vermelha) desenhado em um papel grande para ser afixado na parede.
>
> **Figurinos**
> - *Leonora* – elástico para prender o cabelo, camiseta com estampa infantil, ursinho de pelúcia ou boneca.
> - *Avós de Leonora* – óculos de leitura, bengala, peruca branca (pode ser feita com lã ou tecido branco colados em touca ou meia-calça).
> - *Médico* – avental branco e estetoscópio (pode ser feito pendurando-se uma tampa grande e redonda, de metal, na extremidade de um fone de ouvido).
> - *Pais e tio de Leonora* – caracterização livre.

3. Conforme o enredo, pode ser necessário providenciar efeitos de som (como uma porta rangendo ou um objeto se quebrando) e luz (como o dia virando noite). Planejem como produzir esses efeitos e providenciem também os materiais necessários.

Quarto passo: ensaiar o esquete

1. Atores e atrizes devem ler várias vezes o texto dramático, prestando atenção à pontuação, ao sentido de suas falas e às rubricas indicadas no texto.

2. Sob a supervisão do diretor, façam um primeiro ensaio. Nesse primeiro momento, o elenco deve apenas fazer uma *leitura dramática*, isto é, ler suas falas com o tom de voz e a linguagem corporal adequados, mas sem preocupar-se em memorizá-las.

3. A cada novo ensaio, os atores e atrizes devem procurar cada vez mais libertar-se da leitura e dizer suas falas de cor. Ensaiem até se sentirem seguros para a apresentação.

Quinto passo: organizar e realizar a apresentação

1. Se a escola tiver um teatro ou auditório, vocês podem fazer a apresentação lá. Caso contrário, usem a própria sala de aula.

2. Marquem a data e, se possível, convidem colegas de outras turmas, pais e funcionários da escola. Façam cartazes para divulgar o evento.

3. No dia da peça, a equipe técnica deve estar preparada para montar o cenário e ajudar o elenco a vestir o figurino.

4. O diretor deve ficar com o texto dramático em mãos. Durante a apresentação, se alguém esquecer alguma fala, ele pode ajudá-lo dizendo as frases em voz baixa.

Sexto passo: avaliar a produção

1. Depois de todas as apresentações, se quiserem, vocês podem pedir que a plateia eleja por meio de aplausos: o melhor figurino; o melhor cenário; o melhor roteiro; a melhor atuação; o melhor esquete como um todo.

2. Posteriormente, discutam com toda a turma e com o professor:
   a) Alguns especialistas acreditam que o teatro pode elevar a autoestima e melhorar a interação entre as pessoas. Vocês sentiram isso de alguma forma durante este projeto?
   b) A turma toda se engajou na produção e participou ativamente de todas as etapas?
   c) O que poderia ser aprimorado em uma próxima produção em equipe como esta?

> Confira questões do Enem e de vestibulares e propostas de redação no **Vereda Digital Aprova Enem** e no **Vereda Digital Suplemento de revisão e vestibulares**, disponíveis no livro digital.

UNIDADE 5

MEMÓRIA E COTIDIANO

Capítulo 10
Biografia e perfil biográfico, 142

Capítulo 11
Relato pessoal, 155

Capítulo 12
Diário íntimo e *blog*, 164

Capítulo 13
Carta pessoal e *e-mail*, 175

Nesta unidade, estudaremos gêneros do cotidiano, como o *e-mail*, o diário pessoal e o *blog*. Conhecer melhor esses gêneros é importante não apenas porque estão muito presentes em nossa vida, mas também porque, em diversos casos, eles contribuem para o registro de ideias e fatos, ajudando a construir a memória de uma sociedade. Um diário antigo, por exemplo, pode nos revelar como era o dia a dia na época de quem o escreveu.

Também fundamentais para a construção da memória e o registro da experiência humana são os gêneros com que começaremos nossa análise nesta unidade: a biografia, o perfil biográfico e o relato pessoal. Bons estudos!

CAPÍTULO

10

BIOGRAFIA E PERFIL BIOGRÁFICO

OBJETIVOS DE APRENDIZAGEM
- Identificar as principais características dos gêneros *biografia* e *perfil biográfico*.
- Reconhecer a coesão e a coerência como princípios necessários à construção de um texto.

ENEM
C6: H18, H19
C7: H22

Para começar

Observe a capa do livro do qual foi extraído o texto que você lerá. Depois, converse com o professor e os colegas sobre as questões propostas.

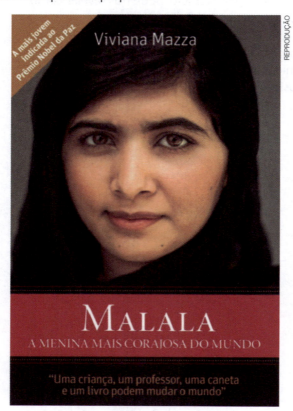

1. Você conhece a jovem retratada na capa? Se sim, conte o que sabe sobre ela: seu local de nascimento, por que se tornou conhecida mundialmente, as causas que defende, as dificuldades que enfrentou na defesa dessas causas. Você pode se basear também nas informações dadas na própria capa.
2. Com base nos fatos sobre Malala que você e os colegas mencionaram, explique o subtítulo da obra: "a menina mais corajosa do mundo".
3. Esse livro traz uma biografia de Malala Yousafzai, isto é, conta a história de sua vida. Você já leu a biografia de alguém? Se sim, fale sobre a obra aos colegas.
4. Mencione algumas pessoas cuja biografia poderia despertar seu interesse. Em sua opinião, que motivos levam o leitor a se interessar por uma biografia?

Primeiro olhar

Você lerá a seguir o início da biografia de Malala Yousafzai. Em seguida, responda às perguntas.

Tiros
9 de outubro de 2012

1 — Acabou! — Zakia sobe na *van* escolar e, com um suspiro, apoia a mochila no chão e as costas no banco. Não consegue tirar da cabeça as perguntas da lição da aula de urdu. Não é uma língua difícil. O inglês certamente é muito pior; mas naquela manhã não conseguia se concentrar.

5 Conversando, as meninas vestidas com grandes xales escuros viajam apertadas dentro da *van*, que não tem nada a ver com os ônibus escolares amarelos dos filmes norte-americanos. É um veículo branco, com a cabine separada para o motorista e a parte traseira coberta por um plástico, para proteger do vento.

 As jovens entram por trás e sentam-se sobre tábuas de madeira montadas que servem
10 como bancos. Às vezes, quando o motorista Usman acelera, não conseguem se segurar e quase caem umas sobre as outras, o que causa susto e muitas risadas.

 Malala sobe na *van* e senta-se ao lado de Zakia. Em seguida chega Laila, sorridente como sempre, e acomoda-se perto de Malala.

 Laila e Malala são muito amigas e, apesar de terem apenas 13 e 15 anos, já têm ideias
15 bem claras sobre o futuro: serão médicas. Ao contrário delas, Zakia, aos 16 anos, ainda não escolheu sua profissão.

 — ... 12, 13... — conta uma das três professoras que as acompanham — ... e 14.

 A última menina do fundo fecha as cortinas verdes da parte traseira. Partem. Estão alegres e começam a cantar uma antiga canção popular:

20 *Com uma gota do sangue de meu namorado*
 Derramado para defender a pátria mãe
 Desenharei um pontinho vermelho sobre a testa
 E será tão belo
 Que fará inveja às rosas do jardim.

25 Zakia está pensativa. Olha fixamente para as cortinas que balançam com o vento, único contato com o mundo externo, naquele pequeno veículo sem janelas. Ao ondular, o tecido permite vislumbrar a rua poeirenta de Mingora. Tudo está envolvido por uma nuvem amarelada, mas algumas formas se distinguem lá fora, no vaivém do meio-dia.

 Um homem caminha curvado com um grande saco nas costas e uma criança pequena
30 nos braços.

 Dois jovens passam velozmente em uma moto.

 Alguns riquixás verdes e azuis estão parados em ambos os lados das ruas; outros, em movimento.

 Os caminhões são decorados com delicados motivos florais geométricos.

35 Mingora não perdeu a vontade de viver: mantém seu espírito antigo de cidade fronteiriça do norte do Paquistão.

 Os brincos de Laila também balançam para a frente e para trás, como as cortinas da *van*. Enquanto isso, Zakia não consegue parar de pensar na lição:

 — O que você respondeu no exercício número três, aquele de completar as frases? —
40 pergunta a Malala, uma das colegas mais estudiosas.

 — A pergunta sobre a verdade? A resposta era: "*Aap ko sach kehna hoga*" ["Deve dizer a verdade"].

 — "Dizer a verdade..." É mesmo, eu sabia! — por trás da armação preta dos óculos de Zakia, percebe-se uma expressão de embaraço. — Escrevi *khana* em vez de *kehna*!

45 — Não acredito! Você escreveu "deve *comer* a verdade?" — diz Laila, começando a rir. E Zakia também deixa escapar um sorriso.

 Em seguida seu olhar se fixa novamente nos brincos de Laila. Antes se moviam, mas agora estão imóveis.

 Volta-se na direção da saída: as cortinas também pararam de flutuar. E de repente se
50 abrem, num instante. Um rapaz de barba enfia a cabeça no espaço dos passageiros.

Glossário

Urdu: uma das línguas oficiais do Paquistão, ao lado do inglês. Na província de Khyber Pakhtunkhwa, onde fica Mingora, também se fala o *pashto*.

Riquixás: veículos de duas rodas puxados por um homem e usados para o transporte de passageiros, comuns em países orientais.

— Quem é Malala? — grita, e examina cada uma das meninas.

Ele tem um revólver na mão e todas começam a gritar.

— Quietas! — ordena. Elas se calam.

55 Zakia tem a impressão de já tê-lo visto na rua, um pouco antes, na moto que passou velozmente. Mas não tem certeza de nada; o medo ofusca sua visão.

— Quem é Malala? — repete. — Respondam imediatamente, ou mato todas! Malala insultou os soldados de Deus, os *talibãs*, e por isso será punida.

No silêncio, a pergunta ressoa como uma condenação à morte. Malala, que gostaria de dizer tantas coisas, parece paralisada pelo medo, e não consegue nem respirar.

60 Zakia percebe que algumas colegas se voltaram na direção da amiga, que tem grandes olhos castanhos.

O olhar do rapaz com o revólver também se detém em Malala. Ninguém disse uma palavra, mas ele deve ter entendido. Agora ele olha fixamente para a garota.

Em questão de segundos, os tiros saem abafados, sem piedade.

65 Um, dois, outro e depois outro.

A cabeça de Malala balança levemente para trás.

Seu corpo cai de lado e tomba no colo de Laila, como em câmera lenta.

Sai sangue de uma orelha.

Laila grita.

70 Seu grito é interrompido por um tiro que atinge o lado direito de suas costas, e por outro na mão esquerda, com a qual tentava se proteger.

Zakia também sente uma forte dor, parece que um de seus braços e seu coração estão prestes a explodir.

E uma escuridão cobre o mundo inteiro.

MAZZA, Viviana. *Malala*: a menina mais corajosa do mundo. Trad. de Luciana Cammarota. Rio de Janeiro: Agir, 2013. p. 12-16. (Fragmento).

Glossário

Talibãs: membros do Talibã, grupo político-religioso que atua no Afeganistão e no Paquistão, caracterizado por fazer uma interpretação radical dos textos islâmicos.

SAIBA MAIS

A jornalista italiana Viviana Mazza é correspondente internacional do jornal *Corriere della Sera*, um dos mais importantes de seu país. Além de *Malala: a menina mais corajosa do mundo*, destinada a leitores de todas as idades, Mazza escreveu duas biografias para o público infantil: uma da própria Malala e outra do líder sul-africano Nelson Mandela.

O mais recente trabalho da jornalista é o livro *Ragazze rubate* (*Meninas roubadas*), sobre o sequestro de dezenas de estudantes nigerianas em 2014 pelo grupo radical Boko Haram.

Viviana Mazza e Malala Yousafzai, 2014.

1. Observe o título de outras partes do livro que aparecem após "Tiros" (trecho que você acabou de ler).

   - Bombas – Janeiro de 2009
   - Volta à escola – Fevereiro de 2009
   - O exílio – Maio-julho 2009
   - Perigo – Verão de 2012

   a) Em uma biografia, por que é importante mencionar as datas e organizar os fatos em ordem cronológica?

   b) O episódio relatado na primeira parte, contudo, ocorreu *depois* do verão de 2012. Em sua opinião, por que a jornalista optou por romper a linha cronológica e começar o livro com esse episódio?

2. Releia: "*Mingora não perdeu a vontade de viver*: mantém seu espírito antigo de cidade fronteiriça do norte do Paquistão" (l. 35-36).

   a) O que o trecho destacado nos permite inferir sobre a vida em Mingora, a cidade natal de Malala, na época do episódio relatado?

   b) Como você imagina Mingora, com base nas descrições do livro?

3. Em 2009, com apenas 11 anos, Malala Yousafzai começou a escrever um *blog* para a rede britânica de comunicação BBC. Leia um trecho desse *blog*, no qual a menina, utilizando um pseudônimo, relatava seu cotidiano escolar:

   Sábado, 3 de janeiro [de 2009]: Estou com medo

   Ontem tive um pesadelo com helicópteros militares e o Talibã. Tenho tido pesadelos desse tipo desde que começou a operação militar no [Vale do] Swat. Minha mãe preparou o café da manhã e fui para a escola. Eu estava com medo de ir porque o Talibã lançou uma ordem proibindo todas as meninas de frequentar a escola.

   Hoje só 11 das 27 alunas assistiram às aulas.

   BBC. Diário de uma estudante paquistanesa.
   Disponível em: <http://mod.lk/vl3oi>.
   Acesso em: 20 out. 2017. (Tradução livre.) (Fragmento).

   - Com base nessa postagem do *blog*, levante hipóteses para explicar por que o homem que atirou em Malala buscava especificamente por ela.

4. De acordo com o trecho da biografia, as meninas e mulheres da região desejavam estudar e valorizavam a educação. Explique como isso é mostrado no texto.

   - Em sua opinião, por que a autora da biografia fez questão de enfatizar o interesse das mulheres da região pelo estudo?

5. Viviana Mazza só conheceu Malala depois de ter concluído seu livro. Ela não fez, portanto, entrevistas pessoais com a jovem. Dê exemplos de pelo menos duas fontes de informação que Mazza pode ter utilizado para compor o texto.

6. Embora relate fatos reais, uma biografia pode ter características que a aproximam da ficção.

   a) Pense, por exemplo, nos diálogos. Eles são um registro exato da realidade? Explique sua resposta.

   b) O biógrafo também pode utilizar algumas técnicas literárias na composição do texto. Leia, por exemplo, esta frase:

   "Em seguida seu olhar se fixa novamente nos brincos de Laila. Antes se moviam, mas agora estão imóveis." (l. 47-48)

   No desenvolvimento do texto, essa frase tem a intenção de:
   - criar uma metáfora.
   - provocar suspense.
   - retomar uma informação dada.

   c) Justifique a resposta dada no item anterior.

7. Compare as primeiras frases do texto lido com uma possível reescrita.

Original	"— Acabou! — Zakia **sobe** na *van* escolar e, com um suspiro, **apoia** a mochila no chão e as costas no banco. Não **consegue** tirar da cabeça as perguntas da lição da aula de *urdu*."
Reescrita	"— Acabou! — Zakia **subiu** na *van* escolar e, com um suspiro, **apoiou** a mochila no chão e as costas no banco. Não **conseguia** tirar da cabeça as perguntas da lição da aula de *urdu*.

   - Como o texto relata fatos já ocorridos, seria possível usar os verbos no passado, conforme proposto na reescrita. Por que se optou por usar o presente? Com base na comparação, explique que efeito a flexão dos verbos no presente provoca no texto.

Por dentro do gênero – Biografia

Ao analisar o trecho inicial da biografia da paquistanesa Malala Yousafzai, você pôde observar algumas características desse gênero discursivo. Uma **biografia** pretende relatar a vida de alguém que se destacou de alguma forma na sociedade; há biografias, por exemplo, de cantores, atores, apresentadores de TV, líderes políticos, empresários, cientistas. Malala Yousafzai mereceu uma biografia por ter, desde criança, atuado na luta pela educação das meninas em seu país. Após o atentado que sofreu em 2012, ganhou ainda mais projeção internacional, até vencer o Nobel da Paz em 2014 (ao lado do indiano Kailash Satyarthi), tornando-se a pessoa mais jovem a receber o prêmio.

Para escrever uma biografia, é preciso desenvolver um trabalho semelhante ao de um repórter: entrevistar uma grande variedade de pessoas, consultar notícias, entrevistas, documentários, arquivos históricos, etc. Não é por acaso, aliás, que muitos biógrafos são também jornalistas, como é o caso de Viviana Mazza.

Embora registre fatos reais e busque ser o mais fiel possível a eles, a biografia também leva algumas doses de ficção. Conforme você observou nas perguntas iniciais, para tornar seu relato interessante o biógrafo pode recriar alguns diálogos e cenas, ou então usar técnicas literárias, como a criação de suspense.

Em geral, os leitores se sentem atraídos por uma biografia por admirar o biografado e ter curiosidade sobre sua vida cotidiana. Além disso, a leitura desse gênero discursivo permite saber mais da época e do lugar em que a pessoa viveu, aumentando nosso conhecimento histórico e cultural.

> **Biografia** é um gênero não ficcional que tem como objetivo relatar a vida de uma pessoa que sobressaiu de algum modo na sociedade. Menciona as datas dos eventos e normalmente os organiza em ordem cronológica. Para atrair o interesse do público, pode usar linguagem expressiva e técnicas literárias. Geralmente é publicada na forma de livro.

Para assistir

Não apenas as biografias escritas enriquecem nosso repertório cultural. Podemos também nos entreter e aprender com filmes inspirados por elas. Um deles é *O mordomo da Casa Branca* (de Lee Daniels, EUA, 2013), baseado na trajetória real de Eugene Allen (1919-2010), que trabalhou 34 anos na Casa Branca, servindo a oito presidentes. O foco do filme está na luta da população negra norte-americana por seus direitos ao longo das décadas, desde o tempo em que a família de Eugene sofria todo tipo de violência em uma fazenda de algodão, até a época em que Barack Obama se tornou o primeiro presidente negro da nação.

Trocando ideias

Como dito, a produção de uma biografia assemelha-se em muitos aspectos à produção de uma reportagem. E, assim como um repórter não pede autorização às pessoas envolvidas antes de publicar seu texto, um biógrafo — de acordo com as leis atuais do Brasil — também não precisa da autorização do biografado para lançar um livro sobre ele. Nem todos, porém, estão satisfeitos com essa situação. Em anos recentes, vários artistas brasileiros lutaram contra a publicação de suas *biografias não autorizadas*.

Veja uma charge a esse respeito; depois, discuta as questões propostas com os colegas e o professor:

Duke

DUKE. *O Tempo*. Belo Horizonte, 18 out. 2013. Disponível em: <http://mod.lk/jxras>. Acesso em: 20 out. 2017.

1. Utilizando o humor, a charge aponta um dos motivos pelos quais um biografado pode não aprovar sua biografia. Qual é esse motivo?
2. Alguns acreditam que proibir a publicação das biografias não autorizadas seria uma forma de censura. Explique esse ponto de vista. Qual é sua opinião sobre ele?
3. Por outro lado, os biografados alegam que os livros ferem seu direito à intimidade. Além disso, afirmam que os escritores vão ganhar dinheiro à custa da imagem do biografado. Esses argumentos lhe parecem convincentes? Por quê?
4. Nos Capítulos 3 e 4, discutimos a responsabilidade e a ética que o jornalista precisa ter em seus textos. Isso também se aplica ao trabalho dos biógrafos? Por quê?

Biografia *versus* autobiografia

Uma personalidade pública pode decidir contar sua vida por si mesma. Nesse caso não teremos uma biografia, e sim uma **autobiografia**. Embora esses gêneros discursivos tenham uma intenção comum — relatar a trajetória de vida de alguém —, a forma como a realizam é diferente. Veja, como exemplo, alguns trechos da autobiografia de Malala (*Eu sou Malala*) referentes ao mesmo episódio registrado no livro de Viviana Mazza:

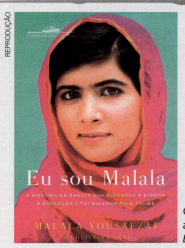

Capa do livro autobiográfico *Eu sou Malala*.

Quando nosso ônibus chegou, descemos a escadaria correndo. As outras meninas cobriram a cabeça antes de sair para a rua e subir pela parte traseira do veículo. [...] Estava lotado, com vinte meninas e três professoras. Eu me acomodei à esquerda, entre Moniba e Shazia Ramzan, que estudava uma série abaixo da nossa. Carregávamos nossas pastas de provas contra o peito, e as mochilas estavam no chão.

Depois disso, minhas lembranças se embaralham. Eu me lembro de que dentro da *dyna* fazia muito calor e estava abafado. Os dias mais frios demoravam a chegar, e só o topo das montanhas longínquas da cordilheira Hindu Kush tinha um pouco de neve. O fundo do veículo, onde estávamos sentadas, não tinha janelas, apenas uma proteção de plástico grosso cujas laterais batiam na lataria. Era amarelada demais, empoeirada demais, não dava para ver nada através dela. [...]

YOUSAFZAI, Malala; LAMB, Christina. *Eu sou Malala*: a história da garota que defendeu o direito à educação e foi baleada pelo Talibã. Vários tradutores. São Paulo: Companhia das Letras, p. 16. (Fragmento).

Além de diferenças mais óbvias, como o fato de a autobiografia ser composta na 1ª pessoa (*Eu me acomodei*), notamos que o ponto de vista é mais pessoal que o da biografia. Malala assume que suas lembranças daquele dia "se embaralham" — algo natural após um fato tão traumático.

Na referência bibliográfica e na capa do livro, podemos observar que Malala contou com a colaboração de Christina Lamb, uma jornalista britânica. Como nem todas as personalidades públicas têm tempo ou habilidade para escrever, é comum que busquem a ajuda de um profissional para organizar suas memórias e redigi-las em um texto atraente.

Dados de um texto reproduzido (autor, título, editora, local e data de publicação), necessários para que o leitor possa consultá-lo se desejar.

Nem sempre esse profissional tem seu nome mencionado; às vezes ele escreve o texto, mas não recebe os créditos publicamente. Em situações assim, é chamado de ***ghost-writer*** — palavra inglesa que significa, literalmente, "escritor fantasma".

Por dentro do gênero — Perfil biográfico

Pense e responda

Você lerá a seguir trechos de um texto sobre o grafiteiro Eduardo Kobra publicado no *site* de uma revista brasileira. Leia-o e responda às perguntas.

Com um estilo inconfundível, Kobra deixa sua marca nos muros das maiores cidades do mundo

[...]

1   O garotinho Carlos Eduardo Fernandes Leo, nascido (em 1976) no Campo Limpo, bairro periférico de São Paulo, nunca foi bom aluno. Seus cadernos — não importa a matéria — eram só desenhos. Ao mesmo tempo, o menino não aguentava ficar em casa. Percebeu que sua arte precisava de espaço.

2   Juntou a arte e o chamado da rua participando, no fim dos anos 1980, do grupo Jabaquara Breakers. Enquanto os garotos dançavam o *break*, Eduardo sacava o *spray* e pichava onde podia e onde não podia. Queria apenas espalhar seu nome cada vez mais longe, marcando território. Seus pais não gostaram nada daquilo. "Grafiteiro" era sinônimo de vagabundo. Dava cadeia. Mas as pichações toscas evoluíram para ilustrações cada vez mais sofisticadas.

3   Como Carlos Eduardo era muito bom no que fazia, era chamado de "cobra". E assim virou o Kobra. [...]

4   Kobra já pintou mais de 3 mil obras em São Paulo e outras cidades do Brasil. Mas o mundo o chama. E passou a chamar ainda mais quando ele acertou uma parceria com o francês (radicado em Los Angeles) Thierry Guetta, mais conhecido como Mister Brainwash, um dos papas da street art. Kobra espalhou seu nome muito mais do que podia imaginar quando grafitava os muros do Campo Limpo e já deixou sua assinatura em imensos painéis de cidades da França, EUA, Reino Unido, Canadá, Rússia, Grécia, Itália, Suécia, Polônia e Suíça.

5   Boa parte de sua fama internacional se deve a um painel pintado em Nova York, reproduzindo em muitas cores uma famosa foto de Alfred Eisenstaedt: o beijo entre uma enfermeira e um marinheiro comemorando o fim da Segunda Guerra, em 1945. A cena aconteceu ali mesmo, na Times Square. Representa o espírito de outro projeto conceitual de Kobra, o Muros da Memória. Ele recria no local uma cena de sua história. Como num fenômeno quântico, o presente e o passado convivem ao mesmo tempo no mesmo espaço. [...]

MARQUEZI, Dagomir. Com um estilo inconfundível... *Vip*. Abril: São Paulo, 1º jun. 2015. Disponível em: <http://mod.lk/jj2bo>. Acesso em: 20 out. 2017. (Fragmento).

Glossário

Street art: do inglês "arte de rua"; categoria que engloba grafite, murais, obras na forma de pôsteres, instalações artísticas, entre outras.
Quântico: referência à Física quântica, que estuda fenômenos relativos a partículas atômicas e subatômicas (menores que o átomo). Essa ciência admite a existência de duas situações diferentes e simultâneas para determinado corpo subatômico.

1. Assim como a biografia que você leu na seção anterior, esse texto tem o objetivo de relatar a vida de uma personalidade pública. Contudo, eles diferem quanto ao aprofundamento dado aos eventos. Explique essa diferença, apontando como ela se relaciona ao suporte em que cada texto circula: no caso de *Malala*, um livro; no caso desse texto, uma revista.

2. Para compor esse texto, o jornalista teve de selecionar os fatos mais importantes na vida de Eduardo Kobra. Em sua opinião, por que ele incluiu os trechos a seguir?

    "O garotinho Carlos Eduardo Fernandes Leo [...] nunca foi bom aluno."
    "Seus pais não gostaram nada daquilo. 'Grafiteiro' era sinônimo de vagabundo. Dava cadeia."

3. Na biografia de Malala, você observou que os verbos estavam no presente do Indicativo.
    a) Nesse perfil biográfico, é empregado o mesmo tempo verbal? Explique.
    b) Seria adequado redigir todo o perfil de Kobra usando apenas o presente do Indicativo? Por quê?

4. No último parágrafo do texto, são mencionadas duas obras: uma famosa foto de Alfred Eisenstaedt e um painel de Kobra. Compare as duas obras e depois responda à pergunta.

O beijo registrado por Alfred Eisenstaedt na Times Square (praça de Nova York, nos Estados Unidos), em 1945, tornou-se um dos símbolos do fim da Segunda Guerra Mundial.

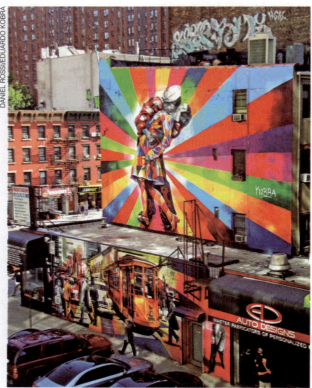

Painel *The kiss* ("O beijo", do inglês), de Eduardo Kobra, instalado em uma rua de Nova York.

- Explique por que o jornalista compara o trabalho de Kobra a um "fenômeno quântico", em que "o presente e o passado convivem ao mesmo tempo no mesmo espaço".

Você analisou um texto representativo de um gênero discursivo próximo à biografia: o **perfil biográfico**. Sua intenção também é relatar a vida de uma personalidade pública, porém de forma mais sucinta e objetiva que a biografia. Em geral, focaliza-se apenas um aspecto da vida da pessoa — nesse perfil de Eduardo Kobra, praticamente todos os fatos se relacionam à sua carreira profissional, pois são os que mais provavelmente interessarão aos leitores.

O formato condensado do perfil biográfico está relacionado aos suportes e contextos em que ele circula, voltados a leitores que buscam se informar rapidamente sobre a vida da pessoa. Veja alguns exemplos de contextos em que aparecem perfis biográficos:

- em uma revista, jornal, *site* ou *blog*, pode ser publicado o perfil de uma personalidade pública — como ocorreu no exemplo visto aqui;
- na introdução de uma entrevista, em geral se insere um breve perfil do entrevistado;
- livros didáticos, enciclopédias e *sites* voltados a estudantes publicam perfis de personalidades históricas importantes;
- na contracapa ou na orelha de um livro, muitas vezes é colocado um perfil biográfico do autor;
- em uma exposição de arte, geralmente se apresenta o perfil biográfico do artista, às vezes organizado em uma linha do tempo.

Para uma exposição do pintor brasileiro Cícero Dias (1907-2003), foi preparado um perfil biográfico na forma de linha do tempo.

Perfil biográfico é um gênero discursivo que busca relatar de forma sucinta a trajetória de vida de uma personalidade pública. Circula em diversos contextos, tanto de forma autônoma como vinculado a outros gêneros: pode, por exemplo, fazer parte da introdução de uma entrevista, de uma reportagem, da capa de um livro, etc.

Perfis em redes sociais

Não são apenas as pessoas famosas que têm sua trajetória de vida divulgada. Na verdade, muitos de nós — inclusive você e seus colegas — elaboram um perfil biográfico quando preenchem a página pessoal de uma rede social. Afinal, essas páginas normalmente trazem os dados básicos da pessoa: data de nascimento, escola onde estuda ou estudou, local de trabalho, se está namorando ou casou-se e, ainda, os fatos principais de sua vida que vão sendo registrados na linha do tempo. Quem cria um *blog* ou canal de vídeo na internet também costuma escrever um breve perfil biográfico para apresentar-se aos visitantes.

Para assistir

A minissérie *Gigantes do Brasil* (de Fernando Honesko, Brasil, 2016), produzida pelo canal de TV History Channel, traz o perfil biográfico de quatro personagens fundamentais para a história do país no século XX: o norte-americano Percival Farquhar (1864-1953), os italianos Francesco Matarazzo (1854-1937) e Giuseppe Martinelli (1870-1946) e o brasileiro Guilherme Guinle (1882-1960).

Para mais informações sobre a minissérie, acesse o *link* <https://seuhistory.com/microsite/gigantes-do-brasil/home>.

Estrutura e linguagem da biografia e do perfil biográfico

A biografia e o perfil biográfico têm algumas características composicionais em comum. Uma delas, conforme você observou nas análises, é que eles geralmente se organizam em ordem cronológica, podendo, porém, haver mudanças, caso se queira destacar um episódio relevante.

Veja um esquema de como as informações foram organizadas no perfil de Eduardo Kobra:

1º parágrafo	Nascimento (1976) e infância.	Ordem cronológica.
2º parágrafo	Junta-se aos Jabaquara Breakers (década de 1980).	
3º parágrafo	Ganha o apelido Kobra.	
4º parágrafo	Presente: fama internacional, parceria com Thierry Guetta.	Rompe a ordem cronológica para voltar ao passado recente e comentar a obra que deu mais fama a Kobra.
5º parágrafo	Painel em Nova York.	

Em relação à linguagem, tanto na biografia quanto no perfil biográfico os verbos em geral são flexionados na 3ª pessoa, já que o autor relata de fora os episódios vividos pelo biografado:

"Malala **sobe** na van e **senta**-se ao lado de Zakia."

"Enquanto os garotos dançavam o *break*, Eduardo **sacava** o spray e **pichava** onde **podia** e onde não **podia**."

Você observou, porém, que havia diferenças quanto ao tempo verbal. Na biografia de Malala, para dar maior vivacidade aos fatos optou-se por manter os verbos no presente. Quando o presente do Indicativo é usado para registrar ações passadas, recebe a denominação de **presente histórico**. É possível utilizar essa estratégia tanto na biografia quanto no perfil biográfico, desde que *todos* os verbos fiquem no presente; no perfil de Kobra, você percebeu que isso seria inadequado, pois geraria uma confusão entre fatos passados e atuais da vida do grafiteiro.

Outra característica em comum da biografia e do perfil biográfico é a menção a referências espaciais e temporais específicas, pois é necessário indicar claramente ao interlocutor onde e quando as ações ocorreram: "*9 de outubro de 2012* [...]. *Mingora* não perdeu a vontade de viver: mantém seu espírito antigo de cidade fronteiriça do *norte do Paquistão*"; "nascido *(em 1976) no Campo Limpo, bairro periférico de São Paulo*". Por fim, os dois gêneros também usam palavras e expressões que sinalizam a passagem do tempo (*em seguida, mais tarde, anos depois*), o que ajuda a construir a sequência cronológica e contribui para a coesão do texto.

Para ouvir

Biografias estão muito presentes na cultura popular. É comum, por exemplo, que uma escola de samba homenageie determinada personalidade pública contando sua trajetória em um desfile de carnaval. Foi o que fez a escola Grande Rio, que homenageou a cantora baiana Ivete Sangalo em 2017. Você pode ouvir o samba-enredo "Hoje é dia de Ivete" neste *link*: <www.letras.mus.br/ivete-sangalo/hoje-e-dia-de-ivete-grande-rio-2017/>.

Ivete Sangalo participa da comissão de frente da Acadêmicos do Grande Rio, na Marquês de Sapucaí, Rio Janeiro, 2017.

Para ler e escrever melhor

Coesão e coerência

No Capítulo 1, definimos texto como um conjunto de palavras, combinadas ou não a imagens e outros elementos, que o interlocutor reconhece como uma unidade de sentido. Nesta seção, vamos nos aprofundar nessa ideia e discutir o que transforma, de fato, um conjunto de palavras em um texto.

Para começar, vamos analisar esta tira de Garfield:

GARFIELD   JIM DAVIS

Jon faz uma pergunta a Garfield, e este responde tanto em pensamento ("Claro") como fazendo o gesto do polegar para cima. No último quadrinho, por meio do advérbio *assim*, o gato retoma um elemento mencionado por Jon, a coleira com sininho: "*Assim* [ou seja, com a coleira] eu saberei onde você está".

Embora as três falas formem uma sequência lógica, isso não nos explica por que o comentário final de Garfield produz um efeito humorístico. Para compreender o humor da tira, é preciso ir *além* do texto. O leitor precisa considerar que, em nosso mundo, o normal é que gatos, e não seres humanos, usem coleiras com sininhos.

Portanto, ao insinuar que a coleira não será usada por ele, mas pelo dono, Garfield propõe uma inversão inesperada — e irreverente — de papéis. Sabemos que, em tiras, é comum o emprego de elementos inesperados para produzir humor; logo, entendemos que a inversão proposta por Garfield vai ao encontro da intenção comunicativa do texto: divertir o leitor.

Essa análise nos permite identificar duas propriedades que fazem com que um texto seja reconhecido como uma unidade de sentido: a coesão e a coerência.

Coesão é o encadeamento lógico das palavras e frases. Essa tira tem coesão porque há uma pergunta, depois uma resposta e finalmente um comentário que retoma a pergunta inicial. A coesão é uma propriedade referente à forma como o texto é composto.

Já **coerência** é o sentido que o interlocutor atribui ao texto com base, de um lado, em seus próprios conhecimentos e, de outro, na intenção comunicativa desse texto.

Você viu que, para analisar a tira, precisamos acionar nossos conhecimentos de mundo (seres humanos não usam coleiras) e considerar a intenção do texto (produzir humor) para, assim, atribuir-lhe um sentido global. Concluímos, então, que a coerência não está apenas no texto; ela é construída *a partir dele*, com o auxílio de fatores *externos* a ele.

Coesão e coerência estão intimamente associadas, já que, para conferir esse sentido global ao texto, o interlocutor precisa partir, é claro, das palavras e frases (ou outros elementos) que o formam. Nesse sentido, a organização coesiva, com o estabelecimento de vínculos lógicos entre as partes, também é importante para a coerência textual.

Na prática

Reproduzimos a seguir o perfil biográfico do escritor Millôr Fernandes publicado na orelha de um de seus livros. Junte-se a um colega, leiam o texto, depois respondam às perguntas.

MILLÔR I: Pequena biografia do

Millôr Fernandes nasceu. Aos 13 anos de idade, já estava. O que não invalida. No entanto, sua atuação teatral, até onde se sabe. Dos livros publicados, foi constatado sem qualquer dúvida. Ao concluir seu Mestrado, percebeu logo. Um dia, depois de um longo programa de televisão, foi que. Amigos e pessoas vagamente interessadas, naturalmente. Onde e como, mas talvez, Millôr jamais, no caso. Ao ser agraciado disse, e não foi à toa. Entre os tradutores brasileiros. E tanto em 1960 quanto em 1978. Mas nem todo o mundo concorda. O resto, diz ele. Ou seja, hoje em dia, como ninguém ignora.

FERNANDES, Millôr. Millôr I: pequena biografia do [Orelha do livro]. In: _____. *100 fábulas fabulosas*. 2. ed. Rio de Janeiro: Record, 2003.

---

1. O autor construiu as frases de uma forma bem peculiar. Expliquem o que há de incomum nas frases do texto.

2. Releiam estas passagens do texto, prestando atenção aos destaques:

   "Millôr Fernandes *nasceu. Aos 13 anos de idade,* já estava. [...] *Ao concluir seu Mestrado,* percebeu logo. *Um dia, depois de um longo programa de televisão,* foi que. [...] *Ao ser agraciado* disse, e não foi à toa. [...] E *tanto em 1960 quanto em 1978.* [...] Ou seja, *hoje em dia,* como ninguém ignora."

   a) As palavras e expressões destacadas buscam imitar um encadeamento de ideias típico de um perfil biográfico. Expliquem como isso ocorre.

   b) Se a intenção desse texto fosse, de fato, apresentar um breve relato da vida de Millôr, a organização coesiva formada por essas palavras e expressões seria suficiente para garantir coerência ao texto? Por quê?

3. Qual é, afinal, a intenção comunicativa do texto? Para responder, levem em conta as informações do boxe sobre Millôr Fernandes abaixo.

   - Considerando essa intenção comunicativa, vocês diriam que o texto é coerente? Por quê?

Millôr Fernandes (1923-2012) encontrou sucesso em diferentes áreas: foi chargista, ilustrador, escritor, dramaturgo, crítico literário e tradutor. Aos 14 anos foi contratado como contínuo (uma espécie de *office-boy*) na revista *O Cruzeiro* e logo se destacou, começando a escrever sua própria coluna humorística, a *Pif-Paf*. Em 1969, com Jaguar, Ziraldo, Henfil e outros grandes nomes do humor brasileiro, fundou a revista *O Pasquim*, uma das principais publicações alternativas durante a ditadura militar. Também manteve colunas de humor em revistas, jornais e *sites*. Paralelamente a isso, escreveu peças de teatro, roteiros para cinema, crônicas, contos e se tornou um dos mais respeitados tradutores brasileiros de William Shakespeare.

Millôr Fernandes em foto de 2005.

Produção autoral

Perfil biográfico: quem dá nome às ruas?

Contexto de produção

O quê: perfis biográficos de pessoas que deram nome às ruas de seu bairro ou cidade.
Para quê: conhecer melhor a vida dessas pessoas; discutir quais critérios foram usados para homenageá-las.
Para quem: colegas da turma e de outras classes, professores e funcionários da escola.
Onde: exposição de painéis na escola; *blog* ou *site* da turma ou da escola.

Você já parou para observar o nome das ruas do seu bairro ou cidade? Entre eles, há nomes de pessoas? Se há, quem foram essas pessoas? Por que foram homenageadas? A análise do nome dos logradouros públicos (ruas, avenidas, praças, travessas, etc.) pode proporcionar uma rica reflexão, pois nos permite observar quais categorias sociais e profissionais são mais reconhecidas pela sociedade. Nesta seção, você e os colegas vão discutir esse assunto e, também, preparar perfis biográficos das pessoas que dão nome às ruas de seu bairro ou cidade.

Primeiro passo: analisar exemplos

1. Você sabia que, entre os nomes de logradouros que homenageiam pessoas no Brasil, apenas 27% são femininos? Uma reportagem do *Diário de Pernambuco* focalizou essa desigualdade de gênero nas ruas do Recife. Uma das curiosidades trazidas pela reportagem foi o perfil biográfico de algumas das poucas homenageadas — somente 561, diante de 4.529 homens. Leia dois dos perfis publicados na reportagem:

Rua Deputada Cristina Tavares

Jornalista e deputada, Maria Cristina de Lima Tavares Correia nasceu em Garanhuns, em 1934. Seus discursos influenciaram personalidades importantes de sua época, que fortaleceram a resistência contra o golpe militar de 1964.

Parlamentar, dialogou com movimentos sociais ao longo de três mandatos — sendo a primeira a ocupar o cargo de deputada federal [por Pernambuco] ao ser eleita com 22 mil votos — e participou da Assembleia Constituinte, em 1987. Lutou pelos direitos de empregadas domésticas e trabalhadoras rurais e pela redução da diferença de gêneros no mercado de trabalho. Padeceu de câncer em 1992.

Rua Poetisa Auta de Sousa

Órfã desde os quatro anos, a poetisa potiguar, nascida em 1876, foi trazida ao Recife para morar com a avó materna, Dona Dindinha. Estudou com religiosas no Colégio de São Vicente de Paula, onde dominou o idioma francês. Deixou o estado depois de contrair tuberculose, quando voltou a morar no Rio Grande do Norte e passou a escrever poemas. Participou de clubes literários e escreveu para revistas e jornais da capital. Seus poemas escritos entre 1893 e 1897 foram reunidos no livro *O Horto*, com prefácio de Olavo Bilac.

Auta de Souza morreu aos 25 anos de idade, vítima de tuberculose. Em sua homenagem, foi nomeada uma rua no bairro da Cohab.

Curiosa Mente. As ruas mais femininas do Recife.
Disponível em: <http://mod.lk/ikiph>. Acesso em: 20 out. 2017.

▶ 2. Como se percebe, as duas mulheres foram homenageadas não só pelo destaque que tiveram em suas atividades (uma como política, outra como poeta), mas também por manterem alguma relação com a região: Cristina Tavares nasceu em Garanhuns, no interior de Pernambuco, e representou o estado na Câmara dos Deputados; Auta de Sousa nasceu no Rio Grande do Norte, mas passou parte da vida no Recife. Será que esses fatores — destaque profissional e vínculo com a região — também foram decisivos para homenagear as pessoas com nomes de ruas em sua cidade? É o que vocês vão descobrir nas próximas etapas da pesquisa.

Segundo passo: escolher o nome de rua para pesquisa

1. Reúnam-se em grupos de três ou quatro colegas. Cada grupo vai pesquisar sobre um nome de rua da região que homenageia uma pessoa. Se onde vocês moram a maioria das ruas tiver como nome números ou letras, busquem outros tipos de logradouros próximos (praça, avenida, rodovia) que homenageiem pessoas.

2. Para escolher a rua a ser pesquisada, vocês podem utilizar um aplicativo de mapas ou mesmo caminhar pelo bairro.

Terceiro passo: pesquisar informações e planejar o texto

1. Quando o grupo tiver escolhido seu homenageado, é hora de começar a pesquisa. A maioria das informações pode ser obtida na internet; considerem também a possibilidade de consultar bibliotecas ou o professor de História.

2. Levantem o maior número possível de informações sobre o biografado, tomando o cuidado de utilizar apenas fontes confiáveis, como *sites* de órgãos públicos, universidades e veículos de imprensa reconhecidos.

3. Façam um esquema de como as informações serão organizadas no texto. Para tanto, releiam os modelos e observem que o perfil biográfico deve:
   - ser curto e objetivo;
   - apresentar os dados básicos da pessoa: nome completo; data e local de nascimento; data e, se possível, a causa da morte;
   - explicar como a pessoa se destacou na sociedade;
   - organizar todas essas informações em ordem cronológica.

Quarto passo: escrever, revisar e finalizar o perfil biográfico

1. Escrevam o perfil biográfico com base no planejamento. Lembrem que, se optarem por usar o presente histórico, o recurso deve ser empregado em todo o texto.

2. Quando terminarem a primeira versão do perfil, entreguem-na a outro grupo e peçam que opinem sobre estas questões:

> ✓ São apresentados os dados básicos do biografado (nome completo, data de nascimento e morte, etc.) e informações suficientes para que o leitor compreenda por que ele foi homenageado?
>
> ✓ As informações estão em ordem cronológica e bem organizadas?
>
> ✓ Há problemas de gramática, ortografia ou pontuação?

3. Com base nas sugestões dos colegas, reescrevam o perfil e preparem sua versão final.

Quinto passo: organizar a exposição

1. Os perfis biográficos produzidos pelos grupos vão compor uma exposição chamada "**Quem dá nome às ruas da nossa cidade?**". A exposição pode ser organizada em um corredor ou outro espaço da escola.

2. Cada perfil formará um painel em cartolina ou papel-cartão. Usem letras grandes, para que os visitantes da exposição possam ler o texto facilmente. Não se esqueçam de colocar como título, em destaque, o nome da rua em questão. Para ilustrar o painel, insiram um mapa mostrando a localização da rua e, se possível, uma fotografia do homenageado.

3. Quando os painéis estiverem prontos, a turma toda deve discutir as questões a seguir e tomar notas das conclusões:
   a) As ruas da região seguem o padrão nacional de homenagear predominantemente pessoas do sexo masculino?
   b) Quais são as categorias profissionais ou sociais que recebem maior reconhecimento?
   c) Todos os homenageados têm vínculo com a região?
   d) De forma geral, quais parecem ter sido os principais critérios para dar nomes às ruas?
   e) Algum padrão ou curiosidade chamou a atenção de vocês?

4. Depois, em conjunto, a turma toda deve preparar um painel que apresentará a exposição ao público. Nesse painel, além de explicar brevemente o trabalho, insiram algumas das observações a que chegaram no item anterior.

5. Tirem fotos da exposição e, se quiserem, reproduzam os materiais no *site* da escola ou *blog* da turma.

Confira questões do Enem e de vestibulares e propostas de redação no **Vereda Digital Aprova Enem** e no **Vereda Digital Suplemento de revisão e vestibulares**, disponíveis no livro digital.

CAPÍTULO 11

RELATO PESSOAL

OBJETIVOS DE APRENDIZAGEM
- Reconhecer as principais características do gênero *relato pessoal*.
- Identificar alguns mecanismos de coesão remissiva.

ENEM
C1: H1, H3
C6: H18, H19
C7: H22, H23

Para começar

Observe o cartum abaixo. Em seguida, converse com o professor e os colegas sobre as questões.

PAWEL KUCZYNSKI

KUCZYNSKI, Pawel. Disponível em: <http://mod.lk/7dw8m>. Acesso em: 24 out. 2017.

1. O cartum propõe uma reflexão crítica sobre a sociedade digital em que vivemos. Nosso estilo de vida é comparado com qual situação? Explique.
2. Em sua opinião, quais consequências o isolamento sugerido pelo cartum pode trazer, tanto para a própria pessoa quanto para a sociedade como um todo?
3. Neste capítulo, você vai ler um relato feito por um jornalista que passou alguns meses em um campo de refugiados na Europa. O que você sabe sobre esse assunto? Por que tantas pessoas precisam se refugiar em outros países? Como você imagina que seja um campo de refugiados?
4. No relato que você vai ler, o jornalista informa que decidiu ir para um campo de refugiados porque "Queria sair da realidade do Facebook e ver tudo de perto". Relacione essa afirmação com a reflexão proposta pelo cartum.

Primeiro olhar

Leia o relato a seguir, feito pelo jornalista André Naddeo. Depois, responda às questões propostas.

O que aprendi com os refugiados e os imigrantes

História de André Naddeo | Edição Ana Holanda

1   Comecei o ano de 2016 trabalhando por conta própria, como jornalista. Estava desempregado. E me chamava muito a atenção o que estava acontecendo na Europa. Eu via, pela televisão, pela internet, lia nos jornais notícias sobre as pessoas que chegavam em barcos abarrotados de mulheres, homens, crianças. Eram centenas, todos os dias, das mais diversas origens: sírios, afegãos, curdos... E eu queria me aproximar, entender e sentir, o quanto fosse possível, aquela situação. Queria me aprofundar mais naquilo, que já era considerada a mais grave crise de refugiados desde a Segunda Guerra Mundial. Queria sair da realidade do Facebook e ver tudo de perto. Dar voz àquelas pessoas.

2   Foi essa minha vontade que me levou a desembarcar, em abril de 2016, na Grécia, e ir para o porto de Pireus, porta de entrada de muitos homens, mulheres e crianças, que estavam fugindo dos conflitos que devastavam seus territórios, destruíam suas casas, suas histórias — cerca de 2 mil pessoas já estavam abrigadas ali. Quem eram elas? Que vida tinham em seus países? Eu tinha muita necessidade de me relacionar com elas, de mostrar ao mundo quem são de verdade.

3   [...]. Ao entrar no porto, vi as barracas onde toda aquela gente ficava abrigada e alguém gritou para mim em espanhol: "Olá". Era a última palavra que eu esperava ouvir naquele momento. Virei e encontrei um rapaz acenando pra mim. Era um marroquino que havia morado na Espanha por muitos anos. Conversamos e ele me mostrou o porto todo, me apresentou para várias pessoas. [...]

4   [...] um belo dia, fui convidado para morar ali no porto, em um armazém onde ficavam os donativos — até então eu estava vivendo em um apartamento alugado. A partir daquele dia, passei a viver com os refugiados e imigrantes, compartilhando a mesma pia onde escovávamos os dentes, o mesmo contêiner onde cinco duchas (frias) serviam todos os homens do local, as dificuldades, a rotina. Eu ajudava na limpeza, recolhia as mantas sujas, cozinhava para centenas. [...]

5   A partir do momento em que fui morar no armazém, em Pireus, entendi a necessidade daquelas pessoas. Não era mais o olhar distanciado do estrangeiro, do jornalista que passa algumas horas para apenas registrar uma história, mas de alguém que estava ali, vivendo com eles, compartilhando, conversando. E isso nos aproximou para que as histórias começassem a vir à tona. Jornadas duras de quem está longe da família, perdeu o marido ou não vê o filho mais velho há anos porque ele seguiu para se refugiar em outro país, de gente que não tem para onde voltar ou de crianças que não conhecem outra realidade a não ser a da guerra. [...]

6   Nos primeiros dois meses que fiquei na Grécia, desenvolvi um trabalho muito especial com as crianças, que se chama Drawfugees (facebook.com/drawfugees). Eu dava para os meninos e meninas objetos simples como papéis, lápis e canetas coloridas e pedia que desenhassem, que colocassem ali seus sonhos. O objetivo era que elas não esquecessem quem eram, qual era a sua essência. [...] Algumas crianças caprichavam nas cores. E desenhavam a família novamente completa e unida. Outros pintavam a bandeira de seu país, a casa para a qual não voltariam, o bolo do aniversário que não foi comemorado. [...]

7   Há pouco mais de um mês estou de volta ao Brasil. Tenho me dedicado a dar palestras, promover conversas em escolas para contar o que vi e vivi. Isso tudo mudou meu olhar. [...] Quando você conta a história do outro ou o ensina a contá-la, ele mesmo, para o mundo, você cria uma ferramenta importante de expressão para aquela pessoa.

8   Toda essa experiência me ensinou a ver além da minha *timeline* no Facebook. Estamos vivendo numa sociedade em que a gente tem se fechado e só consome informação, notícia que está dentro dessa "bolha". Não se vai além. Você vê a foto ou lê a notícia dessas pessoas em busca de um território seguro para seguirem com a vida delas, mas nunca acredita que isso tem a ver com a sua vida. E segue em frente. Consome aquela informação, mas não reflete sobre ela, não se sensibiliza. Fazer isso é como passear pela rua e não querer ver aquela pessoa que está dormindo na calçada. A gente prefere não ver e acreditar que aquilo não existe. Porque isso traz um conforto.

 156   Produção de texto: interpretação e ação

9 Viver junto aos refugiados me ensinou a tirar o meu "fone de ouvido" e olhar para o lado. E isso não diz respeito apenas ao refugiado que está lá na Grécia, mas às pessoas menos favorecidas ou que precisam, de alguma forma, de acolhimento (emocional ou físico), às pessoas que estão próximas e precisam de auxílio. É se aproximar do outro e descobrir quem ele é; se ele precisa da sua ajuda e como você pode fazer isso. E encorajar os outros a fazer algum tipo de trabalho voluntário. Isso tem que nascer, primeiro, dentro da gente. Mas dá outro sentido para a vida. Muito maior.

Dezenas de tendas de refugiados no porto de Pireus, Grécia, 2016.

NADDEO, André; HOLANDA, Ana (Ed.). *Vida Simples*, 18 ago. 2017. Disponível em: <http://mod.lk/ns3fd>. Acesso em: 24 out. 2017. (Fragmento).

1. Copie o quadro abaixo no caderno e preencha as lacunas, resumindo em uma única frase as informações apresentadas pelo autor em cada parágrafo.

1º parágrafo	Explica a situação dele em 2016 e por que decidiu viajar para a Grécia.
2º parágrafo	
3º parágrafo	
4º parágrafo	
5º parágrafo	
6º parágrafo	Descreve o projeto chamado Drawfugees, que ele desenvolveu com as crianças no campo de refugiados.
7º parágrafo	Fala da volta ao Brasil e do trabalho atual de divulgação da experiência que teve na Grécia.
8º parágrafo	
9º parágrafo	

2. Em determinados aspectos, esse texto assemelha-se aos gêneros que estudamos no capítulo anterior, a biografia e o perfil biográfico. Identifique a semelhança no que diz respeito à:
   a) ordem em que as informações são apresentadas.
   b) indicação das referências de espaço e tempo.

3. Qual é a intenção comunicativa desse texto?
   • Considerando essa intenção, explique a importância dos dois últimos parágrafos na composição do texto.

4. Releia: "Quando você conta a história do outro ou o ensina a contá-la, ele mesmo, para o mundo, você cria uma ferramenta importante de expressão para aquela pessoa".
   a) Segundo o texto, o que foi necessário para que o jornalista tivesse acesso às histórias das pessoas alojadas no campo?
   b) O Drawfugees, trabalho desenvolvido com crianças refugiadas na Grécia por André Naddeo, também as ajudou a contar a história delas. Explique de que maneira isso ocorreu.

5. A revista *Vida Simples*, veículo onde esse texto foi apresentado, define-se como uma publicação "para quem quer ter uma rotina mais harmoniosa, conviver melhor consigo mesmo e com os outros". Considerando o perfil da revista, explique por que esse relato em particular foi escolhido para ser publicado.

Para assistir

Você pode saber mais sobre a situação dos refugiados no mundo atual assistindo ao documentário *Exodus: de onde eu vim não existe mais* (de Hank Levine, Brasil/Alemanha, 2016). Com narração do ator Wagner Moura, o filme mostra a história de seis pessoas nascidas em países diferentes — Sudão do Sul, Saara Ocidental, Síria, Palestina, Togo e Mianmar — que foram obrigadas a abandoná-los por causa de guerras e perseguições.

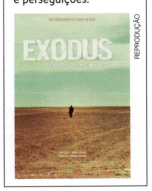

Trocando ideias

Leia esta tira de Mafalda. Depois, discuta com o professor e com os colegas as questões propostas.

MAFALDA QUINO

QUINO. Mafalda. *Toda Mafalda*. São Paulo: Martins Fontes, 2012. p. 91.

1. A qual trecho do relato de André Naddeo essa tira pode ser relacionada?

2. Na tira, ao se referir aos pobres, Susanita fala sem rodeios que "era só escondê-los". O objetivo, evidentemente, é exagerar a insensibilidade da personagem para produzir humor. No entanto, muitas pessoas, mesmo sem perceber, têm atitude semelhante à de Susanita.

    - De acordo com o texto lido, qual é a razão para esse comportamento insensível?

3. Releia esta passagem do texto: "Toda essa experiência me ensinou a ver além da minha *timeline* no Facebook. Estamos vivendo numa sociedade em que a gente tem se fechado e só consome informação, notícia que está dentro dessa 'bolha'.".

    a) Por que o autor associa a *timeline* das redes sociais a uma "bolha"? Relacione sua resposta ao cartum lido no início do capítulo.

    b) A tira de Mafalda mostra uma atitude individualista e foi publicada décadas antes do cartum analisado no boxe "Para começar", ou seja, muito antes da era digital em que vivemos. Em sua opinião, a sociedade digital pode aumentar o individualismo, como sugere o cartum? Justifique sua resposta.

4. De acordo com o autor do texto, a experiência que ele viveu "não diz respeito apenas ao refugiado que está lá na Grécia, mas às pessoas menos favorecidas ou que precisam, de alguma forma, de acolhimento (emocional ou físico), às pessoas que estão próximas e precisam de auxílio".

    a) Dê exemplos de grupos de pessoas próximas da sua realidade que poderiam precisar de auxílio.

    b) De acordo com o texto, ajudar os outros ou fazer algum tipo de trabalho voluntário é algo que "dá outro sentido para a vida", um sentido "muito maior". Você concorda com essa afirmação? Você já teve a experiência de ajudar pessoas? Conte como foi e se isso lhe ensinou algo.

Para assistir

O que nos torna humanos? É a essa pergunta que busca responder o documentário *Humano – Uma viagem pela vida* (de Yann Arthus-Bertrand, França, 2016). Para promover a reflexão, apresenta relatos de milhares de pessoas dos mais diversos países, com diferentes culturas e idiomas. O filme traz, ainda, impressionantes imagens aéreas de desertos, florestas, mercados, lixões e outros lugares visitados pelo cineasta, fotógrafo e ativista ambiental francês Arthus-Bertrand.

Por dentro do gênero – Relato pessoal

Como você viu, o jornalista André Naddeo viveu uma experiência marcante ao passar alguns meses em um campo de refugiados na Europa. Para compartilhar essa vivência e contar o que aprendeu com ela, Naddeo produziu um **relato pessoal**.

Relatos pessoais podem ser publicados em revistas, jornais, *blogs*, redes sociais. Na modalidade oral, aparecem na TV, no rádio e na internet, em canais de vídeo ou em *podcasts*.

Podcasts são gravações de áudio digital disponibilizadas na internet, que podem ser baixadas ou acessadas via *streaming*.

A temática do relato está estreitamente relacionada ao veículo em que ele circulará e ao perfil dos interlocutores esperados para esse veículo. Você percebeu que o texto de Naddeo foi selecionado para ser publicado em *Vida Simples* porque essa revista trata de temas ligados ao autodesenvolvimento e ao convívio social. Já o relato de uma viagem ou de uma experiência com animais de estimação, por exemplo, poderia ser publicado em revistas ou *sites* especializados nesses assuntos.

> **Relato pessoal** é um gênero não ficcional em que o objetivo do autor é compartilhar uma experiência vivida. Além do registro dos fatos, normalmente em ordem cronológica, o autor apresenta suas opiniões e faz uma reflexão sobre o que viveu. Relatos são publicados em diversos veículos, tanto na modalidade escrita como na oral, e sua temática é bastante variada.

> **#relato**
>
> Uma prática que tem se tornado comum nas redes sociais é a divulgação de relatos pessoais sobre certa temática, indicada por uma *hashtag* em comum. Por exemplo, a campanha #euempregadadomestica foi criada por uma ex-empregada doméstica para reunir relatos de situações abusivas vividas por essas profissionais. Outros exemplos que podem ser citados são #sentinapele, com relatos de racismo, e #agoraequesaoelas, sobre direitos das mulheres.

Para navegar

Ao colher e divulgar relatos de moradores de rua da cidade de São Paulo, a página *SP Invisível* (<https://www.facebook.com/spinvisivel/>) dá voz a essas pessoas muitas vezes ignoradas. A iniciativa pioneira foi replicada em outras cidades do Brasil, e assim surgiram páginas como *Campinas Invisível* ou *Rio Invisível*.

Estrutura e linguagem do relato pessoal

Ao analisar o texto de André Naddeo, você observou algumas semelhanças com a biografia e o perfil biográfico lidos no capítulo anterior. Entre essas semelhanças, destaca-se a presença de referências específicas de espaço e tempo ("Foi essa minha vontade que me levou a desembarcar, em *abril de 2016*, na *Grécia*, e ir para o *porto de Pireus*") e de expressões que indicam uma sequência cronológica ("*Comecei o ano*"; "*Ao entrar no porto*"; "*um belo dia* [...]. *A partir daquele dia*"; "*A partir do momento*").

No relato, a experiência em si é contada com verbos no pretérito ("*Estava* desempregado", "[...] *tive* um pouco de sorte"), mas, ao fazer sua reflexão, o enunciador geralmente usa o tempo presente ("*Estamos* vivendo numa sociedade [...]"). Conforme a temática do texto e o veículo em que ele será publicado, a linguagem pode ser mais formal ou informal.

Em relação à estrutura, o relato normalmente contém uma **introdução** na qual o enunciador se apresenta e indica onde, quando e por que viveu determinada experiência. André Naddeo, por exemplo, explica que em 2016 estava desempregado e queria observar de perto a situação dos refugiados na Europa. Outro elemento essencial na composição do relato é a **reflexão** a respeito do que se viveu, em geral apresentada no final do texto. Os relatos seguem, portanto, basicamente esta estrutura:

- **Introdução**: O autor apresenta a situação em que se encontrava antes da experiência e explica por que decidiu vivê-la ou, caso não tenha sido algo voluntário, por que ela ocorreu.
- **Desenvolvimento**: Relata os fatos geralmente em ordem cronológica.
- **Conclusão**: Apresenta uma reflexão sobre a experiência, contando o que aprendeu com ela.

Para ler e escrever melhor

Coesão remissiva I

No capítulo anterior, vimos que *coesão* é o encadeamento lógico das ideias em um texto. Uma das maneiras de garanti-la é retomar constantemente as ideias à medida que se desenvolve o raciocínio. A esse tipo de coesão damos o nome de **coesão remissiva**, pois ela *remete* a elementos anteriores.

O mecanismo de coesão remissiva mais básico é a **repetição** de palavras: "um belo dia, fui convidado para morar ali no porto, em um armazém onde ficavam os donativos [...]. A partir do momento em que fui morar no armazém [...]". Para evitar a repetição excessiva dos termos, eles podem ser substituídos por *pronomes* ou *advérbios*. Nesse sentido, os pronomes demonstrativos neutros (*isso*, *aquilo*, etc.) são especialmente úteis, porque podem retomar não apenas palavras e expressões, mas o conteúdo de frases inteiras.

Veja exemplos de como pronomes e advérbios foram empregados para construir a coesão remissiva no relato de André Naddeo:

"Quando você conta *a história do outro* ou o ensina a contá-la, ele mesmo, para o mundo, você cria uma ferramenta importante de expressão para aquela pessoa."

> O pronome pessoal *la* (variante de *a*) retoma *a história*.
> Os pronomes pessoais *o* e *ele* retomam *o outro*.

"*Não era mais o olhar distanciado do estrangeiro, do jornalista que passa algumas horas para apenas registrar uma história, mas de alguém que estava ali, vivendo com eles, compartilhando, conversando.* E isso nos aproximou para que as histórias começassem a vir à tona."

> O pronome demonstrativo *isso* retoma toda a ideia expressa na frase anterior.

"Foi essa minha vontade que me levou a desembarcar, em abril de 2016, na Grécia, e ir para *o porto de Pireus* [...] – cerca de 2 mil pessoas já estavam abrigadas ali."

> O advérbio *ali* retoma *o porto de Pireus*.

Além de pronomes e advérbios, para evitar a repetição também podem ser empregados termos de significado próximo ao dos que se quer retomar. Leia o fragmento a seguir, prestando atenção nas palavras e expressões destacadas.

Neste relato, a experiência marcante vivida pela autora foi conhecer uma pessoa nova por dia durante um mês.

Prazer em conhecer

Nossa repórter venceu o conforto do seu cantinho e comprometeu-se a bater um papo com uma nova pessoa por dia

[...] Logo de cara percebi algo de que nem me dava conta até então: para conhecer gente, eu precisava, antes de tudo, sair mais da toca! [...] Então, a primeira estratégia foi me obrigar a **sair do casulo** e ir atrás das **pessoas**. [...]

Conversei [...] com o Paulo, um taxista que já me levou várias vezes em casa, mas com quem nunca tinha parado para conversar. Nunca imaginei, mas ele se mostrou um ferrenho defensor dos ciclistas em São Paulo. Bom saber que temos **profissionais do volante** tão conscientes por aí!

No dia seguinte, conheci a Mariana, uma menininha fofa de apenas 7 anos, paciente do Hospital A. C. Camargo, onde fui entrevistar uma voluntária. Ela luta contra a leucemia e, como gente grande, me tirou um monte de dúvidas sobre **a doença** e a doação de medula óssea.

MARTINS, Helena. *Sorria*, jul./ago. 2015, p. 34-37. (Fragmento).

Note que a expressão *sair do casulo* retoma a expressão *sair da toca*; o termo *pessoas* retoma *gente*; a expressão *profissionais do volante* retoma *taxista*, e a expressão *a doença* retoma *leucemia*. Nos dois primeiros casos, dizemos que ocorreu uma substituição por **sinônimo**: em sentido figurado, as expressões *sair da toca* e *sair do casulo* têm sentido muito próximo (são sinônimas), já que ambas se referem à atitude de sair de casa. O mesmo pode ser dito sobre o termo *pessoas*, que equivale a *gente*.

Já nas outras duas substituições, a lógica é um pouco diferente. A expressão *profissionais do volante* não se refere apenas a taxistas, mas também a *motoristas particulares*, *motoristas de ônibus*, *caminhoneiros*. Ela tem, portanto, um sentido mais genérico do que o termo retomado, *taxista*. O mesmo ocorre com o substantivo *doença*: ele indica a categoria em que se insere *leucemia*. Quando uma palavra tem sentido mais genérico que outra, é considerada seu **hiperônimo**; já a palavra de sentido mais específico é o **hipônimo**. Veja:

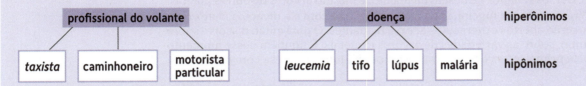

Tanto hiperônimos quanto hipônimos podem ser empregados para retomar ideias do texto. Resumindo:

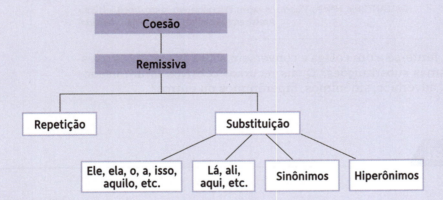

Na prática

Nas atividades desta seção, você vai colocar em prática os mecanismos de coesão remissiva que aprendeu.

1. Nos trechos de relatos pessoais a seguir, fizemos alterações de maneira que ficassem repetitivos, sem o devido emprego da coesão remissiva. Reescreva cada trecho, identificando os termos repetidos e substituindo-os por pronomes, advérbios, sinônimos, hiperônimos ou por outras expressões que considere adequadas.

a)

> Decidi marcar um encontro com uma amiga da época do cursinho e de quem tinha me afastado havia mais de 10 anos. Eu tinha uma dúvida se minha amiga havia se chateado comigo por alguma razão, pois procurei minha amiga várias vezes nos últimos anos, enviando *e-mails*, e fui ignorada. Foi muito especial rever minha amiga. Em nenhum momento minha amiga parecia ter alguma mágoa de mim ou algo assim. Mas eu estava decidida a trazer aquele assunto à tona. Perguntei o porquê de minha amiga haver ignorado minhas mensagens por tanto tempo e se eu tinha chateado minha amiga de alguma maneira.
>
> FRUET, Helena. *Sorria*, set./out. 2015, p. 35. Disponível em: <http://mod.lk/n6eon>. Acesso em: 24 out. 2017. (Fragmento adaptado).

b)

Sempre morei na Vila Isabel. Lá, no final dos anos 1940, era programa de garoto pobre sair da escola no sábado e, antes de jogar a tradicional pelada, assistir à construção do Maracanã, nas redondezas da Vila Isabel. Havia bastante discussão sobre a construção — muita gente dizia que o dinheiro deveria ir para escolas ou hospitais, algo muito parecido com as discussões que vemos hoje.

MÁXIMO, João. *Todos*. ago./set. 2016, p. 33. Disponível em: <http://mod.lk/dwsht>. Publicado em: 24 out. 2016. Acesso em: 30 ago. 2017. (Fragmento adaptado).

c)

Fiz minha primeira visita a um cacaueiro na Yrerê, uma fazenda produtiva com algumas centenas de anos. A visita começa com uma curta caminhada pela mata até chegar a uma pequena clareira em que uma mesinha e utensílios já estão preparados. Durante a visita, é possível observar pés de cacau em diversos estágios de desenvolvimento, e mesmo árvores de outras plantas.

O guia, que na Yrerê é um dos funcionários da fazenda, traz com ele diversos frutos que, durante o bate-papo, serão abertos e oferecidos aos participantes. O guia então discorre sobre como acontece o plantio, sobre as variedades de árvores e quetais. É também nesse momento que você vai ouvir pela primeira vez o termo que acompanha toda conversa com cacaueiros: "vassoura-de-bruxa".

A "vassoura-de-bruxa", identificada na região no fim da década de 1980, impactou fortemente a produção. Atualmente, mesmo com avanços científicos, a "vassoura-de-bruxa" ainda compromete as plantações, sendo o maior problema enfrentado pelas fazendas de todo o continente americano.

DALL'ANTONIA, Heloísa. *Viagem na viajem*. Disponível em: <http://mod.lk/j12qf>. Acesso em: 24 out. 2017. (Fragmento adaptado).

2. Após a reescrita dos textos, junte-se a um colega e conversem sobre as seguintes questões: vocês fizeram as mesmas substituições? Quais recursos coesivos foram usados em cada caso — pronomes, advérbios, sinônimos, hiperônimos ou outros?

Produção autoral

Relato oral

Contexto de produção

O quê: relato oral de um episódio de sua vida.
Para quê: compartilhar experiências marcantes com os colegas.
Para quem: colegas da turma; amigos e familiares.
Onde: vídeos a serem compartilhados de maneira privada.

Como dissemos neste capítulo, os relatos pessoais podem ser produzidos na modalidade oral e, nesse caso, circular em vídeos ou *podcasts*, por exemplo. Nesta atividade, você e os colegas vão compor pequenos vídeos relatando uma experiência marcante que tenham vivido.

Primeiro passo: observar exemplos

- Leia a transcrição do início de um relato disponível no site do Museu da Pessoa. Nele, uma jovem fala sobre uma viagem que fez aos 17 anos para outro país e que, na opinião dela, a ensinou a "ser gente".

Eu saí daqui do Brasil eu tinha 17 anos... e... eh... por ser filha única aqui, né?... por parte de mãe... eh... eu não sabia nem pegar ônibus sozinha [...].

Eu fui pra Connecticut, que é uma hora e meia de... de trem até Nova York, né?... e foi uma superexperiência assim... foi onde eu aprendi a ser gente... foi onde eu aprendi a lavar minhas roupas... a ter responsabilidade [...].

CAMARGO ALVES, Marcela C. de. Disponível em: <http://mod.lk/oirar>. Publicado em: 18 nov. 2014. Acesso em: 24 out. 2017. (Fragmento).

Observe que as características do relato pessoal são as mesmas tanto na modalidade escrita quanto na oral: a jovem faz uma introdução, apresentando a experiência e indicando quando e onde ela ocorreu ("eu tinha 17 anos", "fui pra Connecticut"). Também faz uma reflexão sobre o acontecimento e mostra o que aprendeu com ele: "foi onde eu aprendi a ser gente... foi onde eu aprendi a lavar minhas roupas... a ter responsabilidade [...]".

SAIBA MAIS

O Museu da Pessoa é um museu virtual e colaborativo fundado em São Paulo em 1991, cujo objetivo é registrar e preservar a memória dos cidadãos comuns, que compartilham suas histórias por meio de textos escritos, vídeos e fotos. Algumas pessoas contam sua vida inteira, enquanto outras focalizam um episódio específico. Visite o *site* do museu (<www.museudapessoa.net>) ou o canal de vídeos (<www.youtube.com/user/museudapessoa>) e assista a algumas das produções enviadas pelos participantes.

Segundo passo: planejar seu relato

1. Todo mundo tem alguma experiência interessante para contar. Pense em algum episódio marcante que você tenha vivido e tenha lhe ensinado algo. Veja alguns exemplos:
    a) o convívio com um parente ou outra pessoa com quem você não tinha intimidade, mas que revelou ser boa companhia;
    b) a chegada a um ambiente que lhe parecia intimidador (uma nova escola, um novo bairro) e como você fez para superar os desafios, ou que ajuda recebeu para isso;
    c) um conforto material ou emocional que tenha dado a alguém (ou recebido de alguém);
    d) uma viagem ou outro acontecimento em que tudo parecia dar errado, mas que no final foi divertido.

2. Quando tiver decidido o que relatar, prepare um roteiro de seu vídeo. Anote as principais informações que deverão constar do relato:
    - data e lugar da experiência;
    - os fatos em ordem cronológica;
    - uma reflexão pessoal sobre o que aconteceu.

3. O ideal é que o vídeo seja curto, com três minutos no máximo. Então, se necessário, elimine detalhes supérfluos.

4. Se quiser, faça um ensaio antes de gravar o vídeo; contudo, não se preocupe em decorar nada porque a fala deve ser natural.

Terceiro passo: gravar o vídeo

1. Junte-se a um colega para gravar o vídeo. Decidam se cada um vai dizer o nome e a idade no início, ou se vocês preferem inserir esses dados durante a edição, na forma de uma legenda.

2. Gravem o relato um do outro. Ao falar, olhe para a câmera e mantenha o tom de voz em um volume natural. Se necessário, repita a gravação até chegar à versão desejada.

3. Quando terminarem as gravações, mostrem-nas para outra dupla. Peçam que avaliem cada relato no seguintes aspectos:

> ✓ A voz está audível? O ritmo está natural, nem rápido nem lento demais?
> ✓ O relato está claro, conciso e interessante?
> ✓ São indicados os elementos principais dos fatos (o que aconteceu, quando, onde, por quê)?
> ✓ Quem faz o relato explica o que a experiência lhe ensinou ou que transformação trouxe para sua vida?

4. Se necessário, refaçam a gravação de todo o vídeo ou de alguns trechos, de acordo com as sugestões dos colegas.

Quarto passo: editar e compartilhar o vídeo

1. Definam com o professor e os colegas se, em cada vídeo, vocês vão inserir uma tela inicial padrão, com o nome da escola e o número da turma, por exemplo.

2. Se decidirem por essa inserção, façam-na durante a edição dos vídeos. Aproveitem para cortar trechos que não ficaram bons ou para aplicar filtros ou efeitos.

3. Combinem com o professor como os vídeos vão circular entre os colegas. Uma opção é criar um canal privado em uma plataforma de compartilhamento de vídeos. Assistam aos relatos uns dos outros e depois conversem sobre as histórias: quais são as mais divertidas ou curiosas? Quais são as mais inspiradoras ou emocionantes? Algum de vocês já viveu uma situação parecida às relatadas pelos colegas?

Confira questões do Enem e de vestibulares e propostas de redação no **Vereda Digital Aprova Enem** e no **Vereda Digital Suplemento de revisão e vestibulares**, disponíveis no livro digital.

CAPÍTULO 12
DIÁRIO ÍNTIMO E *BLOG*

OBJETIVOS DE APRENDIZAGEM
- Identificar as principais características dos gêneros *diário íntimo* e *blog*.
- Avaliar o papel do diário íntimo no âmbito privado e, em alguns casos, também como documento histórico.
- Reconhecer o caráter dinâmico e interativo do *blog*.
- Identificar alguns mecanismos de coesão remissiva.

ENEM
C1: H3
C6: H18, H19
C7: H22, H23

Para começar

Observe a capa do livro onde foram publicados os textos que você analisará e leia o fragmento inicial da apresentação do livro:

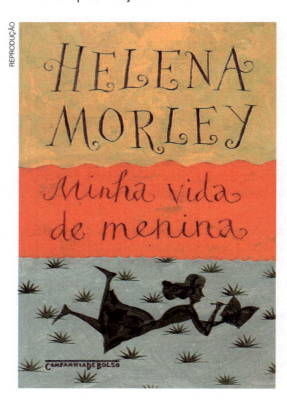

Quando Helena Morley — pseudônimo de Alice Dayrell Caldeira Brant (1880- -1970) — era criança, na Diamantina dos anos 1890, seu pai, pequeno minerador descendente de ingleses, aconselhou-a a escrever diariamente num caderno suas observações sobre o mundo à sua volta.

Ela seguiu o conselho do pai e, entre os doze e os quinze anos, manteve um diário em que anotava não apenas o dia a dia na família e na escola, como também agudos comentários sobre a vida da cidade e da região, com seus costumes arraigados, suas relações sociais, suas contradições.

Minha vida de menina é esse diário; ele cobre os anos de 1893 a 1895, mas só foi publicado em livro pela autora em 1942, causando impacto imediato nos meios intelectuais brasileiros.

[...]

MORLEY, Helena. *Minha vida de menina*. São Paulo: Companhia das Letras, 1998. (Fragmento).

Glossário
Arraigados: enraizados, tradicionais.

Agora, converse com o professor e os colegas sobre as questões a seguir:

1. Qual é sua opinião sobre o conselho que o pai deu a Alice? Por que seria interessante para a garota escrever em um caderno "observações sobre o mundo à sua volta"?
2. Com que objetivos as pessoas escrevem diários? Você já manteve um diário?
3. De acordo com o texto, quando o diário foi publicado causou "impacto imediato nos meios intelectuais brasileiros". Por que o diário de uma menina teria causado tanto impacto?

4. Neste capítulo também leremos um *blog*. Qual é sua experiência com *blogs*: já criou algum? Costuma lê-los? Em sua opinião, quais as semelhanças e diferenças entre o *blog* e o diário íntimo?

5. Atualmente, é comum que pessoas contem seu dia a dia em vídeos veiculados na internet. Você costuma assistir a vídeos desse tipo? Conte suas experiências aos colegas.

Primeiro olhar

Os trechos do diário de Helena Morley que você lerá a seguir foram escritos em 1895, alguns meses antes de a jovem completar 15 anos. Leia-os e responda às perguntas.

Texto 1

Segunda-feira, 18 de março

Poucas são as vezes que entro em casa que mamãe não repita o verso:

A mulher e a galinha
Nunca devem passear,
A galinha bicho come,
A mulher dá que falar.

E depois diz: "Era por minha mãe nos repetir sempre este conselho, que fomos umas moças tão recatadas. Vinham rapazes de longe nos pedir em casamento pela nossa fama de moças caseiras".

Eu sempre respondo: "As senhoras eram caseiras porque moravam na Lomba. E depois, a fama foi o caldeirão de diamantes que vovô encontrou. Moça caseira, a senhora não vê que não pode ter fama? Como? Se ninguém a vê?".

Mas ontem foi uma das vezes que sofri as consequências de andar muito na casa dos outros.

Estávamos todos reunidos na porta de Seu Antônio Eulálio, quando se lembraram de mandar buscar almôndegas de tia Plácida. Vieram as almôndegas em cima da farinha e ótimas. Comemos mesmo na porta da rua. Nesse instante chegaram Thiers e João César e exclamaram: "O quê? Estão comendo almôndegas de tia Plácida?". E João César disse: "Nós é que não vamos mais a elas. Imaginem que há poucos dias nós reunimos uns rapazes e fomos lá cear. Ela ia tirando os pratos e talheres e trazendo outros. Certa hora eu, olhando para o corredor, vi tia Plácida levantar a saia, limpar os talheres na anágua e trazer para a mesa. Eu, que não sou dos mais nojentos, não pude mais comer".

Fiquei logo com o estômago embrulhado e triste, ouvindo essa história, pois as almôndegas de tia Plácida são o recurso que temos à noite, quando nos vem fome na rua ou mesmo na casa dos outros.

MORLEY, Helena. *Minha vida de menina*. São Paulo: Companhia das Letras, 1998. p. 236-237. (Fragmento).

Glossário

Anágua: roupa íntima usada debaixo da saia ou do vestido.

Texto 2

Domingo, 24 de março

Se eu tivesse coragem de explicar às minhas primas e primos o transtorno que a visita diária deles me causa, eu seria tão feliz! Mas o que me falta é coragem. Hoje por exemplo estou até esta hora, dez da noite, sem uma lição pronta. Só fiz um exercício.

Eu penso que se todos os professores fossem como Seu Sebastião, eu teria coragem de fugir dos primos; mas os outros, não sei se felizmente ou infelizmente para nós, são bem diferentes dele. Será que meus primos não pensam que sou estudante e tenho de levar as lições preparadas à Escola diariamente? Palavra que há dias que eu tenho inveja de quem não tem primos. Mas penso que deste mal só eu sofro. Do contrário não haveria tanta colega sabendo lições como sabem. Eu sou uma aluna bem diversa do que desejava ser. Quando me deito na cama depois de um dia como hoje, confesso que é com o maior remorso ou aliás tristeza; não posso dizer remorso porque não sou culpada. Mamãe também, que é tão enérgica com as outras coisas, não se importa com isto. Mas é que ela nunca estudou e não sabe que a gente, na Escola, vai dar lições e não estudar. Até isto eu tenho contra mim. Muitas vezes tenho visto a mãe de Clélia lhe dizer perto de amigas: "Clélia, você é estudante, peça licença a suas amigas e vá estudar; elas ficam na prosa comigo". Nunca vi nenhuma se aborrecer com Dona Gabriela por isto. Se eu não tivesse a boa memória que tenho seria incapaz de fazer um exame no fim do ano, com a vadiação forçada que eu levo o ano todo. O pretexto que as primas acham para não me deixarem estudar, é que eu não terei paciência de ensinar meninos e por isso não preciso de título de normalista. Mas não pensam que eu preciso de estudar qualquer coisa para não ficar ignorante? Enfim vamos esperar até ver onde esta vida vai parar. Sempre espero um dia depois do outro.

MORLEY, Helena. *Minha vida de menina*. São Paulo: Companhia das Letras, 1998. p. 237-238. (Fragmento).

Glossário

Escola: redução de *Escola Normal*, um curso equivalente ao Ensino Médio atual, porém voltado especificamente à formação de professores.
Normalista: profissional formado pela Escola Normal.

1. Releia os quatro primeiros parágrafos do texto 1 e responda às perguntas abaixo.
   a) Segundo a mãe de Helena, por que ela e as irmãs recebiam tantos pedidos de casamento quando eram jovens?
   b) E qual é a explicação de Helena para tantos rapazes cortejarem a mãe e as tias?
   c) De acordo com o texto, podemos inferir que Lomba é uma comunidade:
      • de costumes liberais.
      • pequena e isolada.
      • onde moram pessoas ricas.
   d) O que esse diálogo com a mãe nos mostra sobre a personalidade de Helena?

2. O diálogo também nos mostra o confronto entre um pensamento tradicional e outro inovador. Explique como esse confronto aparece no texto. Em sua resposta, considere os versinhos populares que a mãe de Helena aprendera com a própria mãe e continuava repetindo.

3. Por que a autora inicia o texto 1 reproduzindo o diálogo com a mãe? Qual é o papel do diálogo na construção dessa entrada do diário?

4. Concentre-se agora no texto 2. Explique o que o texto nos permite inferir sobre:
   a) a rigidez do professor Sebastião;
   b) a frequência dos primos de Helena à escola.

5. Releia:

   "Mamãe também, que é tão enérgica com as outras coisas, não se importa com isto. Mas é que ela nunca estudou e não sabe que a gente, na Escola, vai dar lições e não estudar."

   a) De acordo com esse trecho, podemos deduzir que "dar lições" é mais ou menos difícil do que "estudar"? Por quê?
   b) Esse trecho também nos revela que a mãe de Helena "nunca estudou", pelo menos não um curso avançado como o da filha. Em sua opinião, esse fato está relacionado à crença dela de que as mulheres têm de ser caseiras e "nunca devem passear"? Justifique sua resposta.

6. Releia este outro trecho do texto 2.

   "O pretexto que as primas acham para não me deixarem estudar, é que eu não terei paciência de ensinar meninos e por isso não preciso de título de normalista. Mas não pensam que eu preciso de estudar qualquer coisa para não ficar ignorante?"

   • Em certos aspectos, Helena também pensava diferente de meninas de sua idade. Nesse trecho, percebemos que sua visão sobre a educação não era a mesma que a de suas primas. Explique essa afirmação.

7. Apesar de ter sido escrito há mais de um século, o diário de Helena revela algumas situações e preocupações que fazem parte da vida dos adolescentes até hoje. Dê dois exemplos disso.

8. Para publicar seu diário, Alice Brandt não apenas adotou um pseudônimo (Helena Morley) como trocou o nome de familiares e amigos. Levando em conta as análises que fez, levante uma hipótese para explicar por que ela teria tomado essas precauções.

Por dentro do gênero – Diário íntimo

A prática de registrar os acontecimentos diários é muito antiga. Contudo, esses escritos geralmente eram concebidos como documentos públicos, a serem livremente consultados. Navegantes e viajantes, por exemplo, registravam suas descobertas em *diários de bordo* ou *diários de viagem*.

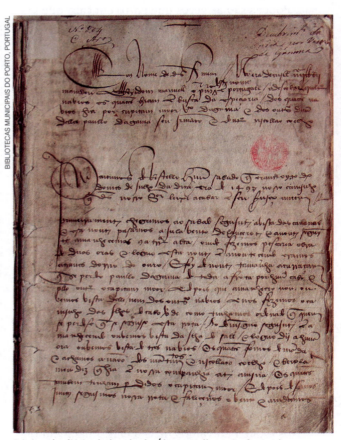

Página do diário de bordo de Álvaro Velho, tripulante da primeira viagem de Vasco da Gama à Índia (1497-1499).

Acredita-se que somente por volta do século XVIII tenham se popularizado os **diários íntimos** ou **diários pessoais**, centrados nos pensamentos e emoções do autor e que, em princípio, não seriam lidos por outros. Em geral, quem escreve um diário desse tipo busca relatar os fatos de seu dia a dia, a fim de construir uma memória pessoal. Essa prática também contribui para a autoanálise, pois, ao formular em palavras seus sentimentos e preocupações, a pessoa acaba refletindo sobre eles.

Embora os diários geralmente não sejam concebidos para a leitura alheia, por diferentes razões alguns deles são publicados. Nesse caso, podem despertar o interesse dos leitores por oferecer relatos curiosos e divertidos do dia a dia.

Além disso, como você percebeu ao ler trechos do diário de Helena Morley, eles também representam importantes documentos históricos, que nos permitem conhecer aspectos da realidade social, política e cultural em que o autor do diário vivia.

> **Diário íntimo** ou **diário pessoal** é um gênero discursivo que tem como objetivo registrar os fatos e pensamentos cotidianos de seu autor. Em princípio, não é concebido para ser lido por outras pessoas, mas eventualmente pode ser publicado em um livro, às vezes tornando-se um relevante documento histórico.

Para navegar

Um dos diários mais famosos de todos os tempos é o da menina judia Anne Frank. Junto com a família e quatro outras pessoas, Anne se escondeu dos nazistas em um anexo secreto na antiga empresa do pai. Foi nesse esconderijo que, em 1942, ela começou a escrever seu diário; em 1944 teve de interrompê-lo porque todos no anexo foram presos e enviados a campos de concentração, onde morreriam. O único sobrevivente foi o pai, que encontrou o diário e o publicou em 1947. Você pode saber mais sobre a história de Anne Frank não apenas lendo seu diário, mas também navegando no *site* da Casa Anne Frank, disponível em: <www.annefrank.org/pt/Anne-Frank/>.

Página de abertura do *site* da Casa Anne Frank.

Estrutura e linguagem do diário íntimo

Como você observou ao analisar o diário de Helena Morley, esse gênero discursivo organiza-se em entradas diárias, identificadas pela data. Em alguns casos, a entrada inicia-se com um vocativo, como "Querido diário".

> Palavra ou expressão utilizada para dirigir-se ao interlocutor em uma interação. Exemplo: **Meu bem**, onde estão as chaves?

A linguagem costuma ser simples e informal, já que a pessoa não espera ser lida por outras. Os relatos são, evidentemente, compostos na 1ª pessoa do discurso ("Poucas são as vezes que *entro* em casa [...]") e é comum o emprego de adjetivos com forte carga opinativa ("Vieram as almôndegas em cima da farinha e *ótimas*"), bem como de verbos ou substantivos que designam pensamentos íntimos e emoções ("Quando me deito na cama depois de um dia como hoje, *confesso* que é com o maior *remorso* ou aliás *tristeza*").

Às vezes, são utilizados *interjeições* e sinais de pontuação que exprimem emotividade, como o *ponto de exclamação*. Vamos ver um exemplo no diário de Zlata Filipović, uma menina que vivia em Sarajevo quando eclodiu a guerra civil iugoslava, na década de 1990. No dia relatado a seguir, ainda distante da guerra, a menina usa interjeições e exclamações para contar seu cotidiano feliz de estudante:

> Na escola, nada de novo. O fim do trimestre está chegando e é um dever atrás do outro. Os dias estão encolhendo, o frio aumentou. Isso significa que em breve vai nevar*!!! IUPII!* Subir a Jahorina, esqui, teleférico, telesqui*!!! OBA!!!*
>
> FILIPOVIĆ, Zlata. *O diário de Zlata*: a vida de uma menina na guerra. Trad. Heloisa Jahn e Antonio de Macedo Soares. São Paulo: Seguinte, 2016. p. 20. (Fragmento).

Para ler

O diário de Zlata: a vida de uma menina na guerra, de Zlata Filipović. Trad. Heloisa Jahn e Antonio de Macedo Soares (São Paulo: Seguinte, 2016).

O diário de Zlata apresenta fatos da guerra civil iugoslava sob a perspectiva de uma pré-adolescente. Zlata registra os horrores dessa guerra — que ocorreu entre 1991 e 2001 e é considerada o mais mortal conflito europeu desde a Segunda Guerra Mundial — questionando-se por que os políticos não conseguem achar uma saída diplomática para o litígio.

Para assistir

Cena de *O papel e o mar*.

Apesar de ter cursado apenas as séries iniciais, a catadora de papel Carolina Maria de Jesus (1914-1977) tornou-se uma escritora de sucesso após a publicação de seu diário íntimo. Intitulada *Quarto de despejo*, a obra retrata com intensidade o duro cotidiano da Favela do Canindé, em São Paulo, onde Carolina morava. Na página *Saiba Mais: Carolina de Jesus*, da TVE (disponível em: <www.tve.com.br/2015/09/nacao-saiba-mais-carolina-de-jesus/#programa>), além de vários vídeos sobre a trajetória incomum dessa escritora, você pode ver o curta-metragem *O papel e o mar* (de Luiz Antônio Pilar, Brasil, 2010), que mostra um encontro imaginário entre Carolina de Jesus e João Cândido, líder da Revolta da Chibata.

Por dentro do gênero — Blog

Pense e responda

Observe o cabeçalho do *blog Assim como você*. Depois, leia trechos de um dos *posts* e um dos comentários recebidos. Por fim, responda às perguntas.

Jairo Marques, que é cadeirante, aborda aspectos da vida de pessoas com deficiência e de cidadania. Aqui, você encontra histórias de gente que, apesar de diferenças físicas, sensoriais, intelectuais ou de idade, vive de forma plena.

05/10/2016 02:00

Primeira *youtuber* com síndrome de Down do país muda conceitos da deficiência intelectual no Brasil

1. A revolução que as pessoas com síndrome de Down têm feito no país continua a descortinar um mundo cheio de possibilidades e de surpresas naqueles que muitos imaginavam como bocós sem chance de darem conta até de si mesmos. Aos poucos, o mantra do "ser diferente é normal", emanado por gente que se nega a ser enterrado por preconceitos, vai colando no mundo moderno.

2. Pessoas com um cromossomo a mais já chamaram a atenção por ingressarem na faculdade, serem protagonistas de filmes e agitarem pistas de dança. Agora é a vez de Cacai Bauer, 22, ganhar o título de primeira *down* a manter um canal de vídeos na internet. Ela já conta quase 400 mil visualizações em suas produções.

3. "Difinitivamente", como diria minha tia Filinha que completou 91 anos, não sou um ser bonzinho que bate palmas para menino que faz malabarismo tosco no sinal [...], por isso, e por eu ser um "malacabado" ranzinza, achei vários dos episódios de Cacai chatos, colados de outros *youtubers* e com graça questionável.

4. "Você não entende que a menina tem problema?" É óbvio que os efeitos e impactos da deficiência intelectual da garota precisam ser entendidos, relevados e considerados na média ponderada. Mesmo assim, o meu gosto não se altera. Não subestimo, mas também não elevo ninguém apenas por características físicas, sensoriais ou intelectuais.

5. Deficiência não deve jamais abrir caminho para a valorização ou desvalorização de alguém. Ela pode e deve ser botada na balança para tomada de decisões, políticas públicas e dar acesso, mas não pode ser o fator que leva a um pensamento de aprovação, de "curtir". [...]

6. Dito tudo isso, sem medo de ser contraditório, o canal de vídeos de Cacai é genial, faz história, rompe uma fronteira inclusiva — a da imagem estigmatizada — e contribui de maneira ímpar para o avanço do reconhecimento das pessoas com síndrome de Down no país.

7. A jovem baiana não só revela um talento artístico, de improvisação e de acuidade técnica incríveis, como resiste e se fortalece com críticas impiedosas de comentaristas de internet que faz questão de não apagar, mas de enfrentar e de observar para fazer melhor. [...]

8. O recado maior dado pelo ineditismo da ação da *youtuber* é que a fórmula da inclusão de fato está pronta e leva esperança a milhares de pessoas. Trata-se de estímulos frequentes, valorização e apoio familiar, enfrentamento de estereótipos e todos juntos para tudo.

Cacai Bauer, primeira *youtuber* brasileira com síndrome de Down.

Material complementar
Texto integral

COMENTÁRIOS (21)

Jairo, sou sua admiradora!!! Gosto demais de seus textos, você escreve com leveza e bom humor! É sempre muito bom ler notícias como essa, e melhor ainda será quando casos como o de Cacai e tantos outros que nem chegamos a conhecer deixarem de ser vistos como algo surpreendente (como um deficiente pode fazer tal coisa!, por exemplo), mas simplesmente algo notável da condição humana: superar limites. [...]
Ivani Aparecida Stanchi Zerbine - 05/10/2016 13:35

Seu comentário é brilhante!!!!!
Jairo Marques - 05/10/2016 14:55

MARQUES, Jairo. *Assim como você*, 5 maio 2016. Disponível em: <http://mod.lk/dhvrf>. Acesso em: 25 nov. 2017. (Fragmento).

Glossário
Mantra: na cultura indiana, frase repetida em rituais para alcançar um estado contemplativo; por extensão, qualquer frase repetida muitas vezes.
Relevados: desculpados.
Acuidade: precisão, perícia.

1. No primeiro parágrafo, por que o blogueiro chama a frase "ser diferente é normal" de mantra?

2. Observe estas expressões do *blog*:

   • bocós   • "Difinitivamente"   • "malacabado"

   • Explique o efeito que o emprego dessas expressões produz no texto (por exemplo, objetividade, distanciamento, etc.).

3. No quarto parágrafo, por que a frase "Você não entende que a menina tem problema?" está entre aspas?

4. Se o título do *post* fosse "Canal de *youtuber* com síndrome de Down traz vídeos sem graça", refletiria a intenção comunicativa do texto? Por quê?

5. De acordo com a apresentação que Jairo Marques faz de si e do *blog* (no cabeçalho), indique qual perfil de leitor ele tem em mente ao escrever seus textos.

   • Por que essa postagem, em particular, seria interessante para o público-alvo imaginado?

6. No segundo parágrafo, por que a expressão *canal de vídeos da internet* está grafada de forma diferenciada?

   • Considerando o suporte em que o texto circula (página da internet), explique a importância desse recurso.

7. Uma característica notável dos *blogs* é o espaço para comentários. Com base no exemplo visto aqui, indique como os comentários diferenciam o *blog* do diário íntimo e, de modo geral, de outros gêneros discursivos que você estudou até agora.

Trocando ideias

Converse com o professor e os colegas sobre as questões a seguir.

1. Jairo Marques costumeiramente refere-se a si mesmo como "malacabado" ("por eu ser um 'malacabado' ranzinza"). No *blog*, algumas pessoas já o criticaram pelo uso desse termo.

   a) Quais são, provavelmente, os motivos das críticas?

   b) Em sua opinião, no texto de Marques o termo "malacabado" tem carga negativa? Explique sua resposta.

2. Releia este trecho da postagem: "Deficiência não deve jamais abrir caminho para a valorização ou desvalorização de alguém. Ela pode e deve ser botada na balança para tomada de decisões, políticas públicas e dar acesso, mas não pode ser o fator que leva a um pensamento de aprovação, de 'curtir'."

   • Explique a diferenciação feita pelo blogueiro entre situações nas quais a deficiência deve ou não ser levada em conta. Você concorda com ele? Por quê?

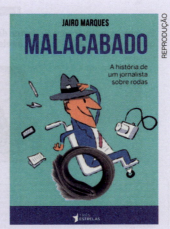

O termo *malacabado* também dá nome à autobiografia de Jairo Marques.

O termo **blog** é uma abreviatura de *weblog*, junção das palavras inglesas *web*, "rede", e *log*, "registrar". Quando surgiu, na década de 1990, o *blog* servia exatamente para isto: permitir que usuários da rede mundial de computadores registrassem seus pensamentos e vivências.

Naqueles primeiros tempos, o *blog* assemelhava-se, portanto, a um diário íntimo virtual. Porém, esse novo gênero tinha uma diferença óbvia em relação aos diários tradicionais: os *blogs* ficavam expostos ao público, de forma que também constituíam uma ferramenta de comunicação social.

Atualmente, ainda existem *blogs* similares a diários íntimos, cujos autores às vezes até preferem permanecer anônimos. Mas o lado social desse gênero falou mais alto, e ele se transformou em um espaço para divulgação de conteúdos e troca de ideias sobre uma infinidade de assuntos. Hoje, são comuns *blogs* temáticos como o *Assim como Você*, que focaliza conteúdos relacionados a deficiência, inclusão e cidadania. Outros *blogs* concentram-se, por exemplo, em tecnologia, moda, *games*, cinema, literatura, turismo, esportes.

Blog é um gênero discursivo que pode servir como um diário íntimo virtual, mas, muitas vezes, tem como objetivo expor ideias e informações sobre certa temática. A relação entre os blogueiros e seu público é direta e dinâmica, pois os leitores podem fazer comentários sobre as postagens, e estes normalmente são lidos e respondidos pelo blogueiro.

Estrutura e linguagem do *blog*

A proximidade entre o blogueiro e seus leitores reflete-se na linguagem utilizada, geralmente informal. Como você observou ao analisar a postagem, Jairo Marques emprega várias expressões coloquiais (*bocó*, *"malacabado"*) e até imita o jeito de falar da tia ("difinitivamente") a fim de conferir leveza e bom humor ao texto. Outra característica linguística dos *blogs* é que, na maioria das vezes, eles são redigidos na 1ª pessoa do discurso, já que a intenção é evidenciar o ponto de vista pessoal do autor: "Não *sou* um ser bonzinho [...]".

Em relação à estrutura, o *blog* apresenta alguns componentes típicos, os quais você pode observar nesta reprodução do *blog Assim como você*:

Cada entrada do *blog* é chamada de *post* ou **postagem**. Os *posts* são organizados por ordem cronológica, com os mais recentes aparecendo primeiro.

Na **introdução** da postagem, geralmente se apresenta o tema ou fato que será comentado — nesse caso, o canal de vídeos de Cacai.

No **desenvolvimento**, o blogueiro articula suas ideias e argumentos.

Na **conclusão**, Jairo Marques explicita sua ideia principal: a de que iniciativas como a de Cacai devem ser celebradas, porque representam um avanço na inclusão dos portadores da síndrome.

No cabeçalho, além do nome do *blog*, é comum haver um breve **perfil** do blogueiro.

O visitante pode assinar o *blog* e receber suas atualizações. O sistema que permite isso é chamado de **feed** (em inglês, "alimentar"), pois "alimenta" os seguidores com novidades.

As postagens recebem *tags* ou **marcadores**, que permitem localizá-las por assunto. Em alguns *blogs* (como este), os marcadores são exibidos em nuvens de palavras, nas quais os mais frequentes aparecem em letras maiores.

O espaço para **comentários** é o que torna os *blogs* tão interativos. Para evitar mensagens ofensivas, o blogueiro pode moderar os comentários, ou seja, só publicar aqueles previamente aprovados.

Influenciadores digitais

Você já ouviu falar em *influenciadores digitais*? Esse termo designa pessoas com muitos seguidores nas redes sociais. Os primeiros influenciadores digitais eram blogueiros, mas hoje muitos estão em plataformas de compartilhamento de vídeos e fotos.

Por meio de sua comunicação direta com os jovens, eles ditam tendências de comportamento, moda e até opiniões sociais ou políticas. As empresas, evidentemente, já perceberam o potencial desses canais e também vêm direcionando sua publicidade para eles.

Apresentação do *youtuber* Whindersson Nunes no Rock in Rio 2017.

Para ler e escrever melhor

Coesão remissiva II

Na seção "Para ler e escrever melhor" do capítulo anterior, você observou que, para garantir a constante retomada das ideias em um texto, é possível remeter a elementos anteriores por meio de pronomes, advérbios, sinônimos e hiperônimos. Nesta seção, conheceremos mais alguns mecanismos de coesão remissiva.

Para começar, leia o fragmento inicial de uma postagem em um *blog* sobre cinema, prestando atenção às expressões destacadas:

Princesas da Disney

Não por acaso a princesa Leia se tornou uma princesa da *Disney*. **A empresa do Mickey Mouse** parece estar revendo seus valores e entendendo que *a mulher não precisa de um príncipe encantado para salvá-la e ser feliz*.

Nada contra o amor, é bom deixar claro. Mas **o estereótipo de mulheres frágeis sonhando com o casamento** não condiz mesmo com o padrão feminino atual. A mulher é mais do que uma eterna gata borralheira em busca do seu sapatinho de cristal. E é bom ver filmes tratando disso, de maneira cada vez mais intensa.

A evolução foi gradativa, é verdade, e não é tão recente como muitos imaginam. [...]

AUOAD, Amanda. Princesas da Disney. *Cine Pipoca Cult*, 5 jan. 2014. Disponível em: <http://mod.lk/0eenr>. Acesso em: 25 nov. 2017. (Fragmento).

> Retoma o substantivo próprio *Disney*.

> Retoma o segmento *a mulher não precisa de um príncipe encantado para salvá-la e ser feliz*.

> Não remete a um componente específico do texto, mas a toda a ideia expressa anteriormente.

Material complementar — Texto integral

A princesa Leia, personagem da atriz Carrie Fischer em *Star Wars*.

Expressões como as destacadas são chamadas de **expressões nominais** porque se organizam em torno de um nome, isto é, um substantivo (*empresa*, *estereótipo*, *evolução*). Além de retomar elementos anteriores, elas muitas vezes permitem ao autor do texto expressar uma avaliação sobre esses elementos. Por exemplo, ao usar a expressão nominal *a evolução*, a blogueira deixa subentendida uma opinião positiva quanto às mudanças nos filmes de princesa. Se quisesse, ela poderia ter escolhido uma palavra mais neutra; por exemplo: "*A transformação* foi gradativa, é verdade, e não é tão recente como muitos imaginam".

Um último mecanismo de coesão remissiva que vale a pena mencionar é a **elipse**, que consiste na supressão de um ou mais termos. Veja um exemplo na tira a seguir:

Para ler e escrever melhor

Glossário

Drive-through (ou **drive-thru**): sistema de venda em que o consumidor entra e sai do estabelecimento de carro e, sem deixar o veículo, recebe o produto desejado.

Para explicar sua dificuldade em manter a boa forma, o personagem faz uma comparação: "O problema é que só as lanchonetes têm *drive-through*... As academias de ginástica não [*têm drive-through*]". A parte que incluímos entre colchetes (*têm drive-through*) foi omitida, porém é facilmente recuperável pelo contexto. Note que, embora o termo não apareça no texto, ele é reativado na mente do leitor, por isso a elipse funciona como um mecanismo de coesão remissiva.

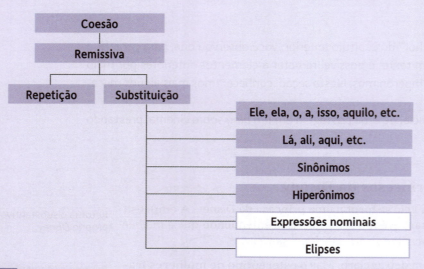

Na prática

A fim de colocar em prática os mecanismos de coesão remissiva que conheceu neste capítulo e no anterior, você fará duas atividades. A primeira deve ser realizada individualmente, e a segunda, em dupla.

1. Para retomar as ideias com precisão, as expressões nominais precisam ser selecionadas com cuidado. Escolha, a seguir, qual expressão completa melhor a lacuna em cada parágrafo.

   I.

   _____

   Com o Exame Nacional do Ensino Médio (Enem) chegando, cada detalhe faz a diferença. Todos que se preparam para o exame sabem que são necessárias muitas e muitas horas de estudo. E, para aumentar a qualidade ◆ e ainda reduzir o esforço, é importante cuidar do ambiente de estudo.

   MINAS GERAIS. Secretaria do Estado da Educação. *Blog Educação*.
Disponível em: <http://mod.lk/6mv3a>.
Acesso em: 25 nov. 2017. (Fragmento adaptado).

   a) desse estudo
   b) dessa dedicação
   c) desse repertório
   d) dessa iniciativa

II.

Pescadores do Pântano do Sul encontraram a carcaça de um filhote de baleia-jubarte na manhã deste sábado. O animal tem aproximadamente um ano de idade e 4 metros de comprimento. Segundo especialistas, entre julho e novembro, ◆ migra para a região de Abrolhos, na Bahia, em busca de águas mais quentes. Já é o quarto registro de baleia morta na costa da Ilha de Santa Catarina.

POTTER, Hyury. *O Sol Diário*, 27 jul. 2015.
Disponível em: <http://mod.lk/k7tat>.
Acesso em: 25 nov. 2017. (Fragmento adaptado).

a) essa espécie de baleia
b) esse filhote
c) essa baleia
d) esse espécime

III.

Se você é pai, mãe ou familiar de uma criança autista e procura inspiração, a história de Temple Grandin definitivamente irá lhe motivar. Temple quando criança foi diagnosticada com um grau considerado grave de autismo. Os médicos indicaram a seus pais internação clínica e psiquiátrica, com o que o pai estava de acordo, mas a mãe, não. ◆ de sua mãe em promover oportunidades de contato social a Temple [...] resultou no aparentemente inesperado: Temple cursou a faculdade, tornou-se veterinária, cientista e, ainda, famosa palestrante.

BAPTISTA, Hanna. *Diário de Autista*, 22 maio 2017.
Disponível em: <http://mod.lk/r4p6w>.
Acesso em: 25 nov. 2017. (Fragmento adaptado).

a) O heroísmo
b) O desprendimento
c) A imprudência
d) A insistência

2. No texto a seguir, cada parágrafo está composto por uma única e longa frase, o que prejudica a clareza. Você e seu colega devem reescrever os parágrafos, de forma que cada um passe a ter pelo menos duas frases. Ao realizar a reescrita, vocês perceberão que não basta colocar pontos finais. É necessário "costurar" uma ideia à outra por meio de mecanismos coesivos. Façam as adaptações necessárias até que o texto fique claro e fluente. Vocês podem utilizar expressões nominais, elipses e todos os outros mecanismos de coesão remissiva que conheceram no capítulo anterior.

O desafio da mobilidade urbana

Atualmente, oferecer opções de deslocamento rápidas e baratas para a população é um dos maiores desafios para metrópoles do mundo todo, que já implantaram soluções que podem ser replicadas em outros países, inclusive no Brasil, que ainda tem um longo caminho a percorrer quando o assunto é mobilidade urbana.

Uma das propostas é o pedágio urbano, que restringe a circulação de automóveis particulares em certas áreas da cidade por meio da cobrança de taxas e está presente em cidades como Londres e Singapura, tendo atingido bons resultados, como, por exemplo, a queda de 30% nos congestionamentos em Londres no primeiro ano de implantação do pedágio.

Mas é claro que o sucesso de sistemas como o pedágio urbano e mesmo o rodízio de veículos por dias da semana, implantado há anos na cidade de São Paulo, dependem da oferta de boas opções de transporte coletivo, pois os motoristas só deixarão o carro em casa se houver alternativas com qualidade e preço razoáveis, portanto os investimentos na ampliação do sistema metroviário, na implantação de corredores de ônibus e na modernização dos trens urbanos precisam receber a prioridade dos governantes.

Produção autoral

Blog

Contexto de produção

O quê: blog.
Para quê: apresentar opiniões ou informações sobre certo tema.
Para quem: colegas da turma.
Onde: plataforma para criação de blogs.

Se você fosse criar um blog, qual tema focalizaria? Certamente existe algum assunto que o atrai e sobre o qual você tem algo a dizer. Nesta atividade, você vai planejar um blog e escrever sua primeira postagem. Se desejar, depois poderá dar continuidade ao trabalho, inserindo conteúdos regularmente.

Primeiro passo: planejar o blog

1. Como vimos neste capítulo, existem blogs sobre os mais variados assuntos: cidadania, inclusão, moda, culinária, tecnologia, cinema, literatura, etc. Também existem blogs voltados à vida pessoal de seu criador, semelhantes aos diários íntimos. Defina qual tipo de blog você gostaria de criar e, se for o caso, qual sua temática. Com base nisso, escolha um *nome* criativo e atraente para ele.

2. Escreva um *perfil* para colocar no cabeçalho do blog. Nesse pequeno texto, apresente-se e explique sobre quais conteúdos pretende escrever.

Segundo passo: redigir a primeira postagem

1. De acordo com a temática escolhida, pense em sua primeira postagem. Assim como fez Jairo Marques, que comentou um acontecimento recente (o lançamento do canal de vídeos de Cacai Bauer) sob um ponto de vista pessoal, você pode comentar a estreia de um filme, o lançamento de um livro ou uma notícia qualquer relacionada à temática do seu blog. Também é possível relatar um acontecimento de seu dia a dia ou simplesmente explicar por que resolveu escrever sobre aquele assunto.

2. Antes de começar a redação, faça um planejamento. Mais uma vez, você pode seguir o exemplo do blog *Assim como você*: reveja como o texto se organiza em introdução, desenvolvimento e conclusão.

3. Quando tiver terminado uma primeira versão de sua postagem, releia-a, avaliando os seguintes aspectos:

> ✓ O texto está de acordo com a temática escolhida?
>
> ✓ As frases e parágrafos estão bem organizados, com uso adequado dos mecanismos de coesão remissiva?
>
> ✓ É possível acompanhar o desenvolvimento do raciocínio entre as partes do texto (introdução, desenvolvimento e conclusão)?
>
> ✓ A linguagem está adequada ao gênero? Considere que pode haver informalidade, mas o texto precisa ficar claro e fluente.

4. Após essa revisão, seu blog está pronto para ser publicado. Sob a coordenação do professor, escolha uma plataforma para criação de blogs e prepare a versão final de seu trabalho. No topo, insira o cabeçalho, com o nome do blog, seu perfil e uma foto sua. Abaixo do cabeçalho, insira a versão revisada da postagem. No espaço designado pela plataforma digital, escreva dois ou três marcadores que resumam o assunto tratado. Se quiser, você pode ilustrar o blog com fotografias ou desenhos.

Terceiro passo: ler e comentar os blogs dos colegas

1. Para esta última etapa, todos os alunos devem informar o endereço eletrônico e o tema de seus blogs. Escolha três deles, no mínimo, leia-os e escreva um comentário em cada um.

2. Veja os comentários que os colegas deixaram no seu blog e responda a eles.

3. Quem desejar poderá dar continuidade ao blog, individualmente ou em grupos.

Confira questões do Enem e de vestibulares e propostas de redação no **Vereda Digital Aprova Enem** e no **Vereda Digital Suplemento de revisão e vestibulares**, disponíveis no livro digital.

CAPÍTULO 13
CARTA PESSOAL E *E-MAIL*

OBJETIVOS DE APRENDIZAGEM
- Identificar as principais características dos gêneros *carta pessoal* e *e-mail*.
- Relacionar as novas formas de comunicação por escrito com a era digital.
- Reconhecer alguns mecanismos de coesão sequencial.

ENEM
C1: H3
C6: H18, H19
C7: H22, H23
C9: H28, H29, H30

Para começar

Converse com o professor e os colegas sobre as questões a seguir.

1. Você já enviou ou recebeu uma carta pessoal? Em caso positivo, conte como foi.
2. Em sua opinião, as pessoas ainda escrevem cartas? Explique sua resposta.
   - Neste capítulo também falaremos sobre o *e-mail*. Em que circunstâncias ele é utilizado?
3. A carta que você lerá a seguir foi enviada pelo escritor estadunidense John Steinbeck (1902-1968) ao filho dele, Thomas. Ela faz parte da obra *Cartas extraordinárias*, que reúne correspondências enviadas por escritores, cantores, políticos e outras personalidades públicas. Em sua opinião, por quais motivos os leitores podem se interessar por uma obra como essa?

Primeiro olhar

Leia a seguir o texto explicativo e a carta de John Steinbeck ao filho, reproduzida no livro *Cartas extraordinárias*. Depois, responda às questões.

carta 108
O QUE É BOM NÃO ESCAPA
DE JOHN STEINBECK
PARA THOM STEINBECK
10. NOV. 1958

John Steinbeck, nascido em 1902, foi um dos escritores mais aclamados de sua geração, responsável por uma série de livros, entre os quais se destacam *As vinhas da ira*, *A leste do Éden* e *Ratos e homens* — clássicos adorados por milhões de leitores em todo o mundo e que renderam ao autor o Nobel de Literatura, em 1962. Quatro anos antes de Steinbeck receber o prêmio, seu primogênito, Thomas, que, na ocasião, tinha catorze anos e estudava num colégio interno, escreveu aos pais, falando de Susan, uma menina pela qual acreditava estar apaixonado. Steinbeck respondeu de imediato com uma carta maravilhosa sobre o amor que não poderia ser mais adequada.

O autor John Steinbeck.

10 de novembro de 1958

Querido Thom:

Recebemos sua carta hoje de manhã. Vou lhe dizer o que acho, e, naturalmente, Elaine vai lhe expor o ponto de vista dela.

Primeiro — se você está apaixonado — ótimo — essa é a melhor coisa que pode acontecer com qualquer pessoa. Não deixe ninguém depreciar isso.

Segundo — Existem vários tipos de amor. Existe o amor egoísta, mesquinho, avarento, presunçoso, voltado para si mesmo. Esse é o amor feio, o amor que mutila. E existe o amor que é um transbordamento de tudo o que você tem de melhor — generosidade, consideração, respeito — não só o respeito social das boas maneiras, mas o respeito maior que é o reconhecimento do outro como um ser único e precioso. O primeiro tipo pode diminuí-lo, debilitá-lo, deixá-lo doente; mas o segundo pode fazer aflorar uma força, uma coragem, uma bondade e até mesmo uma sabedoria que você não sabia que tinha.

Você diz que não se trata de amorico. Se é tão profundo — claro que não se trata de amorico.

Mas não acho que você quer que eu defina o que está sentindo. Você sabe o que sente melhor que ninguém. O que quer é que eu lhe diga o que fazer com isso — e isso eu posso dizer.

Exulte, em primeiro lugar; e agradeça.

O objeto do amor é o melhor e o mais belo. Procure estar à altura dele.

Se você ama — não há mal nenhum em dizer isso — mas você deve lembrar que algumas pessoas são muito tímidas e às vezes é preciso levar em consideração essa timidez.

As meninas sabem ou percebem o que você sente, mas, em geral, também gostam que você diga.

Às vezes acontece de seu sentimento não ser correspondido, por um motivo ou outro — mas isso não o torna menos valioso ou menos bom.

Por fim, sei o que você sente porque é a mesma coisa que eu sinto e estou feliz por você senti-lo.

Teremos muito prazer em conhecer a Susan. Ela será muito bem-vinda. Mas Elaine vai tomar as providências necessárias, porque é função dela, e o fará com o maior prazer. Ela também sabe o que é amor e talvez possa ajudá-lo mais que eu.

E não se preocupe com perder. Se é para ser, será — O importante é não ter pressa. O que é bom não escapa.

Com amor,
Pá

STEINBECK, John. In: USHER, Shaun (Org.). *Cartas extraordinárias*. Trad. Hildegard Feist. São Paulo: Companhia das Letras, 2017. p. 307.

Glossário

Elaine: Elaine Steinbeck (1914-2003), esposa de John, atriz e uma das primeiras mulheres a atuar como diretora de cena no teatro.

1. De acordo com o texto explicativo do livro, Thomas estava no colégio interno quando escreveu a carta aos pais falando de Susan.
   a) Considerando a época em que o fato ocorreu, indique quais outras possibilidades, além da carta, ele tinha para comunicar-se com os pais. Se necessário, pesquise.
   b) Explique por que a carta era a forma de comunicação mais adequada para a situação.

2. O que o fato de o garoto ter contado sobre sua paixão nos mostra quanto à relação que ele mantinha com os pais?

3. Observe a forma como o remetente dessa carta (o pai de Thomas) dirige-se ao destinatário no início e como se despede no final. A saudação e a despedida confirmam o tipo de relação que havia entre eles, comentado por você na questão anterior? Justifique sua resposta.

4. Explique a importância do primeiro parágrafo (l. 3-4) para a composição da carta.

5. No segundo e no terceiro parágrafos (l. 5-14), o remetente faz duas vezes uma enumeração, usando os termos *primeiro* e *segundo*. Explique com que finalidade cada enumeração foi feita.

6. A partir da linha 18, o remetente começa a aconselhar explicitamente o destinatário. Explique por que a recomendação inicial, "Exulte, em primeiro lugar; e agradeça", em um primeiro momento parece contraditória em relação aos conselhos seguintes, mas na verdade não é.

7. A última frase da carta de John foi destacada no texto explicativo do livro: "O que é bom não escapa".
   a) Qual é o significado dessa frase, no contexto da carta?
   b) Em sua opinião, qual outra frase da carta poderia ser destacada como significativa ou relevante?

8. Compare essa carta com as formas de comunicação pessoal escrita que usamos hoje (mensagens instantâneas, postagens em redes sociais) e comente as diferenças que você observa em relação a estes aspectos:
   a) a extensão do texto;
   b) o cuidado com a linguagem na composição do texto.
   • Explique como essas diferenças se relacionam às transformações ocorridas na sociedade nas últimas décadas.

Trocando ideias

Releia este trecho da carta. Depois, discuta com o professor e com os colegas as questões propostas.

"Teremos muito prazer em conhecer a Susan. Ela será muito bem-vinda. Mas Elaine vai tomar as providências necessárias, porque é função dela, e o fará com o maior prazer."

1. Em sua opinião, por que o pai afirma que tomar as providências para receber Susan é uma função da mãe do menino? Isso poderia estar ligado a determinada divisão de tarefas entre homem e mulher dentro do lar? Explique sua resposta.

2. Essa carta, como visto, foi enviada em 1958. Em sua opinião, as expectativas da sociedade em relação ao que a mulher e o homem devem fazer dentro e fora de casa se alteraram? Se sim, em que sentido isso ocorreu?

3. Segundo o pai, "As meninas sabem ou percebem o que você sente, mas, em geral, também gostam que você diga". Em sua opinião, essa declaração está ligada à época em que a correspondência foi escrita ou pode ser considerada válida atualmente? E quanto aos meninos, você acha que eles também querem saber quando alguém gosta deles? Explique suas respostas.

Por dentro do gênero – Carta pessoal

Até poucas décadas atrás, a **carta pessoal** era o gênero discursivo mais utilizado por quem queria comunicar-se por escrito com familiares ou amigos. Econômica e rápida (para os padrões da época, é claro), a carta era utilizada com frequência por pessoas de várias idades. Entre os jovens, aliás, era comum cultivar amizades exclusivamente por correspondência — eram os chamados *pen pals* ou, literalmente, "amigos de caneta".

Apesar de ter sido substituída em muitos contextos por *e-mails* e por mensagens instantâneas, as cartas ainda são utilizadas por algumas pessoas. Existem até projetos e clubes dedicados a esse gênero discursivo, que têm como objetivo recuperar um estilo mais cuidadoso e aprofundado de comunicar-se.

Embora as cartas em geral circulem apenas entre o *remetente* e o *destinatário*, a correspondência de personalidades públicas às vezes é reunida em livros, como o exemplo apresentado anteriormente (*Cartas extraordinárias*). Nesse caso, a obra pode despertar o interesse dos leitores por revelar a faceta íntima de pessoas famosas.

Carta pessoal é um gênero discursivo utilizado para a correspondência privada entre amigos e familiares. É enviada por um *remetente* a um *destinatário* e normalmente transportada pelos correios.

Para assistir

O filme *O último poema* (de Mirela Kruel, Brasil, 2015) mostra a amizade cultivada por mais de vinte anos entre uma professora de um município do Rio Grande do Sul, Helena Maria Balbinot, e o escritor mineiro Carlos Drummond de Andrade. Os dois, que nunca se encontraram pessoalmente, comunicavam-se por meio de afetuosas cartas.

Estrutura e linguagem da carta pessoal

A carta pessoal tem alguns elementos estruturais bem característicos. Observe-os na reprodução abaixo da carta de John Steinbeck:

Na primeira linha, à esquerda, insere-se a **saudação**. Pode ser finalizada com dois-pontos, ponto final ou vírgula.

No canto superior direito, coloca-se a **data**. Às vezes ela vem antecedida pelo **local**; por exemplo: *Nova York, 10 de novembro de 1958*.

No primeiro parágrafo geralmente se faz uma **introdução**, contextualizando a correspondência.

Os demais parágrafos compõem o desenvolvimento ou **corpo da carta**.

> 10 de novembro de 1958
>
> Querido Thom:
>
> Recebemos sua carta hoje de manhã. Vou lhe dizer o que acho, e, naturalmente, Elaine vai lhe expor o ponto de vista dela.
>
> Primeiro — se você está apaixonado — ótimo — essa é a melhor coisa que pode acontecer com qualquer pessoa. Não deixe ninguém depreciar isso.
>
> Segundo — Existem vários tipos de amor. Existe o amor egoísta, mesquinho, avarento, presunçoso, voltado para si mesmo. Esse é o amor feio, o amor que mutila. E existe o amor que é um transbordamento de tudo o que você tem de melhor — generosidade, consideração, respeito — não só o respeito social das boas maneiras, mas o respeito maior que é o reconhecimento do outro como um ser único e precioso. O primeiro tipo pode diminuí-lo, debilitá-lo, deixá-lo doente; mas o segundo pode fazer aflorar uma força, uma coragem, uma bondade e até mesmo uma sabedoria que você não sabia que tinha.
>
> [...]
>
> E não se preocupe com perder. Se é para ser, será — O importante é não ter pressa. O que é bom não escapa.
>
> Com amor,
> Pá

A carta é finalizada com uma expressão de **despedida**, seguida pela **assinatura** do remetente.

A linguagem, evidentemente, varia muito conforme o estilo do remetente e a relação que ele mantém com o destinatário. De modo geral, é comum o emprego de palavras e expressões que denotam familiaridade, como um vocativo carinhoso ("Querido Thom") e a referência a pessoas próximas apenas pelo primeiro nome (Elaine, Susan).

Romance epistolar

O adjetivo *epistolar* deriva do substantivo *epístola*, que significa carta ou correspondência. Um **romance epistolar**, portanto, é aquele que se desenvolve por meio de cartas. São exemplos famosos as obras *Os sofrimentos do jovem Werther*, do alemão Johann Wolfgang von Goethe (1749-1832), e *As ligações perigosas*, do francês Choderlos de Laclos (1741-1803). Um outro exemplo bem conhecido é o romance *Drácula*, do irlandês Bram Stoker (1847-1912): a história do famoso vampiro é contada por meio de trechos de diários dos personagens e, principalmente, pelas cartas que enviam uns aos outros.

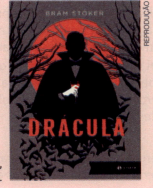

Capa do livro *Drácula*, de Bram Stoker, um exemplo de romance epistolar.

Para assistir

Isabel (Vera Holtz) e Roberto (Marcos Caruso) não se conhecem pessoalmente, mas se comunicam por meio de bilhetes e cartas que deixam um para o outro na biblioteca que frequentam. A correspondência fica escondida entre as páginas dos livros, como uma caça ao tesouro que só eles conhecem. Essa é a história do curta-metragem *O nosso livro* (de Luciana Alcaraz e Claudia Rabelo Lopes, Brasil, 2005), que pode ser visto no *site Porta Curtas*: <http://portacurtas.org.br/filme/?name=o_nosso_livro>.

Por dentro do gênero – E-mail

Pense e responda

Leia um exemplo de e-mail e, depois, responda às perguntas.

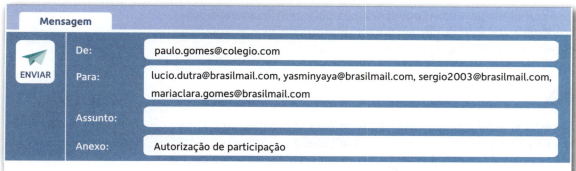

Caros alunos.

Trago boas notícias. Recebi hoje uma resposta positiva do Instituto Pró-Ciência: nossa equipe foi selecionada para participar da Mostra Internacional de Ciências!

Conforme dito anteriormente, a mostra deste ano ocorrerá de 10 a 15 de outubro em Florianópolis (SC). O instituto arcará com as despesas de viagem e estadia.

Para que todas as providências sejam tomadas a tempo, necessito que cada um de vocês me entregue os seguintes documentos impreterivelmente até 10 de setembro:

- cópia autenticada de CPF e RG;
- autorização de participação assinada pelos pais ou responsáveis (ver anexo).

Além disso, vamos precisar refazer as maquetes e a apresentação de *slides*. Durante a semana, voltaremos a conversar sobre isso. Por enquanto, dou os parabéns a essa incrível equipe, que fez por merecer o reconhecimento.

Um grande abraço,

Professor Paulo

1. Qual é o objetivo desse *e-mail*?
2. Em sua opinião, qual das opções a seguir é a mais adequada para compor a linha "Assunto"? Por quê?
   a) "olá"
   b) "notícia"
   c) "resposta do instituto – Mostra Internacional de Ciências"
   d) "fomos selecionados para a Mostra Internacional de Ciências"
3. Quais dos elementos estruturais da carta pessoal estão presentes também no *e-mail*? Se algum estiver ausente, levante hipóteses para explicar essa ausência.
4. Compare o *e-mail* a outras formas de comunicação que estariam disponíveis para o professor comunicar-se com os alunos, nessa situação, e explique possíveis motivos para a escolha do *e-mail*.

Com a popularização da internet nas últimas décadas do século XX, a correspondência pessoal e comercial, antes realizada por cartas, passou a ser feita principalmente por *e-mail* — abreviação do inglês *electronic mail*, isto é, correio eletrônico. Esse gênero discursivo é produzido em um *software* ou *site* específico, que oferece campos previamente definidos a serem preenchidos pelo remetente ("De", "Para", "Assunto", etc.). No campo destinado à mensagem, costuma-se usar *saudação*, *despedida* e *assinatura*, como nas cartas tradicionais. Só não é necessário inserir a data, pois o *software* faz isso automaticamente.

Para assistir

A correspondência realizada entre sete duplas de pessoas de três países diferentes e com um idioma em comum (Brasil, Angola e Portugal) é o tema do documentário *Cartas para Angola* (de Coraci Ruiz e Julio Matos, Brasil, 2011). Por meio dessa correspondência, é feita uma rica troca de culturas, de histórias de vida e de sonhos, unindo amigos de lugares distantes e pessoas que nunca se viram.

A princípio, o *e-mail* era utilizado para todos os tipos de comunicação, inclusive entre familiares e amigos. A partir dos anos 2000 e principalmente na década de 2010, o surgimento de outras formas de comunicação, como as redes sociais e os aplicativos de mensagens, provocou nova mudança: em geral, as pessoas passaram a utilizar mais mensagens instantâneas, reservando o *e-mail* para contatos um pouco mais formais ou para o envio de arquivos digitais.

> **E-mail** é um gênero discursivo utilizado para correspondência pessoal e, principalmente, profissional, comercial, oficial, acadêmica, etc. É produzido em um *software* ou aplicativo que oferece campos a serem preenchidos pelo remetente. Também permite a anexação de arquivos digitais.

Trocando ideias

A pesquisa *Juventude Conectada*, realizada pela Fundação Telefônica Vivo e parceiros, entrevistou 1.440 jovens de todo o país. O gráfico abaixo mostra os resultados da pesquisa referentes às atividades de comunicação executadas pelos jovens. Leia-o e, em seguida, converse com o professor e com os colegas sobre as questões propostas.

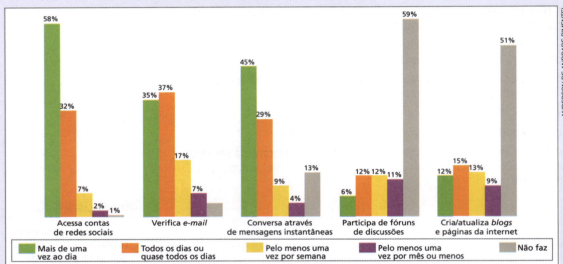

FUNDAÇÃO TELEFÔNICA VIVO. *Juventude Conectada*. Disponível em: <http://mod.lk/pxfbz>. Acesso em: 12 nov. 2017.

1. De acordo com o gráfico, quais são as atividades mais realizadas na internet pelos jovens? Quais são as realizadas com menos frequência?
2. O gráfico mostra que 35% dos entrevistados verifica o *e-mail* mais de uma vez ao dia. Troque ideias com os colegas: vocês verificam *e-mail*? Com que frequência? Qual a forma mais utilizada por vocês para se comunicarem?
3. Com a crescente popularização das mensagens instantâneas, alguns especialistas acreditam que elas vão acabar substituindo o *e-mail* para todos os fins, até mesmo para a correspondência profissional ou comercial. Em sua opinião, a extinção dos *e-mails* está mesmo próxima? Justifique.
4. Leia uma declaração que Mark Zuckerberg deu em 2015 sobre o futuro da comunicação.

> Antes, a gente costumava compartilhar apenas texto. Agora, postamos principalmente fotos. No futuro, o vídeo será ainda mais importante do que fotos. Depois disso, experiências imersivas como a *VR* (realidade virtual) irão se tornar corriqueiras. E, depois, teremos o poder de compartilhar nossa experiência sensorial e emocional com pessoas, sempre que quisermos. [...]
>
> Disponível em: <http://mod.lk/pqguv>. Acesso em: 12 nov. 2017. (Fragmento).

Mark Zuckerberg, o criador do Facebook em abril de 2017.

- Qual é sua opinião sobre as novas formas de comunicação mencionadas por Zuckerberg? Elas têm de fato chance de se tornar realidade?

Para ler e escrever melhor

Coesão sequencial I

Nos capítulos anteriores, você estudou as principais formas de coesão remissiva. Agora, você vai conhecer os mecanismos de **coesão sequencial**: em vez de retomar os elementos, eles servem para estabelecer uma sequência lógica entre palavras e frases, contribuindo para o desenvolvimento do raciocínio. Para começar a estudar a coesão sequencial, vamos analisar a tira a seguir.

BICHINHOS DE JARDIM   CLARA GOMES

As três primeiras falas da personagem Maria Joana têm praticamente a mesma estrutura **sintática**. Observe:

> A economia está ameaçada...
> O meio ambiente está ameaçado...
> A (frágil) paz mundial está pra lá de ameaçada...

sintática: Referente à sintaxe, isto é, à combinação de palavras para formar frases.

Quando uma estrutura sintática é repetida várias vezes em uma sequência, trocando-se apenas alguns elementos dela (nesse caso, a parte em azul é trocada), dizemos que ocorre um **paralelismo**. Esse recurso cria um vínculo coesivo entre as frases, pois o leitor percebe que elas estão relacionadas. No caso específico dessa tira, o paralelismo também contribui para o humor, ao ser quebrado repentinamente no último quadro: no final, Maria Joana rompe a sequência de preocupações globais para queixar-se de um problema pessoal e corriqueiro — a necessidade de diminuir o sal nas refeições.

Agora, vamos analisar mais uma tira para conhecer outro mecanismo de coesão sequencial.

MAMU & LE FAN   DIGO FREITAS

FREITAS, Digo. Manu & Le Fan. *Maratona*.
Disponível em: <http://mod.lk/0qppt>. Acesso em: 12 nov. 2017.

Você provavelmente percebeu que a maratona da qual o cachorro Nino quer participar não tem nada a ver com corrida, e sim com séries na TV. Mas como você percebeu isso, se, em nenhum momento, tal informação é explicitada na tira?

Capítulo 13 • Carta pessoal e *e-mail* **181**

Para ler e escrever melhor

Entendemos que Nino está falando de maratona de séries não só por causa da linguagem visual do segundo quadrinho (que mostra os personagens diante da TV), mas também por causa do substantivo *episódio*: "Nos *episódios* ruins, a gente pula". Esse substantivo relaciona-se a séries de TV, não a corrida ou esportes. Quando duas ou mais palavras se relacionam a determinada atividade ou assunto, dizemos que elas pertencem ao mesmo **campo semântico**. *Episódio* e *série*, por exemplo, fazem parte do mesmo campo semântico. A inserção de palavras relacionadas dessa forma em sequência, em um texto, promove a coesão, porque elas mantêm a **unidade temática**, isto é, o interlocutor percebe que se está falando do mesmo tema.

Resumindo:

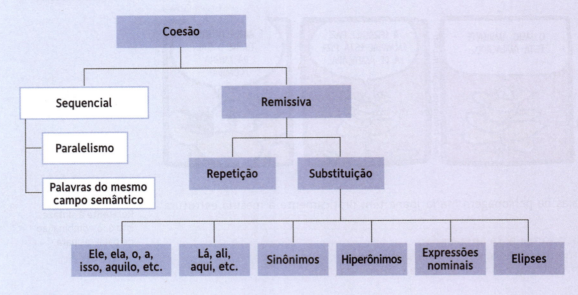

Na prática

Nesta atividade, serão analisados alguns usos da coesão sequencial. Você vai ler o fragmento inicial do livro *Cartas de amor aos mortos*, da escritora estadunidense Ava Dellaira. Esse romance epistolar começa quando Laurel, uma estudante do ensino médio, recebe uma tarefa da professora de inglês: escrever uma carta para alguém que já morreu. Leia uma das cartas escrita pela garota.

Querido Kurt Cobain,

1   Hoje a sra. Buster passou nossa primeira tarefa de inglês: escrever uma carta para uma pessoa que já morreu. Como se a carta pudesse chegar ao céu ou a uma agência de correio dos fantasmas. Acho que ela queria que a gente escrevesse para um ex-presidente ou alguém do tipo, mas preciso conversar com alguém. Eu não poderia conversar com um presidente. Mas posso conversar com você.

2   Gostaria que você me dissesse onde está e por que foi embora. Você era o músico favorito da minha irmã, May. Desde que ela morreu, tem sido difícil ser eu mesma, porque não sei exatamente quem sou. Mas, agora que estou no ensino médio, preciso descobrir rápido. Ou então vou me dar muito mal.

3   As únicas coisas que sei sobre o ensino médio aprendi com May. No meu primeiro dia, fui até o guarda-roupa dela e encontrei a roupa que ela usou no primeiro dia dela — uma saia plissada e um suéter de caxemira rosa. Ela cortou a gola e costurou o símbolo do Nirvana, a carinha com X nos olhos. Mas a questão é que May era linda; tinha aquele tipo de beleza que marca as pessoas. Seu cabelo era sedoso e ela parecia pertencer a um mundo melhor, então a roupa fazia sentido. Eu a vesti e fiquei me olhando no espelho dela, tentando sentir que pertencia a algum mundo, mas, na verdade, parecia que eu estava fantasiada. Então pus minha roupa preferida do fundamental, um macacão *jeans* com uma camiseta de manga comprida e brincos de argola. Quando pisei no corredor do colégio West Mesa, senti imediatamente que tinha sido um erro.

Em seguida, descobri que não se deve levar almoço de casa para a escola. O certo é comprar *pizza* e um pacote de bolachas recheadas, ou então nem comer. Minha tia Amy, com quem moro semana sim, semana não, faz sanduíches de alface com maionese no pão de hambúrguer, porque era o que gostávamos de comer — May e eu — quando éramos pequenas. Antes eu tinha uma família normal. Quer dizer, não era perfeita, mas éramos minha mãe, meu pai, May e eu. Parece que já faz tanto tempo. Mas a tia Amy está se esforçando muito e gosta tanto de preparar os sanduíches que não consigo explicar que não são para o ensino médio. Então entro no banheiro feminino, como o sanduíche o mais rápido que posso e jogo o embrulho no lixo.

Faz uma semana que as aulas começaram, e ainda não conheço ninguém. Todo mundo da minha antiga escola foi para o colégio Sandia, onde May estudava. Eu não queria ninguém sentindo pena de mim nem fazendo perguntas que eu não saberia responder, então fui para West Mesa, que fica no bairro da tia Amy. Um recomeço, acho.

Como não quero passar os quarenta e três minutos de almoço no banheiro, quando termino o sanduíche, vou para o pátio e sento perto da cerca. Fico invisível e só observo. As folhas das árvores estão começando a cair, mas o ar ainda está tão denso que mal dá para respirar. Gosto de observar um garoto em especial, que, descobri, se chama Sky. Ele sempre usa jaqueta de couro, mesmo que o verão mal tenha terminado. Quando olho para Sky lembro que o ar não é apenas algo que existe, mas que se respira. Mesmo que esteja do outro lado do pátio, consigo ver o peito dele se movendo.

Não sei por quê, mas, nesse lugar cheio de desconhecidos, fico feliz que Sky e eu estejamos respirando o mesmo ar. O mesmo ar que você respirou. O mesmo ar que May respirou.

Às vezes suas músicas dão a impressão de que existia muita coisa dentro de você. Talvez você nem tenha conseguido colocar tudo para fora. Talvez tenha sido por isso que morreu. Como se tivesse implodido. Acho que não estou fazendo a tarefa direito. Talvez eu tente de novo mais tarde.

Beijos,
Laurel

DELLAIRA, Ava. *Cartas de amor aos mortos*. Trad. Alyne Azuma.
São Paulo: Seguinte, 2014. p. 9-11.

SAIBA MAIS

Líder da banda Nirvana, o músico estadunidense Kurt Cobain (1967-1994) foi um dos nomes de maior expressão no *grunge*, subgênero do *rock* muito popular durante os anos 1990.

Kurt Cobain em novembro de 1993.

---

1. Além da passagem do ensino fundamental para o ensino médio, que pode ser desafiadora para muitos adolescentes, com quais outras mudanças a personagem Laurel está tendo de lidar nessa fase da vida? Justifique sua resposta com trechos da carta.

2. Releia: "Quando pisei no corredor do colégio West Mesa, senti imediatamente que tinha sido um erro. Em seguida, descobri que não se deve levar almoço de casa para a escola".
   a) Volte aos parágrafos em que essas passagens se encontram e responda: o que elas permitem inferir sobre o comportamento dos colegas em relação a Laurel nesse primeiro dia de aula?
   b) Em sua opinião, por que muitas vezes adolescentes hostilizam quem não segue determinado padrão?

3. Observe as palavras *céu* e *fantasmas*, destacadas no primeiro parágrafo. Sua inserção no texto promove a unidade temática, pois elas pertencem ao mesmo campo semântico de uma palavra usada antes. Qual é essa palavra?

4. Identifique duas passagens da carta de Laurel em que se emprega o paralelismo (repetição de estruturas sintáticas).

5. Além de estabelecer um vínculo entre as frases, qual outro efeito o paralelismo provoca, nesse caso?
   a) Provoca humor.
   b) Dá ênfase às ideias.
   c) Cria suspense no texto.

Produção autoral

Carta pessoal

Contexto de produção

O quê: carta pessoal.
Para quê: comunicar-se com alguém (pessoa conhecida, amigo ou familiar).
Para quem: destinatário da carta.
Onde: papel de carta ou qualquer folha de papel.

Agora é sua vez de escrever uma carta. Escolha alguém de sua família, um amigo ou outra pessoa que você conheça para ser o destinatário. Seria interessante escrever para um parente que não esteja familiarizado com as novas tecnologias de comunicação e que, justamente por causa disso, não mantenha contato tão frequente com você.

Primeiro passo: planejar a carta

1. Quando tiver decidido o destinatário, pense no que gostaria de dizer a essa pessoa e faça um planejamento do texto.

2. Comece o planejamento pela *introdução*. Uma das formas de começar a carta é explicando à pessoa por que resolveu escrever para ela. Como você viu na seção "Para ler e escrever melhor", foi isso que fez a personagem Laurel, do livro *Cartas de amor aos mortos*: ela iniciou a correspondência para Kurt Cobain contando sobre a tarefa da escola e explicando por que escolheu o cantor, em particular, como destinatário ("Você era o músico favorito da minha irmã, May").

3. Em seguida, no *desenvolvimento*, você pode comentar sobre as últimas vezes em que esteve com a pessoa, perguntar como ela está e o que anda fazendo, além de falar um pouco de si mesmo e contar sobre suas atividades e projetos. Busque sempre focalizar tópicos que possam ser interessantes para o destinatário ou que representem algum tipo de conexão entre vocês. No último parágrafo, você pode dizer à pessoa que ficaria feliz se ela respondesse.

Segundo passo: escrever e revisar a carta

1. Com base no planejamento, redija sua carta. Para garantir a coesão textual, use os mecanismos que você estudou neste capítulo e nos anteriores. Se desejar, você pode usar o *paralelismo* não apenas para estabelecer vínculos entre as frases, mas também para enfatizar certas ideias do texto.

2. Não se esqueça de incluir os elementos estruturais que estudou: data e local, saudação, despedida, assinatura.

3. Quando tiver terminado sua carta, avalie os seguintes aspectos:

- ✓ Fica claro por quais motivos você decidiu escrever a carta?
- ✓ O conteúdo pode despertar o interesse do destinatário?
- ✓ A saudação, a despedida e a linguagem em geral estão compatíveis com o nível de intimidade que você tem com a pessoa?
- ✓ As frases e os parágrafos estão bem organizados, com o uso adequado dos mecanismos coesivos?

Terceiro passo: redigir a versão final da carta e enviá-la

1. Depois de revisar seu texto, corrija o que for necessário e prepare a versão final de sua carta.

2. Obtenha o endereço do destinatário, providencie um envelope e preencha-o com os dados necessários. Veja um modelo:

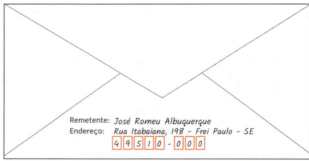

3. Se o destinatário responder à sua carta, conte aos colegas como foi a experiência.

Confira questões do Enem e de vestibulares e propostas de redação no **Vereda Digital Aprova Enem** e no **Vereda Digital Suplemento de revisão e vestibulares**, disponíveis no livro digital.

PARTE II

UNIDADE 6
Circulação de saberes, 187

UNIDADE 7
Imprensa: opinião e informação II, 225

UNIDADE 8
Enem e vestibular, 295

PARTE

II

UNIDADE 6
Circulação do saber, 187

UNIDADE 7
Imprensa científica e informação JC, 229

UNIDADE 8
Enem e vestibular, 235

UNIDADE 6
CIRCULAÇÃO DE SABERES

Capítulo 14
Artigo de divulgação científica, 188

Capítulo 15
Resumo, 201

Capítulo 16
Exposição oral, 213

Expor os resultados de uma pesquisa, resumir um texto para compreendê-lo melhor, conhecer e divulgar avanços da ciência. Existem situações em que nos comunicamos para construir saberes e ajudá-los a circular na sociedade. Nesta unidade, vamos estudar alguns dos gêneros discursivos que cumprem tais funções: o artigo de divulgação científica, o resumo e a exposição oral.

Conhecer esses gêneros será útil não apenas nesta etapa de sua vida escolar, mas provavelmente em muitas outras ocasiões, uma vez que sempre haverá novos conhecimentos a descobrir. Bons estudos!

CAPÍTULO

14

ARTIGO DE DIVULGAÇÃO CIENTÍFICA

ENEM
C1: H1, H2, H3
C6: H18, H19
C7: H22, H23, H24

Para começar

Observe as capas de duas revistas de divulgação científica do Brasil. Depois, converse com o professor e os colegas sobre as questões propostas.

Capa 1

Capa da revista *Galileu*. São Paulo: Globo, julho de 2017.

OBJETIVOS DE APRENDIZAGEM

- Identificar as principais características do gênero *artigo de divulgação científica*.
- Avaliar a importância dos infográficos na exposição de informações.
- Reconhecer o papel dos conectivos no estabelecimento da coesão sequencial.

188 Produção de texto: interpretação e ação

Capa 2

Capa da revista *Superinteressante*. São Paulo: Abril, abril de 2017.

1. Quais são os temas destacados em cada capa? O que as imagens e títulos nos permitem deduzir sobre a abordagem que será utilizada?
2. Com base nas análises que fez dessas capas, discuta com os colegas: o que seria *divulgação científica*?
3. Além de estar presente em revistas e jornais, a divulgação científica está na TV e na internet, em documentários e vídeos que focalizam temas da astronomia, da física, da biologia, etc. Você conhece algumas dessas produções? Elas despertam seu interesse? Por quê?
4. Observe o título do texto que você lerá: "O médico engolível". Em sua opinião, a qual tema científico esse texto pode estar relacionado?

Capítulo 14 • Artigo de divulgação científica

Primeiro olhar

Leia trechos de um artigo de divulgação científica publicado em uma revista. Depois, responda às questões propostas.

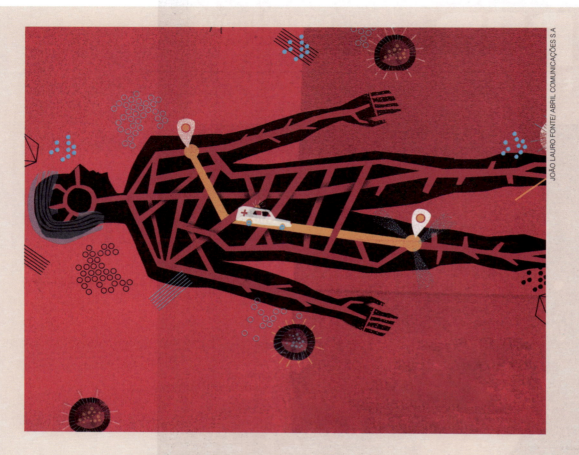

O MÉDICO ENGOLÍVEL

Máquinas 100 vezes menores que uma partícula de poeira transformam medicamentos em sistemas inteligentes — que consertam seu corpo por dentro

1. Na noite de 29 de dezembro de 1959, a Sociedade Americana de Física, ainda em clima natalino, se reuniu para assistir a Richard Feynman. O cientista estava prestes a ganhar seu Prêmio Nobel em eletrodinâmica quântica, mas preferiu provocar seus pares com um tema totalmente diferente. Feynman queria que sua plateia imaginasse o potencial de "engolir um médico". "Imaginem um cirurgião mecânico dentro de um vaso sanguíneo, indo até o coração e dando uma olhada nas redondezas", Feynman disse, numa época em que a palavra "nanotecnologia" nem existia. "Ele descobre uma válvula defeituosa, tira uma faquinha e remove o problema."

2. Quase seis décadas depois, a visão de Feynman está ganhando contornos reais, e num lugar inusitado: à beira do Mar Vermelho. Na Arábia Saudita, a pesquisadora Niveen Khashab se inspira no trabalho de outro vencedor do Nobel para criar nanorrobôs que diagnosticam e tratam as doenças que desafiam as técnicas convencionais.

3. *Sir* Fraser Stoddard venceu o Nobel em 2016, pela criação de nanomáquinas moleculares. Manipulando átomos, conseguiu criar os menores elevadores e alavancas do mundo. Stoddard foi orientador de Khashab. A pesquisadora, então, passou a estudar como as nanomáquinas poderiam ser úteis na medicina. Agora, seu laboratório, na Universidade Rei Abdullah de Ciência e Tecnologia (Kaust, na sigla em inglês), tenta desenvolver essa tecnologia para a criação de novos tratamentos. Em vez de sintetizar novos remédios, porém, seu foco é na entrega dessas substâncias.

Glossário

Inusitado: incomum, surpreendente.
Orientador: na pesquisa acadêmica, é o professor mais graduado que orienta o pesquisador novato.

É que a entrega de um medicamento é mais importante do que parece. Pense na quimioterapia, por exemplo. Ela é eficaz, mas ineficiente: mata células doentes, só que destrói as boas também. "A droga vai para todo canto: no estômago, traz náusea, no cabelo, traz queda. Muito pouco chega no tumor em si", explica a pesquisadora. Com a nanopartícula inteligente, é possível refinar a pontaria quimioterápica, sem alterar a droga em si. [...]

Nem só de remédio se faz um minidoutor. As nanomáquinas também realizam exames. Alguns robôs foram criados na Kaust com estruturas que lembram uma chave. Dentro do corpo, essa chave se encaixa a tipos específicos de enzima, revelando informações sobre o ambiente em que ela está. As máquinas também podem carregar material fluorescente. Dentro do organismo, ele se ilumina quando exposto à luz infravermelha, o que pode revelar o tamanho preciso de um tumor. [...]

Voltando ao sonho de Feynman, porém, fica faltando um elemento. O cientista queria mais que um comprimido inteligente. Ele propunha um pequeno cirurgião. Fechando essa lacuna, entretanto, as nanopartículas também podem ser projetadas com uma espécie de "faquinha" — capaz de atuar no cérebro contra o Alzheimer. [...]

Cirurgia, medicação, diagnóstico. Enfim: é difícil prever quais dessas aplicações terão o melhor potencial em testes com humanos. Para a nanoquimioterapia, Niveen Khashab é otimista. Sua previsão é que, entre sete e dez anos, seu sistema comece a ser usado em formulações médicas.

Mais do que oferecer soluções imediatas, porém, as nanomáquinas apontam uma tendência. Como disse Feynman em 1959: "Há muito espaço para a ciência lá embaixo [*na escala molecular*]". Hoje, esse espaço já conta com a elite da ciência, e promete para a medicina um futuro grandioso, ainda que cada vez mais diminuto.

LEONARDI, Ana Carolina. O médico engolível. *Superinteressante*. São Paulo: Abril, maio 2017, p. 48-53. (Fragmento).

A pesquisadora Niveen Khashab, em 2017.

1. Explique com suas palavras do que trata o texto.

2. O texto começa relatando uma cena ocorrida em 1959. Por que se optou por iniciar o artigo dessa forma? Escolha todas as opções cabíveis entre as apresentadas abaixo.
   a) Para revelar que tratamentos com nanorrobôs existem há muito tempo.
   b) Para atrair a atenção do leitor por meio de uma cena curiosa.
   c) Para mostrar que a ideia de usar a miniaturização na medicina é antiga.
   d) Para vincular as grandes descobertas da medicina a ganhadores do Nobel.

3. Releia: "[...] Feynman disse, numa época em que a palavra 'nanotecnologia' nem existia".
   a) Transcreva outras palavras iniciadas pelo prefixo *nano* utilizadas no texto.
   b) O texto não apresenta a definição de *nanotecnologia*. Indique o significado da palavra e levante uma hipótese para justificar por que a jornalista não achou necessário explicá-la.

4. Concentre-se no quarto parágrafo e responda: qual é a função da declaração da pesquisadora (transcrita entre aspas)?
   a) Demonstrar por que a quimioterapia é eficaz.
   b) Desaconselhar o tratamento quimioterápico.
   c) Detalhar as informações da frase anterior.
   d) Contradizer as informações da frase anterior.

5. Além da pesquisadora Niveen Khashab, quais outras fontes podem ter sido consultadas pela jornalista para compor esse texto? Dê no mínimo dois exemplos.

6. Observe as passagens a seguir.

   "Alguns robôs foram criados na Kaust com estruturas *que lembram uma chave*."

   "[...] as nanopartículas também podem ser projetadas *com uma espécie de 'faquinha'* — capaz de atuar no cérebro contra o Alzheimer."

   - Explique a importância dos trechos destacados para o desenvolvimento de um texto como esse. Para responder, leve em conta o que discutiu sobre divulgação científica no boxe "Para começar".

7. Releia a última frase do texto: "Hoje, esse espaço já conta com a elite da ciência, e promete para a medicina um futuro *grandioso*, ainda que cada vez mais *diminuto*".
   a) Indique qual é a relação de sentido entre os adjetivos destacados (eles têm o mesmo sentido, sentido oposto, um tem sentido mais genérico que o outro, etc.).
   b) Que efeito o emprego desses adjetivos na mesma frase provoca? Em sua opinião, esse efeito também está relacionado aos objetivos da divulgação científica? Por quê?

8. A leitura do artigo nos permite identificar algumas características do trabalho científico. Com base no texto, as descobertas da ciência parecem fruto de um momento de iluminação de um cientista genial, ou parecem uma lenta construção para a qual várias pessoas contribuem? Justifique sua resposta com passagens do texto.

Por dentro do gênero – Artigo de divulgação científica

A ciência é um trabalho colaborativo, construído pouco a pouco por pessoas como Richard Feynman, *Sir* Fraser Stoddard e Niveen Khashab. Para comunicar-se entre si, os pesquisadores utilizam gêneros próprios do discurso científico (artigos científicos, monografias, etc.), nos quais não é necessário "traduzir" o jargão, pois todos o compreendem.

> jargão: Vocabulário próprio de uma profissão ou de uma área.

Evidentemente, porém, a sociedade perderia muito se os conhecimentos científicos ficassem restritos a esse círculo, sem chegarem ao público em geral. Uma das esferas em que ocorre o compartilhamento dos saberes científicos é a *escolar*: ao assistir às aulas e ler os textos didáticos de ciências, você tem acesso a informações que ajudam a compreender os fenômenos estudados pela ciência. Outra esfera comunicativa que promove essa circulação é a da **divulgação científica**: em revistas, jornais, no rádio, na TV e na internet, existem espaços dedicados à apresentação de temas da ciência ao público leigo (pessoas que não são cientistas). Além de satisfazer a curiosidade e entreter, a divulgação científica contribui para a educação da sociedade como um todo, na medida em que ajuda pessoas comuns a compreender como funciona o mundo físico e natural.

Um dos gêneros que circulam nessa esfera é o **artigo de divulgação científica**. Ele é veiculado nas seções de ciência de jornais, revistas e *sites* jornalísticos, bem como em publicações especializadas, como as revistas de divulgação científica. O artigo pode ser produzido por cientistas ou por jornalistas especializados. Para levantar as informações necessárias, eles entrevistam especialistas e conduzem uma ampla pesquisa em artigos, livros científicos, enciclopédias, etc. Os leitores são, em geral, pessoas interessadas em ciência, mas, dentro desse universo, pode haver um direcionamento do artigo a públicos específicos — há, por exemplo, publicações voltadas a leitores mais jovens ou interessados em um assunto particular.

> **Artigo de divulgação científica** é um gênero discursivo que tem como objetivo apresentar temas da ciência para o público leigo, isto é, para pessoas que não são cientistas. Emprega diversos recursos visuais e linguísticos para despertar o interesse desse público e para tornar mais acessíveis os saberes científicos. É produzido por cientistas ou jornalistas e veiculado em publicações especializadas, como revistas ou *sites* de divulgação científica, ou então na seção de ciências de outras publicações.

Cientistas comunicadores

Nas últimas décadas, a divulgação científica tem se popularizado, e entre os responsáveis por isso estão certos cientistas com talento para a comunicação. O astrofísico Carl Sagan (1934-1996), por exemplo, foi o criador de uma série televisiva sobre astronomia que alcançou grande sucesso nos anos 1980: *Cosmos*. Em 2014, a série foi retomada por outro astrofísico, Neil deGrasse Tyson, ganhando o nome de *Cosmos: a spacetime odissey* (*Cosmos: uma odisseia do espaço-tempo*). No Brasil, o físico Marcelo Gleiser e a neurocientista Suzana Herculano-Houzel são alguns dos nomes de destaque nessa interface entre ciência e sociedade.

Neil deGrasse Tyson apresentando *Cosmos*.

O infográfico na divulgação científica

Pense e responda

Leia partes do infográfico que acompanha o artigo "O médico engolível". Depois, responda às perguntas.

LEONARDI, Ana Carolina. O médico engolível. *Superinteressante*. São Paulo: Abril, maio 2017, p. 51. (Fragmento).

1. O círculo preto e cinza na parte superior, o qual indica a composição dos nanorrobôs, é um gráfico. Comparando-o com o infográfico como um todo, explique a diferença entre um gráfico simples e um infográfico.

2. Explique a importância das cores laranja e preta na organização das informações no infográfico.

3. Veja outra forma possível de apresentar algumas informações do infográfico:

   Uma nanomáquina é cerca de 1.000 vezes menor que a espessura de um fio de cabelo, ou 1.750 vezes menor que a espessura de um traço feito a lápis, ou, ainda, 15 milhões de vezes menor que uma pulga.

   - Compare essa forma de apresentação com a do infográfico e responda: qual delas é mais eficiente para expor as informações? Por quê?

Como você observou, o **infográfico** é uma representação de informações que combina linguagem verbal e visual, valendo-se de linhas, cores, desenhos e às vezes até de gráficos simples. Os infográficos podem aparecer em vários gêneros discursivos (reportagens, verbetes enciclopédicos, textos didáticos) e são frequentes nos artigos de divulgação científica, já que permitem expor dados de forma acessível e visualmente atraente.

> **Infográfico** é um recurso que combina linguagem verbal e visual para expor informações. Tem destaque na esfera da divulgação científica, podendo fazer parte de um artigo de divulgação científica ou, às vezes, ser veiculado de forma autônoma.

O infográfico geralmente complementa um artigo de divulgação científica; porém, às vezes, ele é tão rico e detalhado a ponto de constituir sozinho toda ou quase toda a matéria, funcionando como um gênero discursivo autônomo. Veja um exemplo a seguir, em um infográfico que explica o fenômeno da aurora boreal.

Capítulo 14 • Artigo de divulgação científica   **193**

PERGUNTAS INESQUECÍVEIS EM VERSÃO TURBINADA

Como surge a aurora boreal?

dúvidas clássicas

Ela acontece quando ondas de plasma resultantes de tempestades solares viajam pelo espaço e interagem com o campo magnético e com a atmosfera da Terra. O fenômeno pode ocorrer de dia e de noite nos dois polos do planeta, embora seja mais facilmente avistado no norte entre agosto e abril. Quando ocorre por lá, o fenômeno ganha o nome de aurora boreal (no sul, é chamado de aurora austral). Quanto mais energia o Sol liberar, maior a chance de formação de tempestades solares. No entanto, a frequência com que elas ocorrem é imprevisível, e por isso é preciso de alguma sorte para testemunhar esse lindo espetáculo da natureza.

A VIAGEM DOS GASES SOLARES
Toda essa beleza tem início com a formação de grandes bolhas de gases no interior do Sol

DISTÂNCIA PERCORRIDA:
TEMPO:

MERCÚRIO (a 58 milhões de km do Sol)
6 HORAS

1 PODE VIR QUENTE
No interior do Sol, as temperaturas e as pressões são tão altas que os átomos de hidrogênio se fundem e formam gás hélio (H_2), uma reação que emite muita energia. Toda essa energia é liberada em forma de luz e calor, que empurram gás à superfície, formando enormes redemoinhos, chamados **células de convecção.** Dentro delas, o gás mais quente sobe, e o mais frio desce

2 BOLHAS MAGNÉTICAS
Esse gás eletrizado dentro do Sol é chamado de plasma, e seu movimento gera fortes correntes magnéticas. Em alguns lugares do Sol essas correntes são tão fortes que abrem caminho até a superfície, rompem as células de convecção e **"escapam" para o espaço** com o plasma. É o que chamamos de tempestade solar – uma espécie de pum cósmico

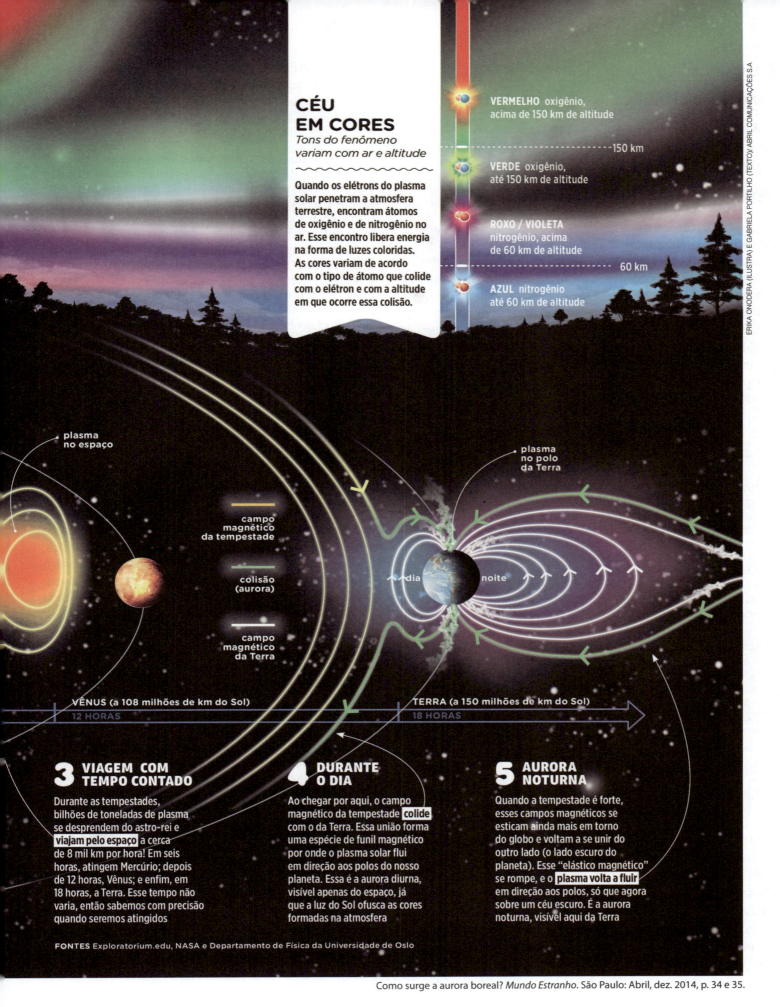

Como surge a aurora boreal? *Mundo Estranho*. São Paulo: Abril, dez. 2014, p. 34 e 35.

Estrutura e linguagem do artigo de divulgação científica

A estrutura do artigo de divulgação científica assemelha-se à de uma reportagem, com *abertura*, *desenvolvimento* e *conclusão*.

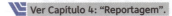 Ver Capítulo 4: "Reportagem".

Quando estudamos o gênero *reportagem*, vimos que muitas vezes são utilizadas técnicas literárias (narração de cenas, apresentação de personagens, etc.) em sua abertura, a fim de despertar o interesse do leitor. No artigo de divulgação científica, em que, além de atrair o leitor, é necessário aproximar o tema de seu cotidiano, essas técnicas são ainda mais comuns.

No artigo "O médico engolível", por exemplo, você viu que o texto se inicia com o relato de uma cena curiosa, ocorrida durante um congresso científico em 1959. Veja como o artigo a seguir utilizou uma comparação inusitada para tornar mais acessível certo assunto da botânica:

A GENIALIDADE DAS PLANTAS

Imagine que você está dando uma festa no seu apartamento. Já são duas da manhã e seus convidados não vão embora de jeito nenhum, mas você só quer descansar. O que você faz para não parecer grosseiro? Uma boa estratégia é aumentar o som da vitrola e puxar uma pista de dança no meio da sala, na esperança de que os vizinhos comecem a reclamar. Não dá outra: cinco minutos depois, toca o interfone e a síndica bate na porta ameaçando chamar a polícia. Constrangidos, seus amigos vão embora e você pode finalmente dormir [...].

Pois é exatamente a mesma coisa que fazem algumas espécies de milho e feijão para se proteger. Quando uma de suas plantações é atacada por taturanas, essas plantas liberam uma substância no ar que atrai vespas. As vespas se aproximam e as taturanas — que morrem de medo delas — se vão. Pronto, a plantação está salva. Tudo graças a um bom plano, e à genialidade discreta das plantas. [...]

AGUIAR, Lívia; HUECK, Karin. A genialidade das plantas. *Superinteressante*. São Paulo: Abril, mar. 2016, p. 47. (Fragmento).

O texto compara a estratégia de uma pessoa que, para acabar com uma festa, atrai "inimigos" (os vizinhos) à estratégia de certas espécies de milho e feijão que, para livrar-se das taturanas, atraem as vespas. Além de às vezes servirem para abrir o artigo de modo criativo, **comparações** como essa também são largamente usadas para facilitar a compreensão das informações. No artigo "O médico engolível", você notou que certas partes do nanorrobô eram comparadas a objetos que todos conhecemos, como uma chave ou uma "faquinha".

Outro recurso linguístico comum nos artigos de divulgação científica é a **personificação**, isto é, a atribuição de características humanas a seres inanimados. Veja um exemplo no trecho de artigo a seguir, em que as bactérias ganham personalidade:

Nós, humanos, convivemos com nossas irmãs, as bactérias, desde que fomos criados pela evolução. Elas são indispensáveis à nossa sobrevivência, participando de nossas atividades vitais, principalmente das funções digestivas. E nos nossos corpos elas são dez vezes mais numerosas que nossas próprias células.

Mas, nem toda irmã é boa bisca. Cordélia que o diga. Algumas bactérias são bem nocivas e uma das mais malvadas é a *Chlostridium difficile* (C. diff.). O nome já entrega. Ela é resistente a quase todos antibióticos conhecidos e, caso se prolifere dentro de suas tripas e não for contida, vai causar problemas graves ao seu sistema digestivo. [...]

EVANGELISTA, José. Prepare-se para engolir uma pílula de cocô. *O Povo*. Fortaleza, 25 fev. 2017. Disponível em: <http://mod.lk/nndvp>. Acesso em: 26 out. 2017. (Fragmento).

Glossário

Cordélia: Referência a Lady Cordélia, personagem da peça *Rei Lear*, de William Shakespeare. Nessa peça, Cordélia sofre com as tramas de Regan e Goneril, suas inescrupulosas irmãs.

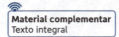 Material complementar — Texto integral

Nesse trecho também observamos outra característica notável da linguagem nos artigos de divulgação científica. Embora seja necessário manter a objetividade, com emprego da 3ª pessoa e apresentação de dados precisos e verificáveis, o gênero permite certo grau de informalidade: "nem toda irmã é *boa bisca*".

Para navegar

A tecnologia tem dado uma valiosa contribuição para a divulgação científica, por meio de aplicativos que permitem saber mais sobre astronomia, matemática, botânica, etc. Um dos mais utilizados é o *Carta Celeste*, que ajuda a conhecer os astros. Disponível para computadores e *smartphones*, esse aplicativo foi desenvolvido para fins educacionais e apresenta diferentes recursos tecnológicos, como realidade aumentada (fusão de imagens reais com imagens projetadas virtualmente), geolocalização (localização atual de cada estrela, planeta e lua visíveis a partir da Terra), animação em estilo documentário e geração de imagens tridimensionais.

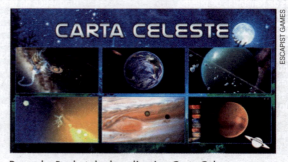

Reprodução de tela do aplicativo *Carta Celeste*.

Para ler e escrever melhor

Coesão sequencial II

Finalizando nosso estudo de coesão, vamos conhecer os elementos mais utilizados para estabelecer uma sequência lógica entre as ideias do texto: os **conectivos**. Essa categoria abrange principalmente conjunções, mas também preposições e advérbios, entre outros.

Os conectivos servem, por exemplo, para estabelecer *relações temporais* entre as frases. Observe:

"Stoddard foi orientador de Khashab. A pesquisadora, **então**, passou a estudar como as nanomáquinas poderiam ser úteis na medicina. **Agora**, seu laboratório, na Universidade Rei Abdullah de Ciência e Tecnologia (Kaust, na sigla em inglês), tenta desenvolver essa tecnologia para a criação de novos tratamentos."

> Os conectivos *então* e *agora* estabelecem uma **sequência cronológica** entre os fatos.

Outra aplicação muito importante dos conectivos é no estabelecimento de *relações lógicas* entre as ideias, contribuindo para o desenvolvimento do raciocínio no texto. Veja alguns exemplos:

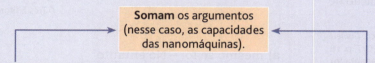

Somam os argumentos (nesse caso, as capacidades das nanomáquinas).

"**Nem só** de remédio se faz um minidoutor. As nanomáquinas **também** realizam exames."

Apresenta um item que **exemplifica** o argumento.

"É que a entrega de um medicamento é mais importante do que parece. Pense na quimioterapia, **por exemplo**. Ela é eficaz, **mas** ineficiente: mata células doentes, **só que** destrói as boas também."

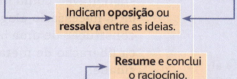

Indicam **oposição** ou **ressalva** entre as ideias.

Resume e conclui o raciocínio.

"Cirurgia, medicação, diagnóstico. **Enfim**: é difícil prever quais dessas aplicações terão o melhor potencial em testes com humanos."

Resumindo:

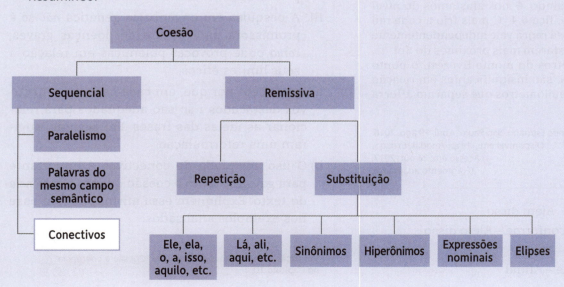

Capítulo 14 • Artigo de divulgação científica **197**

Para ler e escrever melhor

Na prática

Vamos colocar o emprego dos conectivos em prática? Faça a primeira atividade individualmente e a segunda em dupla.

1. Nos parágrafos a seguir, escolha os conectivos que preenchem melhor as lacunas, levando em conta as relações de sentido entre as ideias.

I.

Você já se perguntou o que acontece com as sobras de pele das pessoas que fizeram uma plástica? ◆ saiba que, em alguns lugares do mundo, elas são reaproveitadas em laboratório e suas células servem como base para criar tecidos novinhos em folha. Esses tecidos, ◆, são usados em testes de cosméticos e remédios — ◆, tornam desnecessária a utilização de animais nessas avaliações.

KIST, Cristine. A pele que fabrico. *Galileu*.
São Paulo: Globo, jan. 2017, p. 16.
(Fragmento adaptado).

a) Enfim – por sua vez – portanto
b) Pois – por sua vez – portanto
c) Pois – por outro lado – pois
d) Pois – por outro lado – afinal

II.

Por que será que a temperatura diminui com a altitude, apesar da menor distância do Sol? Isso ocorre porque o Sol aquece muito pouco o ar. Um grande percentual do calor emitido por nosso astro é absorvido pela parte sólida da Terra antes de ser repassado para a atmosfera. ◆ o ar é um mau condutor de calor, a temperatura vai caindo ◆ nos afastamos do nível do mar — em média, fica 6,4 °C mais frio a cada mil metros de subida. Essa regra vale independentemente de os lugares altos estarem mais próximos do Sol. ◆, mesmo os 8 850 metros do monte Everest, o ponto mais alto do planeta, são insignificantes em relação aos 150 milhões de quilômetros que separam a Terra do Sol.

Mundo Estranho. São Paulo: Abril, 19 ago. 2016.
Disponível em: <http://mod.lk/6xdxq>.
Acesso em: 26 out. 2017.
(Fragmento adaptado).

a) Como – quando – Além disso
b) À medida que – conforme – Além disso
c) Como – quando – Afinal
d) Como – conforme – Afinal

III.

O comportamento de um robô — ◆ altamente complexo, inteligente e autônomo — é determinado por seres humanos. ◆, assumindo que os robôs do futuro tendem a ser mais sofisticados (talvez até o ponto de aprender com experiências passadas e programar-se), a natureza de seus algoritmos — um conjunto de instruções precisas sobre como o robô deve operar — provavelmente se tornará um problema digno de atenção.

UNESCOPRESS. A ética dos robôs. *Planeta*.
São Paulo: Três, dez. 2016, p. 47.
(Fragmento adaptado).
© Três Editorial Ltda.

a) mesmo se for – No entanto
b) sobretudo se for – Entretanto
c) sobretudo se for – Portanto
d) por mais que seja – Portanto

2. Junte-se a um colega e leiam as frases abaixo.

I. A energia de origem hidráulica não é tão sustentável como muitos pensam. *Inclusive*, é necessário alagar grandes áreas para a construção de uma hidrelétrica, o que provoca liberação de metano e perda de biodiversidade.

II. Diversas teorias sobre a existência de universos paralelos foram propostas nos últimos anos, *até porque* não foi possível ainda comprovar definitivamente nenhuma delas.

III. A pesquisa em engenharia genética *não só* é promissora para a cura de doenças graves, *como* pode provocar polêmicas em relação a seus limites éticos.

a) Expliquem por que, em cada caso, os conectivos destacados não são adequados para relacionar as ideias das frases. Em seguida, sugiram uma reformulação.

b) O uso adequado de conectivos é importante para garantir tanto a coesão quanto a *coerência* do texto. Expliquem essa afirmação com base nos exemplos analisados.

Ver seção Para ler e escrever melhor: "Coesão e coerência", no Capítulo 10.

Produção autoral

Exposição sobre curiosidades da ciência

Contexto de produção

O quê: exposição com perguntas e respostas sobre ciência.
Para quê: pesquisar curiosidades científicas e divulgá-las aos colegas.
Para quem: colegas de turma; posteriormente, público em geral.
Onde: mural da sala de aula; posteriormente, *podcast* da turma.

Uma das seções mais populares nas revistas de divulgação científica é aquela em que os leitores podem enviar suas dúvidas. Nesta atividade, você e os colegas vão se reunir em grupos e fazer perguntas uns aos outros, para depois organizar, na sala, uma exposição sobre curiosidades da ciência. Sigam o passo a passo.

Primeiro passo: analisar um exemplo

- Leia um exemplo de curiosidade publicada na seção de perguntas e respostas das revistas de divulgação científica. Depois, discuta com seus colegas de grupo as questões propostas.

FESCINA, Daniela. Por que um inseto cai de grandes alturas e não morre? *Mundo Estranho*. São Paulo: Abril, fev. 2017, ed. 191, p. 51. (Fragmento adaptado).

pergunta Vinicius Drummond, Brasília, DF • **reportagem** Natália Rangel • **ilustra** Marcos de Lima **consultoria** Cláudio Furukawa, professor do Instituto de Física da USP.

a) Formulem hipóteses: por que a primeira frase do texto foi destacada com negrito?
b) Os cálculos das quedas do homem e do inseto não foram solicitados pelo leitor. Por que os jornalistas incluíram esses cálculos, bem como o infográfico que os representa?
c) O texto passou pela consultoria de um professor de Física. Quais outras fontes de informação podem ter sido utilizadas? Vocês consideram importante consultar um especialista para responder a uma pergunta como essa? Por quê?

Segundo passo: formular e sortear as perguntas

1. Agora que todos já observaram como funciona a seção de perguntas e respostas das publicações de divulgação científica, cada grupo vai propor seu questionamento. Vejam alguns exemplos de perguntas já respondidas por essa e outras revistas:

   > - O que é fibra ótica?
   > - Por que não sentimos a Terra girar?
   > - Por que as moedas são redondas?
   > - Como se forma um pântano?
   > - Como foram nomeados os continentes?
   > - Por que algumas raças de cães têm orelhas eretas e outras têm orelhas caídas?
   > - Como funciona um alto-falante?

2. Notem que as perguntas não podem ser amplas demais; não seria adequado, por exemplo, perguntar "Como a vida na Terra surgiu e evoluiu?", porque a resposta exigiria um texto muito extenso, fora do propósito da atividade. Por outro lado, a pergunta não pode ser específica demais (por exemplo, "Como prolongar a duração da bateria de celulares de cinco polegadas?"), senão terá um interesse muito restrito. Também devem ser evitadas perguntas que não comportem respostas científicas (por exemplo, "Qual é o melhor molho de tomate: com ou sem pedaços?").

3. Cada grupo deve escrever sua pergunta em um pedaço de papel e lê-la em voz alta para que os demais a aprovem, de acordo com os critérios explicados. Se a pergunta for aprovada, deve ser colocada em um envelope. No final, sorteia-se uma questão para cada grupo. Caso a pergunta caia para o grupo que a formulou, repete-se o sorteio.

Terceiro passo: buscar informações

1. Quando tiverem recebido a pergunta sorteada, definam dentro do grupo como vão buscar informações para respondê-la. Se forem pesquisar na internet, pensem nas palavras-chave mais adequadas.

2. Utilizem apenas fontes confiáveis, como *sites* de universidades ou de veículos de imprensa reconhecidos. Pesquisem em no mínimo duas fontes e anotem o endereço eletrônico de cada *site* consultado.

3. Troquem ideias: seria bom consultar um especialista? Nesse caso, quem seria essa pessoa?

Quarto passo: organizar as informações e redigir a resposta

1. Após a pesquisa, planejem a resposta. Em primeiro lugar, definam quais são as informações **principais** (aquelas que respondem diretamente à pergunta) e as **secundárias**. As principais devem aparecer no início do texto, como no exemplo visto, enquanto as secundárias podem aparecer ao longo do texto e/ou no infográfico.

2. É importante que o infográfico desperte o interesse do leitor e utilize elementos visuais (desenhos, linhas, cores) para ajudar a expor as informações. Revejam os exemplos apresentados neste capítulo e, se possível, pesquisem outros na internet.

3. Quando tiverem definido quais informações serão expostas no texto e quais vão para o infográfico, comecem a redação. Insiram a pergunta no alto da folha e, no final, as fontes consultadas. Lembrem que, para atender aos propósitos da atividade, a resposta como um todo deve ser curta e objetiva.

4. Quando apropriado, usem comparações e outros recursos para deixar as informações mais acessíveis. A linguagem pode ser um pouco informal, mas deve obedecer à norma-padrão.

5. Troquem a primeira versão do trabalho com outro grupo e peçam a eles que avaliem estes aspectos:

   > ✓ A pergunta foi respondida com clareza?
   > ✓ As informações estão distribuídas de forma coerente entre o texto principal da resposta e o infográfico?
   > ✓ O infográfico está informativo e visualmente atraente?
   > ✓ As fontes consultadas foram adequadamente indicadas?
   > ✓ O texto está claro e coerente, com uso adequado dos conectivos e outros mecanismos coesivos?
   > ✓ Há problemas de pontuação, ortografia ou concordância?

Quinto passo: organizar a exposição na sala

1. A partir das considerações do outro grupo, corrijam o que for necessário e passem o trabalho a limpo em uma cartolina ou papel-cartão grande.

2. Exponham as perguntas e respostas na sala de aula para que todos os grupos possam lê-las.

3. Guardem os materiais produzidos, pois vocês poderão aproveitá-los no projeto de *podcast* que será apresentado ao final do Capítulo 21.

Confira questões do Enem e de vestibulares e propostas de redação no **Vereda Digital Aprova Enem** e no **Vereda Digital Suplemento de revisão e vestibulares**, disponíveis no livro digital.

CAPÍTULO 15
RESUMO

Para começar

Converse com o professor e os colegas sobre as questões a seguir.

1. Em seu cotidiano escolar, você costuma preparar resumos? Em caso positivo, você geralmente faz isso porque o professor solicita, ou por decisão própria, como ferramenta de estudo?
2. Além da esfera escolar, em quais contextos as pessoas resumem informações e histórias?
3. Resumos podem utilizar tanto a linguagem verbal como a visual. Você conhece resumos que empregam desenhos, traços, setas, etc.? Você costuma utilizá-los? Se sim, conte como isso ocorre.

OBJETIVOS DE APRENDIZAGEM
- Identificar as características do gênero *resumo*.
- Reconhecer alguns procedimentos para a construção de resumos.
- Entender como se produz um texto com base em outros (retextualização).

Primeiro olhar

Você encontrará a seguir três textos. Observe com atenção a referência bibliográfica de cada um, isto é, a fonte de onde ele foi extraído. Depois, leia-os e responda às perguntas.

Texto 1

educação > literatura > resumos de livros > i – juca pirama

I-Juca Pirama

autor: Gonçalves Dias
movimento: Romantismo - Primeira Geração

RESUMO

1. O poema *I-Juca Pirama* possui 484 versos divididos em 10 cantos. O título do poema é tirado da língua tupi e significa "aquele que vai ser morto". O poema descreve o drama vivido por um índio tupi, sobrevivente de sua tribo, que é capturado pelos timbiras e deve ser morto em um ritual. Porém, deve antes relatar suas façanhas, para provar que é digno de ser sacrificado.

2. O tupi revela que deixou sozinho o pai velho e cego, pedindo para ser libertado a fim de cuidar dele, que não deve tardar a morrer. Promete voltar a ser prisioneiro depois que o pai morrer. O cacique timbira consente em libertá-lo, mas sem a promessa de voltar por não querer "com carne vil enfraquecer os fortes".

3. Liberto, o guerreiro tupi volta ao local onde deixara o pai. Pelo cheiro das tintas no corpo do filho, o pai percebe que ele fora preso e libertado, o que contraria a ética indígena. Com indignação, o pai exige que voltem ambos à tribo dos timbiras.

4. Chegando lá, o filho é amaldiçoado pelo pai, pois teria chorado em presença dos inimigos, desonrando os tupis. Para provar sua coragem, o filho se lança em combate contra toda a tribo timbira. O barulho da disputa faz o pai perceber que o filho lutava bravamente. O chefe timbira, então, pede-lhe que pare, pois já tinha provado seu valor. Pai e filho se abraçam, reconciliados, pois a honra tupi fora restaurada. A história é contada por um velho índio timbira, como uma recordação.

Globo Educação. I-Juca Pirama: resumo. Disponível em: <http://mod.lk/migvl>. Acesso em: 16 nov. 2017.

Texto 2

As Duas Irenes

Diretor: Fabio Meira
Elenco: Isabela Torres, Priscila Bittencourt, Marco Ricca
País de origem: Brasil
Ano de produção: 2017
Classificação: 14 anos

Irene, 13 anos, descobre que o pai tem uma segunda família e outra filha de sua mesma idade, também chamada Irene. Sem que ninguém saiba, ela se arrisca para conhecer a menina e acaba descobrindo uma Irene completamente diferente dela.

Guia da Semana. As duas Irenes. Disponível em: <http://mod.lk/bvbpa>. Acesso em: 16 nov. 2017.

Cartaz do filme *As duas Irenes*.

Texto 3

RESUMO Usain Bolt é um caso raro de esportista fora da curva genética, de atleta que supera os demais, inclusive os que usam *doping*, e leva os recordes além do que parecia possível. Ainda assim, não chegamos perto do limite, e a engenharia genética pode fazer com que os futuros Bolts dependam menos do acaso.

HSU, Stephen. Atletas de elite genética: à espera de novos Bolts. *Folha de S.Paulo*. São Paulo, 27 ago. 2017. Ilustríssima, p. 8. (Fragmento). © Folhapress.

1. Identifique o que cada texto resume.
2. Descreva o público-alvo e o objetivo de cada um dos três resumos apresentados.
3. Os textos 1 e 2 são predominantemente narrativos, isto é, contam uma história. Em qual deles a história é contada até o fim e em qual não é? Relacione essa diferença ao objetivo do texto.
4. O texto 3 não resume uma história, e sim um texto expositivo. Nesse caso, quais informações foram destacadas?
5. Concentre-se agora no texto 1.
    a) O primeiro parágrafo não é propriamente narrativo. Qual é o objetivo desse parágrafo?
    b) Releia: "A história é contada por um velho índio timbira, como uma recordação". Também seria possível inserir essa informação no início do resumo, pois ela diz respeito ao poema como um todo. Formule uma hipótese para explicar por que ela foi colocada no final.
    c) Releia este outro trecho: "O cacique timbira consente em libertá-lo, mas sem a promessa de voltar por não querer 'com carne vil enfraquecer os fortes'". Por que o autor do resumo teria optado por transcrever entre aspas a expressão, em vez de usar suas próprias palavras?
6. Indique qual é a relação dos resumos lidos com os textos ou produções que lhes deram origem. Você pode apontar mais de uma opção para cada caso.

    O resumo...
    a) complementa a leitura do texto original.
    b) substitui a leitura na íntegra do texto original.
    c) proporciona um primeiro contato com o objeto do resumo.
    d) pretende despertar o interesse do leitor pelo objeto do resumo.

Por dentro do gênero – Resumo

Como você observou nas atividades iniciais, o **resumo** circula em diferentes esferas comunicativas e pode ter diversas finalidades. Resumos da *esfera escolar*, como o representado pelo texto 1, cumprem várias funções. Por exemplo: podem ser apresentados em um *site* educacional (como no exemplo visto) ou livro didático para ajudar o aluno em seus estudos; podem ser feitos pelo próprio estudante, para organizar e fixar os conteúdos; ou, ainda, podem ser solicitados pelo professor, com o propósito de avaliar se o aluno compreendeu determinado texto.

Outro contexto em que resumos são largamente utilizados é o mundo da cultura e do entretenimento. Você viu um exemplo disso no texto 2, que apresentava um filme em cartaz. Resumos desse tipo — muitas vezes chamados de **sinopses** — têm como objetivo dar apenas uma ideia do enredo, para que o leitor decida se deseja conhecer melhor a obra em questão. Eles aparecem em guias de programação cultural, *sites* de livrarias ou de exibição de filmes, na contracapa de livros; enfim, sempre que for necessário apresentar ao interlocutor determinada produção cultural.

No texto 3, você leu um resumo que vem se tornando comum na esfera jornalística, uma vez que vivemos uma era de excesso de informações, na qual as pessoas precisam selecionar o que vão ler. Nesse caso, o resumo é colocado antes de um artigo, uma reportagem ou entrevista para que o leitor decida se a leitura na íntegra lhe interessa. Também há seções de jornais ou de *sites* jornalísticos que apresentam apenas os resumos das notícias do dia.

Independentemente do contexto em que aparecem e de sua finalidade, os resumos apresentam algumas características em comum. Em primeiro lugar, eles trazem indicações claras de que se trata de um resumo e de qual é o **texto-base** (o texto que lhes deu origem), com a identificação de seu título, autor, etc. Além disso, o resumo se limita a apresentar as ideias principais do texto-base, sem expressar avaliações críticas ou comentários pessoais sobre ele. Outra característica importante desse gênero discursivo é que ele deve formar uma unidade de sentido autônoma, compreensível por si mesma.

Os resumos apresentados na seção "Primeiro olhar" eram **lineares**, ou seja, organizados em linhas e parágrafos sequenciais. Mas também existem resumos **multimodais**, compostos por linguagem verbal e não verbal, dos quais falaremos mais adiante.

> **Resumo** é um gênero discursivo que busca sintetizar um ou mais **textos-base**. Muitas vezes, seu objetivo é proporcionar um primeiro contato com o texto-base, para que o leitor decida se quer conhecê-lo melhor. Em outras situações, sobretudo no contexto escolar, o resumo tem a função de organizar e fixar conteúdos.

Para ler

90 clássicos para apressadinhos, de Henrik Lange.
Tradução de Ota.
Rio de Janeiro: Galera Record, 2010.

Esse livro do ilustrador sueco Henrik Lange apresenta noventa clássicos da literatura mundial em uma versão divertida e ultracondensada: cada livro é contado em apenas quatro quadrinhos. Além de resumir a história, o autor faz comentários críticos e bem-humorados sobre a obra.

No exemplo ao lado, a série escrita por Douglas Adams — uma "trilogia de cinco partes" que se tornou um clássico da ficção científica cômica — é resumida em uma única página.

O guia do mochileiro das galáxias, escrito por Douglas Adams, recontado pelos quadrinhos de Henrik Lage.

Procedimentos para a construção do resumo

Pense e responda

Leia um trecho do perfil biográfico da pintora Tarsila do Amaral (1886-1973). Depois, responda às perguntas.

> [...]
> Filha de fazendeiro rico, no auge da aristocracia rural paulista, Tarsila, seguindo os costumes da época, recebeu uma educação reservada à classe alta — professores em casa, na infância, passada no meio rural, depois em escolas de freiras na Espanha, onde recebeu como parte da educação feminina aulas de música e de desenho.
>
> Por ter revelado, desde menina, talento e aptidão para o desenho, decide, após o término de seu primeiro e breve casamento, ir para São Paulo, no ano de 1917, estudar pintura com o acadêmico Pedro Alexandrino e com o alemão Georg F. Elpons. Com o objetivo de dar continuidade a sua formação, vai para Paris estudar na Academia Julian, em 1921 e 1922.
> [...]
>
> PELEGRINI, Ana Claudia S.; PECCININI, Daisy. Tarsila do Amaral. *Museu de Arte Contemporânea da Universidade de São Paulo*. Disponível em: <http://mod.lk/utfc4>. Acesso em: 16 nov. 2017. (Fragmento).

AMARAL, Tarsila do. *Autorretrato*. 1923. Óleo sobre tela, 73 x 60,5 cm. Museu de Belas Artes, Rio de Janeiro, RJ

1. Observe as informações expostas nesse trecho do perfil:

   1. Filha de fazendeiro rico
   2. no auge da aristocracia rural paulista
   3. seguindo os costumes da época
   4. Tarsila recebeu uma educação reservada à classe alta
   5. professores em casa, na infância
   6. passada no meio rural
   7. depois em escolas de freiras na Espanha
   8. onde recebeu aulas de música e de desenho
   9. como parte da educação feminina
   10. Por ter revelado, desde menina, talento e aptidão para o desenho
   11. Tarsila decide ir para São Paulo estudar pintura
   12. com o acadêmico Pedro Alexandrino e com o alemão Georg F. Elpons
   13. no ano de 1917
   14. após o término de seu primeiro e breve casamento
   15. Com o objetivo de dar continuidade a sua formação
   16. Tarsila vai para Paris estudar na Academia Julian
   17. em 1921 e 1922

   a) Organize essas informações em três grupos:
      I. fatos da vida de Tarsila;
      II. datas dos fatos;
      III. causas, consequências e circunstâncias dos fatos.
   b) Imagine que alguém pretendesse produzir um perfil biográfico resumido de Tarsila do Amaral com base nesse texto. Considerando o que você sabe sobre o gênero *perfil biográfico*, indique em qual ou quais dos grupos estão as informações que poderiam ser eliminadas. Justifique sua resposta.

   Ver Capítulo 10: "Biografia e perfil biográfico".

2. Leia uma possível versão resumida do perfil biográfico.

   Filha de fazendeiro rico, Tarsila recebeu uma educação de elite, primeiro em casa, depois na Espanha, onde teve aulas de música e de desenho. Em 1917, após o término de seu primeiro casamento, vai a São Paulo estudar pintura com o acadêmico Pedro Alexandrino e com o alemão Georg F. Elpons. Em 1921 e 1922, dá continuidade à sua formação em Paris, na Academia Julian.

   a) Quais das informações numeradas acima foram *totalmente* eliminadas nesse resumo? Elas pertencem ao(s) grupo(s) que você indicou no item **b** da questão anterior?
   b) Concentre-se agora nas informações que foram mantidas, mas sofreram pequenas supressões ou alterações. Dê três exemplos das mudanças feitas.
   c) Explique quais foram os principais critérios para executar essas mudanças.

   Para navegar

   Voltado a estudantes do Ensino Médio e vestibulandos, o portal do *Guia do estudante* traz notícias sobre atualidades, informações a respeito de bolsas de estudo, vestibulares e orientação profissional, além de simulados e resumos de disciplinas do Ensino Médio. O portal inclui *blogs* com conteúdos específicos: *Melhores faculdades, Redação para Enem e vestibular, Estante* (resumos de obras literárias), *Dúvidas de Português, Por dentro das profissões, Dicas de estudo, Vida universitária*. Acesse: <https://guiadoestudante.abril.com.br/>

O primeiro passo para a construção de qualquer resumo é identificar as **informações principais** e as **informações secundárias** do texto-base. Como você observou ao fazer as atividades, essa identificação depende da intenção comunicativa do texto. Em um perfil biográfico, os fatos da vida da pessoa e as datas em que eles ocorreram são informações essenciais, que não podem ser suprimidas. Já as circunstâncias e detalhes de cada fato têm importância secundária e, eventualmente, podem ser eliminados ou condensados.

Vamos acompanhar mais um exemplo dessa identificação, desta vez em um texto argumentativo. Nesse caso, as informações mais importantes não serão fatos, e sim ideias. Observe:

Informações principais, que concentram as ideias do texto.

O desafio da escolha profissional

As escolhas profissionais são comuns durante toda a vida das pessoas, não um problema exclusivo dos jovens, porém, é na adolescência que esse desafio surge pela primeira vez. Essa escolha se apresenta de forma decisiva para a vida dos adolescentes e é vista como uma necessidade pela família, pela sociedade e pelo próprio jovem [...]. Com o término do Ensino Médio, intensifica-se a busca por uma carreira, pois é o momento de ingressar na faculdade e/ou no mercado de trabalho, o que gera a necessidade de escolher um curso superior ou uma profissão.

JUSTO, Ana Paula. O desafio da escolha profissional. In: LIPP, Marilda E. N. (Org.). *O adolescente e seus dilemas*: orientação para pais e educadores. Campinas: Papirus, 2014. p. 235. (Fragmento).

Informações secundárias, que podem ser eliminadas.

Com base nas ideias principais destacadas acima, um resumo desse parágrafo poderia ser redigido da seguinte forma:

> *As escolhas profissionais são comuns durante toda a vida, porém, é na adolescência que elas surgem pela primeira vez e de forma mais decisiva, sendo vistas como uma obrigação. Afinal, com o término do Ensino Médio, surge a necessidade de ingressar na faculdade e/ou no mercado de trabalho.*

Observe que, tanto no resumo proposto para o perfil biográfico de Tarsila do Amaral quanto no parágrafo acima, o processo de sintetização não se limitou a eliminar informações do texto-base. Também houve troca de palavras e reorganização de frases, entre outras operações. De fato, a *supressão* é apenas um dos procedimentos utilizados na construção de resumos; além dela, podemos recorrer à *síntese*, à *generalização* e à *reconstrução*. Vamos conhecer esses métodos com mais detalhes a seguir.

Supressão

A **supressão** de informações secundárias do texto-base é o procedimento mais simples na produção do resumo. Reveja alguns exemplos:

"Filha de fazendeiro rico, ~~no auge da aristocracia rural paulista~~, Tarsila, ~~seguindo os costumes da época~~, recebeu uma educação reservada à classe alta [...]"

"As escolhas profissionais são comuns durante toda a vida ~~das pessoas, não um problema exclusivo dos jovens~~, porém, é na adolescência que esse desafio surge pela primeira vez."

É preciso tomar cuidado, contudo, para não suprimir palavras, expressões ou frases que sejam necessárias à compreensão do raciocínio. Por exemplo, no parágrafo sobre escolha profissional, seria inadequado eliminar a referência à conclusão do Ensino Médio ("Com o término do Ensino Médio"), porque é nesse momento, e não na adolescência como um todo, que surge a necessidade de escolher uma profissão ou um curso superior.

Síntese

A **síntese** consiste na combinação de informações oriundas de frases ou partes diferentes do texto-base. Por exemplo:

"As escolhas profissionais são comuns durante toda a vida das pessoas, não um problema exclusivo dos jovens, porém, é na adolescência que esse desafio surge pela primeira vez. Essa escolha se apresenta de forma decisiva para a vida dos adolescentes e é vista como uma necessidade pela família, pela sociedade e pelo próprio jovem."

→ As escolhas profissionais são comuns durante toda a vida, porém, é na adolescência que elas surgem pela primeira vez e de forma mais decisiva, sendo vistas como uma obrigação.

Generalização

Se o texto-base menciona vários elementos pertencentes à mesma categoria, podemos substituí-los pelo nome dessa categoria, ou seja, por um *hiperônimo*. A esse procedimento damos o nome de **generalização**. Veja alguns exemplos:

> Ver seção Para ler e escrever melhor: "Coesão remissiva I", no Capítulo 11.

A pintora Anita Malfatti apresentou Tarsila a Mário de Andrade, Oswald de Andrade e Menotti del Picchia.
→ A pintora Anita Malfatti apresentou Tarsila a alguns modernistas.

O museu vai exibir painéis, aquarelas e naturezas-mortas da artista.
→ O museu vai exibir obras da artista.

Reconstrução

Por fim, um último procedimento seguido na produção de um resumo é a **reconstrução**. Nesse caso, várias informações são substituídas por uma única informação, que *não* aparece explicitamente no texto-base. Essa operação é bastante utilizada na sinopse de livros, filmes e textos narrativos em geral. Veja, por exemplo, como ela foi empregada para sintetizar os versos do poema *I-Juca Pirama*:

> Meu pai a meu lado
> Já cego e quebrado,
> De penas ralado,
> Firmava-se em mi:
> [...]
>
> Eu era o seu guia
> Na noite sombria,
> A só alegria
> Que Deus lhe deixou:
> [...]
>
> [...]
> Enquanto descreve
> O giro tão breve
> Da vida que teve,
> Deixai-me viver!
>
> Não vil, não ignavo,
> Mas forte, mas bravo,
> Serei vosso escravo:
> Aqui virei ter.
> [...]
>
> DIAS, Gonçalves. I-Juca Pirama. *Domínio Público*.
> Disponível em: <http://mod.lk/iy3dp>.
> Acesso em: 16 nov. 2017. (Fragmento).

→ "O tupi revela que deixou sozinho o pai velho e cego, pedindo que seja libertado a fim de cuidar dele, que não deve tardar a morrer. Promete voltar a ser prisioneiro depois que o pai morrer."

Resumos esquemáticos e mapas conceituais

Além dos resumos lineares, compostos apenas pela linguagem verbal, são muito comuns os **resumos multimodais**, que aliam palavras à linguagem visual.

O representante mais básico dessa categoria é o **resumo esquemático**, no qual as informações são apresentadas em ordem hierárquica, das principais para as secundárias. Neste livro mesmo, utilizamos vários resumos esquemáticos. Veja um exemplo de como ele se organiza:

Nos últimos anos, tem se popularizado uma forma mais sofisticada de resumo multimodal. São os **mapas conceituais**, que permitem estabelecer diversos tipos de relação entre as informações. Observe, por exemplo, como o conteúdo deste capítulo poderia ser resumido em um mapa conceitual:

Como se percebe, nesse tipo de mapa o tema fica no centro e os tópicos a ele relacionados são organizados ao redor. O principal atrativo do mapa conceitual é que ele combina a versatilidade da linguagem verbal ao efeito didático da linguagem visual. No exemplo, os verbos e substantivos formam expressões ou mesmo frases inteiras: *Resumos permitem ter primeiro contato com texto-base / organizar e fixar informações*. Além disso, o mapa pode utilizar cores, setas e formas geométricas variadas para expor as informações de modo didático e detalhado.

> **Resumo esquemático** é um diagrama que sintetiza informações em ordem hierárquica, das principais para as secundárias.
>
> **Mapa conceitual** é um resumo multimodal mais sofisticado, que permite o estabelecimento de relações de sentido complexas entre as ideias. Para tanto, ele utiliza frases ou expressões inteiras combinadas a formas geométricas, setas, desenhos, cores e outros recursos da linguagem visual.

Para ler

Resumo, de Anna Rachel Machado (coord.), Eliane Lousada e Lília S. Abreu-Tardelli (São Paulo: Parábola, 2004).

Com linguagem acessível e muitos exemplos práticos, esse livro traz um passo a passo detalhado sobre como produzir resumos na esfera escolar.

208 Produção de texto: interpretação e ação

Para ler e escrever melhor

Retextualização

Existem várias situações em que nos baseamos em um ou mais textos para produzir um novo texto. A esse processo, damos o nome de **retextualização**.

A produção de um resumo é uma retextualização; afinal, utilizamos o texto-base como ponto de partida para construir o resumo. Nesta seção, vamos examinar um tipo de retextualização um pouco mais desafiador, mas também muito comum em seu dia a dia: aquele que ocorre quando você precisa produzir um novo texto coletando e resumindo informações de diferentes textos-base. Imagine, por exemplo, que você precise preparar um trabalho para a disciplina de Geografia ou História, ou mesmo um trabalho de conclusão de curso. Você vai precisar consultar vários outros textos e, apoiado neles, produzir o seu próprio. Como combinar de forma harmônica essas informações vindas de fontes diferentes?

Para começar a responder a essa pergunta, vamos analisar um exemplo. No parágrafo a seguir, extraído de um artigo sobre violência nas escolas, observe como o autor combina informações extraídas de duas fontes distintas:

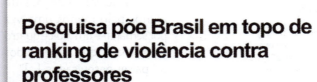

28/08/2014 08h30 - Atualizado em 28/08/2014 08h34

BBC BRASIL

Pesquisa põe Brasil em topo de ranking de violência contra professores

Enquete da OCDE revela que 12,5% dos professores ouvidos no Brasil disseram ser vítimas de agressões verbais ou intimidação de alunos pelo menos uma vez por semana.

[...]

O Brasil lidera o *ranking* mundial de violência escolar. Segundo a Organização para Cooperação e Desenvolvimento Econômico (OCDE), utilizando dados de 2013, 12,5% dos professores disseram ter sido vítima de agressões verbais ou intimidações de alunos pelo menos uma vez por semana — um índice quatro vezes maior que a média dos 34 países pesquisados. Outro estudo, divulgado pelo portal QEdu — ligado à Fundação Lemann — indica que 55% dos diretores de escolas públicas já presenciaram agressões físicas ou verbais de alunos contra funcionários e professores. E entre os próprios estudantes a violência é ainda maior: 76% dos diretores relataram ter havido agressão verbal ou física entre alunos dentro do ambiente escolar.

[...]

RUFFATO, Luiz. Falta de educação. *El País Brasil*, 30 ago. 2017. Disponível em: <http://mod.lk/pdlrq>. Acesso em: 16 nov. 2017. (Fragmento).

Capítulo 15 • Resumo 209

Para ler e escrever melhor

Um primeiro aspecto que nos chama a atenção é a preocupação do autor em *identificar* claramente as *fontes consultadas*:

"Segundo a *Organização para Cooperação e Desenvolvimento Econômico (OCDE)* [...]".

"Outro estudo, divulgado pelo portal *QEdu — ligado à Fundação Lemann* [...]".

Um segundo cuidado foi o de estabelecer *nexos lógicos* entre as informações:

"*Segundo a* Organização para Cooperação e Desenvolvimento Econômico (OCDE) [...], 12% dos professores disseram ter sido. *Outro estudo* [...] indica [...]. *E entre os próprios estudantes a violência é ainda maior* [...]".

Por fim, uma medida também importante na retextualização é, em vez de copiar as informações encontradas, submetê-las a uma **paráfrase**, isto é, reescrevê-las com outras palavras. Veja um exemplo de como pode ser feita essa reformulação:

Na enquete da Organização para a Cooperação e Desenvolvimento Econômico (OCDE), 12,5% dos professores ouvidos no Brasil disseram ser vítimas de agressões verbais ou de intimidação de alunos pelo menos uma vez por semana.

Trata-se do índice mais alto entre os 34 países pesquisados — a média entre eles é de 3,4%. [...]

G1. Pesquisa põe Brasil em topo de ranking de violência... 28 ago. 2014. Disponível em: <http://mod.lk/ubfsy>. Acesso em: 16 nov. 2017. (Fragmento).

→ "Segundo a Organização para Cooperação e Desenvolvimento Econômico (OCDE), [...] 12,5% dos professores disseram ter sido vítima de agressões verbais ou intimidações de alunos pelo menos uma vez por semana — um índice quatro vezes maior que a média dos 34 países pesquisados. [...]"

Observe, porém, que certas palavras não podem ser alteradas. Não seria adequado, por exemplo, trocar *agressões verbais* e *intimidação* por *xingamentos e ameaças*, pois as primeiras expressões foram as utilizadas no estudo da OCDE; substituí-las durante a retextualização implicaria uma distorção das informações.

Na prática

Junte-se a um colega para uma atividade de retextualização.

1. Imaginem que vocês vão escrever uma postagem para o *blog* da turma ou da escola a fim de alertar os colegas sobre eventuais perigos da internet. Leiam uma sugestão de como poderia começar a postagem:

Perigos na rede

O acesso de crianças e adolescentes brasileiros à internet é cada vez maior, em todas as regiões e em todas as classes sociais. Embora essa seja uma ferramenta indispensável em nosso cotidiano, capaz de nos proporcionar informação e lazer, devemos estar atentos aos riscos que ela pode trazer.

Um desses riscos...

---

2. Agora, para dar continuidade ao *post* e desenvolvê-lo com argumentos convincentes, vocês vão utilizar informações extraídas dos três textos-base a seguir. Leiam-nos com atenção, tomando nota das ideias principais de cada um.

Texto-base 1

Adolescentes postam sem pensar e se arrependem

Pesquisa mostra que quase um terço volta atrás no que publica nas redes sociais

Rio – Em meio ao turbilhão de emoções na vida de um adolescente, o arrependimento tem ganhado lugar de destaque na relação dos jovens com as redes sociais. Pesquisa da empresa de tecnologia AVG revelou que quase um terço (28%) dos adolescentes entre 11 e 16 anos já voltou atrás em relação à publicação em páginas da internet. A sondagem ouviu quatro mil pessoas em nove países, inclusive o Brasil.

Segundo a psicóloga Aline Restano, do Grupo de Estudos sobre Adicção Tecnológica, a principal causa para os níveis de arrependimento é a facilidade de se publicar conteúdo nas redes sociais. "O adolescente, naturalmente, age antes de pensar. E na internet esse comportamento impulsivo é facilitado. Basta um clique para que um jovem puxe uma briga ou faça um desabafo. Depois, quando ele reflete sobre a postagem, surge o arrependimento", afirma ela.

[...]

O Dia. Rio de Janeiro, 16 nov. 2014. Disponível em: <http://mod.lk/disi6>. Acesso em: 16 nov. 2017. (Fragmento).

Glossário

Adicção tecnológica: uso excessivo e descontrolado de recursos tecnológicos, com prejuízo significativo para a vida familiar, social, escolar, etc.

Texto-base 2

Pais ignoram o que os filhos fazem na internet

Estudo mostra que só cerca de um terço das famílias se preocupa com os riscos da rede

A maioria dos pais não deixaria seus filhos atravessarem a rua sozinhos ou conversarem com estranhos sem supervisão. Mas, surpreendentemente, quase um quarto deles deixa as crianças e os adolescentes navegarem na internet desacompanhados, e apenas um terço se preocupa com os riscos que os filhos correm no mundo virtual. Os dados são da Pesquisa de Riscos de Segurança para o Consumidor de 2016, da empresa de segurança cibernética Kaspersky Lab, realizada com mais de 12 mil pessoas.

[...] De acordo com o analista de segurança da Kaspersky Lab, Thiago Marques, na maioria das vezes, os pais nem sequer têm o cuidado de saber o que os filhos estão fazendo no mundo digital, com quem estão conversando e que tipo de atividade estão realizando. "O próprio caso do 'jogo da Baleia Azul', no qual as pessoas buscavam as crianças e os adolescentes justamente nas redes sociais, é um exemplo de perigo", lembra.

Outras situações de alto risco para a saúde também se tornaram uma prática popular entre os adolescentes depois de ganharem espaço nas redes sociais, como os desafios de comer canela, espirrar desodorante na boca e a "brincadeira (ou jogo) do desmaio", que consiste em provocar a perda da consciência com a ajuda de outros colegas. [...]

MATTOS, Litza. *O Tempo*. Belo Horizonte, 20 ago. 2017. Disponível em: <http://mod.lk/ggzcm>. Acesso em: 16 nov. 2017. (Fragmento).

Texto-base 3

Pesquisa da Intel revela dados sobre *cyberbullying* no Brasil

O *bullying* é uma prática que, infelizmente, acontece com bastante frequência nas escolas. E as agressões, tanto físicas quanto verbais, são bastante preocupantes. Atualmente, essa manifestação de ódio está se tornando cada vez mais comum devido ao constante uso da internet. Com base nisso, a Intel Security desenvolveu uma pesquisa que mostra como crianças e adolescentes lidam com esse problema.

O estudo foi realizado no Brasil com 507 crianças e adolescentes de idades entre 8 e 16 anos, e mostra que a maioria (66%) já presenciou casos de agressões nas mídias sociais. Cerca de 21% afirmaram que já sofreram *cyberbullying* e grande parte das vítimas tem entre 13 e 16 anos. [...]

Canal Tech, 28 jul. 2015. Disponível em: <http://mod.lk/gqdiu>. Acesso em: 16 nov. 2017. (Fragmento).

3. Agora discutam: como as ideias desses textos podem servir à argumentação de vocês? Qual é a relação lógica entre elas? Em qual sequência elas devem ser mencionadas?

4. Após essa reflexão, desenvolvam o resto da postagem, utilizando a retextualização. Não se esqueçam de:
   - citar as fontes de onde extraíram os dados;
   - estabelecer nexos lógicos entre as informações;
   - em vez de copiar os textos-base, parafraseá-los.

5. Escrevam um parágrafo para finalizar a postagem de vocês. É possível, por exemplo, encerrar o texto com um conselho para que os colegas desfrutem os benefícios da internet sem correr riscos desnecessários.

6. Quando terminarem o texto, troquem-no com outra dupla. Discutam: eles fizeram as mesmas operações de retextualização que vocês? Quais foram as estratégias mais eficientes?

Produção autoral

Resumo

Contexto de produção

O quê: resumo de um texto didático de qualquer disciplina, à sua escolha.
Para quê: compreendê-lo melhor.
Para quem: a princípio, você mesmo; posteriormente, colegas de classe.
Onde: a princípio, folha avulsa; posteriormente, banco digital de resumos.

A carga de estudos no Ensino Médio é alta, por isso é útil desenvolver métodos e técnicas para aprender com mais eficiência. Um desses métodos, como vimos ao longo deste capítulo, é resumir os textos didáticos lidos, e é isso que você fará individualmente nesta produção autoral.

Primeiro passo: selecionar e ler o texto-base

1. Escolha um texto didático de qualquer disciplina com o qual você tenha tido dificuldades.

2. Leia-o no mínimo duas vezes. Na primeira leitura, busque apenas compreendê-lo. Na segunda, faça a identificação das *ideias principais* e das *secundárias*.

3. Se quiser, nesta primeira fase você pode preparar um resumo esquemático ou um mapa conceitual para ajudá-lo na compreensão. Depois, durante a redação do resumo linear, essa organização prévia das informações poderá ser útil.

Segundo passo: redigir o resumo

1. Tendo compreendido bem o texto-base e identificado suas ideias principais, é hora de preparar o resumo. Lembre-se de que é necessário indicar o que está sendo resumido. Você pode, portanto, escrever no alto da folha algo como:

> *Resumo do Capítulo 8: "Recursos hídricos"*
> *(livro "Geografia 3", de Ana Silva)*

2. Comece a redigir o resumo, utilizando os procedimentos de construção estudados: *supressão*, *síntese*, *generalização* e *reconstrução*.

3. O resumo deve ser compreensível por si mesmo, por isso as frases precisam ser claras e coerentes. Também é necessário usar mecanismos coesivos adequados para retomar e relacionar as ideias.

Terceiro passo: revisar o resumo e, se possível, compartilhá-lo com os colegas

1. Releia seu resumo, avaliando estes aspectos:

> ✓ *O resumo cumpriu o objetivo pretendido, isto é, ajudou você a compreender melhor o texto didático?*
> ✓ *O resumo está claro e poderia ser entendido por alguém que não conhecesse o texto-base?*
> ✓ *São apresentadas, de fato, as principais informações do texto-base?*

2. O resumo que você fez pode ser útil também para o restante da turma. Converse com o professor e os colegas sobre a possibilidade de criar um *banco digital de resumos*, organizado por disciplina. Para tanto, vocês podem utilizar qualquer plataforma digital que permita o armazenamento e o compartilhamento de arquivos de texto.

Confira questões do Enem e de vestibulares e propostas de redação no **Vereda Digital Aprova Enem** e no **Vereda Digital Suplemento de revisão e vestibulares**, disponíveis no livro digital.

CAPÍTULO 16
EXPOSIÇÃO ORAL

ENEM
C1: H1, H2, H3
C6: H18, H19
C7: H22, H23
C8: H25, H26, H27
C9: H28

OBJETIVOS DE APRENDIZAGEM
- Identificar as principais características do gênero *exposição oral*.
- Reconhecer alguns recursos retóricos, argumentativos e visuais que podem ser usados em uma exposição oral.
- Compreender os passos necessários para pesquisar informações sobre determinado tema.

Para começar

Converse com o professor e os colegas sobre as questões a seguir.

1. Provavelmente, você já fez alguma apresentação oral em classe. Conte sobre essa experiência: você se sentiu à vontade para falar diante da turma ou teve dificuldades? Explique.
2. Preparar-se para apresentar oralmente certo conteúdo pode ser uma boa maneira de estudar e de ampliar seus conhecimentos sobre esse conteúdo. Você concorda com isso? Por quê?
3. Pense agora em sua vivência como espectador das apresentações dos colegas. Você gosta de assistir a seminários ou a outros tipos de exposição oral feitos pelos colegas? Por quê?
4. Pense nas melhores apresentações a que já assistiu. O que as tornava interessantes e informativas? Eram características relativas à maneira de o orador falar, à organização das ideias, aos materiais utilizados (*slides*, maquetes, etc.) ou a outros fatores?

Primeiro olhar

Desde 1984, o projeto TED (sigla para as palavras inglesas *Technology*, *Entertainment* e *Design*, ou "Tecnologia", "Entretenimento" e "Projeto") dedica-se a espalhar "ideias que valem a pena", realizando ciclos de palestras ao redor do mundo. Além dos encontros organizados pelo próprio TED, existem eventos independentes inspirados na iniciativa — são os eventos TEDx. A seguir, você lerá a transcrição de alguns trechos de uma palestra dada pelo jornalista André Trigueiro no TEDxSudeste, realizado na cidade do Rio de Janeiro.

Para facilitar a leitura da transcrição, organizamos o texto em parágrafos e inserimos sinais de pontuação. As palavras destacadas com letras MAIÚSCULAS foram ditas com maior ênfase pelo palestrante.

André Trigueiro (1966-) é jornalista com pós-graduação em Gestão Ambiental pela COPPE/UFRJ, onde leciona a disciplina "Geopolítica Ambiental". Editor-chefe de *Cidades e soluções* na Globo News, professor de jornalismo ambiental da PUC-Rio, escritor, palestrante e comentarista da CBN.

André Trigueiro durante a apresentação de sua palestra no TEDxSudeste, na cidade do Rio de Janeiro, em 2010.

Repensar o consumo

Eu não consigo imaginar um evento com esse escopo e com esse perfil... tão bonito em que a gente tá semeando umas ideias, dando visibilidade a atitudes, a experiências que fazem diferença [...], não consigo imaginar um evento com esse perfil que a gente não abre espaço, por menor que seja, pra refletir sobre a urgência de uma nova cultura baseada no consumo consciente.

SEM o consumo consciente não há salvação, não há SOLUÇÃO para a humanidade. Nós vamos estar replicando o *modus operandi* dos gafanhotos, da praga dos gafanhotos, que dizima os recursos naturais não renováveis num planeta que é um SÓ, onde os recursos renováveis fundamentais à vida nos suprem, mas nem todos os recursos são infinitos, e não há outro planeta, não há plano B, não há operação Arca de Noé.

Ou a gente USA com inteligência e discernimento o que temos, ou pereceremos. Eu acho que essa questão fica um pouco invisível dentro da sociedade de consumo por motivos óbvios. Então vou aproveitar o tempo que eu tenho aqui, sem intervalos comerciais, pra dar o recado.

Consumo consciente é tão importante que a gente, por exemplo, se imaginasse ser possível, num estalar de dedos, erradicar toda a pobreza, toda a miséria do planeta hoje, o mundo seria melhor, melhor e mais justo. Entretanto, se nesse planeta não houvesse a cultura do consumo consciente amplamente disseminada, NÃO haveria solução pra nossa espécie.

Se nós pudéssemos imaginar, hipoteticamente, todos os recursos hoje destinados à indústria armamentista, bélica, canalizados para a inovação tecnológica, a descoberta de novas ferramentas em favor da vida, o mundo certamente seria melhor. Um mundo tecnológico, onde a gente conseguisse acelerar processo em vários campos. Entretanto, nesse mundo sofisticado tecnologicamente, se não houvesse a cultura do consumo consciente, NÃO haveria solução para nossa espécie.

Nós precisamos disseminar esses valores com urgência, porque o tempo anda, os anos passam e a gente vai se sofisticando nessa sociedade de consumo. Eu tenho 44 anos, e eu me lembro, na minha infância, da importância atribuída a armário embutido. Os adultos próximos de mim falavam, enalteciam a importância de viver numa casa ou num apartamento onde houvesse armário embutido. Era um trunfo, o armário embutido, porque era prático, tudo enfiado dentro da parede, sem tá visível, muito prático. Você colocava tudo o que você precisava fazer uso diário, rotineiro, ali dentro. Na hora da MUDANÇA não dava trabalho, não tinha móvel pra levar. Você ia pra outro lugar onde houvesse armário embutido, entochado na parede. Trinta e cinco, quarenta anos depois, a garotada não sabe o que é armário embutido, aliás, é um atestado de idade. Ninguém fala mais nisso, porque os valores mudaram e a demanda por espaço aumentou. Hoje usamos um nome sofisticado em inglês pra designar um cômodo inteiro, que precisa abrigar e acolher todas as nossas quinquilharias do dia a dia, o nome é... *[coloca a mão em uma orelha, como se esperasse ouvir algo da plateia]* ... *closet*! E o *closet* é algo que passou, também, a ser destacado dentro do imóvel e do nosso hábitat, a ponto de revistas de decoração trazerem na capa: "Dicas de DECORAÇÃO de *closet*". [...]

E aí, terminado o investimento vultoso no *closet*, tem o *open house*. Então a gente vai ter o prazer de receber em casa, isso é legítimo, isso é legal, aproxima os amigos, é um ato de amor e de amizade: "Venham conhecer o meu ambiente. Essa é a sala, cozinha americana, vista pra Gávea, olha lá a PUC. Quarto número um, suíte. Quarto número dois, suíte". Aquela banheirada toda dentro do apartamento. "Quarto número três, suíte, agora vem cá que eu quero te mostrar um negócio. Presta atenção ali que eu vou acender". E acendem-se os refletores que iluminam esse templo pessoal do consumo. E o *closet* se torna, portanto, um símbolo de uma época. Na época do armário embutido, importava ter. Na época do *closet*, importa não apenas ter, mas OSTENTAR.

Três armadilhas, pelo menos três, do estilo de vida consumista. A primeira armadilha é de ordem ética, moral. Ostentar a abundância onde há escassez. [...] Num raio de cem metros, [...] ao seu derredor, onde houver muita gente, você encontrará, nesse compasso virtual, alguém que passa por privações de ordem material. Ostentar a abundância não é inteligente, não é uma boa ideia.

Segunda armadilha é de ordem ecológica: tudo o que a gente leva pra casa e precisa é necessário, é consumo. O consumo favorece a vida. O consumo é bom. O consumismo, e o sufixo *-ismo* alude a desperdício, alude a excesso. Sapatos, meias, relógios, óculos, qualquer brinquedinho que a gente gosta de colecionar, consome dentro da FARRA do *shopping* e leva sem culpa pra casa, leva junto pedaço da natureza. Matéria-prima e

Glossário

Modus operandi: (latim) literalmente, modo de operar; estilo de vida.

Open house: (inglês) recepção em que se apresenta uma nova residência a amigos e familiares.

energia. Tudo o que tá neste ambiente: a roupa, os acessórios que a gente está usando, este megacrachá, todos estes apetrechos que estão aqui, para existir, demandaram matéria-prima e energia, pedaços de meio ambiente que nós transportamos pra casa. Tudo bem! Ocorre que o planeta é um só, os recursos são finitos, e nós precisamos fazer bom uso deles para não haver ESCASSEZ. Cenário de escassez precipita conflito, guerra, disputa. Não há solução pra isso.

10 Terceira armadilha, na minha opinião, é a ilusão de transferir, para bens materiais, felicidade e paz. Acumular, achando que esse é o caminho da felicidade, e depois fazer fila no consultório psicanalítico, [...] porque permanece a sensação de vazio. Permanece a sensação de vazio existencial. Uma vida descartável, perecível, como é a embalagem de um presentinho qualquer.

11 [...] É fundamental que a gente reflita sobre isso. Faltam 35 segundos. Eu vou encerrar. Já que não há paz na sociedade de consumo porque jamais este... estaremos SACIADOS dos novos desejos que vão nos impelir e nos arrastar à nova liquidação, a pagar em dez vezes sem juros, a levar aquilo que não é propriamente algo importante mas passou a ser em 30 segundos de *break* comercial.

12 Se não há paz na sociedade de consumo, vamos citar um dos mensageiros da paz, Mahatma Gandhi, que esteve entre nós e proferiu a frase que eu vou repetir quando não se falava de sustentabilidade, de desenvolvimento sustentável, não se media a pegada ecológica, não tinha legislação ambiental... e ele já dizia com base em sua sabedoria o seguinte: "A Terra é capaz de satisfazer as necessidades de todos os homens, mas não a GANÂNCIA de todos os homens". E por fim, também dele, o Gandhi, que a gente reverencia na honra que tô tendo de abrir este TED: "Sejamos nós a mudança que nós queremos para o mundo". Muito obrigado!

TRIGUEIRO, André. Repensar o consumo. In: TEDxSudeste, Rio de Janeiro, 2010. Disponível em: <http://mod.lk/mc47r>. Acesso em: 15 nov. 2017. (Fragmento).

Glossário
Mahatma Gandhi: (1869-1948) nome pelo qual ficou conhecido o indiano Mohandas Karamchand Gandhi, importante líder na luta pela independência da Índia sem o uso de armas e sem qualquer tipo de violência.

Para navegar

Um motivo para o grande sucesso das palestras TED é que elas são relativamente curtas (no máximo 18 minutos) e ficam disponíveis *on-line*, com legendas em vários idiomas, o que permite que atinjam um público muito maior do que o presente ao evento em si. É possível vê-las não apenas em *sites* de compartilhamento de vídeos da internet, como também no aplicativo TED, disponível em: <https://play.google.com/store/apps/details?id=com.ted.android&hl=pt_BR>.

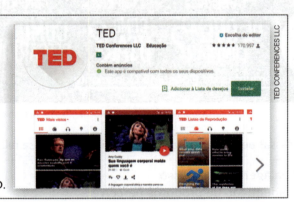

Capa do aplicativo TED.

1. Qual estratégia foi usada por André Trigueiro para introduzir sua palestra? Como essa estratégia valorizou o assunto abordado?

2. Os trechos da palestra reproduzidos no quarto e no quinto parágrafos têm estrutura semelhante.
   a) Explique como esses trechos foram compostos.
   b) Que efeitos esse *paralelismo* entre os trechos provoca?

> Ver seção Para ler e escrever melhor: "Coesão sequencial I", no Capítulo 13.

3. Um orador pode utilizar vários recursos para manter a atenção do público e explicar suas ideias com clareza. Entre os recursos listados abaixo, quais foram empregados por Trigueiro nos trechos reproduzidos no sexto e no sétimo parágrafos? Marque todas as opções cabíveis e, depois, justifique sua resposta.
   a) Fazer comparações.
   b) Dar exemplos.
   c) Narrar histórias.
   d) Citar autoridades.
   e) Convidar o público a interagir.

4. Se a palestra fosse dirigida a uma plateia de baixo poder aquisitivo, as referências usadas pelo jornalista no sexto e no sétimo parágrafos seriam as mesmas? Por quê?

5. Resuma as "três armadilhas do estilo de vida consumista" mencionadas pelo palestrante.
   - A enumeração dessas armadilhas também constitui um recurso para manter a atenção do público? Explique.

6. A palestra de André Trigueiro praticamente não apresenta hesitações (*hmm... eh...*), correções (*um... uma pessoa*) e outras marcas de oralidade mais evidentes. Em sua opinião, o que explica esse fato?

> Ver seção Para ler e escrever melhor: "Da fala para a escrita", no Capítulo 5.

7. Os fragmentos que você leu permitem ter uma visão geral de como André Trigueiro abriu, conduziu e encerrou sua palestra. Levando isso em consideração, explique qual era a intenção comunicativa do jornalista.

Trocando ideias

O Instituto Akatu é uma organização não governamental (ONG) voltada à promoção do consumo consciente. Veja as seis perguntas sobre esse assunto sugeridas pelo instituto. Depois, discuta com o professor e os colegas as questões propostas.

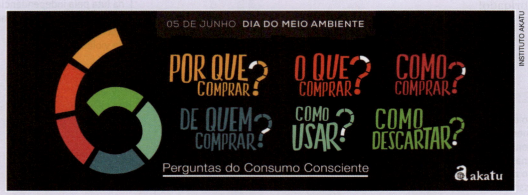

Akatu. Disponível em: <http://mod.lk/jdxn5>. Acesso em: 15 nov. 2017.

1. Em sua opinião, a qual dessas perguntas cada um dos tópicos a seguir se relaciona?

   a) produto com embalagens em excesso
   b) armazenamento adequado de produtos perecíveis
   c) compras por impulso
   d) durabilidade do produto
   e) uso de sacolas reutilizáveis durante a compra
   f) responsabilidade socioambiental do fabricante
   g) encaminhamento à reciclagem
   h) distância entre o produtor e o consumidor
   i) cuidados com o produto para que sua vida útil se prolongue
   j) modismo ou necessidade

2. Você se considera um consumidor consciente? Você costuma se fazer essas seis perguntas durante a compra e utilização dos produtos que consome?

3. Alguns especialistas consideram que a geração atual (nascidos a partir de 1995) tem mais interesse em acumular experiências do que em acumular bens. Você concorda com isso? Por quê?

4. De modo geral, você acredita que os jovens de sua idade têm maior ou menor preocupação com o consumo consciente que as gerações anteriores? Explique sua resposta.

Produção de texto: interpretação e ação

Por dentro do gênero — Exposição oral

Você leu a transcrição de uma fala do jornalista André Trigueiro dirigida a pessoas que pretendiam ampliar seus conhecimentos sobre o tema abordado — o consumo consciente. Como você observou, não se trata de uma fala espontânea como a que produzimos em conversas do dia a dia, e sim de uma fala planejada, bem estruturada, que se vale de recursos retóricos para manter a atenção do público e apresentar as ideias com clareza.

A esse tipo de fala, conduzido por um especialista que visa desenvolver certo tema diante de uma plateia, damos o nome de **exposição oral**. Conforme o contexto específico em que ocorre, esse gênero discursivo pode receber outros nomes. Em universidades, empresas, congressos e eventos como o TED, a exposição oral pode ser chamada de **palestra** ou **conferência**. No ambiente escolar, geralmente é denominada **seminário**.

> O adjetivo *retórico* refere-se a *retórica* — conjunto de técnicas utilizadas para expor um raciocínio de forma atraente e clara, principalmente na modalidade oral.

Exposição oral é um gênero discursivo produzido por um especialista que desenvolve certo tema diante de uma plateia, expondo informações e provocando reflexões sobre o assunto. Pode receber diferentes nomes conforme o contexto em que aparece: na esfera acadêmica e empresarial, geralmente é chamada de **palestra** ou **conferência**; na esfera escolar, é chamada de **seminário**.

Para ler

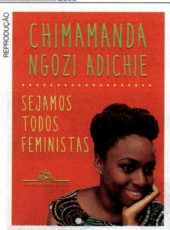

Sejamos todos feministas, de Chimamanda Ngozi Adichie (São Paulo: Companhia das Letras, 2015).

Uma das mais conhecidas palestras do TED foi conferida em 2012 pela escritora nigeriana Chimamanda Ngozi Adichie. Intitulada "Sejamos todos feministas", a palestra teve alguns trechos incorporados na canção *Flawless*, da cantora estadunidense Beyoncé, o que contribuiu para seu sucesso. A apresentação foi adaptada para a modalidade escrita e publicada em um livro de mesmo nome, lançado também no Brasil.

Recursos da exposição oral

Pense e responda

A seguir, você encontrará o fragmento inicial de uma palestra dada no TEDxUFRGS, realizado em 2015 na Universidade Federal do Rio Grande do Sul (UFRGS). A palestrante é a jovem cientista política Tábata Amaral. Leia o fragmento e responda às perguntas.

Por que a educação é o único caminho

A educação é o único caminho pra que o Brasil se torne o país que queremos. Quando a gente analisa 76 países, o Brasil ocupa o 60º lugar no *ranking* mundial de educação. Comparando 61 países, nós ficamos em 56º lugar em competitividade. Quando a gente olha pros alunos brasileiros de escolas públicas, apenas 23% desses alunos têm a competência que precisamos de leitura e interpretação de texto. Esse número é de apenas 11% na resolução de problemas. [...]

AMARAL, Tábata. Por que a educação é o único caminho. In: TEDxUFRGS, Porto Alegre, 2015. Disponível em: <http://mod.lk/t4wan>. Acesso em: 15 nov. 2017. (Fragmento).

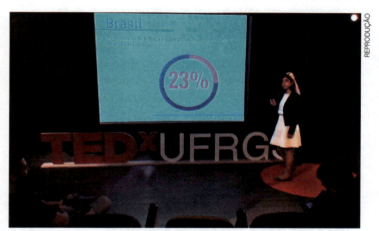

Tábata Amaral durante a sua exposição oral (palestra) "Por que a educação é o único caminho", no TEDxUFRGS na cidade de Porto Alegre (RS), em 2015.

1. Tábata Amaral iniciou sua palestra argumentando que "A educação é o único caminho pra que o Brasil se torne o país que queremos" e mencionou números referentes à posição do Brasil no *ranking* mundial de educação e no *ranking* mundial de competitividade. Qual relação pode haver entre a educação e o índice de competitividade dos países, que se refere a fatores como desempenho da economia e eficiência do governo e das empresas?

2. Amaral utiliza recursos não empregados na palestra de André Trigueiro: números e estatísticas e, também, *slides*. Por que é interessante apresentar *slides* quando se pretende expor números e estatísticas?

Independentemente do contexto em que a exposição oral ocorre, o principal desafio de quem a conduz é manter a atenção do público e, ao mesmo tempo, ajudá-lo a compreender o raciocínio apresentado. Para cumprir esses objetivos, o expositor pode lançar mão de uma série de recursos.

Ao analisar a palestra de André Trigueiro, você observou que ele fez uso de um *paralelismo*, ao compor os trechos representados no quarto e no quinto parágrafos de modo semelhante. Depois, no sexto e no sétimo parágrafos, para demonstrar por que é urgente disseminar a cultura do consumo consciente, ele empregou vários recursos ao mesmo tempo: deu *exemplos* (diferentes formas de guardar os pertences), fez uma *comparação* (entre sua infância e o momento atual), narrou *pequenas histórias* relacionadas a cada época e, ainda, estimulou a *interação do público*, ao pedir que dissesse o nome do cômodo (*closet*).

Em seguida, Trigueiro valeu-se de outro recurso importante: a *enumeração* ("Três armadilhas, pelo menos três, do estilo de vida consumista"), que desperta e prende a atenção do público. Por fim, no encerramento, utilizou uma *citação de autoridade*, ou seja, de uma pessoa reconhecida na área em que atua. O líder indiano Mahatma Gandhi é um símbolo de ativismo pacífico e de pioneirismo na questão ambiental, portanto citar seus pensamentos foi uma maneira adequada de encerrar uma palestra sobre consumo consciente.

Já no fragmento inicial da palestra "Por que a educação é o único caminho", você viu que foram apresentados *números* e *estatísticas*, uma vez que o objetivo da palestrante é relacionar o baixo desempenho dos estudantes brasileiros à baixa competitividade do país no cenário internacional. Para facilitar o acompanhamento pela plateia, foram exibidos *slides* com gráficos. *Recursos visuais* como esses também ajudam a tornar a exposição oral mais didática e atraente. Conforme o assunto tratado, é possível usar fotos, pequenos filmes, maquetes, etc.

Voz e linguagem corporal do expositor

Você notou que algumas palavras da palestra de André Trigueiro foram pronunciadas com maior ênfase:

"SEM o consumo consciente não há salvação, não há SOLUÇÃO para a humanidade."

Alterar a modulação da voz ao longo da exposição não apenas ajuda a enfatizar certas ideias, como também evita a dispersão do público. Afinal, uma fala *monocórdica* (que não varia) pode se tornar bastante cansativa.

Outro detalhe importante a ser observado é a linguagem corporal. Especialistas recomendam que o orador mantenha postura ereta e faça contato visual constante com a plateia (mas sem olhar fixamente para uma única pessoa). Desde que feita de forma natural, sem exageros, a gesticulação também é bem-vinda e ajuda a comunicar as ideias com maior vigor.

Para assistir

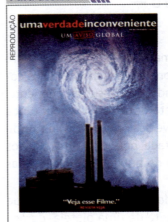

O documentário *Uma verdade inconveniente* (de Davis Guggenheim, EUA, 2006) foi feito com base nas palestras que o político estadunidense Al Gore dava sobre aquecimento global. Visto no mundo todo, o filme foi um dos primeiros esclarecimentos sobre o tema que chegaram ao grande público. Além de muito informativo, esse documentário permite analisar como Al Gore utilizou gráficos, fotos, filmes e vários outros recursos para produzir uma exposição oral impactante.

A estrutura da exposição oral

A exposição oral geralmente é estruturada em três partes básicas: **abertura**, **desenvolvimento** e **encerramento**. Veja:

Abertura
- O expositor se apresenta (ou é apresentado por alguém), cumprimenta a plateia e *introduz* o tema que será abordado.

Desenvolvimento
- O expositor *desenvolve* o tema, lançando mão de vários recursos, tanto retóricos e argumentativos como visuais, se for o caso.

Encerramento
- O expositor *recapitula* as ideias principais da palestra ("Já que não há paz na sociedade de consumo [...]") e geralmente deixa uma *mensagem final* ("Sejamos nós a mudança que nós queremos para o mundo").
- O expositor despede-se e agradece ao público ("Muito obrigado!").

Para assistir

O programa *Café Filosófico*, da TV Cultura, apresenta palestras de filósofos e outros pensadores sobre temas de relevância no mundo contemporâneo, tais como ética, democracia, liberdade de expressão, discursos de ódio, etc. As edições podem ser vistas na TV e também na página do programa: <http://tvcultura.com.br/programas/cafefilosofico/>.

Cena do programa *Café Filosófico*, da TV Cultura, com o historiador, professor e escritor Leandro Karnal, em 10 de abril de 2016.

A linguagem da exposição oral

Pense e responda

1. Compare uma frase da palestra de André Trigueiro (A) com uma possível reformulação (B).

A	B
"[...] se nesse planeta não houvesse a cultura do consumo consciente amplamente disseminada, não haveria solução pra nossa espécie."	Se nesse planeta não tivesse a cultura do consumo consciente na cabeça de todo mundo, não ia ter solução pra nossa espécie.

   a) Identifique as três diferenças entre as versões.
   b) Indique o que torna a versão A mais formal do que a B e explique por que o palestrante adotou esse nível de formalidade.
   c) Identifique mais três *marcas de formalidade* na transcrição da palestra de André Trigueiro.

2. A transcrição da palestra também apresenta algumas *marcas de informalidade*. Identifique duas delas e formule uma hipótese coerente para explicar a presença desses trechos.

Embora o expositor possa eventualmente empregar expressões coloquiais, em uma exposição oral deve ser utilizado preferencialmente o **registro formal**, com vocabulário específico e obediência às regras da norma-padrão. Outra característica é que, como a fala é planejada e, geralmente, ensaiada, as marcas de oralidade (hesitações, correções, etc.) tendem a aparecer em número reduzido.

Para ler e escrever melhor

Como buscar e selecionar informações

Na seção "Produção autoral" a seguir, você e seus colegas vão se reunir em grupos e apresentar uma exposição oral (seminário) sobre um tema de livre escolha. Conforme vimos ao longo do capítulo, quem realiza a exposição precisa dominar bem o tema, pois deve desenvolvê-lo de forma aprofundada e didática diante do público. Nesta seção, vamos apresentar um passo a passo sobre como *buscar* e *selecionar* informações na internet e, assim, reunir os conhecimentos necessários para uma boa apresentação. Vocês poderão utilizar esse roteiro não só para realizar o seminário, mas em outras situações em que precisem pesquisar algum determinado tópico.

A primeira etapa da pesquisa é *listar perguntas* referentes ao tema para que vocês busquem as respostas. Imagine, por exemplo, que seu grupo tenha escolhido apresentar um seminário sobre *energias renováveis no Brasil*. Veja a seguir uma lista de perguntas pertinentes a esse tema.

> 1) O que são energias renováveis?
> 2) Quais são as principais fontes de energia renovável?
> 3) Em que proporção cada uma dessas fontes contribui para a matriz energética brasileira hoje?
> 4) Quais são as principais vantagens e desvantagens de cada uma dessas fontes de energia?

Uma vez formuladas as perguntas, é a hora de pensar nas *palavras-chave* mais adequadas para a busca. Para responder à primeira pergunta, por exemplo, pode-se começar por: *energia + renovável + conceito* (ou *definição*).

Após realizar a busca, vocês visualizarão um grande número de resultados. A etapa seguinte, então, é *selecionar* essas fontes de informação. Para cumprir bem esse objetivo, é preciso saber diferenciar as **fontes primárias**, que são os textos em que as informações aparecem pela primeira vez, das **fontes secundárias**, que são os textos que comentam ou divulgam as fontes primárias. Veja um exemplo dessa diferença no fragmento inicial de uma notícia.

Para assistir

Inspirado em fatos reais, o filme *O discurso do rei* (de Tom Hooper, Inglaterra, 2010) conta a história do Rei George VI, que assumiu o trono da Inglaterra inesperadamente. Aos 40 anos, o novo rei está sob forte pressão, pois sofre com uma incontornável gagueira. Para piorar, a Europa está agitada por conflitos que logo levariam à Segunda Guerra Mundial. A esposa do rei (Elizabeth, a Rainha Mãe) procura, então, Lionel Logue, um terapeuta da fala que usa métodos excêntricos. Esse plebeu irreverente vai ajudar o monarca a ganhar autoconfiança e falar com clareza e vigor diante de seus súditos.

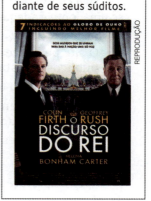

> Para ler e escrever melhor

Brasil aumenta em 77,1% a geração eólica e em 18,6% o consumo de etanol em 2015

O país aumentou a produção e o consumo de energia limpa em 2015, informou a **Empresa de Pesquisa Energética (EPE)**. Houve crescimento de 77,1% na geração de energia eólica no ano passado, além de um avanço de 18,6% no consumo de etanol. Já o consumo de gasolina caiu 9,5%.

Os dados são do **Relatório Síntese do Balanço Energético Nacional – BEN, Edição 2016**, que apresenta detalhes da oferta, transformação e consumo final de produtos energéticos no Brasil.

> BRASIL aumenta em 77,1% a geração eólica e em 18,6% o consumo de etanol em 2015.
> Disponível em: <http://epocanegocios.globo.com/Economia/noticia/2016/07/epoca-negocios-brasil-aumenta-em-771-a-geracao-eolica-e-em-186-o-consumo-de-etanol-em-2015.html>.
> Acesso em: 15 nov. 2017.

*(Notas laterais: A **fonte primária** dos dados é o relatório produzido pela Empresa de Pesquisa Energética (EPE). A **fonte secundária** é a notícia que divulga os resultados, publicada nesse caso no site da revista Época Negócios.)*

A pesquisa de seu grupo provavelmente vai se concentrar em fontes secundárias. O primeiro critério para avaliar a credibilidade desse tipo de fonte é verificar se ela cita a fonte primária com precisão. A notícia acima é um exemplo de fonte secundária confiável, pois menciona o título do relatório em que se baseia ("Relatório Síntese do Balanço Energético Nacional – BEN"), o órgão responsável por ele (Empresa de Pesquisa Energética – EPE) e, ainda, a data do relatório (2016). Já textos que trazem referências vagas a suas fontes, como "Segundo um estudo recente..." ou "Pesquisas revelaram que...", não merecem a mesma confiança.

Veja abaixo outros critérios que, juntamente com os colegas, você deve observar para decidir se uma fonte é adequada.

- O site pertence a uma entidade reconhecida (por exemplo, universidades, órgãos públicos, revistas e jornais de grande circulação, etc.)?
- Em que data o texto foi publicado? Os dados estão atualizados?
- O texto apresenta todos os ângulos de uma questão ou é tendencioso, favorecendo um único ponto de vista ou os interesses de um único setor da sociedade?
- As informações são realmente pertinentes à pesquisa do grupo?

Após a aprovação da fonte pelo grupo, vocês devem fazer anotações referentes não apenas às informações encontradas, mas também à própria fonte, pois terão de incluí-la nas **referências bibliográficas** de seu seminário. Veja a seguir alguns exemplos de como apresentar as referências das fontes consultadas.

1. Artigos, reportagens e outros textos jornalísticos

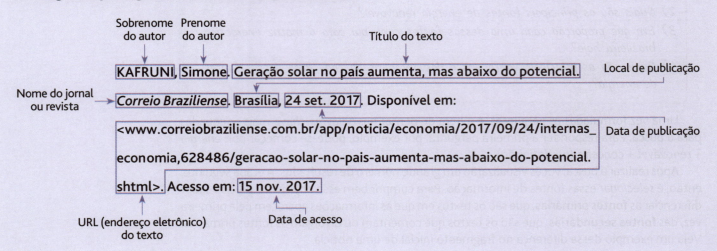

KAFRUNI, Simone. Geração solar no país aumenta, mas abaixo do potencial. *Correio Braziliense*. Brasília, 24 set. 2017. Disponível em: <www.correiobraziliense.com.br/app/noticia/economia/2017/09/24/internas_economia,628486/geracao-solar-no-pais-aumenta-mas-abaixo-do-potencial.shtml>. Acesso em: 15 nov. 2017.

(Sobrenome do autor / Prenome do autor / Título do texto / Nome do jornal ou revista / Local de publicação / Data de publicação / URL (endereço eletrônico) do texto / Data de acesso)

220 Produção de texto: interpretação e ação

2. *Sites* em geral

Entidade responsável pelo *site*: BANCO NACIONAL DE DESENVOLVIMENTO ECONÔMICO E SOCIAL.

Título do texto: O desenrolar da energia eólica no Brasil. Disponível em: <www.bndes.gov.br/wps/portal/site/home/conhecimento/noticias/noticia/energia-eolica-brasil>. Acesso em: 15 nov. 2017.

Data de acesso | URL (endereço eletrônico) do texto

3. Livros

Sobrenome do autor | Prenomes do autor | Título do livro | Local de publicação | Nome da editora da obra | Ano de publicação

FADIGAS, Eliane A. Faria Amaral. *Energia eólica*. Barueri, SP: Manole, 2011.

Por fim, lembrem-se de que é recomendável consultar diversas fontes, pois isso permite contemplar vários aspectos e pontos de vista do tema. Além disso, conferir as informações em diferentes lugares é mais uma forma de garantir sua veracidade.

> **Pesquisa na biblioteca**
>
> Mostramos aqui um roteiro voltado para pesquisas em *sites* da internet. Contudo, seu grupo também pode encontrar valiosas informações em uma biblioteca física ou virtual. Professores e bibliotecários podem ajudá-los a encontrar as obras mais adequadas à sua necessidade.
>
> Uma opção interessante é realizar a pesquisa *on-line* em um local apropriado da própria biblioteca (respeitando o silêncio do ambiente, é claro). Dessa forma, vocês poderão utilizar dicionários, enciclopédias e outras obras físicas para resolver dúvidas pontuais e complementar a pesquisa *on-line*.

Na prática

Agora, você e seus colegas vão dar início à preparação do seminário que será apresentado na seção "Produção autoral" deste capítulo.

1. Organizem-se em grupos de três ou quatro colegas, de acordo com a formação que vão usar no momento de se apresentar. Sob a coordenação do professor, cada grupo deve escolher um tema para seu seminário. Vejam algumas sugestões.

- Energias renováveis no Brasil
- Jovens e consumo
- Profissões do futuro
- Inteligência artificial
- Gestão do lixo no Brasil
- Gestão dos recursos hídricos no Brasil
- Economia compartilhada
- Povos indígenas brasileiros e ameaças que enfrentam

2. Quando tiverem decidido o tema, sigam o roteiro sugerido para pesquisar informações:
   a) elaborem uma lista de perguntas a serem respondidas pela pesquisa;
   b) determinem as palavras-chave mais adequadas;
   c) façam a busca e selecionem as fontes com critério;
   d) anotem as informações encontradas e os dados de cada fonte;
   e) componham as referências bibliográficas das fontes consultadas.

3. Quando terminarem a pesquisa, discutam com os outros grupos: o roteiro ajudou na pesquisa de informações? Há alguma sugestão que vocês queiram dar para facilitar ainda mais a realização de pesquisas?

Produção autoral

Ciclo de seminários

Contexto de produção

O quê: seminário.
Para quê: estudar um tema de forma aprofundada e compartilhar informações sobre ele com os colegas.
Para quem: professor e colegas de classe.
Onde: sala de aula.

Um seminário bem-feito pode ser uma ótima maneira de deixar a aula mais dinâmica e compartilhar conhecimentos entre a turma. Para que isso aconteça, é necessário que todos — tanto expositores quanto espectadores — se engajem ativamente. Sigam as orientações a seguir para realizar um interessante *Ciclo de Seminários* em sala de aula.

Primeiro passo: planejar o seminário

1. Definam com o professor quanto tempo os seminários terão e em qual ou quais dias serão realizados. Mediante essas informações, cada grupo poderá planejar sua apresentação.

2. Agora é o momento de rever e de discutir as informações que vocês coletaram na seção "Para ler e escrever melhor". Pensem nos conhecimentos que seu público (colegas de sala) provavelmente já tem e naqueles que seria interessante acrescentar. Levando isso em conta, verifiquem se os dados que vocês pesquisaram são adequados, se algum deve ser eliminado ou se, pelo contrário, é necessário expandir a pesquisa. Considerem também o tempo disponível para a apresentação.

3. Quando tiverem definido quais informações apresentar, é hora de *ordená-las* em uma sequência lógica. Para tanto, vocês podem tomar como base as próprias perguntas que guiaram a pesquisa.

4. Preparem, então, um *roteiro* do seminário, prevendo qual membro do grupo apresentará cada parte.

5. Discutam também como será o desenvolvimento de cada parte. Pensem em recursos retóricos e argumentativos que podem ser usados para tornar a exposição atraente e informativa:

> - comparações
> - exemplos
> - narração de pequenas histórias
> - convites para o público interagir
> - enumerações
> - citações de autoridade
> - números e estatísticas

Segundo passo: preparar a apresentação de *slides*

1. Para que o público siga facilmente o raciocínio, é recomendável que o seminário seja acompanhado por uma *apresentação de slides*. Ao prepará-los, lembrem-se de que eles não devem conter *todas* as informações, mas apenas conceitos-chave ou frases curtas que guiem a apresentação. Como vimos no capítulo, esses recursos visuais são particularmente úteis para apresentar números, gráficos, mapas, etc.

2. No último *slide*, insiram as *referências bibliográficas* das fontes consultadas, preparadas anteriormente na seção "Para ler e escrever melhor".

Terceiro passo: ensaiar o seminário

1. Cada membro do grupo deve estudar em detalhes sua parte e ensaiá-la individualmente. Depois, o grupo se reúne para alguns ensaios coletivos. Não se esqueçam de gravar esses ensaios para avaliar o que pode ser melhorado.

2. Estruturem os ensaios coletivos da seguinte forma:
   a) Um de vocês ficará responsável pela *abertura* do seminário. Essa pessoa cumprimentará o público, apresentará o *tema* e um *plano geral* da exposição. Por exemplo:

   Vamos falar sobre energias renováveis no Brasil. Primeiro, a Bárbara vai apresentar o conceito de energia renovável e quais são as principais fontes. Em seguida, o Gabriel vai falar da proporção de cada uma dessas fontes na matriz energética brasileira. Por fim, eu vou explicar as principais vantagens e desvantagens de cada fonte.

   b) Para que a plateia não se perca de uma fala para a outra, façam uma *transição* adequada, recapitulando os tópicos abordados pelo colega e anunciando os que serão tratados em seguida:

   Agora que a Bárbara já deu um panorama geral das fontes de energia renováveis para vocês, vou falar sobre a contribuição de cada uma na matriz energética brasileira.

   c) Por fim, no *encerramento*, façam uma *recapitulação* geral do que foi dito e deixem uma *mensagem final* para o público. Pode ser a conclusão a que vocês chegaram após estudar o tema ou uma sugestão de tópicos para novas pesquisas. Por fim, agradeçam ao público e perguntem se alguém gostaria de fazer perguntas ou comentários.

3. Após um ou dois ensaios, assistam à gravação e avaliem estes aspectos:

> ✓ O seminário está coerente, com abertura, desenvolvimento, transição adequada entre as partes e encerramento?
>
> ✓ Os expositores estão apresentando sua parte de forma clara e atraente?
>
> ✓ Estão fazendo referência aos slides, de modo que estes ajudem a plateia a acompanhar o raciocínio?
>
> ✓ O tom de voz e a postura corporal dos expositores estão adequados?
>
> ✓ Está sendo empregado o registro formal, com vocabulário bem cuidado e obediência à norma-padrão?

Quarto passo: apresentar o seminário e assistir ao dos colegas

1. No dia combinado com o professor, apresentem o seminário. No final, caso os colegas façam perguntas, busquem respondê-las com base nas informações que levantaram. Se isso não for possível, expliquem que vocês vão pesquisar a resposta e comunicá-la posteriormente a quem fez o questionamento.

2. O sucesso de um Ciclo de Seminários depende também da *escuta atenta* do público. Assim, durante as apresentações dos colegas, ouçam com atenção e respeito, tomando notas para seu próprio uso ou para fazer perguntas e comentários no final.

3. Quando todos os grupos tiverem se apresentado, façam uma avaliação conjunta da atividade:
   a) Pesquisar um tema e apresentá-lo oralmente foi uma forma eficiente de aumentar os conhecimentos sobre ele?
   b) Assistir às apresentações dos colegas também os ajudou a ampliar seus conhecimentos?
   c) Quais recursos contribuíram mais para deixar os seminários interessantes e didáticos?
   d) O que poderia ser melhorado em uma próxima produção oral como essa?

Confira questões do Enem e de vestibulares e propostas de redação no **Vereda Digital Aprova Enem** e no **Vereda Digital Suplemento de revisão e vestibulares**, disponíveis no livro digital.

UNIDADE 7

IMPRENSA: OPINIÃO E INFORMAÇÃO II

Capítulo 17
Artigo de opinião, 226

Capítulo 18
Editorial, 241

Capítulo 19
Resenha crítica, 255

Capítulo 20
Carta aberta e carta do leitor, 267

Capítulo 21
Debate, 280

Na família, na escola, entre amigos e até no convívio *on-line*, você encontra pessoas com preferências, bagagens culturais e formas de ver a vida diferentes das suas. Para se relacionar em harmonia com todas elas e chegar a consensos possíveis, você precisa saber defender seus pontos de vista com propriedade e, também, avaliar criticamente as alegações dos outros.

Nesta unidade, vamos analisar gêneros discursivos que circulam na esfera jornalística e são fundamentais para o debate de ideias na sociedade. Além das características específicas de cada um desses gêneros, você conhecerá estratégias que podem ser utilizadas tanto na argumentação oral como na escrita. Bons estudos!

CAPÍTULO 17

ARTIGO DE OPINIÃO

ENEM
C1: H2, H3
C6: H18, H19
C7: H21, H22, H23, H24
C8: H25, H26, H27

OBJETIVOS DE APRENDIZAGEM
- Identificar as principais características do gênero *artigo de opinião*.
- Conceituar tese e argumento.
- Entender como funciona a estratégia da contra-argumentação.
- Reconhecer alguns tipos de argumento que podem ser usados para sustentar uma tese.

Para começar

Leia a tira. Depois, converse com o professor e os colegas sobre as questões propostas.

MENTIRINHAS   FÁBIO COALA

COALA, Fábio. *Mentirinhas*. Disponível em: <http://mod.lk/v8n5t>. Acesso em: 17 nov. 2017.

1. Por que os personagens olham para baixo nos últimos quadrinhos? Explique como a tira remete ao *layout* característico dos *blogs* e das redes sociais.
2. O personagem de verde opinou sobre a redução da maioridade penal. Por que a referência a esse tema, em particular, é importante para a produção dos sentidos da tira?
3. Segundo o personagem de laranja, na internet "não há lugar para opiniões". Exageros à parte, você considera que os meios digitais favorecem ou prejudicam o debate de ideias? Por quê?
4. Pela fala do personagem de verde no último quadrinho, percebemos que ele está recebendo ofensas pessoais por causa da opinião que expressou. Você já viu, na internet ou fora dela, alguém reagir agressivamente a opiniões das quais discorda? Como foi? Compartilhe suas experiências.
5. Relacione essa tira à citação a seguir, extraída de um livro sobre argumentação:

> Ter opiniões fortes não é um erro. O erro é não ter mais nada.
> WESTON, Anthony. *A arte de argumentar*. Trad. Desidério Murcho. Lisboa: Gradiva, 1996. p. 5.

- Em sua opinião, o que precisamos ter, além de "opiniões fortes"? Qual é a relação disso com a situação mostrada na tira?

Primeiro olhar

Você encontrará a seguir dois textos publicados em *sites* jornalísticos brasileiros. Leia-os e responda às questões propostas.

Texto 1

A super-representação da vontade de poucos

*Qual a consequência mais provável da
desobrigatoriedade do voto no Brasil?
Os políticos deixarem de buscar o voto dos mais pobres*

1   Recentes dados eleitorais de democracias em diferentes países do mundo, disponíveis no International Idea — Institute for Democracy and Electoral Assistance, mostram que tirar a obrigatoriedade do voto diminui a participação eleitoral em ao menos 25%. Em alguns países a participação chegou a taxas impressionantes, como no Chile, em 2016, onde apenas 34% da população foi às urnas, passados apenas cinco anos do fim da obrigatoriedade do voto.

2   O voto é obrigatório em quase todos os países da América do Sul e nos que inauguraram a exigência — Bélgica e Austrália. Nesses últimos dois países, desde 1950, o comparecimento eleitoral fica acima de 85%, dados próximos aos do Brasil. Vale lembrar que Bélgica e Austrália são conhecidos pelos altos níveis de igualdade, liberdade e direitos individuais. No Brasil, o voto é facultativo aos analfabetos, maiores de 70 anos e jovens entre 16 e 17 anos. A penalidade para os que não comparecem às urnas é uma multa simbólica de R$ 3,51.

3   [...] A ciência política aponta que o comparecimento eleitoral é uma função da vontade, capacidade e oportunidade de participar do eleitor. Variáveis como interesse político, engajamento, ideia de dever cívico e de eficácia política fazem com que as pessoas participem mais. E essas características são profundamente maiores quanto maior o nível de escolaridade e renda. A própria participação eleitoral pode gerar uma noção mais apurada de dever cívico que se transforma em *mais* participação eleitoral. Em países onde o voto é facultativo, quem vai às urnas é quase que exclusivamente a população de maior renda, em detrimento de grupos como os pouco escolarizados, os de baixa renda, mulheres e negros.

4   Qual a consequência mais provável da desobrigatoriedade do voto no Brasil? Os políticos deixarem de buscar o voto dos mais pobres.

5   Assim como o eleitor na hora do voto, políticos e partidos desenham sua estratégia eleitoral de acordo com as regras vigentes e com o comportamento do eleitor. O voto obrigatório obriga, portanto, a ida dos representantes aos que têm seu voto como arma. Na medida em que o voto como barganha for retirado das populações pobres e excluídas, não lhes resta nem mais a promessa de campanha para aquela obra na periferia ou algum ganho real no direito do trabalhador. A classe política não terá interesse em atender as populações que deixarem de votar.

6   [...] A não obrigatoriedade do comparecimento do eleitor às urnas, somada a um sistema hiperfragmentado de partidos fracos e pouco enraizados na sociedade, desobrigaria os políticos a procurar — e eventualmente atender — essa população. É isso que queremos? Ou é isso que nossos políticos querem?

7   **Karolina Roeder**, *doutoranda em Ciência Política, é pesquisadora do Núcleo de Pesquisa em Sociologia Política Brasileira do Observatório de Elites Políticas e Sociais do Brasil, e do Laboratório de Análise dos Partidos Políticos e Sistemas Partidários da UFPR.*

ROEDER, Karolina. A super-representação da vontade de poucos. *Gazeta do Povo*. Curitiba, 11 set. 2017. Disponível em: <http://mod.lk/5yrxh>. Acesso em: 17 nov. 2017. (Fragmento).

Material complementar
Texto integral

Glossário
Barganha: troca, moeda de troca.

Texto 2

Por que no Brasil é obrigatório votar?

Das dez maiores economias mundiais, só no Brasil o cidadão tem que votar

1. Nos países mais desenvolvidos do mundo, nos mais modernos e nas democracias mais sólidas, o voto político é facultativo.

2. Entre os 10 países mais ricos do planeta, em todos, menos no Brasil, ir às urnas deixou de ser obrigatório ou nunca foi.

3. Hoje o voto facultativo está vigente em 205 países do mundo e só em 24 deles (13 na América Latina) continua sendo obrigatório.

4. Seria preciso deduzir disso que esses países, começando pelo Brasil, não são nem modernos nem contam ainda com uma democracia consolidada? Talvez não, mas segundo vários analistas políticos, se fosse realizada a tão anunciada e nunca realizada reforma política, deveria começar por admitir o voto facultativo, já que uma das características de uma democracia real e não apenas virtual é a proteção dos maiores espaços de liberdade dos cidadãos.

5. É possível que um direito se converta em um dever? Que alguém possa ser castigado com sanções em uma democracia por não querer exercer um direito?

6. O direito do voto a todos os cidadãos, homens ou mulheres, ilustrados ou analfabetos, foi uma das maiores conquistas das democracias liberais. Todos, sem distinção de sexo ou posição social, têm o direito de poder participar na vida política através do voto que permite eleger os representantes da vida pública.

7. Isso não significa, no entanto, que deva ser obrigatório nem que deva receber algum castigo quem deixar de usar este direito. Sobretudo porque não foi provado que o voto obrigatório melhore as democracias do mundo nem que aumente nelas a participação cidadã nas eleições.

8. A maior ou menor participação depende sobretudo do interesse ou desinteresse que os cidadãos demonstrem em cada eleição. Inclusive o voto chamado "antipolítica" (como, por exemplo, o nulo ou em branco) não significa um voto contra a democracia ou contra a legítima Constituição do país. Pode indicar, simplesmente, uma forma de descontentamento com o modo de governar dos políticos eleitos democraticamente, ou simplesmente a vontade de abrir espaço a novas formas de democracia mais modernas e mais adaptadas aos novos instrumentos de comunicação global que a tecnologia oferece hoje. [...]

9. A última vez que a pesquisa Datafolha, há quatro anos, publicou os índices de brasileiros que prefeririam que o voto fosse facultativo, ficou claro que a grande maioria (64%) achava que o voto não fosse obrigatório. E entre esses 64% figuravam sobretudo os mais instruídos e os jovens.

10. Não seria suficiente esse índice, que certamente hoje seria ainda maior, para que se incluísse na reforma política a liberdade de votar?

11. Como se fosse pouco, outra pesquisa indicou que 30% dos eleitores já tinha esquecido o nome do candidato votado 20 dias depois de ir às urnas. Será esse o fruto da obrigatoriedade do voto? [...]

12. A resistência dos políticos brasileiros ao voto facultativo, ao contrário da grande maioria dos países do mundo, poderia levar a pensar que mais que da defesa de um direito trata-se de interesses inconfessáveis que pouco têm a ver com a defesa dos valores da verdadeira democracia.

ARIAS, Juan. Por que no Brasil é obrigatório votar? *El País Brasil*. São Paulo, 4 ago. 2014. Disponível em: <http://mod.lk/iatmx>. Acesso em: 17 nov. 2017. (Fragmento).

Material complementar
Texto integral

1. Os dois textos abordam o mesmo tema: a obrigatoriedade do voto no Brasil. Dentro desse tema, qual é o objetivo de cada texto?

2. Em qual dos textos o título reflete mais claramente o posicionamento do autor? Justifique sua resposta.

3. Karolina Roeder não escreve regularmente para o jornal *Gazeta do Povo*.
   a) Por quais motivos, provavelmente, ela foi convidada para escrever sobre esse tema?
   b) Por que é importante apresentar as qualificações da autora ao final do texto?

4. Juan Arias, por sua vez, contribui regularmente para o jornal El País, ou seja, é um *colunista* desse jornal.

   a) Com base no texto 2, explique como o trabalho de um colunista se diferencia daquele realizado por jornalistas que produzem notícias e reportagens.

   b) O trabalho de um colunista distingue-se, ainda, do de um cronista. Considerando o que você sabe sobre crônicas, explique como o texto de Arias se diferencia de uma crônica no que diz respeito: ao grau de objetividade da abordagem; à pessoa gramatical utilizada (1ª, 2ª, 3ª); ao emprego de figuras de linguagem, palavras em sentido conotativo e outros recursos.

   Ver Capítulo 3: "Notícia"; Capítulo 4: "Reportagem"; e Capítulo 6: "Crônica".

5. Releia.

   Texto 1: "O voto é obrigatório em quase todos os países da América do Sul e nos que inauguraram a exigência — Bélgica e Austrália."

   Texto 2: "Hoje o voto facultativo está vigente em 205 países do mundo e só em 24 deles (13 na América Latina) continua sendo obrigatório."

   a) Como se vê, o mesmo fato — a predominância do voto obrigatório em nosso continente — aparece em argumentações distintas. Formule hipóteses: por que essa predominância regional poderia ser considerada um argumento *a favor* do voto obrigatório? E por que poderia ser considerada um argumento *contrário* a esse sistema?

   b) Releia o segundo parágrafo do texto 1 e responda: além dos países sul-americanos, por que Karolina Roeder mencionou especificamente a Bélgica e a Austrália em sua argumentação?

6. Roeder apresenta vários argumentos em seu texto, mas um deles tem maior peso. Indique qual é esse argumento e explique como ele se destaca.

7. Quais são os principais argumentos apresentados por Arias para defender seu ponto de vista no texto 2? Em sua opinião, algum deles se destaca? Por quê?

8. A análise feita nas questões 6 e 7 também permite observar quais fatos cada autor *deixa de lado*, por não interessarem à sua argumentação. Imagine que você pudesse entrevistar os autores; escreva uma pergunta para cada um, a fim de abordar aspectos ignorados no texto deles. Use as expressões do quadro para ter ideias.

   - eleições elitizadas
   - países desenvolvidos
   - exclusão social
   - voto de qualidade

9. Releia trechos das conclusões dos textos:

   Texto 1: "A não obrigatoriedade do comparecimento do eleitor às urnas [...] desobrigaria os políticos a procurar — e eventualmente atender — essa população. É isso que queremos? Ou é isso que nossos políticos querem?".

   Texto 2: "A resistência dos políticos brasileiros ao voto facultativo [...] poderia levar a pensar que mais que da defesa de um direito trata-se de interesses inconfessáveis que pouco têm a ver com a defesa dos valores da verdadeira democracia."

   a) Cada autor atribui aos políticos um posicionamento diferente em relação à obrigatoriedade do voto. Responda:

   I. Segundo cada autor, qual seria o sistema preferido pelos políticos?

   II. Quais interesses, segundo cada autor, estariam por trás dessas preferências?

   b) Em sua opinião, por que os autores interpretam de formas diferentes o posicionamento dos políticos? Como isso se relaciona ao ponto de vista que cada um defende?

Trocando ideias

Converse com o professor e os colegas sobre as questões a seguir.

Linha do tempo
História do voto no Brasil

1. Você estava a par das discussões em torno da obrigatoriedade do voto no Brasil? Se sim, conte o que já sabia a respeito e onde acompanhou debates sobre o tema.
2. Em sua opinião, qual dos dois textos apresenta a argumentação mais convincente? Por quê?
3. Como dito no texto 1, no Brasil o voto é facultativo entre os 16 e os 17 anos. Você já exerceu ou pretende exercer esse direito? Explique sua decisão.
4. De modo geral, você considera que sua geração se interessa por política e por participar nas eleições? Explique sua resposta.
5. Juan Arias fala em "formas de democracia mais modernas e mais adaptadas aos novos instrumentos de comunicação global que a tecnologia oferece hoje". Existem, de fato, formas de participação democrática que vão além das eleições. Veja alguns exemplos:

- plebiscitos
- leis de iniciativa popular
- acompanhamento de sessões legislativas
- referendos
- enquetes públicas
- participação em fóruns de políticas públicas

- O que você sabe sobre essas ou outras formas de participação? Como elas permitem o exercício da cidadania? Em sua opinião, quais podem ser mais efetivas? Por quê?

Campanha da Justiça Eleitoral usa memes para convencer jovens de 16 e 17 anos a tirar o título.

Por dentro do gênero – Artigo de opinião

Os gêneros jornalísticos tradicionalmente se dividem em duas grandes categorias. Os **informativos** são aqueles que buscam expor informações da maneira mais objetiva possível, apresentando os diversos lados de uma questão sem manifestar preferência por um deles. Nessa categoria se incluem a notícia e a reportagem, por exemplo. Já os gêneros jornalísticos **opinativos** são aqueles que assumem e defendem explicitamente um ponto de vista. Entre eles está o **artigo de opinião**, que pode ser veiculado em jornais, revistas ou *sites* jornalísticos.

O artigo de opinião é sempre assinado, já que representa o ponto de vista de seu autor, o qual pode, inclusive, divergir da opinião do próprio jornal, expressa no editorial, e das manifestadas por outros articulistas. Não é raro que, em uma mesma edição, certo jornal ou revista publique artigos que defendam pontos de vista distintos sobre o mesmo tema.

> Gênero que expressa a opinião do próprio veículo de imprensa a respeito de certo tema.

Ao analisar os artigos da seção "Primeiro olhar", você observou que cada autor mantinha um tipo de vínculo com o veículo em que o texto foi publicado. A primeira autora, Karolina Roeder, não escreve regularmente para o jornal; nesse caso, além do nome da articulista, são apresentadas suas qualificações ("doutoranda em Ciência Política, é pesquisadora do Núcleo de Pesquisa [...]"), pois, para o leitor, é importante saber se quem escreveu o artigo tem autoridade para falar sobre o tema e a qual setor da sociedade está vinculado. Se, em vez de pesquisadora, a articulista fosse uma senadora ou juíza eleitoral, por exemplo, representaria outros grupos e interesses.

O artigo de opinião também pode ser escrito por alguém que colabora regularmente com o veículo, o chamado **colunista**. As pessoas acostumadas a ler artigos de opinião conhecem o estilo e o posicionamento geral de alguns colunistas e, assim, conseguem até antever qual interpretação eles farão de certo tema. É comum, também, que os leitores tenham preferência por determinados colunistas e acompanhem regularmente seus artigos.

> **Artigo de opinião** é um gênero jornalístico opinativo em que o autor apresenta um ponto de vista sobre certo tema social, político ou cultural da atualidade e busca defendê-lo por meio de argumentos. É publicado em revistas, jornais ou *sites* jornalísticos, sempre com a assinatura do autor. Pode ser produzido por alguém que tenha vínculo fixo com o veículo (colunista) ou por um especialista que colabora eventualmente.

A importância de distinguir jornalismo informativo e opinativo

Pessoas que não estão familiarizadas com os gêneros jornalísticos podem tomar um artigo de opinião por uma notícia ou reportagem. Dessa forma, podem cometer erros de interpretação, como considerar que o ponto de vista expresso no texto representa uma posição consensual sobre o tema, ou a única possível diante dele.

Essa confusão também pode levar o leitor a considerar o articulista tendencioso, por defender certo lado da questão. Uma professora de jornalismo relatou um caso desse tipo ocorrido no jornal *Folha de S.Paulo*:

> [Um leitor] se queixou do teor da "reportagem" de João Pereira Coutinho [...] que usa uma história fictícia em que o Brasil é atacado por terroristas uruguaios.
> [...]
> Mas Coutinho não é um repórter. É colunista do jornal. E colunistas podem, se quiserem, expressar suas opiniões [...].
>
> PINTO, Ana E. S. A diferença entre reportagem, coluna e artigo. *Novo em Folha*, 6 jan. 2009. Disponível em: <http://mod.lk/n4vcz>. Acesso em: 17 nov. 2017. (Fragmento). © Folhapress.

Para evitar equívocos como esse, é necessário estar atento às características de cada gênero. Quanto mais contato tiver com conteúdo jornalístico, mais apto estará o leitor a analisar criticamente esses textos e identificar as intenções comunicativas de cada um.

Para ler

Pensando bem..., de Hélio Schwartsman (São Paulo: Contexto, 2016).

Artigos de opinião também podem ser reunidos em livros. É o caso dos textos publicados pelo filósofo Hélio Schwartsman no jornal *Folha de S.Paulo*: alguns deles foram reproduzidos nesse livro, em que cada capítulo focaliza um tema — liberdade, religião, história, política, violência, comportamento, educação e ciência.

Argumentação: tese e argumentos

Na seção "Primeiro olhar", você leu dois artigos sobre o mesmo tema: a obrigatoriedade do voto no Brasil. Diante desse tema, cada um apresenta uma *tese* — o sistema de voto obrigatório deve ser mantido (texto 1); esse sistema deve ser substituído pelo voto facultativo (texto 2).

Damos o nome de **tese** ao ponto de vista defendido em um texto argumentativo. A tese deve ser sustentada por **argumentos**: fatos, comparações, exemplos, números, etc. que justificam a tomada daquele posicionamento.

Você observou que o mesmo fato pode servir a diferentes argumentações. A predominância do voto obrigatório na América Latina pode ser tomada como um argumento *a favor* desse sistema, se quisermos valorizar a tradição regional; por outro lado, também pode ser um argumento *contrário*, se dermos maior relevância ao fato de os países da região não serem ricos e, ainda, representarem uma exceção em relação ao resto do mundo.

Percebemos, então, que fatos, exemplos, números, etc. não constituem argumentos por si. É o enunciador que, ao elaborar sua estratégia argumentativa, toma-os como justificativas de sua tese, de acordo com os objetivos que pretende alcançar.

Condições sócio-históricas da argumentação

Só faz sentido produzir um texto argumentativo se o tema é polêmico, ou seja, se comporta diferentes pontos de vista. Ao longo do tempo, conforme a sociedade e os costumes se transformam, algumas polêmicas desaparecem e outras nascem. Por exemplo, durante a ditadura militar brasileira, obviamente não faria sentido discutir voto facultativo para a escolha do presidente porque, querendo ou não, ninguém podia votar para eleger o representante máximo do país.

Por outro lado, um debate que hoje nos parece ilógico — as mulheres devem ter direito ao voto? — dominava os jornais e as rodas de conversa na Inglaterra do início do século XX. O filme *As sufragistas* focaliza esse momento histórico, mostrando a luta das mulheres pelo reconhecimento de sua cidadania.

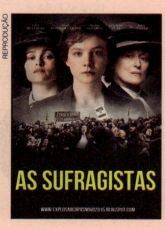

O filme de Sarah Gavron, *As sufragistas* (2015), estrelado por Carey Mulligan, Helena Bonham Carter e Meryl Streep.

Contra-argumentação

Pense e responda

De tempos em tempos, vem à tona no Brasil a discussão sobre a conveniência de haver ou não investimentos públicos no carnaval. Leia trechos de um artigo de opinião sobre esse tema e responda às perguntas.

Um patrimônio público nacional

1 Não basta apenas alardear que os eventos de carnaval no Brasil geram cerca de 500 mil empregos fixos e temporários, movimentam R$ 20 bilhões e geram um fluxo de quase 7 milhões de turistas nacionais e estrangeiros. Críticos afirmam tratar-se de um produto de mídia, no qual despontam mais as celebridades da tevê e menos o povo, em que se gastam recursos volumosos sem retorno para a população. Alicerçam seus argumentos no fato de a administração pública não se preocupar com a transparência e esconder dos eleitores as quantias gastas. Acusam o governo de não enfrentar os reais problemas sociais, preferindo a política do "pão e circo".

2 Mas faz-se importante lembrar que o Decreto-Lei 25, de 1937, conceitua o carnaval como Patrimônio Histórico e Artístico Nacional, vinculando-o a fatos memoráveis da história do Brasil com excepcionais valores artísticos. O carnaval não é só uma festa do povo, como também gera ocorrências locais e regionais consideradas pelo Ministério da Cultura, Iphan e Unesco como patrimônios imateriais brasileiros. [...]

3 [...] A falta de controle na fiscalização, a corrupção endêmica e a ausência de transparência não devem ser motivos para suprimir as iniciativas governamentais nos grandes eventos culturais. Difícil imaginar os sambódromos do Rio, São Paulo ou Florianópolis sem investimento público. [...]

4 E vou além: torna-se fundamental potencializar o carnaval como uma marca de exportação com uma imagem internacional de qualidade e competitividade. [...]

PAIXÃO, Dario Luiz D. *Gazeta do Povo*. Curitiba, 25 jan. 2016. Disponível em: <http://mod.lk/8wxk6>. Acesso em: 17 nov. 2017. (Fragmento).

Glossário

Alardear: fazer alarde; comunicar com entusiasmo.
Alicerçam: apoiam, baseiam.
"Pão e circo": referência à política adotada por alguns líderes romanos da Antiguidade (*panem et circenses*). Eles ofereciam espetáculos e alimentos à população, procurando deixá-la satisfeita e, assim, manter o controle da ordem estabelecida.
Endêmica: característica de certa região (no texto, refere-se ao Brasil).

Material complementar
Texto integral

1. Qual tese o autor defende? Ele é favorável ou contrário à aplicação de recursos públicos no carnaval? Justifique sua resposta com elementos do texto.

2. No primeiro parágrafo, o autor reporta que, segundo alguns, o carnaval dá mais destaque às celebridades da tevê do que ao povo, há pouca transparência no uso dos recursos públicos e, ainda, estes deixam de ser aplicados para resolver problemas sociais.
   a) Qual substantivo o autor usa para identificar aqueles de quem partem essas alegações? Por que a escolha desse substantivo nos permite inferir o posicionamento do autor?
   b) Se, em vez do substantivo que você indicou, o articulista usasse o termo *especialistas*, isso seria conveniente para sua argumentação? Por quê?
   c) Considerando o conteúdo dos parágrafos seguintes, explique por que o articulista decidiu mencionar essas alegações no primeiro parágrafo. Qual é o papel delas na construção de sua estratégia argumentativa?
   d) O segundo parágrafo se inicia com a conjunção adversativa *mas*. Com base em sua resposta anterior, explique por que o uso dessa conjunção é importante para indicar o posicionamento do autor.

Ao analisar trechos do artigo "Um patrimônio público nacional", você observou que o autor é favorável ao emprego de recursos públicos no carnaval. No entanto, logo no primeiro parágrafo, ele menciona argumentos contrários ao seu ponto de vista.

Essa estratégia em que o enunciador antecipa possíveis críticas à sua tese para, em seguida, refutá-las ou invalidá-las é denominada **contra-argumentação**. Tal procedimento fortalece o texto argumentativo, pois sugere que a tese defendida é fruto de uma reflexão ponderada, na qual o autor levou em conta os diversos lados da questão.

No entanto, para evitar confusões e garantir que o leitor identifique a verdadeira tese, é preciso tomar cuidado com a **seleção lexical** (escolha das palavras) durante a contra-argumentação. Você observou que a escolha do substantivo *críticos* — em vez de *especialistas*, por exemplo — no primeiro parágrafo ajuda o leitor a detectar a opinião defendida. Além disso, o emprego da conjunção *mas* no início do segundo parágrafo indica que, a partir de então, o autor começará a apresentar seus próprios argumentos, os quais contrastam com as alegações dos críticos.

Veja mais alguns exemplos de como selecionar as palavras e compor as frases adequadamente ao contra-argumentar:

Exemplo 1

Em um artigo **contrário** à redução da maioridade penal, o autor usa a expressão "Há quem diga que" para referir-se de forma genérica aos seus oponentes.

O autor menciona um argumento que poderia ser usado por quem pensa diferente.

> [...]
> **Há quem diga que, ao menos, esses adolescentes ficariam "fora de circulação" por mais tempo**. A falta de investimento em educação, saúde, assistência etc. favorece o ingresso, aos borbotões, de mais adolescentes na área socioeducativa. E aqueles adolescentes "fora de circulação", mais cedo ou mais tarde, sairão das unidades de internação.
> Hoje, quase todas as unidades de internação de adolescentes infratores no estado encontram-se superlotadas [...]. No município do Rio não há qualquer programa para trabalhar as medidas socioeducativas em meio aberto. [...]

Em seguida, refuta o argumento contrário, alegando que, mesmo que os adolescentes infratores fiquem mais tempo internados, dificilmente serão ressocializados, porque a estrutura é deficiente.

SOUZA, Sérgio Luiz R. de. A redução é a solução? *O Globo*. Rio de Janeiro, 11 set. 2017. p. 16. (Fragmento).

Exemplo 2

> Em um artigo **favorável** à cobrança de mensalidades nas universidades públicas, o autor admite que seus oponentes têm um bom argumento ("uma crítica plausível").

> Menciona o argumento contrário.

[...]
    A única crítica plausível que se ouve é a de que o papel redistributivo das universidades públicas estaria prejudicado com a cobrança de mensalidades, afastando de vez os mais pobres. Obviamente, essa crítica desconsidera o fato de que todas as propostas nesse sentido defendem a cobrança por critério de renda, um ajuste fino que pode ser feito sem grandes entraves burocráticos. [...]

CATÃO, Adrualdo. A correção de um modelo injusto. *Gazeta do Povo*. Curitiba, 15 ago. 2017. Disponível em: <http://mod.lk/q0afi>. Acesso em: 17 nov. 2017. (Fragmento).

> Ao contra-argumentar, usa o advérbio *obviamente* para enfraquecer a crítica dos oponentes, sugerindo que ela tem uma falha óbvia, evidente.

Exemplo 3

> Em um artigo **contrário** à proibição da publicidade infantil, o autor admite que, como pai, também sofre com os anúncios para crianças.

> Menciona argumentos normalmente usados por quem defende a proibição.

    Sou pai de gêmeos com o furor consumista típico de garotos de 12 anos. Sou, portanto, solidário com pais que se queixam dos excessos da propaganda infantil. É covardia anunciar para crianças, já que elas têm muitos desejos, nenhuma renda e uma capacidade infinita de apoquentar seus genitores.
    Ainda assim, parece-me desproposta a resolução nº 163 do Conanda (Conselho Nacional dos Direitos da Criança e do Adolescente) que passou a considerar abusiva toda e qualquer publicidade dirigida ao público com menos de 12 anos.
[...]

SCHWARTSMAN, Hélio. Propaganda infantil. In: *Pensando bem...* São Paulo: Contexto, 2014. p. 42. (Fragmento). © Hélio Schwartsman/Folhapress.

> Para introduzir sua tese, usa a locução adverbial concessiva *ainda assim*, indicando que os argumentos contrários não são suficientes para convencê-lo.

A estrutura do artigo de opinião

    Conforme você observou nos exemplos deste capítulo, o *título* do artigo de opinião pode referir-se ao tema, sem marcar claramente uma posição diante dele ("Por que no Brasil é obrigatório votar?"), ou pode sinalizar a tese defendida ("A super-representação da vontade de poucos", "Um patrimônio público nacional"). Muitos artigos trazem também uma *linha-fina*, que ajuda a esclarecer qual será a abordagem.
    Em relação ao corpo do texto, o artigo pode estruturar-se de diferentes maneiras, conforme o estilo do autor. Você provavelmente observou, por exemplo, que o artigo de Juan Arias apresenta parágrafos mais curtos que o de Karolina Roeder. A própria extensão do texto pode variar bastante, segundo o veículo em que será publicado.

De modo geral, porém, o artigo de opinião, assim como a maioria dos textos argumentativos, organiza-se em *introdução*, *desenvolvimento* e *conclusão*. Confira abaixo mais detalhes de cada uma dessas partes.

- **Introdução:** no primeiro ou nos primeiros parágrafos, o autor apresenta o tema que será abordado e indica seu posicionamento diante dele.
- **Desenvolvimento:** ao longo dos parágrafos seguintes, o autor constrói sua estratégia argumentativa, apresentando as alegações em uma ordem que, embora possa variar bastante, deve ser clara e lógica. Nesse sentido, é muito importante atentar ao emprego dos mecanismos de **coesão remissiva** e **sequencial**, capazes de garantir a constante retomada das ideias e a indicação de relações de sentido entre elas. Veja como isso acontece em trecho do texto de Juan Arias:

> Retoma a ideia do parágrafo anterior.
>
> Estabelece relação de **contraste** com o parágrafo anterior.
>
> "O direito do voto a todos os cidadãos, homens ou mulheres, ilustrados ou analfabetos, foi uma das maiores conquistas das democracias liberais. [...]
>
> **Isso** não significa, **no entanto**, que deva ser obrigatório nem que deva receber algum castigo quem deixar de usar este direito. Sobretudo **porque** não foi provado que o voto obrigatório melhore as democracias do mundo nem que aumente nelas a participação cidadã nas eleições."
>
> Indica relação de **causa**.

Ver seção Para ler e escrever melhor: "Coesão remissiva I e II" e "Coesão sequencial I e II", nos Capítulos 11 a 14.

- **Conclusão:** por fim, na conclusão, geralmente o articulista reafirma sua tese, podendo também enfatizar seu principal argumento. É isso que faz Karolina Roeder, em "A super-representação da vontade de poucos":

> Retoma e enfatiza seu principal argumento.
>
> "**A não obrigatoriedade do comparecimento do eleitor às urnas**, somada a um sistema hiperfragmentado de partidos fracos e pouco enraizados na sociedade, **desobrigaria os políticos a procurar — e eventualmente atender — essa população. É isso que queremos? Ou é isso que nossos políticos querem?**"
>
> **Reafirma sua tese**, sugerindo que o voto facultativo pode ser bom para os políticos, mas não o será para a população.

A linguagem do artigo de opinião

Para aumentar a credibilidade de sua argumentação, os autores de artigos de opinião geralmente utilizam linguagem *formal* e *objetiva*, com emprego de vocabulário específico, variado, e obediência às regras da norma-padrão. Normalmente os verbos e pronomes são flexionados na 3ª pessoa, mas alguns articulistas inserem-se de forma mais pessoal no texto, usando a 1ª pessoa. No artigo sobre o carnaval, por exemplo, o autor empregou a 1ª pessoa do singular para introduzir com maior ênfase um dos argumentos:

"E **vou** além: torna-se fundamental potencializar [...]".

PAIXÃO, Dario Luiz D. Um patrimônio público nacional.

Para assistir

No filme *12 homens e uma sentença* (de William Friedkin, Estados Unidos, 1997), um júri formado por doze homens se reúne para decidir o destino de um rapaz de 18 anos, acusado de ter assassinado o próprio pai. Ainda que não haja provas conclusivas contra o jovem, a maioria dos jurados está disposta a condená-lo. Um dos homens, porém, começa a mostrar aos demais os pontos fracos das provas apresentadas. Ao longo de uma tensa argumentação, que se estende por três dias, fica evidente como a personalidade e a vivência de cada um, além de seus preconceitos, influenciam muito mais seu julgamento do que as provas objetivas.

Ao utilizar a 3ª pessoa, o articulista muitas vezes atribui suas afirmações a especialistas, cientistas e outras figuras de autoridade. O objetivo, nesse caso, é criar um **efeito de verdade**, ou seja, dar ao interlocutor a impressão de que as alegações não representam apenas a opinião pessoal do autor, mas sim um consenso entre aqueles que entendem do assunto. Por exemplo:

> "[...] segundo vários analistas políticos, se fosse realizada a tão anunciada e nunca realizada reforma política, deveria começar por admitir o voto facultativo [...]."
>
> ARIAS, Juan. Por que no Brasil é obrigatório votar?

> "A ciência política aponta que o comparecimento eleitoral é uma função da vontade, capacidade e oportunidade de participar do eleitor."
>
> ROEDER, Karolina. A super-representação da vontade de poucos.

Também contribui para esse efeito de verdade a flexão dos verbos no **presente do Indicativo**, tempo verbal normalmente usado para enunciar fatos estabelecidos, dos quais se tem certeza:

> "Nos países mais desenvolvidos do mundo, nos mais modernos e nas democracias mais sólidas, o voto político é facultativo."

> "Todos, sem distinção de sexo ou posição social, têm o direito de poder participar na vida política através do voto que permite eleger os representantes da vida pública."
>
> ARIAS, Juan. Por que no Brasil é obrigatório votar?

Pergunta retórica

Uma estratégia linguística bastante utilizada nos artigos de opinião é a **pergunta retórica**, isto é, uma pergunta formulada não para obter uma resposta, mas para aumentar o efeito persuasivo do texto. Veja um exemplo extraído do artigo "A super-representação da vontade de poucos":

> "Qual a consequência mais provável da desobrigatoriedade do voto no Brasil? Os políticos deixarem de buscar o voto dos mais pobres."

Observe que a articulista faz a pergunta e, em seguida, ela mesma a responde. Essa técnica prende a atenção do leitor e confere maior impacto ao argumento. Outra forma de usar a pergunta retórica é deixá-la em aberto, de modo que o leitor deduza a resposta. É o que faz Juan Arias após mencionar uma pesquisa que mostrou a preferência da maioria dos brasileiros (64%) pelo voto facultativo:

> "Não seria suficiente esse índice, que certamente hoje seria ainda maior, para que se incluísse na reforma política a liberdade de votar?"

Perguntas retóricas que ficam sem resposta também podem servir para que o argumentador insinue um fato, sem, porém, comprometer-se totalmente com ele. Ao analisar o artigo de Karolina Roeder, você observou que, por meio de uma pergunta em aberto, a conclusão insinua que os políticos preferem o sistema de voto facultativo ("É isso que queremos? *Ou é isso que nossos políticos querem?*"). No entanto, a articulista não declara isso abertamente; se quisesse fazê-lo, usaria uma frase afirmativa (por exemplo, *Nossos políticos querem o voto facultativo porque isso os desobrigará de atender os mais pobres*).

Perguntas retóricas são utilizadas em várias esferas discursivas, inclusive na publicidade. Veja ao lado como o anúncio de uma exposição de arte utilizou essa técnica para chamar a atenção do público.

Campanha Pinacoteca: Disponível em: <http://mod.lk/j110l>. Acesso em: 13 dez. 2017.

Para ler e escrever melhor

Tipos de argumento I

Não apenas em artigos de opinião, mas nos mais diversos gêneros em que se busca convencer o interlocutor de algo, são utilizados diferentes tipos de argumento. Nesta e nas próximas duas seções "Para ler e escrever melhor", você conhecerá os principais deles. Além disso, a cada categoria de argumento, mostraremos as formas mais comuns de refutá-lo, ou seja, de conduzir a contra-argumentação.

Para começar, vamos examinar os *dados numéricos*, a *relação de causa e consequência* e a *exemplificação*.

Dados numéricos

A apresentação de *dados numéricos* é uma das maneiras mais objetivas de comprovar um ponto de vista e costuma conferir grande credibilidade à argumentação. O autor do artigo favorável ao investimento público no carnaval usou esse tipo de argumento no início do texto:

> "Não basta apenas alardear que os eventos de carnaval no Brasil geram cerca de **500 mil empregos fixos e temporários**, movimentam **R$ 20 bilhões** e geram um fluxo de quase **7 milhões de turistas** nacionais e estrangeiros."

Como contra-argumentar? Em geral, quem quer refutar esse tipo de argumento concentra-se na *fonte* dos dados. Seria possível questionar, por exemplo, como o articulista chegou aos números apresentados. Se as pesquisas forem antigas ou se seguiram uma metodologia inadequada, isso pode ser apontado como falha. Também é possível apresentar dados numéricos que sustentem uma tese contrária: um crítico poderia, por exemplo, alegar que apenas uma pequena porcentagem do dinheiro movimentado retorna aos cofres públicos na forma de impostos.

Relação de causa e consequência

Leia esta tira de Calvin.

O MELHOR DE CALVIN   BILL WATTERSON

Para sustentar seu ponto de vista, o pai de Calvin alega que manter o aquecimento em um nível baixo traz *consequências* positivas: consome-se menos combustível e, assim, preserva-se o meio ambiente e economiza-se dinheiro. A última relação de causa e efeito ("passar frio forma o caráter") não agrada ao menino, farto das lições de moral do pai, e sua irritação contribui para o humor da tira.

As pessoas tendem a apoiar ações que vão trazer efeitos positivos e, ao mesmo tempo, condenar aquelas que provocarão prejuízos; logo, apontar as *consequências* de certo fato pode ser uma boa estratégia argumentativa. Em outras situações, o argumentador concentra-se nas *causas* de determinado problema. Na política, é comum que os adversários de certo governante atribuam à sua atitude (ou falta de atitude) os problemas da população. Por exemplo, se em certa cidade falta água, os críticos do prefeito dirão que a razão disso é ele não ter feito reservatórios, cisternas e outras obras para melhorar a gestão hídrica. Já a pessoa atacada se defende apontando outros motivos: esse prefeito poderia dizer, por exemplo, que não há água nas torneiras simplesmente porque não tem chovido na região.

Capítulo 17 • Artigo de opinião 237

Como contra-argumentar? Quando um argumentador usa uma relação de causalidade para defender sua tese, o primeiro passo é averiguar se a relação realmente existe. A pessoa pode estar usando um *pretexto*, ou seja, dando uma desculpa que, na verdade, não é a causa do problema — ou pelo menos não é a causa mais importante. O mesmo vale para as *consequências* de certa ação alegadas pelo argumentador: podemos demonstrar que as consequências não serão aquelas, ou que a ação também terá efeitos indesejáveis.

Exemplificação

A *apresentação de exemplos* ou *exemplificação* é uma poderosa estratégia argumentativa, pois dá concretude às ideias e tem forte valor de prova. Na seção "Primeiro olhar", você observou que Karolina Roeder mencionou a Bélgica e a Austrália como exemplos de países que adotam o voto obrigatório e, também, que essa escolha não foi aleatória: essas nações são um exemplo positivo, pois são conhecidas pelo alto nível socioeconômico e pela preservação das liberdades individuais.

Como contra-argumentar? A exemplificação baseia-se na **indução**, um tipo de raciocínio que parte de casos particulares para chegar a uma regra geral. O problema é que muitas vezes a indução leva a *falsas generalizações*: por exemplo, se alguém cita um ou dois casos de violência escolar em uma cidade grande e, com base nisso, afirma que todas as escolas dessa cidade são violentas, está fazendo uma falsa generalização. No caso do artigo de Roeder, seria possível contra-argumentar que a Bélgica e a Austrália são exceções entre os países desenvolvidos; a maioria deles, como salienta o autor do outro artigo, adota o voto facultativo.

Resumindo:

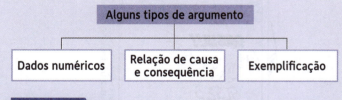

Na prática

Organizem-se em grupos de quatro ou cinco alunos. Depois, sigam as orientações abaixo para colocar em prática algumas estratégias de argumentação e contra-argumentação.

1. O uso do celular e outros dispositivos em sala de aula é um tema polêmico. Para muitos educadores, a tecnologia não deve ser vista como inimiga, e sim como aliada do aprendizado, podendo favorecer a realização de projetos, pesquisas e atividades interativas. Outros, porém, veem nos *smartphones* uma fonte de distração e indisciplina em sala de aula. Sob a coordenação do professor, cada grupo escolherá um dos lados dessa polêmica — *a favor* ou *contra* a presença do celular em sala de aula. Não é necessário que vocês concordem com o ponto de vista escolhido, pois o objetivo, neste primeiro momento, é apenas levantar argumentos para cada lado.

2. Quando todos os grupos tiverem definido seu ponto de vista, comecem a buscar por estes tipos de argumento para sustentá-lo: dados numéricos, relações de causa e consequência e exemplos. Vejam algumas ideias para pesquisar:

   - cidades ou estados do Brasil onde há leis proibindo o uso do celular em sala de aula;
   - estudos que mostram benefícios (ou prejuízos) dos aparelhos para o aprendizado;
   - depoimentos de especialistas sobre as consequências (positivas ou negativas) do emprego desses aparelhos.

   Ver seção Para ler e escrever melhor: "Como buscar e selecionar informações", no Capítulo 16.

3. Além de informações extraídas de notícias, reportagens, artigos, etc., vocês podem usar suas próprias ideias, especialmente no estabelecimento de relações de causa e consequência.

4. Cada grupo deve apresentar pelo menos um argumento de cada tipo. Quando todos tiverem concluído a tarefa, organizem um painel com os argumentos favoráveis e contrários:

Celular na sala de aula	
Argumentos favoráveis	**Argumentos contrários**

5. Os grupos devem contribuir para o painel de acordo com o ponto de vista para o qual levantaram argumentos, eliminando-se os dados repetidos.

6. Então, quando os argumentos estiverem organizados, os grupos que escolheram o posicionamento favorável ao uso do celular devem expor oralmente suas razões e buscar contra-argumentar as justificativas dos grupos que escolheram o posicionamento contrário. Em seguida, as posições se invertem.

7. No final, conversem sobre os seguintes aspectos:
   a) Foi fácil ou difícil contra-argumentar as alegações dos colegas? Vocês usaram as orientações apresentadas nesta seção?
   b) Um dos grandes benefícios de exercitar a contra-argumentação é que isso geralmente aumenta o senso crítico da pessoa em relação aos seus *próprios* argumentos. Vocês perceberam isso? Expliquem sua resposta.
   c) Depois de analisar os argumentos de ambos os lados, a que conclusões vocês chegaram? Os dispositivos eletrônicos devem ou não ser permitidos em sala de aula? Existe alguma posição intermediária?

Produção autoral

Artigo de opinião

Contexto de produção

O quê: artigo de opinião.
Para quê: defender um ponto de vista sobre tema polêmico da atualidade.
Para quem: colegas de grupo.
Onde: folhas avulsas.

Produzir e ler artigos de opinião pode ser uma boa maneira de envolver-se com os assuntos polêmicos da atualidade. Para realizar essa atividade, você e os colegas vão manter a mesma formação em grupos da seção "Para ler e escrever melhor". Cada grupo escolherá um tema, sobre o qual os componentes, individualmente, escreverão um artigo de opinião. Depois, o artigo será lido e discutido dentro do grupo, e as conclusões serão apresentadas oralmente ao resto da turma.

Primeiro passo: definir o tema e pesquisar sobre ele

1. Dentro do grupo, pensem em temas que estejam em destaque na mídia atualmente e provoquem controvérsia. Vocês podem, também, aproveitar assuntos já discutidos neste capítulo (obrigatoriedade do voto, investimentos públicos no carnaval, uso do celular em sala de aula). Vejam outras sugestões:

   - Câmeras nas escolas: segurança ou invasão de privacidade?
   - Cotas nas universidades: sociais, raciais, ambas ou nenhuma?
   - Criminalidade juvenil: qual é a solução?
   - Liberdade de expressão no humor e na arte: existem limites?

2. Quando tiverem escolhido o tema do grupo, pesquisem informações sobre ele. Reúnam alguns artigos, reportagens ou entrevistas, sempre atentando para a credibilidade e atualidade das fontes. Em seguida, leiam e discutam os materiais coletados, tomando nota dos argumentos que poderão usar para construir as respectivas argumentações.

Segundo passo: escrever e revisar o artigo

1. Cada componente do grupo escreverá seu artigo de opinião individualmente. É interessante fazer um planejamento, prevendo qual aspecto do tema será abordado em cada parágrafo. Caso pretenda utilizar a estratégia da contra-argumentação, pense também em que ponto do texto vai empregá-la.

2. Veja um exemplo de como pode ficar o planejamento:

> **Introdução** – Apresentar o tema: instalação de câmeras de vigilância em escolas públicas e privadas. Incluir dados numéricos de escolas que já implantaram o sistema, mostrando a importância de discutir o assunto. Apresentar a tese: as câmeras prejudicam o convívio na escola e impedem que os jovens desenvolvam sua autonomia.
>
> **Desenvolvimento** – Apresentar um argumento favorável à instalação das câmeras: ajuda a manter a disciplina. Apresentar contra-argumento: embora isso seja verdade, a vigilância também tira a espontaneidade da relação entre professores e alunos. Apresentar um argumento favorável à instalação das câmeras: a gravação oferece um "tira-teima" no caso de conflitos. Apresentar contra-argumento: as câmeras diminuem a autoridade do professor e infantilizam os alunos — todos passam a depender de um árbitro para resolver atritos.
>
> **Conclusão** – Reafirmar a tese: as câmeras não ajudam a formar cidadãos autônomos e conscientes.

3. Quando tiver planejado o texto, comece a escrevê-lo. Busque compor frases claras, na ordem direta, e empregue os mecanismos de coesão para relacioná-las adequadamente. Lembre-se também de usar uma linguagem sóbria e formal, atentando para as regras da norma-padrão. Se quiser, você pode usar a 1ª pessoa do singular em algum momento, ou então seguir o padrão mais comum e manter todos os verbos na 3ª pessoa. Também é possível empregar *perguntas retóricas* para aumentar o efeito persuasivo do texto. Por fim, complete o trabalho com um título instigante e uma linha-fina que o esclareça.

4. Antes de mostrar o artigo para o seu grupo, peça a um colega de outro grupo que leia a primeira versão e avalie estes aspectos:

> ✓ A introdução permite identificar o tema abordado e a tese que será defendida?
> ✓ Ao longo do desenvolvimento, foram apresentados argumentos variados e em uma sequência lógica?
> ✓ A conclusão reafirma a tese e dá ao raciocínio um desfecho coerente?
> ✓ As frases e os parágrafos foram adequadamente relacionados por meio dos mecanismos de coesão?
> ✓ Foi empregado o registro formal, com obediência às regras da norma-padrão?
> ✓ De modo geral, o artigo de opinião está claro e convincente?

5. Com base nas sugestões do colega, revise seu texto e prepare a versão final.

Terceiro passo: discutir os artigos e apresentar as conclusões à turma

1. Agora, dentro de cada grupo, leiam os artigos uns dos outros e discutam estas questões:
    a) Vocês defenderam teses semelhantes diante do tema? Usaram argumentos parecidos?
    b) Na opinião de vocês, quais dos argumentos apresentados nos diferentes textos são os mais fortes e convincentes?

2. No final da discussão, cada grupo deve expor oralmente para o resto da turma um balanço dos artigos produzidos — quais as principais teses defendidas e os principais argumentos usados para justificá-las. Expliquem, também, as conclusões a que chegaram após o debate de ideias.

> Confira questões do Enem e de vestibulares e propostas de redação no **Vereda Digital Aprova Enem** e no **Vereda Digital Suplemento de revisão e vestibulares**, disponíveis no livro digital.

CAPÍTULO 18

EDITORIAL

OBJETIVOS DE APRENDIZAGEM
- Identificar as principais características do gênero *editorial*.
- Reconhecer marcas de autoria institucional em editoriais.
- Compreender as particularidades dos editoriais das revistas temáticas.
- Conhecer alguns tipos de argumento que podem ser usados para sustentar uma tese.

ENEM
C1: H2, H3
C6: H18, H19
C7: H21, H22, H23, H24
C8: H25, H26, H27

Para começar

Pesquisadores de uma universidade brasileira fizeram perguntas sobre pequenas infrações em sala de aula a estudantes dos Ensinos Médio e Superior. Responda às perguntas dessa pesquisa individualmente; depois, discuta com os colegas e o professor as questões propostas.

1. Você costuma colocar o nome dos colegas na lista dos trabalhos de grupo sem que eles tenham ajudado?	a) Sempre.
2. Você costuma pedir aos colegas que insiram seu nome no grupo de trabalho sem ter realizado a atividade?	b) Às vezes.
3. Você costuma copiar textos, trabalhos da internet e/ou de outras pessoas e entregar para avaliação do professor?	c) Só nos trabalhos/exames mais difíceis.
4. Você costuma assinar a lista de presença para outros alunos?	d) Raramente.
5. Você costuma colar nas provas?	e) Nunca.

Fonte: GOIS, Antônio. Maioria dos alunos cariocas admite já ter colado e copiado trabalhos. *O Globo*. Rio de Janeiro, 30 set. 2015. Disponível em: <http://mod.lk/bglzl>. Acesso em: 18 nov. 2017. (Fragmento adaptado).

1. Uma das opções de resposta sugere uma possível "desculpa" para a infração. Qual é a opção? Em sua opinião, essa desculpa é válida? Por quê?
2. Você já ouviu falar em "jeitinho" brasileiro? A seu ver, qual é o significado dessa expressão? O "jeitinho" pode ter um lado bom? Se sim, qual seria? E também pode ter um lado negativo? Por quê?
3. O texto que você lerá discute os limites entre o "jeitinho" e a corrupção. Em sua opinião, as infrações às quais a pesquisa se refere (colocar nome de colegas em trabalhos, copiar textos da internet, colar na prova, etc.) ultrapassam o limite do "jeitinho" e invadem o campo da corrupção? Explique sua resposta.

Primeiro olhar

Você encontrará a seguir um texto publicado no site de um jornal brasileiro. Leia-o e responda às questões.

Entre o jeitinho e a corrupção

1   Se há uma marca do brasileiro que o caracteriza por onde passa, é aquela conhecida como "jeitinho". A literatura sobre o assunto é farta. Do antropólogo Roberto DaMatta em *O que faz o Brasil, Brasil?* ao "homem cordial" propenso à informalidade, de Sérgio Buarque de Holanda, estudiosos se debruçam sobre um tema que funciona como se fosse duas facetas de uma moeda.

2   A primeira delas é encarar o "jeitinho" como aquela capacidade quase inata de improvisar, de buscar soluções criativas e contornar problemas, especialmente os criados por um Estado como o brasileiro, que tende a produzir normas que coagem e desarticulam a iniciativa dos cidadãos. Por essa concepção, o "jeitinho" se assemelha ao conceito aristotélico de "epiqueia" — a qualidade de contornar leis e regulamentos exagerados e injustos. Em outras palavras, por meio da epiqueia, um indivíduo descumpre o significado literal da lei e procura agir conforme o sentido mais profundo daquela regra. Esta faceta do "jeitinho" é até mesmo elogiável — sem ela, o brasileiro se veria paralisado em muitas situações, submerso pelo afã estatal de tudo regulamentar.

3   Mas o lado obscuro do "jeitinho" é precisamente aquele em que o cidadão assume a transgressão da norma, cometendo pequenos desvios no âmbito privado, ainda que alegue não ter a intenção de cometer crimes. É o tipo de comportamento que vai muito além da epiqueia aristotélica, adentrando a seara dos atos manifestamente ilícitos. Recentemente a *Gazeta do Povo* publicou reportagem que ilustra bem essa tolerância com as "pequenas corrupções", a partir da análise de duas pesquisas que indicavam a dificuldade de parte dos brasileiros em compreender a noção de ética e distinguir o público do privado.

4   Conforme os estudos realizados pela Universidade de Brasília e pela Universidade Federal de Minas Gerais, parte dos brasileiros entende como aceitáveis condutas que jamais deveriam sê-lo, ainda que essas mesmas pessoas se mostrem horrorizadas com os grandes escândalos de corrupção — que, aliás, acabam servindo de justificativa para as pequenas transgressões, já que "tem coisa muito pior" que [...] fazer um "gatonet" ou falsificar uma carteirinha de estudante (comportamentos que, segundo os estudos recentes, estão entre as condutas entendidas como aceitáveis por um em cada quatro brasileiros).

5   É verdade: o desvio de milhões de reais da administração pública é muito pior que uma mudançazinha na declaração do Imposto de Renda. Isso é evidente. Mas o centro da questão é a aceitação pacífica de comportamentos que jamais poderiam ser aceitáveis. Quando isso ocorre, abre-se espaço para uma cultura em que o outro vale muito pouco, em que a vantagem individual se torna muito mais importante que o bem comum. Esse clima de leniência é campo fértil para a grande corrupção [...]. Para reverter este quadro, o combate à impunidade é essencial, mas não basta: é preciso promover uma mudança nas mentes dos brasileiros.

Entre o jeitinho e a corrupção. *Gazeta do Povo*. Curitiba, 19 fev. 2016. Disponível em: <http://mod.lk/ycvzi>. Acesso em: 18 nov. 2017. (Fragmento).

Glossário

Literatura: nesse contexto, refere-se a um conjunto de livros, artigos, ensaios e outros textos não ficcionais dedicados a certo tema.
Antropólogo: estudioso da antropologia, ciência que estuda as origens, a cultura e os costumes humanos.
Propenso: inclinado, disposto.
Sérgio Buarque de Holanda (1902-1982): historiador brasileiro, autor de *Raízes do Brasil*, considerada uma das mais importantes obras sobre a cultura e a sociedade nacionais.
Coagem: obrigam, forçam.
Afã: esforço intenso.
Seara: campo.
"Gatonet": gíria para uma ligação clandestina de TV por assinatura.
Leniência: permissividade.

SAIBA MAIS

O texto lido menciona o "conceito aristotélico de 'epiqueia'". De fato, o filósofo grego Aristóteles (384 a.C. – 322 a.C.) criou conceitos utilizados até hoje em diversas áreas do saber, como a ética, o direito, a lógica, a literatura e a biologia. Nascido em família abastada, Aristóteles recebeu boa formação intelectual e, aos 17 anos, foi a Atenas estudar na reputada Academia de Platão. Depois de alguns anos como aluno, passou também a lecionar na Academia, onde permaneceria até a morte do mestre. Mais tarde foi instrutor de Alexandre, o Grande, e fundou o Liceu, sua própria escola de filosofia. Temos acesso ao pensamento de Aristóteles pelas inúmeras obras que o filósofo deixou, entre elas *Ética a Nicômano*, que reúne suas teorias morais, e *Poética*, sobre literatura e teatro.

Busto de Aristóteles esculpido em mármore.

1. Como se vê no terceiro parágrafo, um dos motivos que levaram à produção desse texto foi a publicação, pouco tempo antes, de uma reportagem no mesmo jornal. Ao analisar a relação entre essas duas produções, podemos afirmar que o texto lido tem como objetivo:
   a) detalhar a reportagem, fornecendo novas informações sobre o tema.
   b) comentar a reportagem sob um ponto de vista subjetivo e pessoal.
   c) analisar as informações da reportagem e posicionar-se diante delas.
   d) contradizer a reportagem, ao defender que o "jeitinho" tem um lado positivo.

2. Observe que o texto não é assinado. Qual é o motivo mais provável para isso?
   a) O autor quis preservar seu anonimato.
   b) O texto representa a opinião do jornal.
   c) O jornal não considera importante identificar o autor.
   d) Os autores são os mesmos que os da reportagem.

3. Releia:

   "A literatura sobre o assunto é farta. Do antropólogo Roberto DaMatta em **O que faz o Brasil, Brasil?** ao **'homem cordial'** propenso à informalidade, de Sérgio Buarque de Holanda, estudiosos se debruçam sobre um tema que funciona como se fosse duas facetas de uma moeda."

   - Observar sinais e recursos gráficos, como aspas e itálico, ajuda-nos a fazer inferências durante a leitura. Com base nesses elementos, podemos deduzir que os trechos destacados se referem, respectivamente:
   a) ao título de um livro e a uma expressão usada por certo autor.
   b) ao título de um livro e a uma expressão que caiu em desuso.
   c) a uma expressão traduzida do inglês e a uma gíria antiga.
   d) a uma pergunta feita por certo autor e a uma gíria antiga.

4. Segundo o texto, qual seria o lado bom do "jeitinho" brasileiro?
   - Explique a relação que o texto estabelece entre esse lado bom do "jeitinho" e o conceito aristotélico de epiqueia.

5. A conjunção adversativa *mas* indica contraste. Explique por que o terceiro parágrafo se inicia com essa conjunção e quais ideias estão sendo contrapostas.

6. O quarto parágrafo analisa os resultados de pesquisas da Universidade de Brasília e da Universidade Federal de Minas Gerais, apresentados anteriormente em uma reportagem.
   a) Explique como a locução conjuntiva *ainda que* é empregada para apontar uma incoerência nas respostas dos entrevistados.
   b) Os entrevistados apresentam uma "justificativa" para seus atos ilícitos. Qual é ela?
   c) Em sua opinião, essa justificativa pode ser considerada um argumento válido? Por quê?

7. Releia:

   "É verdade: o desvio de milhões de reais da administração pública é muito pior que uma *mudançazinha* na declaração do Imposto de Renda. Isso é evidente. Mas o centro da questão é a aceitação pacífica de comportamentos que jamais poderiam ser aceitáveis."

   a) Se o substantivo destacado fosse usado sem o grau diminutivo ("é muito pior que uma *mudança* na declaração do Imposto de Renda"), o sentido da frase não seria exatamente o mesmo. Explique que efeito o uso do diminutivo produz.
   b) Pode-se dizer que no trecho reproduzido acima foi utilizada a estratégia da contra-argumentação? Por quê?

   > Ver "Contra-argumentação", no Capítulo 17: "Artigo de opinião".

8. Qual das frases a seguir sintetiza melhor a principal *tese* defendida no texto?
   a) A flexibilidade do brasileiro, que o ajuda a driblar problemas criados pelo Estado, é um aspecto elogiável de seu caráter.
   b) O brasileiro age de forma hipócrita, ao condenar a corrupção dos políticos, mas praticar atos ilícitos no cotidiano.
   c) Para a maioria dos estudiosos, o "jeitinho" brasileiro tem um lado bom, mas também um lado condenável.
   d) A tolerância com práticas ilícitas no dia a dia abre espaço para crimes de corrupção de maiores proporções.

9. Alguns textos argumentativos propõem soluções para os problemas que apontam. Indique em que parte do texto é sugerida uma solução para a problemática descrita e explique qual é essa solução.

Trocando ideias

Leia um *banner* digital de uma campanha promovida pela Controladoria Geral da União (CGU). Depois, converse com os colegas e o professor sobre as questões propostas.

Peça publicitária em forma de bandeira, geralmente com *link* para o *site* do anunciante.

BRASIL. Ministério Público Federal. *Programa Nacional de Prevenção Primária à Corrupção*. Disponível em: <http://mod.lk/xigmk>. Acesso em: 18 nov. 2017.

1. Por que ser íntegro pode ser considerado um comportamento "transformador"? A que frase do texto "Entre o jeitinho e a corrupção" podemos relacionar mais diretamente esse *slogan*?
2. O *banner* usa a conjunção aditiva *e* para unir os adjetivos *brasileiro* e *honesto*. Qual ideia o emprego dessa conjunção pretende combater?
3. Em sua opinião, comparada à geração de seus pais ou avós, sua geração tem maior ou menor tolerância a pequenos ilícitos do dia a dia? Explique sua resposta.
4. Na seção "Para começar", você e os colegas discutiram se cometer pequenas infrações em sala de aula seria ou não corrupção. Depois de ter lido o editorial da *Gazeta do Povo*, sua opinião a respeito mudou? Explique sua resposta.

Para navegar

No *site* <www.todosjuntoscontracorrupcao.gov.br>, você pode saber mais sobre a campanha *Todos juntos contra corrupção*, assistir a um vídeo informativo e, ainda, conhecer propostas e práticas de combate à corrupção.

Por dentro do gênero – Editorial

Ao lado do artigo de opinião, que estudamos no capítulo anterior, o **editorial** destaca-se como um dos mais importantes gêneros do jornalismo opinativo. Como você observou ao ler o editorial "Entre o jeitinho e a corrupção", esse gênero discursivo tem como objetivo analisar criticamente um tema ou fato da atualidade. Para tanto, muitas vezes toma como ponto de partida uma notícia, reportagem ou outro texto publicado no próprio veículo — no exemplo analisado, a motivação veio de uma reportagem sobre pequenas corrupções do dia a dia. Outra característica marcante do editorial é que ele geralmente não é assinado, visto que representa a opinião do jornal, da revista ou do *site* jornalístico como um todo.

O fato de o veículo assumir determinado posicionamento quanto a certo tema não significa que seus jornalistas precisem aderir a esse posicionamento em seu trabalho diário. Por exemplo, mesmo que um jornal defenda a redução da maioridade penal em seus editoriais, ao produzir uma reportagem sobre o assunto os jornalistas devem apresentar os diversos lados da questão, como é o padrão nas reportagens.

Também é comum que o jornal ou revista publique artigos de opinião com pontos de vista diferentes dos assumidos no editorial. Na página reproduzida abaixo, o jornal veiculou um editorial contrário ao ensino religioso confessional nas escolas públicas e, ao lado, um artigo de opinião com posicionamento oposto:

> **confessional**: Ministrado por representante de determinada crença religiosa.

Editorial com uma opinião **contrária** à atuação, nas escolas públicas, de professor ligado a uma religião específica.

Artigo de opinião com uma opinião **favorável** à contratação desse tipo de professor.

Tema em discussão: ensino religioso nas escolas públicas.
O Globo. Rio de Janeiro, 2 out. 2017, p. 12.

Editorial é um gênero jornalístico opinativo em que certo veículo de imprensa analisa criticamente um tema da atualidade e toma posição diante dele. Muitas vezes, tem como ponto de partida uma notícia ou reportagem publicada no próprio veículo. O profissional que redige o texto é o **editorialista**, mas ele não se identifica, pois a autoria é atribuída ao jornal ou revista como um todo. Nos jornais impressos, o editorial geralmente ocupa um espaço nobre, nas primeiras páginas, ao lado dos artigos de opinião e da charge.

Para assistir

Alguns programas jornalísticos da TV e do rádio contam com um **âncora** — um apresentador que, após ler as notícias, comenta-as criticamente. Nesse caso, as opiniões que ele apresenta também são consideradas editoriais. Nos Estados Unidos, o âncora é uma figura tradicional dos telejornais.

O filme *Boa noite e boa sorte* (de George Clooney, Estados Unidos, 2005) conta a história do âncora Edward Murrow, que resiste ao clima de censura imposto pelo senador Joseph McCarthy (1908-1957) — uma figura com grande influência na política estadunidense nos anos 1950. Obcecado com a "ameaça vermelha", McCarthy recorre à calúnia e à difamação para acusar seus desafetos de propagar o comunismo. No filme, os editoriais corajosos de Murrow denunciam as tramas do senador e defendem a liberdade de expressão.

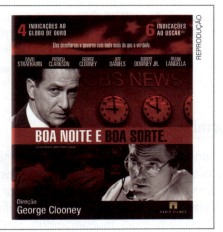

A estrutura do editorial

A estrutura básica do editorial é formada por *introdução*, *desenvolvimento* e *conclusão*. Uma das formas de compor a *introdução* é fazer referência às notícias recentes que serão comentadas. Observe como isso ocorre em um editorial sobre violência no campo:

Barbáries

Os recentes episódios de extrema violência no campo voltaram a expor a crônica incapacidade do Estado brasileiro de promover a regularização fundiária do país.

Em Colniza, no noroeste de Mato Grosso, nove posseiros e trabalhadores agrícolas foram mortos a tiros e golpes de facão em 19 de abril; 11 dias depois, no interior do Maranhão, um ataque brutal a índios gamelas deixou mais de dez feridos, um deles com risco de perder as mãos.
[...]

Barbáries. *Folha de S.Paulo*. São Paulo, 3 maio 2017. Disponível em: <http://mod.lk/njq8l>. Acesso em: 18 nov. 2017. (Fragmento). © Folhapress.

Glossário

Fundiária: relativa à posse e propriedade da terra.

Nesse caso específico, como o texto foi publicado na versão *on-line* do jornal, há um *hyperlink* que direciona automaticamente para a notícia comentada, de modo que o leitor possa acessá-la com facilidade. Mas a notícia ou reportagem que dá origem ao editorial não necessariamente precisa ser citada na introdução. No texto "Entre o jeitinho e a corrupção", por exemplo, você observou que somente no terceiro parágrafo se fazia referência à reportagem sobre pequenos ilícitos. Na introdução, o editorialista preferiu apresentar o *tema*:

"Se há uma marca do brasileiro que o caracteriza por onde passa, é aquela conhecida como 'jeitinho'. A literatura sobre o assunto é farta. Do antropólogo Roberto DaMatta em *O que faz o Brasil, Brasil?* ao 'homem cordial' propenso à informalidade, de Sérgio Buarque de Holanda, estudiosos se debruçam sobre um tema que funciona como se fosse duas facetas de uma moeda."

Em seguida, no *desenvolvimento* do editorial, são apresentados os argumentos que sustentam a tese proposta, tomando-se o cuidado de organizá-los e relacioná-los por meio de mecanismos coesivos. No editorial da *Gazeta do Povo* foram empregados, por exemplo, pronomes ("*Isso* é evidente."), expressões nominais ("ilustra bem *essa tolerância*") e conjunções ("*Mas* o centro da questão [...]").

Na *conclusão*, muitas vezes o editorial propõe uma solução para o problema discutido — na análise da seção "Primeiro olhar", você observou que o texto enfatizava a necessidade de "uma mudança na mente dos brasileiros". Veja outro exemplo de intervenção sugerida na conclusão do editorial; nesse caso, o problema abordado era a degradação do rio São Francisco, o mais importante da região Nordeste, onde o jornal circula:

[...]
É preciso que a revitalização [do rio] se torne uma política pública mais consistente, e isso requer também uma reorientação da proposta de desenvolvimento da região e uma melhor gestão da água. É necessário que o programa de revitalização seja efetivamente tirado do papel e que todos, incluindo os órgãos públicos, os empreendedores da iniciativa privada e os usuários, estejam envolvidos. Caso contrário, o rio que já foi o grande provedor desta imensa região sucumbirá de vez.

Tragédia anunciada. *Gazeta de Alagoas*. Maceió, 5 out. 2017. Disponível em: <http://mod.lk/hw96m>. Acesso em: 18 nov. 2017. (Fragmento).

A linguagem do editorial

Nos editoriais costuma-se empregar linguagem sóbria e bastante formal. No texto lido na seção "Primeiro olhar", você observou que o vocabulário era apurado e específico ("normas que coagem", "adentrando a seara dos atos manifestamente ilícitos"). Apenas em alguns poucos momentos, ao referir-se a termos usados por pessoas que cometem pequenas ilicitudes, o texto apresentava expressões coloquiais: "*tem* coisa muito pior", *mudançazinha, gatonet*.

Assim como ocorre no artigo de opinião, nos editoriais existe a preocupação em usar os recursos linguísticos para criar um **efeito de verdade**, isto é, dar ao leitor a impressão de que as declarações feitas são incontestáveis. Para tanto, os verbos geralmente são flexionados no presente do Indicativo ("Se *há* uma marca do brasileiro que o *caracteriza* por onde *passa*, é aquela conhecida como 'jeitinho'") e são feitas menções a especialistas, estudiosos, etc.: "*estudiosos* se debruçam sobre um tema [...]", "Conforme os *estudos* realizados [...]".

Uma característica linguística notável dos editoriais é a forma como eles marcam sua **autoria institucional**, ou seja, sinalizam ao leitor que o texto representa a opinião do veículo. Isso é feito basicamente de duas maneiras. A primeira é apresentar o nome do jornal e referir-se a ele na 3ª pessoa, como se faz no editorial "Entre o jeitinho e a corrupção": "Recentemente a *Gazeta do Povo publicou* reportagem que ilustra bem essa tolerância com as 'pequenas corrupções' [...]".

Em alguns casos, o nome do jornal é precedido pelo pronome demonstrativo de 1ª pessoa (*este, esta*):

> [...]
> Há muito *esta Folha* considera o parlamentarismo mais moderno e funcional que o presidencialismo. [...]
>
> Irrealismo. *Folha de S.Paulo*. São Paulo, 22 jul. 2017. Disponível em: <http://mod.lk/ttldl>. Acesso em: 18 nov. 2017. (Fragmento). © Folhapress.

Por fim, a outra maneira de sinalizar a autoria institucional é o emprego da 1ª pessoa do plural (*nós*):

> [...]
> Não *nos cansamos* de dizer que o alto índice de infestação do mosquito *Aedes aegypti* é culpa, em maior parte, dos próprios moradores, ao não cuidar para evitar focos de reprodução do inseto dentro das próprias casas. E nesta edição *colocamos* no papel a conta por esse descaso do cidadão consigo mesmo.
> [...]
>
> Adivinha quem paga essa conta? *Hoje em Dia*. Belo Horizonte, 12 maio 2017. Disponível em: <http://mod.lk/uzzdd>. Acesso em: 18 nov. 2017. (Fragmento).

Para navegar

Nos *links* a seguir, você encontra editoriais de alguns dos principais jornais do país:
- *Diário de Pernambuco* (Recife). Disponível em: <http://www.diariodepernambuco.com.br/opiniao/>.
- *Folha de S.Paulo* (São Paulo). Disponível em: <http://www1.folha.uol.com.br/opiniao/>.
- *GaúchaZH* (Porto Alegre). Disponível em: <https://gauchazh.clicrbs.com.br/ultimas-noticias/tag/opiniao-da-rbs/>.
- *Gazeta do Povo* (Curitiba). Disponível em: <www.gazetadopovo.com.br/opiniao/editoriais/>.
- *Hoje em Dia* (Belo Horizonte). Disponível em: <http://hojeemdia.com.br/opinião/colunas/editorial>.
- *O Globo* (Rio de Janeiro). Disponível em: <https://oglobo.globo.com/opiniao/>.

Para assistir

A mera existência dos editoriais derruba o mito de que as empresas jornalísticas mantêm neutralidade diante das questões políticas e sociais. Ao longo do século XX, alguns jornais brasileiros foram além e alinharam-se de modo bastante explícito com certas correntes partidárias. É conhecida, por exemplo, a batalha travada entre o jornal *Última Hora*, de Samuel Weiner, apoiador incondicional de Getúlio Vargas, e a *Tribuna da Imprensa*, de Carlos Lacerda, profundamente antigetulista.

O filme *Chatô, o rei do Brasil* (de Guilherme Fontes, Brasil, 2015) conta um pouco desse envolvimento entre imprensa e política ao narrar a trajetória de Francisco de Assis Chateaubriand Bandeira de Melo (1892-1968). Dono de um império jornalístico — os Diários Associados — que reunia dezenas de jornais, revistas, canais de rádio e até a primeira emissora de TV brasileira, a TV Tupi, Assis Chateaubriand não hesitava em usar seus veículos de imprensa para atacar adversários ou promover os políticos de sua preferência. O filme baseia-se na biografia de mesmo nome escrita pelo jornalista Fernando Morais.

Editoriais nas revistas de variedades

Pense e responda

Reproduzimos a seguir trechos do editorial de uma revista. Leia o texto, observe, na página seguinte, a capa da revista em que ele foi publicado e, depois, responda às perguntas.

Questão de confiança

O que a nossa *Go Outside* pode te trazer de diferente e relevante nestes tempos em que toda a informação parece estar a uma busca do Google? Por que ainda faz sentido criarmos, pesquisarmos, escrevermos e diagramarmos, todo mês, uma nova revista? Acho que o especial de viagens desta edição que você tem em mãos é uma boa resposta. Nele, você encontra algo que não é fácil achar por aí: curadoria isenta, com qualidade e profundo conhecimento.

[...] Eu te dou minha palavra que você não vai ler aqui nada que não seja a mais pura verdade sobre esses lugares, tal qual conhecida, apurada e confirmada por nossa equipe de jornalistas que simplesmente ama viajar (e capricha nisso).

A redatora-chefe Erika Sallum, por exemplo, fala do Vietnã, do Irã e da China. [...] O editor Mário Mele, um cara das longas travessias a pé ou de bicicleta, escreve sobre Chapada Diamantina, Jalapão e Nordeste. [...]

É tudo de verdade, de carne e osso. Vivido na pele e marcado em nossas mentes. É uma parte boa de nós que dividimos com vocês, torcendo para que lhes traga grandes alegrias. Boas viagens!

Andrea Estevam

ESTEVAM, Andrea. Questão de confiança. *Go Outside*. Rocky Mountain: São Paulo, ago. 2017, p. 10. (Fragmento).

Glossário

Curadoria: ação de um curador, isto é, de alguém que cuida de interesses dos outros.

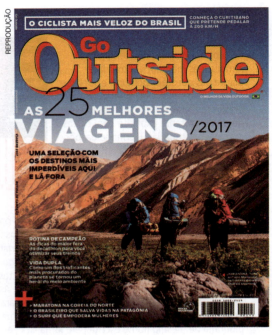

Capa da revista *Go Outside* ("Vá para fora", título traduzido do inglês), que traz o texto "Questão de confiança".

1. Qual parece ser o público-alvo da revista? Justifique sua resposta com elementos da capa e do texto.

2. Nos tópicos anteriores, estudamos algumas características do gênero *editorial*. Indique quais delas estão presentes no texto lido:
   a) O texto expressa a "voz" do veículo de imprensa.
   b) O texto não é assinado.
   c) Há referências ao nome do veículo.
   d) Às vezes emprega-se a 1ª pessoa do plural para marcar a autoria institucional.
   e) A linguagem é estritamente formal.
   f) Não se usa a 1ª pessoa do singular.

3. Quais opções você deixou de marcar na questão anterior? Apresente elementos do texto para justificar por que você *não* marcou essas opções.

4. O texto não busca analisar criticamente temas da atualidade, como os editoriais tradicionais. Qual é a intenção comunicativa desse texto?

5. Volte à segunda questão e responda: se o texto apresentasse as características que você *não* marcou, conseguiria cumprir essa intenção comunicativa com a mesma eficiência? Para responder, considere o perfil do público-alvo e a temática da publicação.

Os padrões que estudamos nos tópicos anteriores dizem respeito aos editoriais dos jornais e de algumas revistas de informação geral. Nas revistas de temática específica, como as de turismo, moda, cultura, esporte, divulgação científica, etc., o editorial geralmente apresenta algumas características particulares.

A primeira delas é que o principal objetivo desses textos não é comentar um tema da atualidade (embora também possam fazê-lo), mas, acima de tudo, *apresentar* a edição ao público e convidá-lo à leitura. Para tanto, valem-se de uma linguagem mais descontraída que a dos editoriais tradicionais. No exemplo analisado, você observou que foram usados termos coloquiais ("um *cara* das longas travessias") e uma mistura entre pronomes de 2ª e 3ª pessoas ("Eu *te* dou minha palavra que *você* não vai ler") — um uso característico da linguagem informal.

Além disso, os editoriais desse tipo de revista adotam um tom mais pessoal, podendo inclusive empregar a 1ª pessoa do singular ("*Eu* te dou *minha* palavra"). E, embora também representem a "voz" do veículo em si, costumam ser assinados, geralmente pelo editor-chefe da publicação. Por apresentar esse caráter de diálogo com o leitor, esse tipo de editorial muitas vezes recebe nomes como "Carta do editor", "Carta ao leitor" ou "Apresentação".

Para ler e escrever melhor

Tipos de argumento II

Nesta seção, conheceremos mais três tipos de argumento que podem ser usados em editoriais, artigos de opinião e vários outros gêneros discursivos argumentativos: a *citação de autoridade*, a *comparação* e a *definição*.

Citação de autoridade

Observe como se inicia o editorial a seguir:

País desigual

O alerta do economista francês Thomas Piketty, em sua passagem por Porto Alegre, de que "o Brasil é o país mais desigual, ou talvez um dos mais desiguais do mundo" precisa ser levado em consideração não apenas pelos formuladores da política econômica em Brasília, mas também pelos que pretendem concorrer à Presidência da República. O autor do *best-seller O Capital no Século XXI* tem alertado que o Brasil não voltará a crescer de forma sustentável sem reduzir essas iniquidades. [...]

País desigual. *GaúchaZH*. Porto Alegre, 2 out. 2017.
Disponível em: <http://mod.lk/91dp5>.
Acesso em: 18 nov. 2017. (Fragmento).

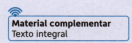
Material complementar
Texto integral

Para sustentar o ponto de vista de que o combate à desigualdade social no Brasil precisa receber prioridade absoluta, o editorialista apresenta uma *citação de autoridade*, ou seja, indica que certa pessoa com qualificações para opinar sobre o tema (no caso, um renomado economista) pensa da mesma forma. Observe que o emprego dos verbos *dicendi* e de outras expressões que introduzem a citação ajuda a direcionar a argumentação: "O *alerta* do economista francês [...]. O autor do *best-seller* [...] *tem alertado* [...]".

A estratégia da citação admite variações, como mencionar trechos de uma lei ou de um documento importante (por exemplo, a Constituição Federal ou a Declaração Universal dos Direitos Humanos) ou, ainda, citar provérbios e ditos populares. Nesse último caso, a autoridade seria o próprio povo, que traduz sua sabedoria nessas frases. Veja como o personagem Calvin usou esses tipos de citação para argumentar com a professora:

O MELHOR DE CALVIN   BILL WATTERSON

Primeiro, o menino cita o dito popular de que "os ignorantes é que são felizes"; em seguida, menciona a Constituição para sustentar que a felicidade é seu direito inalienável. Tudo isso para defender (sem sucesso, é claro) a tese de que ele pode abandonar a sala e ir brincar no parquinho.

Como contra-argumentar? Geralmente, quem pretende rebater as citações de autoridade busca mostrar que a pessoa citada não é qualificada o suficiente para opinar sobre o tema, ou então que está comprometida com certa ideologia ou certos grupos de interesse. Também é possível apresentar citações em sentido contrário, dadas por outros especialistas ou extraídas de outras leis e documentos.

Comparação

Fazer uma *comparação* significa aproximar dois elementos para destacar suas semelhanças ou diferenças. Observe como essa estratégia foi empregada em um editorial:

> Não há [...] clareza se, realmente, a violência urbana está relacionada à impunidade. Basta lembrar que países com legislações bem mais duras que a brasileira também não conseguiram acabar de vez com os crimes, como é o caso dos Estados Unidos.
>
> Em contrapartida, as nações com os menores índices de violência no mundo não são as que aplicam pena de morte, mas sim as que possuem os maiores níveis de escolaridade e de justiça social. É uma coisa para se pensar.
>
> Será que punir mais é a solução? *Hoje em Dia*, Belo Horizonte, 14 nov. 2017. Disponível em: <http://hojeemdia.com.br/opinião/colunas/editorial-1.334042/ será-que-punir-mais-é-a-solução-1.573767>. Acesso em: 5 dez. 2017.

O editorialista compara a situação brasileira com a de outros países, tanto com aqueles que adotam legislações mais duras, quanto com aqueles que não o fazem, mas conseguem diminuir a criminalidade por outros meios (educação e justiça social).

Como contra-argumentar? Quando alguém faz uma comparação, fixa-se naquilo que os objetos comparados têm em comum. O problema é que esses objetos podem ter diferenças tão grandes a ponto de se tornar simplesmente incomparáveis. Por exemplo, na tira de Calvin, em que ele compara a disciplina que a professora impõe a uma ditadura ("Socorro! Ditadura!"), não há equivalência entre os elementos, pois a professora está apenas cumprindo seu papel como responsável pela turma.

Definição (máxima ou aforismo)

Leia esta tira:

BECK, Alexandre. *Armandinho*. Disponível em: <http://mod.lk/yah0v>. Acesso em: 18 nov. 2017.

Para defender a tese de que somos mais livres quando renunciamos à cobiça por bens materiais, foram usadas duas *definições*: "A renúncia é a libertação. Não querer é poder". Frases com essa estrutura — *A é B* — têm forte poder argumentativo porque lembram fórmulas matemáticas e, assim, parecem verdades incontestáveis. Quando empregadas com função retórica, definições desse tipo também são chamadas de *máximas* ou *aforismos*.

No caso específico dessa tira, além de definições, temos uma citação, já que as frases foram extraídas de uma prosa poética de Bernardo Soares, heterônimo do poeta português Fernando Pessoa (1888-1935).

> Personalidade imaginária a quem um criador atribui suas obras.

Como contra-argumentar? As definições são um tipo bem simples de argumento e, em geral, levam a uma contra-argumentação simples também. Por exemplo, se alguém conta uma piada machista e depois se defende dizendo "você não precisa se ofender, porque uma piada é só uma piada", a outra pessoa pode argumentar dizendo que "uma piada não é só uma piada, já que carrega certa visão de mundo e ajuda a reforçar estereótipos existentes na sociedade, etc.". As definições são, portanto, geralmente refutadas por sua *negação*, ou por uma definição diferente.

Resumindo:

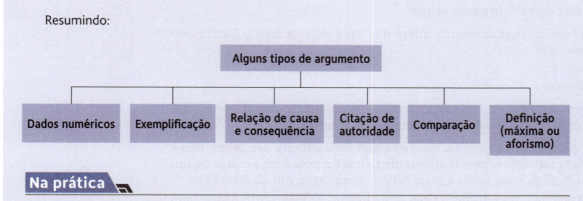

Na prática

No início deste capítulo, no boxe "Para começar", você foi convidado a responder uma pesquisa sobre infrações em sala de aula. Leia o artigo de opinião em que a pesquisa foi apresentada; depois, em dupla, realize as atividades propostas.

Maioria dos alunos cariocas admite já ter colado e copiado trabalhos

Em junho deste ano, um doutorando da UFMG que começou a dar aulas na graduação da universidade fez um *post* em seu *blog* pessoal [...] relatando sua frustração com o que chamou de postura corrupta enraizada nos alunos e na comunidade acadêmica. [...]

Inspirada por esse *post*, a coluna sugeriu ao Laboratório de Práticas de Pesquisa da UniCarioca que investigasse, na cidade do Rio, a ocorrência desses comportamentos em sala de aula. A sugestão, prontamente aceita pela instituição, deu origem à pesquisa Pequenas Infrações nas Salas de Aula, que ouviu em agosto 1.100 cariocas, a grande maioria deles estudantes dos ensinos médio e superior com idades entre 16 e 30 anos.

A maioria dos respondentes (58%) admite, por exemplo, que já pediu a colegas para colocar seus nomes em trabalhos de grupo mesmo sem ter contribuído com a realização dos mesmos. Outros 74% dizem que já fizeram isso em favor de outro colega.

A prática de copiar textos da internet e de outros autores e apresentá-los ao professor como seus foi admitida, em maior ou menor frequência, por 68% dos entrevistados.

[...]

Colar na prova é ainda mais frequente: 69% dizem que já utilizaram esse artifício para ter melhores notas.

Do ato individual de colar numa prova ao de desviar milhões de cofres públicos vai uma distância gigantesca. Mas a correlação entre a frequência de pequenos desvios éticos no ambiente escolar e a grande corrupção existente numa sociedade parece não ser tão espúria assim. Em 2013, a pesquisadora Aurora Teixeira, da Faculdade de Economia da Universidade do Porto, publicou na revista científica "Journal of Academic Ethics" estudo baseado numa amostra de 7.602 alunos de economia e administração de 21 países [...]. Ela identificou que a prática de colar em provas nesses cursos universitários variava muito entre países (o Brasil, infelizmente, estava entre os maiores percentuais da lista) e que havia alta correlação entre essas taxas e indicadores gerais de percepção de corrupção nas sociedades analisadas. Para ela, a "reprodutibilidade e a persistência ao longo do tempo de comportamentos desonestos mostram que é perigoso ignorar as trapaças num ambiente acadêmico".

Voltando ao levantamento da UniCarioca, ao fim, os pesquisadores perguntaram aos entrevistados quais seriam os responsáveis pelas práticas de corrupção em sala de aula. Apenas 41% disseram que os culpados eram os próprios alunos. A maioria apontou para outros atores: o professor ou instituição acadêmica que não estimulam a aprendizagem; o sistema educacional que precisa ser modernizado, ou mesmo a falta de investimento do governo no ensino. Também na educação, o inferno são os outros.

GOIS, Antônio. Maioria dos alunos cariocas admite já ter colado e copiado trabalhos. *O Globo*. Rio de Janeiro, 30 set. 2015. (Fragmento).

Glossário
Correlação: relação entre dois fatores.
Espúria: falsa.
Reprodutibilidade: natureza do que é reprodutível, que se repete.

Para ler e escrever melhor

1. Qual é a principal tese defendida nesse artigo?

2. Para sustentar sua tese, o autor apresenta diferentes tipos de argumento. Expliquem como foram usados:
   a) dados numéricos;
   b) citação de autoridade.

3. Indiquem a passagem do artigo em que ocorre contra-argumentação e expliquem a importância da conjunção *mas* para o desenvolvimento dessa estratégia.

4. A frase "o inferno são os outros", com a qual Antônio Gois encerra seu texto, não é apenas um aforismo (definição), mas também uma citação, pois é de autoria de um intelectual bem conhecido. Pesquisem e respondam: quem é o autor da frase?
   a) Levantem hipóteses: por que Antônio Gois não colocou a frase entre aspas nem mencionou o nome do autor?
   b) Com que intenção esse aforismo foi empregado na argumentação de Gois? Expliquem o que significa, no contexto do artigo, dizer que "também na educação, o inferno são os outros".

5. Leiam as duas citações a seguir e depois reflitam sobre as questões propostas.

O melhor momento para plantar uma árvore foi vinte anos atrás. O segundo melhor momento é agora. (provérbio chinês)

Fonte: Comissão Europeia. *Forestry*.
Disponível em: <http://mod.lk/te3zy>. Acesso em: 18 nov. 2017. (Tradução livre).

A forma de vida praticada por todos e cada um de nós é o resultado combinado do destino (sobre o qual pouco podemos fazer, embora ele seja, pelo menos em parte, um produto resumido de escolhas humanas do passado) e do caráter (que podemos aperfeiçoar, reformar e recompor). O destino delineia o conjunto de opções viáveis, mas é o caráter que os seleciona, escolhendo algumas e rejeitando outras. [...]

BAUMAN, Zygmunt. *Sobre educação e juventude*: conversas com Ricardo Mazzeo. Trad. Carlos Alberto Medeiros. Rio de Janeiro: Zahar, 2013. p. 27. (Fragmento).

a) Na opinião de vocês, como essas duas citações se relacionam à temática do artigo de Antonio Gois?
b) Os textos de Gois também são publicados em seu *blog* (http://blogs.oglobo.globo.com/antonio-gois/). Escolham uma das citações e, com base nela, componham um comentário que poderia ser enviado ao *blog*. No caso da citação de Zygmunt Bauman, vocês podem optar por sintetizá-la.

O sociólogo polonês **Zygmunt Bauman** (1925-2017) é considerado um dos mais importantes analistas da sociedade atual. Em um de seus mais conhecidos livros, *Modernidade líquida* (2000), defende a ideia de que, em nossa época, a identidade dos indivíduos passou a ser definida pelo consumo e, com isso, as instituições sociais e as relações entre as pessoas tornaram-se fluidas, efêmeras, simbolicamente *líquidas*.

Produção autoral

Análise de editoriais

Contexto de produção

O quê: análise de dois editoriais sobre o mesmo tema.
Para quê: conhecer melhor o gênero *editorial* e compartilhar esses conhecimentos com os colegas.
Para quem: colegas de turma.
Onde: apresentação oral na sala de aula; posteriormente, *podcast* da turma.

Ao longo deste capítulo, você observou que editoriais geralmente são textos densos e elaborados, cuja leitura pode oferecer certo desafio. Justamente por isso, analisar alguns deles pode ser uma excelente forma de desenvolver suas habilidades de interpretar textos argumentativos. É a esse tipo de análise que você e os colegas vão se dedicar nesta seção.

Primeiro passo: observar dois editoriais sobre o mesmo tema

■ Certos temas são tão relevantes para a sociedade que acabam sendo abordados em editoriais de diferentes jornais, os quais assumem, às vezes, posicionamentos diversos. Junte-se a dois ou três colegas e leiam os trechos de editoriais a seguir; depois, respondam às perguntas propostas.

Editorial 1

Cotas falhas

[...]
Mais importante instituição de ensino superior do país, a USP por anos resistiu à adoção de ações afirmativas. Cedeu agora às pressões e implantará cotas sociais e raciais, conforme deliberação de seu Conselho Universitário. Metade das vagas será destinada à ampla concorrência; as demais serão reservadas a estudantes oriundos da escola pública, com critérios de diversidade racial.

[...]

Esta Folha lamenta o modelo adotado. Aqui se defende há tempos que o critério para ingresso especial nas universidades seja exclusivamente social.

Renda, ao contrário de cor, é algo objetivamente mensurável. Além do mais, dada a estreita correlação entre pobreza e pele mais escura, os negros também estariam dessa maneira contemplados.

[...]

Material complementar
Texto integral

Cotas falhas. *Folha de S.Paulo*. São Paulo, 9 jul. 2017. Disponível em: <http://mod.lk/rcnxj>. Acesso em: 18 nov. 2017. (Fragmento). © Folhapress.

Editorial 2

Racismo no banco dos réus

Hoje, a Lei Áurea completa 129 anos. O gesto da princesa Isabel não pôs fim ao racismo, à segregação socioeconômica nem estabeleceu condições para colocar negros e brancos no mesmo patamar no cenário nacional. Mais de um século depois, a criação de mecanismos de reparação ainda é necessária para a construção da equidade entre raças [...]. Na quinta-feira, o Supremo Tribunal Federal iniciou o julgamento da constitucionalidade da Lei nº 12.990/2014, que instituiu o sistema de cotas — 20% do total de vagas — para pretos e pardos em concursos públicos.

[...] O artigo 5º da Constituição Federal garante que todos são iguais perante a lei, independentemente de raça, cor, credo ou condição econômica e social. Na prática, essa igualdade não existe. O racismo, reforçado pela intolerância, tem mortificado a regra constitucional.

A população negra soma 54% do total de brasileiros. Mas enfrenta, em sua maioria, as situações mais adversas para acesso à educação e ao emprego. Desse percentual, 73,2% reforçam a camada mais miserável da sociedade. Representam 72% dos moradores em favelas do país. Nos presídios, pretos e pardos somam 61% dos mais de 622 mil detentos. [...]

Racismo no banco dos réus. *Diário de Pernambuco*. Recife, 15 maio 2017. Disponível em: <http://mod.lk/e3dff>. Acesso em: 18 nov. 2017. (Fragmento).

Glossário
Tem mortificado: tem apagado, atenuado.

a) Qual fato motivou a produção de cada editorial?
b) Esses fatos têm como questão de fundo certo tema polêmico. Indiquem qual é esse tema e como cada um dos dois veículos de imprensa se posiciona diante dele.

c) Os títulos desses editoriais refletem o posicionamento dos veículos? Expliquem.

d) Para defender suas ideias, os editoriais apresentam diferentes tipos de argumento.

   I. Destaquem do editorial 1 um argumento baseado em relação de causa e consequência.

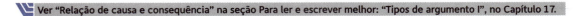
Ver "Relação de causa e consequência" na seção Para ler e escrever melhor: "Tipos de argumento I", no Capítulo 17.

   II. No editorial 2, quais tipos de argumento se destacam, entre os que estudamos neste capítulo e no anterior (dados numéricos, exemplificação, causa e consequência, citação de autoridade, comparação, definição)? Expliquem.

Segundo passo: pesquisar e analisar editoriais

1. Junto com os colegas de grupo, pensem em temas ou fatos que estejam em evidência na sociedade e que provavelmente foram tratados por editoriais. Façam, então, uma pesquisa, a fim de localizar dois editoriais de jornais diferentes que tenham abordado esse tema ou fato.

2. Quando tiverem selecionado os dois editoriais, leiam-nos atentamente e preencham uma ficha sobre cada um. Vejam um modelo:

Editorial I

Título:
Jornal:
Data:

Tese defendida:

Quais tipos de argumento foram utilizados?
a) Dados numéricos
b) Exemplificação
c) Relação de causa e consequência
d) Citação de autoridade
e) Comparação
f) Definição
g) Outros

Foi usada a estratégia da contra-argumentação? Se sim, como isso foi feito?

3. Após o preenchimento da ficha, discutam as questões abaixo dentro do grupo e tomem anotações das conclusões a que chegarem:

   ✓ A leitura dos editoriais foi desafiadora? Se sim, quais foram as dificuldades?

   ✓ O posicionamento que cada editorial assume diante do tema é similar ou não? Por quê?

   ✓ Há semelhança entre os argumentos empregados? Qual argumentação lhes pareceu mais consistente?

Terceiro passo: apresentar os resultados à classe

1. Sob a coordenação do professor, cada grupo apresentará os resultados de sua análise para a classe. Mostrem as fichas preenchidas de cada editorial e contem como o trabalho se desenvolveu, tomando como base as anotações que fizeram no item 3 do tópico anterior.

2. Guardem as anotações ou gravem as apresentações dos grupos, pois vocês poderão utilizá-las no *podcast* que a turma será convidada a desenvolver ao final desta unidade.

Confira questões do Enem e de vestibulares e propostas de redação no **Vereda Digital Aprova Enem** e no **Vereda Digital Suplemento de revisão e vestibulares**, disponíveis no livro digital.

CAPÍTULO 19

RESENHA CRÍTICA

ENEM
C1: H1, H3
C6: H18, H19
C7: H21, H22, H23, H24
C8: H25, H26

OBJETIVOS DE APRENDIZAGEM

- Identificar as principais características do gênero *resenha crítica*.
- Conceituar falácia e reconhecer seus principais tipos.
- Identificar particularidades da resenha crítica na modalidade oral.

Para começar

Converse com os colegas e o professor sobre as questões propostas.

1. Antes de ler um livro ou assistir a um filme, você costuma se informar sobre a obra? Em caso positivo, como faz isso (busca textos e vídeos na internet, pergunta aos amigos, usa as redes sociais, etc.)?
2. A seguir, você lerá um texto com informações sobre um filme. Antes do penúltimo parágrafo, há o seguinte aviso: "Cuidado com possíveis *spoilers* abaixo". O que são *spoilers*? Por que o leitor é advertido sobre a possível presença deles?
3. Você já tinha visto um alerta de *spoiler* como esse antes? Se sim, conte como era esse alerta e onde você o encontrou. Em sua opinião, é bom que quem escreve sobre livros, filmes ou séries avise se haverá *spoilers*? Por quê?

Primeiro olhar

A resenha crítica a seguir foi publicada no *site* Omelete. Leia-a e responda às questões.

FILMES - DRAMA

O Filme da Minha Vida (2016)
(O Filme da Minha Vida)

- **País:** Brasil
- **Classificação:** 14 anos
- **Estreia:** 3 de Agosto de 2017
- **Duração:** 113 min.
- **Direção:** Selton Mello
- **Roteiro:** Marcelo Vindicato, Selton Mello
- **Elenco:** Selton Mello, Vincent Cassel, Bruna Linzmeyer, Johnny Massaro, Rolando Boldrin, Ondina Clais, Beatriz Arantes

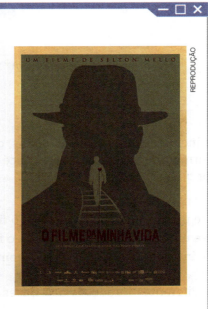

O Filme da Minha Vida | Crítica

Com visual encantador, filme dirigido por Selton Mello termina com mensagem duvidosa

03/08/2017 - 11:31 CAMILA SOUSA

1   Adaptações literárias sempre carregam questões complicadas, como mudanças da trama, inserção de novos elementos e essa tarefa fica ainda mais difícil quando se trata de um livro poético. Esse é o caso de *O Filme da Minha Vida,* longa dirigido (e estrelado) por **Selton Mello**, que tem como base *Um Pai de Cinema*, escrito por **Antonio Skármeta**.

2   Situado na década de 60 na Serra Gaúcha, o filme acompanha Tony (**Johnny Massaro**), filho de um francês e uma brasileira, que vai estudar na capital e pensa ter a vida perfeita. Mas isso muda quando ele volta para sua cidadezinha e vê seu pai (**Vincent Cassel**) ir embora para a França sem nenhuma explicação.

3   Assim como no livro, grande parte do filme é dedicada à tristeza do jovem e de sua mãe após a partida do patriarca. Porém, enquanto a melancolia demonstrada por **Ondina Clais** no papel de Sofia é mais implícita, Tony passa dias e dias se lamentando, escrevendo cartas e tentando entender o que aconteceu. Embora seja um comportamento compreensível, o filme fica um pouco arrastado nessa parte, com cenas que parecem dar voltas sem chegar em lugar nenhum.

4   Em certo momento, porém, Tony decide deixar o "luto" pelo pai e se dedicar a outras coisas em sua vida pacata: paqueras, cinema, viagens. Aqui o filme ganha, ficando mais fluido e dá espaço para **Johnny Massaro** crescer no personagem, que ainda mantém um ar triste, mas consegue tomar suas próprias decisões e mostrar sua personalidade interagindo com outras pessoas.

5   Vale ressaltar o belíssimo visual, que dá orgulho da fotografia do cinema brasileiro, e a trilha sonora, que some em momentos mais tristes, mas aparece de forma marcante quando necessário.

[Cuidado com possíveis *spoilers* abaixo]

6   O grande problema de *O Filme da Minha Vida* é o seu final e a resolução do conflito com o pai. Enquanto a publicação deixa o desfecho da história em aberto, o filme faz tudo de forma bem explicada e coloca seus protagonistas em contradição com suas próprias crenças. Sim, é um filme de época, e a questão colocada no final é muito mais aceitável na década de 60 do que hoje em dia. Mas Tony e sua mãe sofreram tanto, e o filme se preocupou em mostrar isso de forma tão profunda, que a aceitação cega da situação simplesmente não se explica. Com isso, o arco de amadurecimento dos personagens é prejudicado, dando a sensação de que eles pouco mudaram desde o começo da trama. Faltou ao filme perder o medo de não ter um final feliz e ser mais coerente com sua própria história.

Nota do crítico  (REGULAR)

SOUSA, Camila. *Omelete*, 3 ago. 2017. Disponível em: <http://mod.lk/nbsty>.
Acesso em: 22 nov. 2017.

1. Observe as informações incluídas antes do título (país, classificação, etc.) e levante hipóteses: esse tipo de informação provavelmente aparece em todas as resenhas de filme publicadas nesse *site*? Por quê?

2. Transcreva do texto:
   a) uma frase que expresse uma opinião positiva sobre o filme;
   b) uma frase que expresse uma opinião negativa sobre o filme;
   c) uma frase que forneça informações sobre o filme (como foi produzido, qual é o enredo, etc.).
   - Levando em conta as diferentes intenções das frases transcritas, explique o que os leitores esperam encontrar em um texto como esse.

3. Se a autora da resenha fizesse afirmações como *Gostei da trilha sonora. Já o trabalho do ator principal me agradou em algumas partes, mas não em todas*, o texto cumpriria as expectativas do leitor que você apontou na questão anterior? Explique como a argumentação da resenha é construída para atender a essas expectativas.

4. Releia o sexto parágrafo e responda: em sua opinião, esse último parágrafo de fato contém *spoilers*? Justifique sua resposta.
   - Considerando a resenha como um todo, explique por que a autora incluiu esse parágrafo, mesmo sabendo que alguns interlocutores não gostariam de lê-lo.

5. O que significa o desenho no final do texto?
   - Por que resenhas críticas costumam trazer desenhos desse tipo?

6. Além de assistir ao longa-metragem, de que outra forma a autora se preparou para escrever sobre *O filme da minha vida*? Justifique sua resposta com passagens do próprio texto.
   - Com base no texto lido, indique quais são, em sua opinião, os conhecimentos necessários para ser um bom crítico de cinema.

Trocando ideias

Leia a tira. Depois, converse com os colegas e o professor sobre as questões propostas.

Quadrinhos Ácidos   Pedro Leite

LEITE, Pedro. *Quadrinhos Ácidos*. Disponível em: <http://mod.lk/xdomi>. Acesso em: 22 nov. 2017.

1. A qual passagem da resenha de *O filme da minha vida* podemos relacionar o último quadrinho dessa tira?

2. Assim como o personagem da tira, você já "sofreu" ao assistir adaptações de livros para o cinema? Se sim, conte em que filme isso ocorreu e por que você ficou tão decepcionado.

3. Por outro lado, já aconteceu de você ter suas expectativas satisfeitas ou mesmo superadas com a adaptação cinematográfica de um livro que leu? Em sua opinião, o que torna boa a adaptação de um livro para o cinema?

Um filme cinco estrelas

Você observou que, no final da resenha de *O filme da minha vida*, a avaliação geral do filme era representada por certo número de ovos — uma referência ao nome do *site*, *Omelete*. Acredita-se que a tradição de indicar a nota de um filme por meio de um desenho simples, que permita ao leitor identificá-la rapidamente, foi iniciada em 1928 por Irene Thirer, crítica de cinema do jornal *New York Daily News*. Thirer criou o sistema das estrelinhas, que seria adotado por jornais e revistas do mundo todo nas décadas seguintes.

Por dentro do gênero – Resenha crítica

No Capítulo 15, ao estudar o gênero *resumo*, você leu a sinopse de um filme publicada em um guia de programação cultural. Sinopses como aquela ajudam o interlocutor a ter uma ideia do enredo de certo filme ou livro. Porém, para decidir se realmente vale a pena a leitura ou a ida ao cinema, pode ser útil conhecer opiniões e comentários mais detalhados sobre a obra. Nesse caso, em vez de uma simples sinopse, o interlocutor busca uma **resenha crítica**, gênero discursivo que não apenas fornece informações acerca de determinada produção cultural, mas também a avalia criticamente, apontando seus pontos fortes e fracos.

A resenha crítica é considerada um gênero argumentativo porque quem a produz não apresenta meras impressões pessoais, como "gostei" ou "não gostei", e sim argumentos objetivos para sustentar suas afirmações. No texto lido, você observou que a autora justifica por que considera certos aspectos do filme positivos ou negativos; por exemplo: "Vale ressaltar [...] a trilha sonora, que some em momentos mais tristes, mas aparece de forma marcante quando necessário".

Para produzir uma resenha, além de, evidentemente, assistir ao filme, ler o livro, enfim, conhecer a produção cultural, o autor precisa levantar o máximo de informações sobre ela. Ao examinar a resenha de *O filme da minha vida*, você notou que a autora complementou a análise do filme lendo o livro que o inspirou — *Um pai de cinema*, de Antonio Skármeta. Ademais, críticos de arte geralmente têm uma boa formação cultural e conhecem os principais métodos e técnicas empregados no campo artístico ao qual se dedicam.

Resenhas críticas podem ser publicadas em jornais e revistas (normalmente em seções ou cadernos voltados à cultura), mas também em *sites* ou publicações especializadas. Na modalidade oral, a resenha circula em programas culturais da TV e do rádio e na internet, em canais de vídeo e *podcasts*.

> **Resenha crítica** é um gênero discursivo que busca apresentar e avaliar criticamente certa produção cultural (filme, livro, peça de teatro, *show*, exposição, CD, etc.). A resenha é produzida por alguém com conhecimentos aprofundados do campo artístico em questão, que apresenta argumentos objetivos para sustentar suas opiniões. Circula em jornais e revistas, na TV, no rádio e na internet.

Resenhas críticas na era da interatividade

Antigamente, a avaliação de filmes, livros, CDs e outras produções ficava a cargo exclusivamente de críticos de arte e jornalistas especializados, que publicavam seus textos em revistas e jornais. Com o advento da internet, o público ganhou a oportunidade de avaliar as obras por meio de estrelas, "joinhas" e outros sistemas de nota e, até, de escrever suas próprias críticas. É curioso observar que nem sempre a opinião da crítica especializada coincide com a dos espectadores ou leitores. Veja ao lado que o filme de Selton Mello, ao qual o *site* Omelete conferiu apenas dois "ovos", recebeu uma avaliação melhor do público (3,7) em outro *site* especializado, o *Adoro Cinema*.

O filme da minha vida. *Adoro Cinema*. Disponível em: <http://mod.lk/60aj3>. Acesso em: 22 nov. 2017.

A estrutura da resenha crítica

Conforme o veículo em que vão circular, as resenhas críticas podem ter extensão variada. Mas, de forma geral, elas apresentam os elementos estruturais que indicamos a seguir; tomaremos como exemplo a resenha de um espetáculo teatral publicada em uma revista.

Desventuras em série

Sucesso na TV e no cinema, *Meu Passado Me Condena* ganha o palco em montagem hilariante

Avaliação ★★★★

Criada em 2012, a série televisiva *Meu Passado Me Condena*, estrelada por Fábio Porchat e Miá Mello, superou as mais altas expectativas: ganhou uma segunda temporada, foi transposta para o cinema em longa que atraiu mais de 3 milhões de espectadores (além de originar uma sequência) e, em 2014, estreou em versão teatral na capital paulista, cumprindo exitosa temporada de mais de um ano. Agora no Rio, **Meu Passado Me Condena — A Peça**, assim como suas versões anteriores, põe em foco as desventuras amorosas do jovem casal formado por Fábio e Miá. O divertido texto de Tati Bernardi situa a ação na noite de núpcias da dupla, no apartamento cheio de caixas para o qual eles estão se mudando. É a deixa para uma hilariante DR sobre famílias, ex-namorados e histórias do passado de ambos. A direção ágil de Inez Viana não inventa moda e investe no que deve: a química notável e a sintonia aparentemente telepática entre Porchat, esfuziante como de hábito, e Miá, dona de ótimo *timing* cômico e precisa na contracena. Para sair do teatro com o maxilar doído de tanto rir (70 min). 14 anos. Estreou em 8/1/2016.

Teatro das Artes (470 lugares). Rua Marquês de São Vicente, 52 (Shopping da Gávea), 2º piso, Gávea, ☎ 2540-6004. ♿ Sexta e sábado, 21h; domingo, 20h. R$ 100,00. Bilheteria: a partir das 15h (sex. A dom.). Cc: M e V. Cd: M e V. IC. Estac. (R$ 14,00, até duas horas). Até 27 de março.

Fábio Porchat e Miá Mello em cena da peça *Meu passado me condena*, 2016.

TEIXEIRA, Rafael. *Veja Rio*. Rio de Janeiro, 20 jan. 2016. Arquivo digital.

A linguagem da resenha crítica

Pense e responda

1. Releia algumas passagens da resenha de *O filme da minha vida*.

> "Situado na década de 60 na Serra Gaúcha, o filme acompanha Tony [...], filho de um francês e uma brasileira, que vai estudar na capital e pensa ter a vida perfeita. Mas isso muda quando ele volta para sua cidadezinha e vê seu pai [...] ir embora para a França sem nenhuma explicação.
> [...] enquanto a melancolia demonstrada por Ondina Clais no papel de Sofia é mais implícita, Tony passa dias e dias se lamentando [...].
> Em certo momento, porém, Tony decide deixar o 'luto' pelo pai e se dedicar a outras coisas em sua vida pacata [...]."

a) Explique como as passagens acima fazem referência a elementos básicos de uma narrativa: personagens, enredo, tempo e espaço.

Ver Capítulo 8: "Conto".

b) Em qual das resenhas críticas a seguir é mais provável que haja sequências narrativas como essas? Por quê?

- resenha de um romance
- resenha de um CD
- resenha de uma exposição

2. Reveja agora estas outras passagens da resenha.

> "Com visual *encantador*, filme dirigido por Selton Mello termina com mensagem *duvidosa*
> Adaptações literárias sempre carregam questões *complicadas* [...] e essa tarefa fica ainda mais *difícil* quando se trata de um livro poético. [...]
> [...] o filme fica um pouco *arrastado* nessa parte [...].
> [...] Aqui o filme ganha, ficando mais *fluido* [...].
> Vale ressaltar o *belíssimo* visual, [...] e a trilha sonora, que some em momentos mais tristes, mas aparece de forma *marcante* quando necessário."

a) Essas passagens também têm natureza narrativa? Explique.
b) A que classe gramatical pertencem as palavras destacadas? Por que essa classe gramatical é tão utilizada nesses trechos da resenha?

Analisando trechos do texto lido na seção "Primeiro olhar", você pôde observar que resenhas críticas de filmes, romances, peças teatrais e outras produções de cunho narrativo geralmente apresentam *sequências narrativas*, pois precisam fornecer ao leitor uma sinopse do enredo da obra. Essas sequências narrativas caracterizam-se pelo emprego de *verbos de ação* (*vai estudar, volta, decide deixar*), de *referências espaciais* (*na Serra Gaúcha*) e *temporais* (*na década de 60*) e de expressões que indicam a *passagem do tempo* (*passa dias e dias, em certo momento*).

Já nas resenhas de outros tipos de produção cultural, como um CD, uma exposição ou um *show*, podem predominar as sequências *descritivas* ou *expositivas*. Veja, por exemplo, trechos de uma resenha sobre um CD da *rapper* brasileira Karol Conká:

Disco: "Batuk Freak", Karol Conká
16/04/2013 Por: Cleber Facchi

> [...] Já conhecida pela musicalidade diversificada de suas canções, a *rapper* Karol Conká faz da estreia com *Batuk Freak* (2013, Vice) uma representação particular de toda essa variedade de sons — sejam eles inéditos ou já conhecidos. Do *afrobeat* tribal de *Corre, Corre Erê* ao *cover* do samba de raiz *Caxambu* (de Almir Guinetto), a curitibana não hesita em se apropriar de todas as referências musicais a que tem direito [...].
> Se o *rap* se caracteriza por suas letras, múltiplos também são os temas que tocam a realidade circundante da obra. Há o consumismo, em *Do Ghetto ao Luxo* [...]; o velho tema do fim dos relacionamentos em *Você não vai*; a rotina do namoro na sensível *Que Delícia*; o *rap*-pegação de *Gandaia* e até a religiosidade em *Bate a Poeira*: tudo serve como base para o universo criativo [da] curitibana. [...]

FACCHI, Cleber. Disco: "Batuk Freak", Karol Conká. *Miojo Indie*, 16 abr. 2013. Disponível em: <http://mod.lk/71xns>. Acesso em: 22 nov. 2017. (Fragmento).

Observe que, nesse caso, o resenhista concentra-se em descrever os estilos musicais presentes no disco ("Do *afrobeat* tribal [...] ao samba de raiz") e as temáticas abordadas nas letras, entre outros aspectos.

Independentemente da natureza da obra analisada, as resenhas críticas sempre apresentam *sequências argumentativas*, já que um de seus objetivos é avaliar criticamente a produção em foco. Nesses trechos, os adjetivos exercem um papel importante, pois ajudam a qualificar os objetos comentados: musicalidade *diversificada*, visual *encantador*, mensagem *duvidosa*.

As sequências argumentativas caracterizam-se, ainda, pelo emprego de conectivos que estabelecem *relações lógicas* entre as ideias do resenhista: "*Se* o rap se caracteriza por suas letras, múltiplos *também* são os temas"; "*Embora* seja um comportamento compreensível, o filme fica um pouco arrastado nessa parte".

Para ler

101 canções que tocaram o Brasil, de Nelson Motta (Rio de Janeiro: Estação Brasil, 2016).

Um dos maiores especialistas em música popular do Brasil, Nelson Motta resenha nessa obra 101 canções que ajudaram a construir a história musical do país. Cada resenha apresenta o contexto histórico da canção e explica por que ela é tão importante para nosso patrimônio cultural. Entre as faixas escolhidas, estão criações de Cartola, Caetano Veloso, Gilberto Gil, Tom Jobim, Vinicius de Moraes, Roberto Carlos, Paulinho da Viola, Rita Lee, Lulu Santos, Tim Maia e Raul Seixas.

Para navegar

Os *sites* a seguir trazem resenhas críticas sobre diferentes tipos de produção:

- Exposições de artes plásticas e fotografia
  Cult. Disponível em: <https://revistacult.uol.com.br/home/>.
  Dasartes. Disponível em: <http://dasartes.com.br/>.
  Zum. Disponível em: <https://revistazum.com.br/category/exposicoes/>.
  Zupi. Disponível em: <http://www.zupi.com.br/>

- Cinema e séries
  Adoro Cinema. Disponível em: <http://www.adorocinema.com/>.
  Cineplayers. Disponível em: <http://www.cineplayers.com/>.
  Mundo Geek. Disponível em: <http://mundo-geek1.blogspot.com.br/>.

- Literatura
  Conexão Literatura. Disponível em: <http://www.revistaconexaoliteratura.com.br/search?q=resenha>.
  Críticos. Disponível em: <http://criticos.com.br/>.
  Emilia. Disponível em: <http://revistaemilia.com.br/categorias/resenhas/>.
  Musa Rara. Disponível em: <http://www.musarara.com.br/>.

- Música
  Popload. Disponível em: <http://www.popload.com.br/>.
  Rolling Stone. Disponível em: <http://rollingstone.uol.com.br/guia/cds>.

Para ler e escrever melhor

Argumentos ou falácias?

Leia a tira.

O MELHOR DE CALVIN — BILL WATTERSON

Calvin quer sair para comer *pizza* e consegue convencer a mãe com sua argumentação. Mas será que os argumentos apresentados pelo menino são realmente válidos?

Para ler e escrever melhor

Damos o nome de **falácias** a argumentos falsos, que não têm base lógica. A maioria das falácias caracteriza-se por não focalizar diretamente a questão debatida, e sim aspectos que, embora não relacionados à tese em si, acabam tendo um efeito persuasivo sobre o oponente ou sobre o público. É importante aprender a reconhecer e a evitar as falácias, pois elas pouco contribuem para o verdadeiro debate de ideias.

Nos itens a seguir, vamos conhecer os principais tipos de falácia — inclusive os empregados por Calvin na tira.

- **Falso dilema** – para convencer a mãe, Calvin alega que só há dois caminhos: ou a família vai à pizzaria, ou ela perde a noite "cozinhando e lavando pratos". Na verdade, porém, existem outras opções: a mulher poderia delegar ao marido o preparo da refeição, seria possível cozinhar rapidamente algo mais prático e leve, entre outras. Quando um argumentador apresenta duas opções como as únicas possíveis, ignorando ou omitindo a existência de saídas intermediárias, dizemos que ocorre a falácia do **falso dilema**.

- **Apelo às emoções** – além de apresentar um falso dilema, Calvin apela às emoções da mãe, fazendo com que ela sinta pena de si mesma ao pensar que passará horas "cozinhando e lavando pratos". O menino, aliás, é especialista em usar essa tática; veja como ele manipula a culpa do pai nesta outra tira:

O Melhor de Calvin   Bill Watterson

- **Ataque pessoal** – uma das falácias mais frequentes, o ataque pessoal ocorre quando o argumentador utiliza um ponto fraco do oponente para desqualificá-lo. Em discussões nas redes sociais, por exemplo, é comum que um erro de ortografia seja utilizado para invalidar a participação de certo argumentador, por meio de comentários como: "Não sabe nem escrever direito e ainda quer discutir política". Esse tipo de ataque é considerado uma falácia porque não recai sobre os argumentos em si, mas em certa característica da pessoa que os expressa.

- **Apelo à multidão** – Outro tipo de falácia é ilustrado por este cartum:

LEITE, Willian. *Will Tirando*. Disponível em: <http://mod.lk/fgnup>. Acesso em: 22 nov. 2017.

Quando alguém alega que está tomando certa atitude porque todo mundo faz assim ou porque é uma tradição, está fazendo um **apelo à multidão**. Trata-se de uma falácia, já que o fato de certo pensamento ser comum ou antigo não significa que seja lógico nem correto.

- **Falácia do espantalho** – imagine que alguém diga: "Acho que o governo deveria investir mais em segurança pública", e outra pessoa responda: "Ah, sim, claro! Vamos gastar todas as verbas com a polícia, enquanto a educação e a saúde ficam sem recursos!". Analisando o diálogo com atenção, percebemos que a primeira pessoa *não* disse que deveríamos "gastar todas as verbas" com segurança pública; ela disse apenas que deveríamos investir *mais* nessa área. Distorcer o ponto de vista do adversário a fim de ridicularizá-lo ou enfraquecê-lo é a tática seguida na chamada **falácia do espantalho**. Ela recebe esse nome porque busca transformar o oponente em um alvo tão fácil de derrubar e destruir quanto um espantalho.

Resumindo:

```
                    Principais tipos de falácia
    ┌──────────┬──────────────┬──────────┬──────────┬──────────┐
Falso dilema  Apelo às    Ataque    Apelo à    Falácia do
              emoções     pessoal   multidão   espantalho
```

Na prática

Nas tiras de Armandinho, criadas pelo desenhista Alexandre Beck, há um personagem chamado Pudim, que costuma ter divergências com as outras crianças da turma. Junte-se com um colega, leiam as tiras a seguir e observem os argumentos empregados por Pudim e pelos outros personagens. Depois, respondam às perguntas.

Tira 1

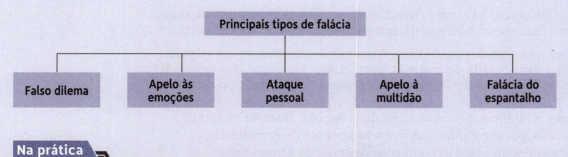

Tira 2

Capítulo 19 • Resenha crítica **263**

Para ler e escrever melhor

1. As duas tiras pressupõem um diálogo anterior entre os personagens. Deduzam: do que os personagens estavam falando antes, em cada caso? Justifiquem as respostas.

2. Na primeira tira, para justificar o fato de a mãe dele ter o sobrenome do pai, Pudim alega que "eles são casados" e ainda considera "óbvio" esse motivo. Em qual tipo de falácia o menino se apoia? Expliquem sua resposta.
   a) falso dilema
   b) apelo às emoções
   c) ataque pessoal
   d) apelo à multidão

3. Qual estratégia a personagem Fê utiliza para questionar o argumento de Pudim?

4. Reflitam: na opinião de vocês, há outras tradições da sociedade que são tidas como normais e até óbvias, mas que também poderiam ser questionadas? Quais? Por quê?

5. Concentrem-se agora na segunda tira. Pudim e Armandinho discordam em relação à punição de um indivíduo acusado de cometer certo crime. Ao alegar que Armandinho teria uma opinião diferente caso "a vítima fosse seu parente", que tipo de falácia Pudim explora?
   a) *O falso dilema*, porque Pudim sugere que só há duas opções: absolver ou punir.
   b) *A falácia do espantalho*, porque Pudim distorce o argumento de Armandinho.
   c) *O ataque pessoal*, pois Pudim ataca as condições pessoais de Armandinho.
   d) *O apelo à multidão*, já que o argumento de Pudim reflete a opinião da maioria.

6. Por que a palavra *lógica* aparece entre aspas na resposta de Armandinho?

7. Na opinião de vocês, em sua resposta, Armandinho repete a falácia do amigo ou debocha dela? Expliquem.

8. Discutam e reflitam: vocês já viram, em outras discussões, a falácia usada por Pudim na segunda tira? É fácil perceber que o argumento não tem base lógica? Por quê? Compartilhem suas conclusões com o resto da turma.

Produção autoral

Vídeo com resenha crítica de livro

Contexto de produção

O quê: vídeo que apresente uma resenha crítica de livro.
Para quê: apresentar certa obra e avaliá-la criticamente.
Para quem: colegas de turma, amigos e familiares.
Onde: vídeo que será compartilhado de forma privada na internet; posteriormente, *podcast* da turma.

Você já ouviu falar em *booktubers*? São pessoas que apresentam resenhas críticas de livros em canais de vídeo da internet. Nesta atividade, você e os colegas terão um dia de *booktuber* e poderão compartilhar suas opiniões sobre obras literárias com amigos e familiares. Mãos à obra!

Primeiro passo: analisar um exemplo

- A professora de inglês Tatiana Feltrin foi uma das primeiras *booktubers* brasileiras. A seguir, você lerá a transcrição de trechos de uma das resenhas veiculadas no canal de Feltrin. Depois de ler, junte-se a um colega para responder às perguntas propostas.

Olá! Bom, hoje então a gente vai conversar um pouquinho sobre o... gente, que livro! Que livro lindo! Esse aqui então é *Os meninos da rua Paulo*, do Ferenc Molnár, que é um húngaro. [...] Essa ediçãozinha que eu tenho em mãos aqui foi traduzida pelo Paulo Rónai. Paulo Rónai também era húngaro, só que em decorrência ali da Segunda Guerra Mundial, ele acabou vindo pro Brasil [...] Esta edição que eu tenho em mãos foi publicada pela Cosac Naif, mas eu tenho quase certeza que a Companhia das Letras comprou os direitos pra fazer a publicação desse livro. [...]

E... gente, por que eu demorei tanto tempo para ler este livrinho? Sério, quando eu terminei essa leitura eu fiquei com muita inveja das pessoas que leram quando crianças e releram depois de adultos. É um livro muito triste, né? Acontece algumas coisas aqui que vocês vão, assim, se debulhar em lágrimas, se vocês não forem robôs sem coração. [...]

Este livro aqui, ele tem um final mais doloroso, mas é uma dor que vai levar a algum tipo de aprendizado por parte dos personagens dessa história. Que que acontece aqui, minha gente? Aqui então a gente vai acompanhar a história desse grupo de meninos, né?, conhecidos como os meninos da rua Paulo... ou Sociedade do Betume [*risos*], enfim, eles tinham lá um nome pro grupo deles [...]. E aí esses meninos se juntavam para brincar num terreno baldio [...].

E eles levavam muito a sério essa sociedade deles, gente, é muito bonitinho acompanhar isso. [...] O que acontece é o seguinte... Esses meninos, como eles levam muito a sério seu clube e tudo mais, eles têm inclusive uma bandeira fincada ali naquele território que é deles, aquele terreno baldio onde eles brincavam.

Um belo dia, outros meninos de uma outra rua, uma rua mais rica e tudo o mais, mas eles não tinham espaço para brincar. Então esses meninos decidem roubar a bandeira dos meninos da rua Paulo e tomar pra si aquele território.

E aí por diante a gente vai acompanhar toda uma estratégia dos meninos da rua Paulo para tomar de volta a bandeira e o território deles. [...]

FELTRIN, Tatiana. Os meninos da rua Paulo. *Tiny Little Things*. Áudio transcrito. Disponível em: <http://mod.lk/jyvyn>. Acesso em: 22 nov. 2017. (Fragmento).

O escritor húngaro Ferenc Molnár lançou *Os meninos da rua Paulo* em 1907.

- Observem abaixo algumas características desse texto. Indiquem quais delas estão presentes também na resenha crítica de *O filme da minha vida*, lida no início do capítulo. Em seguida, expliquem o porquê das semelhanças e diferenças.

    a) Há trechos em que a resenhista resume o enredo da obra.

    b) Há trechos em que se fornecem informações gerais da obra.

    c) Há marcadores conversacionais (*bom*, *né?*).

    d) A resenhista busca estabelecer um diálogo com o interlocutor.

    e) A resenhista utiliza a 1ª pessoa do singular.

    f) Há trechos em que a resenhista avalia criticamente a obra.

    g) Algumas frases apresentam interrupções ou fragmentação no raciocínio.

Segundo passo: planejar seu vídeo

1. Realize esta etapa individualmente. Primeiro, pense em um livro que você tenha lido recentemente e do qual poderia fazer uma resenha crítica. Quando tiver definido a obra, preencha uma ficha como esta, que servirá de base para planejar o roteiro de seu vídeo:

    > 1. Dados básicos da obra (título, autor, nacionalidade do autor, ano de lançamento, nome da editora, etc.):
    > 2. Outras informações que possam interessar ao interlocutor (por exemplo, o período literário ao qual a obra pertence, adaptações cinematográficas que recebeu, se teve ou não grande vendagem, etc.):
    > 3. Sinopse do enredo:
    > 4. Pontos positivos da obra:
    > 5. Pontos negativos da obra, se houver:

2. Com base na ficha e no exemplo analisado, elabore o *roteiro* de seu vídeo. Não é necessário escrever frases inteiras, apenas palavras-chave ou lembretes.

3. Assim como Feltrin, você deve começar cumprimentando o público. Como o canal de vídeos não será exclusivamente seu, e sim de toda a turma, você deve também apresentar-se, dizendo seu nome.

4. Nessa parte inicial você deve, ainda, indicar qual livro será resenhado, apresentar os dados básicos da obra e outras informações curiosas e interessantes sobre ela (itens 1 e 2 da sua ficha).

5. Em relação aos outros itens, você pode optar por primeiro contar toda a história (item 3) e depois apontar seus pontos fortes fracos (itens 4 e 5) ou, então, entremear trechos narrativos e opinativos.

6. Ao resumir o enredo, lembre-se: você não deve contar o desfecho nem pontos importantes da trama, cuja revelação possa estragar o suspense de quem a lerá. Se houver uma informação relevante para sua resenha, mas que possa implicar revelações indesejadas para alguns espectadores, deixe-a para o final e faça um alerta de *spoiler*.

Terceiro passo: ensaiar, avaliar e gravar o vídeo

1. Quando tiver finalizado o roteiro, junte-se novamente com o colega para ensaiar o vídeo.

2. Ensaiem algumas vezes um diante do outro. Lembrem-se de que, para criar proximidade com o espectador, vocês podem usar a 1ª pessoa do singular e simular um diálogo com o público. A linguagem deve ser natural, mas convém evitar o excesso de gírias ou os desvios em relação à norma-padrão.

3. O ideal é que o vídeo tenha entre cinco e dez minutos. Cronometrem os ensaios e, se não estiverem dentro dos limites, façam ajustes ampliando ou diminuindo o roteiro.

4. Avalie os ensaios do colega e peça que ele também avalie os seus, de acordo com os seguintes critérios:

> ✓ *O resenhista apresenta-se adequadamente e cumprimenta o público?*
>
> ✓ *São apresentados os dados básicos da obra e outras informações relevantes sobre ela?*
>
> ✓ *O resumo do enredo permite ao leitor ter uma ideia geral da trama, sem trazer detalhes supérfluos nem revelações indesejáveis?*
>
> ✓ *As opiniões do resenhista sobre a obra são sustentadas por argumentos coerentes?*
>
> ✓ *A linguagem está adequada, em um tom coloquial e próximo do espectador?*
>
> ✓ *A fala do resenhista está natural e audível?*

5. Aprimorem o trabalho com base na avaliação feita e, quando estiverem satisfeitos com os resultados, gravem a versão definitiva do vídeo.

Quarto passo: compartilhar o vídeo

1. Sob a coordenação do professor, vocês criarão um canal privado de vídeos no qual as resenhas de todos os alunos serão inseridas. Se quiser, antes de deixar o vídeo disponível, edite-o usando um *software* específico.

2. Quando o canal estiver criado e os vídeos carregados, assistam às resenhas dos colegas e deixem comentários. Vocês também podem compartilhar o *link* com amigos e familiares.

3. Guardem os roteiros e a gravação dos vídeos, pois vocês poderão adaptá-los para o projeto de *podcast* que será sugerido ao final desta unidade.

> Confira questões do Enem e de vestibulares e propostas de redação no **Vereda Digital Aprova Enem** e no **Vereda Digital Suplemento de revisão e vestibulares**, disponíveis no livro digital.

CAPÍTULO 20

CARTA ABERTA E CARTA DO LEITOR

OBJETIVOS DE APRENDIZAGEM
- Identificar as principais características dos gêneros *carta aberta* e *carta do leitor*.
- Reconhecer alguns procedimentos para a construção de parágrafos em textos expositivos e argumentativos.

ENEM
C1: H1, H3
C6: H18, H19
C7: H21, H22, H23, H24
C8: H25, H26

Para começar

Os dois anúncios abaixo fazem parte de uma campanha promovida por órgãos da Justiça brasileira. Leia-os e, depois, converse com os colegas e o professor sobre as questões propostas.

CENTRAL JUDICIAL DO IDOSO. *Campanha nas redes sociais alerta para violência contra idosos.* Disponível em: <http://mod.lk/xubkx>. Publicado em 13 jun. 2017. Acesso em: 24 nov. 2017.

1. Os anúncios citam um artigo do Estatuto do Idoso, uma lei que regula os direitos das pessoas com 60 anos ou mais. Você já ouviu falar dessa lei? Se sim, o que sabe a respeito?
2. Veja alguns dos direitos assegurados pelo Estatuto do Idoso:

> - prioridade no atendimento em órgãos públicos e privados;
> - atendimento por médicos especializados na saúde do idoso;
> - proteção contra discriminação e abandono;
> - proteção contra violência física e psicológica;
> - moradia digna, desacompanhado ou junto à família, ou em instituições.

- Em sua opinião, por que é necessário assegurar esses e outros direitos à população idosa?

Capítulo 20 • Carta aberta e carta do leitor **267**

3. Os anúncios falam em garantir proteção e assistência aos idosos, mas também em respeitar a dignidade e a autoestima deles. Explique como essas atitudes, aparentemente contraditórias, se conciliam.

4. Se você convive com idosos em seu dia a dia, conte como é essa experiência. Em sua opinião, a cidade onde você mora oferece uma infraestrutura adequada para satisfazer as necessidades dessa população, em termos de atendimento médico, transporte público, condições das calçadas, opções de esporte e lazer, etc.? Explique sua resposta.

5. Você lerá a seguir uma carta aberta dirigida "à população brasileira". Formule hipóteses: por que uma pessoa ou entidade escreveria uma carta aberta à população? Quais serão as intenções do texto e a natureza dos temas tratados?

Primeiro olhar

O texto abaixo circulou em *sites* e redes sociais às vésperas do Dia do Idoso, celebrado em 1º de outubro. Leia-o e responda às questões.

CARTA ABERTA À POPULAÇÃO BRASILEIRA

Prezados Cidadãos e Cidadãs,

1. O envelhecimento populacional é um fenômeno mundial. No Brasil o processo iniciou-se a partir de 1960 e as mudanças se dão a largos passos. Em 1940, a população brasileira era composta por 42% de jovens com menos de 15 anos enquanto os idosos representavam apenas 2,5%. No último Censo realizado pelo IBGE, em 2010, a população de jovens foi reduzida a 24% do total. Por sua vez, os idosos passaram a representar 10,8% do povo brasileiro, ou seja, mais de 20,5 milhões de pessoas possuem mais de 60 anos, isto representa incremento de 400% se comparado ao índice anterior. A estimativa é de que nos próximos 20 anos esse número mais que triplique.

2. Infelizmente, nosso país ainda não está preparado para atender às demandas dessa população. A Política Nacional do Idoso assegura, em seu art. 2º, direitos que garantem oportunidades para a preservação de sua saúde física e mental, bem como seu aperfeiçoamento moral, intelectual, espiritual e social em condições de liberdade e dignidade.

3. Apesar de avanços, como a aprovação do Estatuto do Idoso, a realidade é que os direitos e necessidades dos idosos ainda não são plenamente atendidos. No que diz respeito à saúde do idoso, o Sistema Único de Saúde (SUS) ainda não está preparado para amparar adequadamente esta população.

4. [...] as unidades de atenção básica, "porta de entrada" do idoso no sistema, ainda têm muito a melhorar. Os profissionais da saúde têm olhar fragmentado do idoso e não foram capacitados para atendê-lo de maneira integral. [...]

5. Também há deficiência na quantidade de profissionais, na estrutura física e na rede de exames complementares para atender à necessidade de saúde dos idosos, gerando demora acentuada no atendimento, o que acaba levando à piora do quadro clínico. Assim, os mais velhos acabam sendo levados para as emergências/urgências (Unidades de Pronto Atendimento) e, consequentemente, em situação mais grave e já com indicação de internação hospitalar. Quadro que poderia ter sido evitado, caso houvesse o atendimento adequado no momento correto.

6. A carência de leitos clínicos nos hospitais públicos, que sofrem com a falta de vários recursos, ocasiona, quando o paciente consegue se internar, prolongamento do tempo de permanência, aumentando o risco de complicações e o óbito do idoso.

7. Este é o retrato da saúde pública no Brasil, que, apesar dos indiscutíveis avanços, apresenta um cenário de deficiências e falta de integração em todos os níveis de atenção à saúde: primária (atendimento deficiente nas unidades de saúde da atenção básica), secundária (carência de centros de referências com atendimento por especialistas) e terciária (atendimento hospitalar com abordagem ao idoso centrada na doença), ou seja, não há, na prática, uma rede de atenção à saúde do idoso.

Glossário

Política Nacional do Idoso: política pública que tem por objetivo assegurar os direitos sociais do idoso, proporcionando condições para promover sua autonomia, integração e participação efetiva na sociedade. Foi criada pela Lei nº 8.842, de 4 de janeiro de 1994.

Diante deste cenário, a Sociedade Brasileira de Geriatria e Gerontologia — SBGG, entidade filiada à Associação Médica Brasileira (AMB) e que congrega cerca de 2.250 associados, distribuídos em 18 seções estaduais, vem a público manifestar suas preocupações com o presente e o futuro dos idosos no Brasil. É preciso garantir a saúde como direito universal.

Esperamos que tanto nossos atuais, quanto os futuros governantes e legisladores, reflitam sobre a necessidade de investir na saúde e na qualidade de vida associada ao envelhecimento.

Dignidade à saúde do idoso!

Rio de Janeiro, 15 de setembro de 2014

João Bastos Freire Neto
Presidente da SBGG Gestão 2014-2016

FREIRE NETO, João Bastos. *Carta aberta à população*.
Disponível em: <http://mod.lk/x0tsn>.
Acesso em: 24 nov. 2017. (Fragmento).

Glossário
Geriatria: especialidade médica que se dedica à preservação da saúde do idoso e ao tratamento de doenças ligadas ao envelhecimento.
Gerontologia: estudo e abordagem do envelhecimento em uma perspectiva ampla, que inclui aspectos médicos, psicológicos e sociais, entre outros.

Material complementar
Texto integral

---

1. No primeiro parágrafo do texto, há referências a quatro marcos temporais.

   1940 — 1960 — 2010 — 2030

   - Explique o que, segundo o texto, essas datas representam na evolução demográfica brasileira.

   Relativa à **demografia**, isto é, à ciência que estuda quantitativamente o perfil de uma população em termos de idade, gênero, etnia, distribuição geográfica, etc.

2. Por que o texto se inicia com a apresentação desses dados numéricos? Explique a estratégia argumentativa adotada na introdução da carta.

3. No desenvolvimento dos três primeiros parágrafos, partiu-se do geral para o específico, até se chegar ao tema central da carta. Explique como isso foi feito. Para tanto, retome estas passagens do texto.

   "O envelhecimento populacional é um fenômeno mundial. [...]

   Infelizmente, nosso país ainda não está preparado para atender às demandas dessa população. [...]

   [...] No que diz respeito à saúde do idoso [...]."

4. Releia o trecho que vai do quarto ao sétimo parágrafo. Com base nesse trecho, depreende-se que, de acordo com a associação remetente da carta:
   a) é um erro encaminhar os idosos para unidades de emergências e urgências, pois isso pode complicar o quadro de saúde deles e até levá-los a óbito.
   b) a frequente internação dos idosos, que decorre das deficiências na atenção básica, vem gerando carência de leitos nos hospitais.
   c) se o idoso recebesse atendimento especializado no nível primário de atenção à saúde, seria possível, em muitos casos, evitar sua internação.
   d) o nível secundário de atendimento, composto pelas unidades de atenção básica, é o que mais sofre com as carências do sistema.

5. Cartas abertas são textos argumentativos. Sintetize em uma frase a tese defendida nessa carta.

6. O texto também tem intenção persuasiva, pois a associação remetente pretende convencer os interlocutores a tomar certa providência.
   a) Identifique o trecho da carta em que é feito um apelo direcionado a um grupo específico de interlocutores.
   b) Formule uma hipótese: por que a associação, em vez de fazer seu apelo em cartas convencionais, direcionadas às pessoas que fazem parte desse grupo, preferiu escrever uma carta aberta à população brasileira?

Por dentro do gênero – Carta aberta

Assim como a carta pessoal e outros tipos de correspondência, a **carta aberta** tem um remetente e um destinatário. Contudo, esse remetente pretende que o texto seja lido por grande número de pessoas, por isso o divulga em jornais e revistas ou em *sites* e redes sociais da internet.

Em geral, a carta aberta é um meio utilizado para denunciar problemas de ordem social, política, ambiental, entre outros, além de propor soluções para tais problemas. Trata-se de um texto argumentativo, que defende um ponto de vista com argumentos objetivos, e também persuasivo, pois, na maioria das vezes, faz um apelo aos interlocutores para que tomem providências e adotem as soluções sugeridas.

É justamente por causa desse apelo que o remetente opta por esse gênero discursivo, em vez de uma carta endereçada a autoridades, por exemplo. Ao divulgar suas reivindicações em público, o remetente pretende conscientizar a população do problema e, assim, estimulá-la a pressionar os responsáveis a tomar as medidas cabíveis.

O *remetente* da carta aberta pode ser uma pessoa ou um grupo de pessoas. Já o *destinatário* pode ser toda a população de determinado local, como no caso analisado, mas também uma pessoa ou um grupo específico. É possível enviar uma carta aberta aos responsáveis por certo órgão público, ao prefeito de uma cidade, a uma empresa ou a um organismo internacional, por exemplo.

> **Carta aberta** é um gênero discursivo enviado por um remetente a um destinatário e divulgado em público, de maneira a alcançar grande número de pessoas. Ela tem natureza argumentativa e também persuasiva, pois visa convencer os interlocutores a tomar determinada atitude. Ao tornar seus apelos públicos, o remetente busca conquistar apoio para sua causa. A carta aberta circula em veículos de comunicação impressa ou virtual; na modalidade oral, pode ser divulgada no rádio, na TV, na internet e em eventos públicos.

Para assistir

Cartas abertas também podem circular em forma de vídeo. Foi esse o caso da *Carta Aberta aos Líderes Mundiais*, produzida pela ONG The Climate Reality Project (ou Projeto da Realidade Climática, em uma tradução livre). Apresentada por habitantes de várias regiões do mundo, a carta dirigiu-se aos líderes reunidos na 21ª Conferência das Partes (COP-21) da Convenção-Quadro das Nações Unidas sobre Mudança do Clima (UNFCCC), ocorrida em 2015, em Paris. Você pode assistir ao vídeo legendado no seguinte *link*: <www.youtube.com/watch?v=EtfmpRPYy_0>.

Abaixo-assinado e manifesto

Dois gêneros semelhantes à carta aberta são o abaixo-assinado e o manifesto. O **abaixo-assinado**, assim como a carta aberta, busca apresentar reivindicações a uma autoridade, mas com a diferença de que os leitores podem expressar diretamente seu apoio, identificando-se e assinando abaixo do texto — daí o nome do gênero. Já o **manifesto** é um documento em que uma agremiação de pessoas, como um partido, um sindicato, uma categoria artística ou profissional, declara publicamente certo posicionamento ou certo programa estético ou ideológico.

Um manifesto de grande importância na história da arte brasileira foi o *Manifesto da poesia pau-brasil*, publicado pelo escritor Oswald de Andrade (1890-1954) em 1924. No texto, Oswald defende a estética literária modernista, que rompia com os padrões tradicionais e exaltava os temas e a linguagem legitimamente brasileiros. Leia um trecho a seguir.

> A poesia existe nos fatos. Os casebres de açafrão e de ocre nos verdes da Favela, sob o azul cabralino, são fatos estéticos. [...]
>
> A língua sem arcaísmos, sem erudição. Natural e neológica. A contribuição milionária de todos os erros. Como falamos. Como somos.
>
> ANDRADE, Oswald de. Manifesto da poesia pau-brasil.
> In: TELES, Gilberto Mendonça. *Vanguarda europeia e modernismo brasileiro*.
> Petrópolis: Vozes, 1972. p. 203-204. (Fragmento).
> © Oswald de Andrade.

Estrutura e linguagem da carta aberta

A carta aberta tem elementos estruturais semelhantes aos da carta pessoal, como a saudação e a assinatura. Por outro lado, também apresenta características particulares, relacionadas à sua intenção comunicativa. Observe:

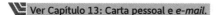
Ver Capítulo 13: Carta pessoal e *e-mail*.

A carta aberta tem um **título**, no qual se identifica o destinatário. → **CARTA ABERTA À POPULAÇÃO BRASILEIRA**

Prezados Cidadãos e Cidadãs, → Assim como nas cartas pessoais, geralmente há uma **saudação** na primeira linha, à esquerda.

O envelhecimento populacional é um fenômeno mundial. No Brasil o processo iniciou-se a partir de 1960 e as mudanças se dão a largos passos. Em 1940, a população brasileira era composta por 42% de jovens com menos de 15 anos enquanto os idosos representavam apenas 2,5%. No último Censo realizado pelo IBGE, em 2010, a população de jovens foi reduzida a 24% do total. Por sua vez, os idosos passaram a representar 10,8% do povo brasileiro, ou seja, mais de 20,5 milhões de pessoas possuem mais de 60 anos, isto representa incremento de 400% se comparado ao índice anterior. A estimativa é de que nos próximos 20 anos esse número mais que triplique.

Na **introdução**, o remetente expõe os motivos que o levaram à produção da carta. Às vezes, ele opta por apresentar-se no início da carta: "*Nós, moradores do bairro Concórdia*, vimos a público propor melhorias nas áreas de lazer...".

[...]

[...] as unidades de atenção básica, "porta de entrada" do idoso no sistema, ainda têm muito a melhorar. Os profissionais da saúde têm olhar fragmentado do idoso e não foram capacitados para atendê-lo de maneira integral. [...]

Também há deficiência na quantidade de profissionais, na estrutura física e na rede de exames complementares para atender à necessidade de saúde dos idosos, gerando demora acentuada no atendimento, o que acaba levando à piora do quadro clínico. Assim, os mais velhos acabam sendo levados para as emergências/urgências (Unidades de Pronto Atendimento) e, consequentemente, em situação mais grave e já com indicação de internação hospitalar. Quadro que poderia ter sido evitado, caso houvesse o atendimento adequado no momento correto.

A carência de leitos clínicos nos hospitais públicos, que sofrem com a falta de vários recursos, ocasiona, quando o paciente consegue se internar, prolongamento do tempo de permanência, aumentando o risco de complicações e o óbito do idoso.

No **desenvolvimento**, são expostos detalhes do problema e os argumentos que sustentam o posicionamento defendido.

[...]

Diante deste cenário, a Sociedade Brasileira de Geriatria e Gerontologia — SBGG, entidade filiada à Associação Médica Brasileira (AMB) e que congrega cerca de 2.250 associados, distribuídos em 18 seções estaduais, vem a público manifestar suas preocupações com o presente e o futuro dos idosos no Brasil. É preciso garantir a saúde como direito universal.

Para aumentar seu poder persuasivo, o texto pode ser finalizado com palavras de ordem ou uma **frase exortativa** (que estimula, persuade).

Esperamos que tanto nossos atuais, quanto os futuros governantes e legisladores, reflitam sobre a necessidade de investir na saúde e na qualidade de vida associada ao envelhecimento.

→ Dignidade à saúde do idoso!

Rio de Janeiro, 15 de setembro de 2014 → A **data** e o **local** podem aparecer no início ou no final do texto.

Na **conclusão**, o remetente faz declarações finais e apresenta solicitações ou sugestões aos responsáveis.

João Bastos Freire Neto → A carta é encerrada com a **assinatura** do remetente. Muitas vezes, a pessoa representa uma associação ou um grupo, como é o caso dessa carta.
Presidente da SBGG Gestão 2014-2016

Em relação à linguagem, o remetente emprega o *registro formal*, para dar maior credibilidade à sua argumentação. Além disso, é frequente o uso da *1ª pessoa do plural*, já que, como dito, a carta normalmente é enviada em nome de um grupo de pessoas: "*Esperamos* que tanto nossos atuais, quanto os futuros governantes e legisladores [...]".

Esses padrões, porém, não são obrigatórios. Leia a seguir trechos de uma carta aberta dirigida à blogueira Gabriela Pugliesi, muito popular entre os jovens por suas postagens sobre boa forma. Nessa carta, a remetente, identificada como Gi, alerta a blogueira quanto à influência que ela pode exercer nas seguidoras e aos riscos de se buscar o emagrecimento a qualquer custo.

Carta aberta à Gabriela Pugliesi

Tem muita mulher por aí te idolatrando, claro, você é linda. Mesmo. E determinada, sem dúvida. [...]

Você é uma pessoa com muito alcance na *web*, o que você diz tem poder, talvez você não tenha a dimensão disso, mas o que você diz, faz e até o que você não diz, cria uma cultura. Não sei se você sabe, mas a cultura que você cria é **aprisionante, não nos empodera**. E eu imagino que seja pra você também. [...]

Bom, o que eu queria dizer é que você não precisa fazer dieta se não quiser, se não conseguir, isso não deveria ser uma obrigação pra ninguém. Que tudo bem sair da dieta, isso não é um problema, não deveria ser um problema. Que você é linda e sempre será, com 48 ou 100 quilos [...], eu sei que você é muito mais que a casquinha que te fez ser conhecida. Eu sei que é uma mulher fantástica.

Você não é perfeita, nunca será, nem eu, nem ninguém e é isso [que] nos fortalece.

Fica aqui o desejo de que você se liberte, de que você me liberte.

Estamos juntas.
Gi

Carta aberta à Gabriela Pugliesi. Disponível em: <http://mod.lk/5t6ao>.
Publicado em: 9 nov. 2015. Acesso em: 24 nov. 2017. (Fragmento).

Note que diversas características estruturais e linguísticas da carta aberta lida na seção "Primeiro olhar" também estão presentes nesse outro exemplo: há um título que identifica a destinatária ("Carta aberta à Gabriela Pugliesi"), há a exposição do ponto de vista e dos argumentos da remetente (nos dois primeiros parágrafos) e, por fim, são apresentadas sugestões (no terceiro parágrafo) e uma frase exortativa no final: "Fica aqui o desejo de que você se liberte, de que você me liberte". No entanto, diferentemente do que se observa na carta da Sociedade Brasileira de Geriatria e Gerontologia, a remetente emprega *linguagem informal* ("Tem muita mulher por aí te idolatrando") e a *1ª pessoa do singular*, de forma a estabelecer um diálogo com a destinatária: "Bom, o que *eu queria* dizer é que você não precisa fazer dieta se não quiser [...]". Tais opções são adequadas à abordagem do texto, em que a argumentação se desenvolve de maneira pessoal e intimista.

Para ler

Em 1898, uma carta aberta do escritor francês Émile Zola (1840-1902), dirigida ao então presidente da França Félix Faure, foi publicada na primeira página de um jornal parisiense, com o título "J'accuse!" (Eu acuso!). O texto abordava o julgamento de Alfred Dreyfus, um capitão de origem judaica que alguns anos antes fora condenado por espionagem em um processo repleto de falhas. Zola denunciava o antissemitismo (discriminação contra judeus) que contaminava o caso e exigia justiça — o que só aconteceria em 1906, quando Dreyfus seria finalmente inocentado. O livro *J'accuse! A verdade em marcha* reúne esse e outros escritos de Zola, inclusive uma carta aberta aos jovens do país, que organizaram passeatas contra Dreyfus:

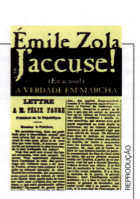

Aonde vão vocês, jovens, aonde vão, estudantes, que correm em bandos pelas ruas manifestando vossas cóleras e entusiasmos, sentindo a imperiosa necessidade de lançar publicamente o grito de vossas consciências indignadas?

Vão protestar contra algum abuso de poder? [...]

Vão corrigir um erro social [...]?

[...]

Não, não! Vamos vaiar um homem, um velho que, após uma longa vida de trabalho e lealdade, imaginou que podia impunemente defender uma causa generosa, querer que a luz se fizesse e que um erro fosse reparado, para a honra mesma da pátria francesa!

ZOLA, Émile. *J'accuse! A verdade em marcha.* Disponível em: <http://mod.lk/vkkiy>.
Acesso em: 24 nov. 2017. (Fragmento).

Por dentro do gênero – Carta do leitor

Pense e responda

Leia os dois textos a seguir, observando a retranca acima de cada um deles e a referência bibliográfica. Depois, responda às perguntas.

Texto 1

ESPECIAL Tecnologia

Trunfos e riscos da inteligência artificial

"A inteligência humana pode ser tão precisamente descrita que é possível construir uma máquina que a simule", acreditava o cientista americano John McCarthy (1927-2011), que em 1955 cunhou um termo desconcertante: inteligência artificial (IA). [...] Naquele tempo, apostava-se que não demoraria duas décadas para ser desenvolvida uma máquina capaz de pensar como nós. McCarthy morreu sem ver esse feito se concretizar. Isso, porém, está perto de ocorrer — um avanço extraordinário, que trará maravilhas e, ao mesmo tempo, desafios aterrorizantes. [...]

Longe de um cenário de ficção científica, já é possível sentir a presença — onipresença — da inteligência artificial na rotina contemporânea. Ela ainda não é capaz de se emocionar nem de ter ciência da própria existência, convenhamos. No entanto, facilita tremendamente a nossa vida, orquestrando algoritmos que regem o dia a dia neste ultraconectado século XXI. Com uma força quase imperceptível, a IA está por trás do funcionamento de *sites* de busca, das sugestões de compras *on-line*, de extraordinários *games* de computador. [...]

[...] Um dos primeiros sinais de que a máquina poderia vir a pensar como nós surgiu próximo da virada do século. Em 1997, um computador da americana IBM, o Deep Blue, venceu o então campeão mundial de xadrez, o russo Garry Kasparov. Era a indicação de que *softwares* poderiam nos superar não só em contas como também em arranjos mentais até aquele momento exclusivos do ser humano, já que exigem lógica e raciocínio.

Indicação certeira. Em 2011, outra máquina da IBM, o Watson, massacrou campeões no programa de perguntas e respostas mais popular dos Estados Unidos. E, neste ano, um computador humilhou o melhor jogador do game *Dota 2*, que simula situações de guerra. Não é atordoante imaginar que um robô possa vencer um humano num embate militar real? [...]

VILICIC, Filipe; THOMAS, Jennifer Ann. *Veja*, ed. 2549. São Paulo: Abril, 27 set. 2017. p. 74 e 75. (Fragmento).

Capa da revista em que foi publicado o texto 1.

Glossário

Onipresença: presença em todos os lugares.

Texto 2

LEITOR

INTELIGÊNCIA ARTIFICIAL

Com relação à reportagem sobre a inteligência artificial (IA), gostaria de desmistificar certos pontos: 1) as máquinas jamais terão sentimentos, pois são universais (no caso dos computadores, qualquer um pode simular qualquer outro) e objetivas, e os sentimentos são absolutamente individuais e subjetivos. Por exemplo, se uma pessoa come uma banana, ninguém consegue sentir o gosto que ela está sentindo nem apreciar ou não esse gosto como ela; 2) não sabemos o que é a inteligência e o pensar, de modo que não se pode fazer nenhuma especulação sobre os computadores suplantarem os seres humanos nessas atividades, a não ser que o conceito e a vivência que se tem de ambos sejam reduzidos a "ser inteligente é jogar bem xadrez".

Valdemar W. Setzer

São Paulo, SP

SETZER, Valdemar W. *Veja*, ed. 2550. São Paulo: Abril, 4 out. 2017. p. 24.

1. O texto 2 foi escrito por um profissional que trabalha para a revista *Veja*? Explique sua resposta.

2. Qual é o objetivo do texto 2?

3. Releia: "Com relação à reportagem sobre a inteligência artificial (IA), gostaria de *desmistificar* certos pontos". Em vez do verbo destacado, o autor poderia ter usado *esclarecer* ou *elucidar*, por exemplo. Explique por que foi escolhido o verbo *desmistificar* e o que ele deixa subentendido sobre os pontos comentados.

4. Releia as duas observações enumeradas no texto 2. A quais trechos do texto 1 podemos relacionar mais diretamente cada uma delas? Justifique sua resposta.

5. Qual tipo de argumento o autor do texto 2 usou para sustentar que "os sentimentos são absolutamente individuais e subjetivos"?
   a) dados numéricos
   b) exemplificação
   c) definição
   d) relação de causa e consequência
   - Explique como, segundo o raciocínio do autor, esse argumento demonstra que "as máquinas jamais terão sentimentos".

Ver seções Para ler e escrever melhor: "Tipos de argumento I e II", nos Capítulos 17 e 18.

6. Segundo Valdemar Setzer, não podemos comparar a inteligência humana à dos computadores, a menos que esse conceito seja reduzido a "ser inteligente é jogar bem xadrez". Em sua opinião, o que o autor pretende dizer com isso? Quais outras capacidades, além de "jogar bem xadrez", poderiam estar contidas no conceito de inteligência?

7. Como você observou, o texto 2 foi publicado em uma seção chamada "Leitor".
   a) Quais seriam os objetivos da revista ao manter essa seção?
   b) A revista recebe muitas mensagens diariamente, mas apenas algumas são divulgadas na seção. Formule hipóteses: que critérios são usados para selecionar os textos?

Trocando ideias

Converse com o professor e os colegas sobre as questões propostas.

1. Observe estes fatos citados nos últimos parágrafos do texto 1.

> 1997 – o Deep Blue derrota o então campeão mundial de xadrez, o russo Garry Kasparov.
> 2011 – o Watson vence campeões no programa de perguntas e respostas mais popular dos Estados Unidos.
> 2017 – um computador humilha o melhor jogador do game *Dota 2*, que simula situações de guerra.

- Em sua opinião, esses fatos representam uma progressão no desenvolvimento da inteligência artificial? Por quê?

2. Como você responderia à pergunta presente no texto 1: "Não é atordoante imaginar que um robô possa vencer um humano num embate militar real?". Você tem receios quanto aos avanços da inteligência artificial? Justifique sua resposta.

3. O autor do texto 2 afirma que "as máquinas jamais terão sentimentos" e, em seguida, alega que elas nunca se igualarão ao ser humano em termos de inteligência. Em sua opinião, a argumentação apresentada nesse texto é convincente? Por quê?

O texto de Valdemar W. Setzer que você analisou no boxe "Pense e responda" é uma **carta do leitor**, gênero discursivo que tem como objetivo comentar matérias publicadas em certo veículo de imprensa. O gênero leva esse nome porque, tradicionalmente, as mensagens eram enviadas pelo correio; hoje, a maioria dos leitores comunica-se com os jornais e revistas por *e-mail*, aplicativos de mensagem ou pelas redes sociais.

Entre os textos recebidos, os jornais e as revistas selecionam alguns para a publicação em uma seção específica, que recebe nomes como "Painel do leitor", "Dos leitores" ou simplesmente "Leitor", como no exemplo analisado. Ao fazer essa seleção, o veículo busca escolher textos que possam ser interessantes para todo o público; logo, dá preferência a mensagens pertinentes e com uma argumentação bem fundamentada.

A carta do leitor pode ser considerada uma espécie de carta aberta, pois quem a produz, embora se dirija ao veículo de imprensa, tem a intenção de alcançar o público em geral. O texto pode conter comentários críticos, como no exemplo lido, mas também elogios e sugestões de pauta.

> **Carta do leitor** é um gênero discursivo em que se comenta uma matéria publicada em certo veículo de imprensa, tanto no que diz respeito ao tema ou aos fatos em si, quanto à maneira como foram abordados. É publicada em uma seção específica do jornal, da revista ou do *site* jornalístico.

Estrutura e linguagem da carta do leitor

Dos elementos estruturais da carta, apenas a **assinatura** (identificação do remetente) e o **local** aparecem na carta do leitor. Além de eliminar outros elementos, como a data ou a saudação, é comum que o jornal ou a revista suprima trechos do texto, a fim de adequar sua extensão ao espaço disponível.

Em relação à linguagem, pode haver variações conforme o tema tratado e o perfil do veículo, mas normalmente o remetente adota um estilo objetivo e formal. Pode-se usar a *1ª pessoa do singular*, como faz Valdemar W. Setzer na carta analisada ("*gostaria* de desmistificar certos pontos"), mas também é frequente o emprego da *1ª pessoa do plural*, como ocorre nesta carta que denuncia a violência doméstica.

> Quando se pensa em violência doméstica, a primeira imagem que se tem em mente é da mulher sendo agredida.
>
> Claro que o número de mulheres que sofre agressão em casa é assustador — e isso deu origem à conhecida "Lei Maria da Penha" — mas entre elas estão também crianças, adolescentes e até idosos.
> [...]
> Cabe a *todos nós*, ao *tomarmos* conhecimento de qualquer forma de violência, *denunciarmos* aos órgãos especializados, para que as famílias passem por um programa de orientação e conscientização junto aos órgãos competentes [...].
>
> Leitor Renan Rossini, ator e diretor teatral, desenvolve um projeto de popularização do teatro junto a crianças e adolescentes: www.teatracao.blogspot.com.br.
>
> *Diário do Norte Online*. Disponível em: <http://mod.lk/fm4ou>. Publicado em: 26 abr. 2015. Acesso em: 24 nov. 2017. (Fragmento).

Carta de reclamação e carta-consulta

Jornais, revistas e *sites* jornalísticos costumam publicar outros tipos de carta enviados pelos leitores. Na **carta de reclamação**, o leitor queixa-se do atendimento que vem recebendo de uma empresa ou órgão público. O veículo de imprensa incumbe-se, então, de contatar os responsáveis e pressioná-los para que atendam à solicitação do consumidor.

Já na **carta-consulta** o leitor apresenta uma dúvida a ser respondida pela equipe do jornal ou da revista, geralmente com o auxílio de um especialista. As perguntas sobre curiosidades científicas que você leu e produziu no Capítulo 14 são exemplos de carta-consulta. Conforme o perfil do veículo (ou do caderno ou seção) em que a carta é publicada, podem ser enviadas dúvidas sobre os mais diversos assuntos: relacionamentos amorosos, alimentação, tecnologia, automóveis, língua portuguesa, etc.

Para ler e escrever melhor

A construção do parágrafo

Nos gêneros expositivos e argumentativos, como os que você estudou nesta unidade e na anterior, a maioria dos parágrafos segue um padrão relativamente fixo de construção, que analisaremos nesta seção. Em geral, a primeira ou as duas primeiras frases contêm a **ideia principal** do parágrafo (também denominada **tópico**), normalmente expressa na forma de uma declaração. Em seguida, as demais frases detalham o tópico com informações complementares, ou o justificam com argumentos. Para manter o encadeamento das ideias, devem ser empregados mecanismos coesivos adequados, tanto entre as frases que compõem o parágrafo, quanto de um parágrafo para o outro.

A título de exemplo, vamos analisar como foram construídos alguns parágrafos de uma carta aberta da organização Atletas pelo Brasil.

Carta aberta aos candidatos à presidência

[...]

> O tópico traz uma **declaração**, que será justificada nas frases seguintes.

O esporte é direito humano e constitucional de todos os cidadãos (ONU 1979; CF, art. 217). Foi galgado a *esse patamar* por ser importante instrumento para o desenvolvimento humano e social. *Seu impacto* abrange diferentes políticas públicas fundamentais como: saúde, educação, diminuição de violência e planejamento urbano.

> Por meio de mecanismos coesivos (expressões nominais, pronomes), garante-se a **retomada de ideias** de uma frase para a outra.

> Nesse caso, as duas primeiras frases compõem o tópico. As frases seguintes apresentam **dados numéricos** para sustentar as afirmações feitas.

Os benefícios do esporte na saúde já são comprovados. O sedentarismo e a obesidade são problemas contundentes de saúde pública, uma epidemia mundial. Hoje, o Brasil gasta mais de R$ 12 bilhões por ano com problemas causados por suas consequências. Mais da metade da população brasileira está acima do peso e mais de 17% são obesos. Os poucos e frágeis dados sobre atividade física nas capitais brasileiras apontam que somente 33% fazem atividade física suficiente e 15% são totalmente inativos. [...]

Na educação, o esporte vem trazendo resultados surpreendentes. O esporte e a atividade física resultam em menos faltas a aulas e mais pontuação em testes cognitivos. Em projeto de esporte nas escolas em sua meta de legado das Olimpíadas, a Inglaterra implantou o esporte de qualidade em 450 escolas britânicas e mediu o impacto. O resultado mostrou melhoria no aprendizado em matérias como inglês e matemática, além de melhorias pessoais e sociais como melhor autoestima, trabalho em equipe, cooperação e responsabilidade. [...]

> O tópico novamente é uma declaração. As frases seguintes, além de detalhar essa declaração, buscam comprová-la por meio de uma **exemplificação**.

> A **retomada** também pode ser feita de um parágrafo para o outro. Nesse caso, a expressão nominal "Essa disciplina" remete à ideia da presença do esporte nas escolas, mencionada no parágrafo anterior.

Essa disciplina deve estar no contexto pedagógico da escola, *pois* o esporte é um facilitador do aprendizado. *Quando* o profissional de educação física é qualificado e apresenta bons projetos, o resultado é sempre positivo. *Contudo*, hoje, isso depende do empenho pessoal do bom profissional.

[...]

> Conjunções e outros mecanismos de coesão sequencial ajudam a estabelecer **relações lógicas** entre as ideias.

Disponível em: <http://mod.lk/fpdgn>. Publicado em: 4 ago. 2014. Acesso em: 24 nov. 2017. (Fragmento).

Material complementar
Texto integral

276 Produção de texto: interpretação e ação

Outras maneiras de construir o parágrafo

Como dissemos, nos gêneros expositivos e argumentativos, a maioria dos parágrafos é construída com uma declaração inicial, que contém a ideia principal e, depois, com a apresentação de detalhes ou argumentos a ela relacionados. Isso não significa, porém, que se trate de um padrão obrigatório. É possível redigir parágrafos claros e bem articulados de várias outras maneiras. Veja que no parágrafo a seguir, extraído de um editorial, o autor começou o raciocínio com exemplos e só depois apresentou o tópico.

O drama do desperdício de alimentos

Uma laranja aqui, um pedaço de pão ali, um prato com comida pela metade, uma carroceria de caminhão com fendas. **Dados da Organização das Nações Unidas para a Alimentação e a Agricultura (FAO, na sigla em inglês) informam que cerca de 30% de tudo que é produzido anualmente pelo campo é perdido em algum momento de sua trajetória entre a lavoura e a casa do consumidor.** No Brasil, [...] milhões de toneladas de produtos alimentícios são jogadas literalmente fora todos os anos, uma tragédia para uma nação onde cerca de 3,4 milhões de indivíduos vivem em situação de insegurança alimentar.

SZAJMAN, Abram. *Problemas Brasileiros*, n. 434, mar./abr. 2016. p. 1. (Fragmento).

> A ideia principal (tópico) é apresentada no meio do parágrafo.

Na prática

Na "Produção autoral" deste capítulo, você vai produzir uma carta aberta seguindo uma proposta de redação solicitada em um vestibular. A fim de preparar-se para a produção, junte-se a um colega para realizar as atividades abaixo.

1. Leiam a proposta de redação da "Produção autoral". Ao ler os três textos de apoio, tomem nota das principais informações e argumentos que cada um apresenta.

2. Em seguida, realizem um *brainstorm* ("tempestade de ideias"), ou seja, listem todas as ideias relacionadas ao tema que lhes vierem à mente, sem preocupar-se se serão úteis ou não.

3. Selecionem da lista produzida no item anterior as ideias que, de fato, estão de acordo com o objetivo da carta aberta e agrupem-nas segundo a ordem de importância: os **tópicos** (ideias principais) e, abaixo de cada um deles, os detalhes ou os argumentos relacionados.

4. Cada um desses tópicos poderá dar origem a um parágrafo na carta aberta. Escolham um deles e desenvolvam o parágrafo correspondente: iniciem pelo tópico, que pode ser expresso em uma ou duas frases, e em seguida escrevam as demais frases. Mantenham a conexão entre as ideias utilizando os mecanismos de retomada ou relação lógica adequados.

5. Releiam o parágrafo e verifiquem se ficou claro e coerente. Se necessário, façam ajustes. Em seguida, conversem sobre as seguintes questões.
    a) Como cada um de vocês daria continuidade ao texto? Qual seria o tópico do parágrafo seguinte?
    b) Nesse parágrafo seguinte, seria necessário utilizar um mecanismo coesivo para retomar ideias do parágrafo anterior ou estabelecer conexões lógicas com elas? Expliquem.
    c) Vocês já estavam acostumados a construir parágrafos dessa forma, com tópico e ideias secundárias nas frases seguintes? Na opinião de vocês, a técnica facilita o desenvolvimento do texto? Por quê?

Produção autoral

Carta aberta

Contexto de produção

O quê: carta aberta de acordo com proposta de vestibular.
Para quê: familiarizar-se com a produção de textos a partir de propostas de vestibular; expor publicamente sugestões sobre mobilidade urbana.
Para quem: colegas de turma; posteriormente, público em geral.
Onde: carta aberta.

Na Unidade 8, você verá que o Exame Nacional do Ensino Médio (Enem) e vários vestibulares pedem um texto dissertativo-argumentativo na prova de redação. Contudo, alguns exames propõem outros gêneros discursivos, entre eles a *carta aberta*. Nesta seção, você conhecerá uma prova de vestibular da Universidade de Campinas (Unicamp) em que foi solicitado esse gênero. Com base na proposta, você produzirá individualmente sua carta.

Primeiro passo: examinar a proposta

■ Você encontrará a seguir uma proposta de redação oferecida em um exame vestibular da Unicamp. Leia-a com atenção.

Redação

Em virtude dos problemas de trânsito, uma associação de moradores de uma grande cidade se mobilizou, buscou informações em textos e documentos variados e optou por elaborar uma **carta aberta**. **Você, como membro da associação**, ficou responsável por redigir a carta a ser divulgada nas redes sociais. Essa carta tem o objetivo de **reivindicar, junto às autoridades municipais, ações consistentes para a melhoria da mobilidade urbana na sua cidade**. Para estruturar a sua argumentação, utilize também informações apresentadas nos trechos abaixo, que foram lidos pelos membros da associação.

Atenção: assine a carta usando apenas as iniciais do remetente.

I

"A boa cidade, do ponto de vista da mobilidade, é a que possui mais opções", explica o planejador urbano Jeff Risom, do escritório dinamarquês Gehl Architects. E Londres está entre os melhores exemplos práticos dessa ideia aplicada às grandes metrópoles.

A capital inglesa adotou o pedágio urbano em 2003, diminuindo o número de automóveis em circulação e gerando uma receita anual que passou a ser reaplicada em melhorias no seu já consolidado sistema de transporte público. Com menos carros e com a redução da velocidade máxima permitida, as ruas tornaram-se mais seguras para que fossem adotadas políticas que priorizassem a bicicleta como meio de transporte. Em 2010, Londres importou o modelo criado em 2005 em Lyon, na França, de *bikes* públicas de aluguel. Em paralelo, começou a construir uma rede de ciclovias e determinou que as faixas de ônibus fossem compartilhadas com ciclistas, com um programa de educação massiva dos motoristas de coletivos. Percorrer as ruas usando o meio de transporte mais conveniente — e não sempre o mesmo — ajuda a resolver o problema do trânsito e ainda contribui com a saúde e a qualidade de vida das pessoas.

(Natália Garcia, 8 iniciativas urbanas inspiradoras, em *Red Report*, fev. 2013, p. 63. Disponível em http://cidadesparapessoas.com/2013/06/29/pedalando-por-cidades-inspiradorass/. Acessado em 06/09/2013.)

II

Mas, afinal, qual é o custo da morosidade dos deslocamentos urbanos na região metropolitana de São Paulo? Não é muito difícil fazer um cálculo aproximado.

Podemos aceitar como tempo normal, com muita boa vontade, uma hora diária. Assim, o tempo médio perdido com os congestionamentos em São Paulo é superior a uma hora por dia. Sendo a jornada de trabalho igual a oito horas, é fácil verificar que o tempo perdido é de cerca de 12,5% da jornada de trabalho. O valor monetário do tempo perdido é de R$ 62,5 bilhões por ano.

Esse é o custo social anual da lentidão do trânsito em São Paulo.

(Adaptado de André Franco Montoro Filho, O custo da (falta de) mobilidade urbana, *Folha de São Paulo*, Caderno Opinião, São Paulo, 04 ago. 2013. Disponível em: http://www1.folha.uol.com.br/opiniao/2013/08/1321280-andre-francomontorofilho-o-custo-da-falta-de-mobilidade-urbana.shtml. Acessado em 09/09/2013.)

III

Torna-se cada vez mais evidente que não há como escapar da progressiva limitação das viagens motorizadas, seja aproximando os locais de moradia dos locais de trabalho ou de acesso aos serviços essenciais, seja ampliando o modo coletivo e os meios não motorizados de transporte.

Evidentemente que não se pode reconstruir as cidades, porém são possíveis e necessárias a formação e a consolidação de novas centralidades urbanas, com a descentralização de equipamentos sociais, a informatização e descentralização de serviços públicos e, sobretudo, com a ocupação dos vazios urbanos, modificando-se, assim, os fatores geradores de viagens e diminuindo-se as necessidades de deslocamentos, principalmente motorizados.

(BRASIL. Ministério das Cidades. *Caderno para a Elaboração de Plano Diretor de Transporte e da Mobilidade*. Secretaria Nacional de Transportes e de Mobilidade Urbana [SeMob], 2007, p. 22-23. Disponível em http://www.antp.org.br/_5dotSystem/download/dcmDocument/2013/03/21/79121770-A746-45A0-BD32-850391F983B 5.pdf. Acessado em 06/09/2013.)

Comvest. Disponível em: <http://mod.lk/9vfya>. Acesso em: 7 dez. 2017.

Segundo passo: escrever a carta aberta

1. Retome o trabalho realizado em duplas na seção "Para ler e escrever melhor". Verifique os tópicos que você desenvolveu com seu colega e reflita: você gostaria de mantê-los ou prefere eliminar ou alterar alguns?

2. Quando chegar à sua lista definitiva de tópicos, planeje em que ordem vai apresentá-los na sua carta aberta.

3. Comece a redigir a carta com base nesse planejamento. Insira um título que identifique o destinatário (nesse caso, a proposta menciona "as autoridades municipais") e uma saudação adequada.

4. Lembre-se de que você pode começar diretamente com a argumentação, explicando os motivos que levaram à produção da carta, ou pode inserir um parágrafo inicial para apresentar-se; por exemplo:

   Como representante da Associação de Moradores do Município, venho por meio desta carta reivindicar ações...

5. Ao redigir os parágrafos com os tópicos e as ideias secundárias, não copie trechos dos textos de apoio. Se quiser utilizar algumas das informações, você deve parafrasear as frases correspondentes.

6. Não é necessário restringir-se a esses textos. Observe que a proposta diz: "utilize *também* informações apresentadas nos trechos abaixo", ou seja, subentende-se que podem ser empregados outros dados.

7. Na conclusão de sua carta, deixe claras suas reivindicações às autoridades e, se quiser, encerre o texto com uma frase exortativa.

8. Não se esqueça de incluir a data e o local, que podem figurar no início ou no final, e sua assinatura, nesse caso representada apenas pelas iniciais, como determina a proposta.

Terceiro passo: revisar e reescrever sua carta

1. Quando tiver terminado uma primeira versão da carta, mostre-a a um colega e peça-lhe que avalie estes aspectos:

   - ✓ *Todos os elementos estruturais estão presentes e foram adequadamente elaborados (título, saudação, introdução, desenvolvimento, conclusão, data, local e assinatura)?*
   - ✓ *Estão claras as reivindicações expressas na carta aberta?*
   - ✓ *A argumentação foi bem desenvolvida, com argumentos diversificados e coerentes?*
   - ✓ *A carta aberta está persuasiva e é capaz de conquistar o apoio dos leitores?*
   - ✓ *Os parágrafos estão bem construídos? (Não é obrigatório seguir a estrutura apresentada na seção "Para ler e escrever melhor", mas é necessário que haja encadeamento lógico das ideias.)*

2. Faça ajustes de acordo com a avaliação do colega e passe a carta a limpo.

Quarto passo: compartilhar a carta aberta

1. Organizem-se em grupos de cinco ou seis colegas. Com base nas produções dos componentes, cada grupo vai criar uma única carta aberta a ser divulgada em público. Vocês podem, por exemplo, escolher um dos textos e enriquecê-lo com ideias e argumentos dos demais. Não se esqueçam de alterar a assinatura, colocando o nome dos componentes do grupo. Se não quiserem identificar-se individualmente, assinem apenas como "Alunos do Ensino Médio do Colégio...".

2. Quando todos os grupos tiverem concluído a versão final de suas cartas abertas, combinem com o professor como divulgá-las; por exemplo, nas redes sociais, no *site* da escola ou mesmo enviando o texto a veículos de imprensa locais.

Confira questões do Enem e de vestibulares e propostas de redação no **Vereda Digital Aprova Enem** e no **Vereda Digital Suplemento de revisão e vestibulares**, disponíveis no livro digital.

CAPÍTULO 21

DEBATE

ENEM
C1: H1, H2, H3
C6: H18, H19
C7: H21, H22, H23, H24
C8: H25, H26, H27

OBJETIVOS DE APRENDIZAGEM
- Identificar as principais características do gênero *debate*.
- Entender como funciona um debate regrado e em que contextos ocorre.
- Compreender o papel do moderador.
- Conhecer algumas estratégias para a argumentação oral.

Para começar

Converse com o professor e os colegas sobre as questões propostas.

1. Na escola, na família ou até em uma roda de amigos, existem várias situações em que precisamos defender oralmente nossos pontos de vista. Como você se sente quando isso acontece? Fica inibido ou autoconfiante? Você sabe ouvir e respeitar a opinião alheia? Fale sobre seu comportamento e emoções durante a argumentação oral.

2. Você já participou de algum debate na escola ou em outra instituição? Conte aos colegas como foi.

3. Até 2003, era relativamente fácil comprar e portar armas de fogo no Brasil. Naquele ano, com o intuito de restringir a criminalidade, foi promulgado o Estatuto do Desarmamento, uma lei que estabeleceu condições bem mais rígidas para a aquisição e, principalmente, para o porte das armas. Cerca de dez anos depois, setores descontentes com a medida propuseram um projeto de lei que revoga o Estatuto.

    a) Formule hipóteses: quais podem ser os argumentos de quem defende a manutenção do Estatuto do Desarmamento? E de quem pretende revogá-lo?

    b) Pessoalmente, você é favorável ou contrário às restrições para aquisição e porte de armas? Por quê?

4. Você lerá a seguir a transcrição de um debate exibido em um programa chamado *Fla-Flu*, transmitido pela *TV Folha*, um canal de TV *on-line*. O que significa "Fla-Flu"? O que esse nome sugere sobre as intenções do programa?

Primeiro olhar

Você lerá a seguir transcrições de trechos de um debate. As falas dos três participantes estão identificadas do seguinte modo: **FC** é o jornalista Fernando Canzian, que apresentou essa edição do programa *Fla-Flu*; **AC** é Antonio Cabrera, um dos debatedores, e **RS** é Renato Sérgio de Lima, o outro debatedor. Além disso, usamos um colchete, [, ao lado das falas para indicar momentos em que houve sobreposição de vozes (isto é, duas pessoas falaram ao mesmo tempo) e MAIÚSCULAS para marcar palavras ditas com maior ênfase.

Fernando Canzian, repórter especial da *Folha de S.Paulo*.

FC Olá, boa tarde, o *TV Folha* começa agora mais uma transmissão ao vivo direto aqui da redação da *Folha de S.Paulo*. Hoje à tarde a gente vai falar sobre armas... Eh... Eu estou aqui nesta tarde com Antonio Cabrera, que é empresário rural e ex-ministro da Agricultura e da Reforma Agrária [...], e com Renato Sérgio de Lima, que é vice-presidente do Fórum Brasileiro de Segurança Pública. Boa tarde, senhores. Tudo bem?

AC Boa tarde.
RS Boa tarde.

FC Bom, a ideia aqui é a gente falar um pouco sobre a questão das armas, né? O Estatuto do Desarmamento tem aí 12... quase 13 anos já, né? Então, quando foi aprovado, foi um projeto bastante polêmico, que houve aí a adesão da sociedade... e foi aprovado. E aí existem alguns projetos de lei eh... até agora a gente contabilizou cerca de dez ali, mas tem um que é... que tá tramitando no Congresso, que é o projeto de lei eh... 3722, que trataria ali de relaxar um pouco as regras, né? pra... pro porte e uso de armas de fogo no Brasil. Hoje *[lendo em um papel]* a... a... pelo Estatuto aí a idade mínima é de 25 anos, cairia pra 21 anos, o porte só é permitido a quem demonstra necessidade por atividade, etc., segurança e tal eh... pelo projeto novo, quem cumprir requisitos mínimos exigidos na lei poderia obter as armas [...]. Bom, eu tenho aqui o Antonio Cabrera, que é a favor do relaxamento aí na lei, e o Renato Sérgio, que é contrário. Queria então um pouco ouvir a opinião dos senhores à luz de dados que o Fórum Nacional de Segurança e outros... outras entidades mostraram, que houve uma queda no número de... de... armas em circulação e assassinatos, principalmente logo depois da lei do desarmamento, né? Queria ouvir um pouco vocês sobre o assunto. Primeiro o Cabrera, por favor...

Renato Sérgio de Lima, debatedor.

Antonio Cabrera, debatedor.

AC Bom, o que eu queria primeiro comentar era... fazer uma análise um pouco da situação nossa. Claro que o projeto, ele deve ser debatido e vai ser debatido aqui. Mas eu acho que a gente tem que enqua... encarar um pouquinho o que tá acontecendo com o Brasil. O Brasil tá vivendo, na minha opinião, um momento de falta de liberdade em todos os setores. Eu acho inclusive que a nossa decorrada... eh... derrocada econômica é em função da FALTA da liberdade econômica. Se você pegar um carro, por exemplo, e eu me dirigir aqui à *Folha*, eu vou parar num posto onde eu tenho um frentista porque a lei não permite que eu tenha uma bomba automática. Se eu vier de ônibus, eu tenho que entrar num ônibus onde eu tenho que ter um cobrador, porque eu não posso ter também uma cobrança automática... Eu pego o elevador da *Folha* você vai ver lá uma plaquinha dizendo o seguinte: olha, antes de você entrar no elevador, verifique se o mesmo está parado no andar. Quer dizer, isso trata o cidadão como se ele fosse um hipossuficiente, como se ele não tivesse capacidade... [...] Tudo isso compõe um contexto pra onde o Brasil, ele tá caminhando nessa FALTA da liberdade econômica, de tal maneira que hoje pra você viver ou trabalhar você tem que preencher um formulário e pedir autorização pro governo. Imagine então no caso de uma arma. Ficou impossível hoje, você depende de um critério SUBJETIVO, onde o governo, ELE é que vai avaliar se você pode ou não ter e ah... e nesses últimos 13 anos depois do Estatuto é praticamente IMPOSSÍVEL você ter o acesso a uma arma. Isso não existe. Então eu acho que, até antes de se discutir o projeto, é importante ver o seguinte: qual é a situação que nós tamos vivendo? Qual é a liberdade que hoje o brasileiro tem de poder exercer, por exemplo, o seu direito à autodefesa? Porque, se você tirar esse direito, você tá tirando o princípio básico da democracia. [...]

FC Quer comentar?

RS Acho importante eh... a ideia de que, concordando com o Antonio Cabrera, de que o Estado brasileiro, ele precisa se modernizar e muito, em várias travas, não só pra economia como pra conquista de direitos civis e de direitos políticos. A questão da arma, ela é... ela é tão candente porque ela traz à tona uma OUTRA questão fundamental, que é exatamente uma opção da gente ter um Estado regulando nossas ações. Democracia não é fazer o que a gente quer. Democracia é viver sob um Estado de direito regulado por uma Constituição, que, no caso da Constituição brasileira, foi dizer exatamente que ela tá regida pra onde segurança é uma atividade exercida pelas polícias, não necessariamente por nós. [...] No caso da arma de fogo, tem uma questão MAIS importante. Arma de fogo: mais arma, mais mortes. A gente tá falando de morte, a gente não tá falando de vida. A gente não tá falando de liberdade. Eu tô falando da possibilidade de tirar a vida de outra pessoa. Porque é pra isso que uma arma serve.

Glossário

Hipossuficiente: pessoa incapaz de cuidar de si mesma.
Candente: quente, ardente.

FC Mas é isso que eu queria...

AC Eu posso fazer um comentário sobre o que ele colocou?

FC Pois não.

AC Primeiro eu discordo, depois a gente pode debater isso: mais armas não significam mais mortes. Mas ele colocou uma coisa que eu acho importante: essa questão democrática [...]. Em 2005, [...] SESSENTA milhões de brasileiros opinaram sobre isso, e eles opinaram CONTRA o desarmamento. [...] Foi uma manifestação da população, e isso hoje não está em vigor. [...] Então, ninguém quer ir contra a Constituição, ninguém tá indo contra o processo democrático, impor a MINHA vontade, é a vontade DA maioria. [...]

FC Quer comentar?

RS Na verdade, eu não sou jurista, mas eu vou fazer uma brincadeira aqui. Não sei se você é também, tem formação jurídica... [risos]

AC [risos] Não, não, não, eu sou VETERINÁRIO.

RS Então, dá pra fazer uma brincadeira... *data venia*, que é a forma de discordar. Mas, na verdade, a população de fato votou pelo desarmamento. E a gente confunde o Estatuto do Desarmamento com a ideia do controle de armas. O Estatuto não proíbe a arma de fogo no Brasil. Dificulta. Então, a gente tem aqui uma FALSA noção de que o Estatuto na verdade eh impõe à população a proibição do uso de armas. Não, regula. [...] A Inglaterra tem rígidos controles. Outros países, que são países reconhecidamente de natureza política muito diferente da nossa, e que a gente tá falando de controle. Controle... E quando a gente fala "mais armas, mais mortes", não é na verdade simplesmente retórica, mas com base em todas as estatísticas. 70... 70... 76%, o número por cento mais atual, dos homicídios, dos 60 mil homicídios que vêm acontecendo há quase 30 anos no Brasil, são cometidos com armas de fogo. [...]

Transcrição de cena do programa *Fla-Flu*, de 0:00 a 13:40. Disponível em: <http://mod.lk/fza6g>. Publicado em: 24 jun. 2016. Acesso em: 25 nov. 2017. (Fragmento).

Glossário

Data venia (latim): literalmente, "dada a licença"; expressão de respeito, muito utilizada na área jurídica, com a qual alguém pede licença para discordar de seu interlocutor.

Retórica: nesse contexto, uso de argumentos chamativos para disfarçar um discurso inconsistente.

SAIBA MAIS

O artigo 35 do Estatuto do Desarmamento previa a proibição do comércio de armas e munição no Brasil, exceto para uso das Forças Armadas, de guardas municipais, guardas prisionais e algumas outras categorias. O próprio texto legal determinava, contudo, que esse artigo seria submetido à aprovação da população em outubro de 2005, por meio de um referendo. Nessa consulta popular, foi feita a pergunta "O comércio de armas de fogo e munição deve ser proibido no Brasil?", à qual 63,94% dos eleitores responderam "não" e 36,06% responderam "sim". Desse modo, o comércio de armas e munição permaneceu permitido, porém sujeito às restrições estabelecidas no Estatuto.

Para navegar

Para mais informações sobre a discussão em torno do desarmamento no Brasil, leia uma matéria especial do *Guia do Estudante* no seguinte *link*: <https://guiadoestudante.abril.com.br/blog/atualidades-vestibular/entenda-a-discussao-sobre-o-estatuto-do-desarmamento/>.

1. Identifique, na transcrição, um exemplo de cada uma destas marcas de oralidade:
   a) marcadores conversacionais;
   b) repetições;
   c) correções;
   d) hesitações.

2. Você percebeu que há muitas marcas de oralidade no texto. Há também muitas marcas de *informalidade*? Ao responder, explique como a quantidade (grande ou pequena) dessas marcas se relaciona ao contexto comunicativo.

3. Volte ao trecho em que Antonio Cabrera afirma: "O Brasil tá vivendo, na minha opinião, um momento de falta de liberdade em todos os setores".
   a) Que tipo de argumento Cabrera usa para sustentar tal afirmação (dados numéricos, exemplos, citação de autoridade, etc.)? Justifique sua resposta.
   b) Qual relação Cabrera estabelece entre essa afirmação inicial e a questão do controle de armas?

4. Em resposta a Cabrera, Renato Sérgio utiliza outro tipo de argumento, as *definições*: "Democracia não é fazer o que a gente quer. Democracia é viver sob um Estado de direito regulado por uma Constituição". Considerando as falas anteriores, explique por que Renato usa o termo *democracia* e o que essas definições significam, no contexto do debate.

5. Releia esta outra frase do mesmo debatedor: "A gente não tá falando de liberdade". Explique como ela se relaciona aos argumentos de Cabrera que você examinou na questão 3.

6. Leia o boxe "Saiba mais"; em seguida, reveja estas declarações dos debatedores:

   Antonio Cabrera: *"Em 2005, [...] SESSENTA milhões de brasileiros opinaram sobre isso, e eles opinaram CONTRA o desarmamento."*

   Renato Sérgio de Lima: *"Mas, na verdade, a população de fato votou pelo desarmamento. E a gente confunde o Estatuto do Desarmamento com a ideia do controle de armas. O Estatuto não proíbe a arma de fogo no Brasil. Dificulta. Então, a gente tem aqui uma FALSA noção de que o Estatuto na verdade eh impõe à população a proibição do uso de armas. Não, regula."*.

   a) A que fato Cabrera se refere quando afirma que, em 2005, 60 milhões de brasileiros "opinaram contra o desarmamento"? Em sua opinião, a afirmação do debatedor é precisa? Por quê?
   b) Em sua resposta, Renato Sérgio usa o verbo *confundir* e a expressão *falsa noção*. Explique em que consiste a confusão a que Renato se refere e como ela se relaciona à fala anterior de Cabrera.
   c) Concentre-se nesta afirmação de Renato: "Mas, na verdade, a população de fato votou pelo desarmamento"; mais uma vez, reflita: em sua opinião, essa afirmação é precisa? Por quê?

7. Nessa última fala de Renato Sérgio, que tipo de argumentos ele utiliza? Explique como isso ocorre.

8. Pela leitura da transcrição, você diria que o debate foi tenso, marcado por agressões mútuas? Justifique sua resposta.

9. Considerando as análises que fez, explique qual é a finalidade de um programa que apresenta debates como esse. Por que as pessoas se interessariam em vê-lo?

Trocando ideias

Converse com o professor e os colegas sobre as questões propostas:
1. Em sua opinião, nos trechos reproduzidos do debate, qual dos dois participantes se saiu melhor? Por quê?
2. Com qual das argumentações você concordou mais? Conhecer as ideias dos debatedores mudou sua opinião inicial sobre o Estatuto do Desarmamento? Explique.

Por dentro do gênero – Debate

Analisando trechos de um debate exibido por uma TV *on-line*, você pôde observar as principais características desse gênero. O **debate** é um gênero argumentativo oral em que no mínimo duas pessoas se reúnem para discutir um tema de interesse social, político ou cultural. Diferencia-se de um mero bate-papo ou discussão íntima porque pertence à *esfera pública*, ou seja, importa não apenas àqueles que estão discutindo, mas também à comunidade em que vivem. Tanto é que, em muitos casos, o debate atrai a atenção de uma plateia, ou de espectadores e ouvintes, no caso daqueles transmitidos pela internet, rádio ou TV.

Veja alguns exemplos de contextos comunicativos em que ocorrem debates:

- um programa de rádio, TV ou internet realiza regularmente debates com convidados, como é o caso do programa *Fla-Flu*;
- em uma universidade, pesquisadores se reúnem em um evento acadêmico para debater temas de sua área;
- um veículo de imprensa, um órgão de classe ou outra entidade qualquer organiza um debate sobre um tema de interesse social;
- em uma feira do livro ou de tecnologia, ocorrem debates ao vivo entre especialistas.

Os escritores Marlon James e Paul Beatty e o moderador Ángel Gurría-Quintana participam de um debate na Feira Literária Internacional de Paraty (Flip) em 2017.

Em geral, o debate conta com um **moderador**, responsável por mediar a interação entre os participantes. No exemplo analisado, o moderador era o apresentador do programa, Fernando Canzian.

O principal objetivo de um debate é aumentar o nível de conhecimento sobre certo assunto. Quanto mais tivermos acesso a diferentes pontos de vista e argumentos, mais teremos condições de nos posicionar diante do tema. Pense, por exemplo, na discussão em torno do Estatuto do Desarmamento, tema dessa edição do programa *Fla-Flu*; ao conhecer perspectivas distintas, o espectador tem a oportunidade de analisar os argumentos de ambos os lados e, assim, formar sua própria opinião, de maneira consciente e ponderada.

Debate é um gênero discursivo oral que tem como objetivo aumentar o nível de conhecimento sobre determinado tema de relevância cultural, política ou social. Envolve no mínimo duas pessoas que argumentam em favor de suas teses e, normalmente, é mediado por um moderador. Debates são promovidos por veículos de comunicação (rádio, TV, canais da internet, jornais, revistas), escolas, universidades, órgãos públicos e por entidades ligadas a categorias profissionais ou empresariais. Podem ser acompanhados por uma plateia ao vivo ou por ouvintes e espectadores, quando transmitidos por veículos de comunicação.

Participação do público no debate

Em alguns debates exibidos pelos meios de comunicação, existe a possibilidade de o público enviar perguntas via redes sociais ou aplicativos de mensagem. Em eventos ao vivo, também é possível abrir um espaço para a participação do público. Isso normalmente ocorre no final, quando os espectadores podem fazer oralmente suas perguntas ou enviá-las em bilhetes para a mesa de debate.

Debate regrado

Você provavelmente já viu um debate político como o representado na foto ao lado.

Às vésperas da eleição para um cargo público, como o de prefeito, governador ou presidente, é comum que emissoras de TV e outras entidades convidem os candidatos para debater suas propostas. Em geral, esse tipo de debate se diferencia do exemplo analisado na seção "Primeiro olhar" porque existem regras rígidas para a participação de cada pessoa. Dizemos, nesse caso, que se trata de um **debate regrado**.

Normalmente, a principal regra é que cada debatedor disponha de um tempo específico para se manifestar; por exemplo, cinco minutos. Após uma primeira rodada em que todos respondem a uma pergunta proposta pelo moderador, há uma nova rodada para **réplicas**, ou seja, para que cada um possa rebater os argumentos do outro. Pode haver, ainda, um terceiro momento de participação, em que todos os debatedores ou alguns deles fazem uma **tréplica**, dando resposta à réplica do outro. Também podem ocorrer variações nessa dinâmica, como um candidato ser sorteado para fazer uma pergunta diretamente a outro.

Nos debates regrados, o moderador é responsável por fazer valer as regras e controlar o tempo de cada participante, podendo até interromper a fala de quem extrapola o limite. Além da esfera política, o debate regrado pode aparecer em outros contextos nos quais seja necessária maior organização; por exemplo, quando há um grande número de participantes.

Para navegar

O *Roda Viva* é um tradicional programa de entrevistas da TV Cultura, no qual um entrevistado responde às perguntas de vários jornalistas e especialistas.

Contudo, existem edições em que, em vez de uma entrevista, promove-se um debate sobre certo tema, que é colocado "no centro da roda". Para assistir às edições do programa, você pode acessar o endereço eletrônico: <http://tvcultura.com.br/programas/rodaviva/>, ou baixar o aplicativo do *Roda Viva*, disponível em: <https://play.google.com/store/apps/details?id=com.rodaviva&hl=pt_BR>.

Estrutura e linguagem dos debates

Tanto nos debates regrados como nos comuns, o moderador tem papel fundamental na estruturação do evento, sendo responsável por sua abertura, condução e encerramento. Reveja, na transcrição do debate sobre o Estatuto do Desarmamento, um modelo de como ocorre a *abertura* desse gênero discursivo:

> O moderador cumprimenta o público.
>
> FC **Olá, boa tarde,** o *TV Folha* começa agora mais uma transmissão ao vivo direto aqui da redação da *Folha de S.Paulo*. **Hoje à tarde a gente vai falar sobre armas**... Eh... Eu estou aqui nesta tarde com Antonio Cabrera, que é empresário rural e ex-ministro da Agricultura e da Reforma Agrária [...], e com Renato Sérgio de Lima, que é vice-presidente do Fórum Brasileiro de Segurança Pública. Boa tarde, senhores. Tudo bem?
>
> AC Boa tarde.
> RS Boa tarde.

O moderador apresenta o tema do debate.

O moderador apresenta e cumprimenta os debatedores.

Os debatedores também fazem sua saudação.

Durante o *desenvolvimento*, o moderador convida cada um dos debatedores a se manifestar. No debate da *TV Folha*, você observou que Fernando Canzian primeiro deu a palavra a Antonio Cabrera ("Primeiro o Cabrera, por favor...") e, assim que este terminou de expor seu ponto de vista, convidou Renato Sérgio a participar: "Quer comentar?".

Além disso, o moderador pode definir previamente alguns tópicos e fazer perguntas específicas aos participantes. Por exemplo, em um trecho posterior desse programa, Canzian levantou a questão das armas extraviadas, que ainda não tinha sido abordada pelos debatedores:

> FC [...] Pra problematizar um pouquinho a questão: o Ministério da Justiça soltou um dado aí, de 2009 a 2011, 23 mil armas, quer dizer, uma média ali a cada dois anos, três anos, 23... 20 mil armas são extraviadas, caem eh... são desviadas aí e vão pra outros cantos da população, não necessariamente ficam com o dono daquela arma. [...] Bem... mais armas dá essa disponibilidade de... de ter mais oferta, né?, digamos assim, no mercado. Por outro lado, eh... seria atribuição da polícia, do setor público, COIBIR isso, então eu queria ver como é que... como é que... discutir um pouco nesse sentido, quer dizer, de quem é contra e quem é a favor *[apontando para os dois debatedores]* [...].
>
> Transcrição de cena do programa *Fla-Flu*, de 18:35 a 19:28. Disponível em: <http://mod.lk/fza6g>. Publicado em: 24 jun. 2016. Acesso em: 25 nov. 2017. (Fragmento).

Após conduzir o debate por meio das perguntas, no *encerramento* o moderador geralmente concede alguns minutos para que os participantes façam suas considerações finais. Por fim, agradece a participação dos debatedores e a presença (ou audiência) do público e se despede.

Em relação à linguagem utilizada, você viu nas atividades iniciais que normalmente se segue o registro *formal*, sem gírias nem expressões coloquiais. Há a preocupação em usar um vocabulário culto e específico (*hipossuficiente*, *autodefesa*, *candente*) e em construir frases que, embora apresentem um pouco da fragmentação característica da oralidade, são certamente mais lineares e complexas que as de uma conversação espontânea.

Para assistir

O filme *O grande desafio* (de Denzel Washington, Estados Unidos, 2007) baseia-se em fatos reais da vida do professor Melvin Tolson, que também foi político e poeta de sucesso.

Nos anos 1930, a cidade texana de Marshall, como boa parte do sul dos Estados Unidos, vive sua tensa rotina marcada pela segregação racial. Em Wiley, pequena universidade local, Tolson aposta na oratória e capacidade de argumentação de seus alunos e forma uma talentosa equipe de debatedores. Fazendo sucesso no circuito americano de debates universitários, o time de Wiley — todos negros — enfrenta a fortíssima universidade de Harvard, frequentada pela elite branca do país.

Para argumentar

Estratégias para a argumentação oral

Ao analisar o debate sobre desarmamento, você percebeu que, em uma argumentação oral, os interlocutores podem utilizar as mesmas estratégias que observamos em textos escritos nos capítulos anteriores. Para sustentar seus pontos de vista, Antonio Cabrera e Renato Sérgio de Lima apresentaram exemplos, dados numéricos e definições, entre outros tipos de argumento.

A argumentação oral conta, ainda, com algumas estratégias específicas, entre as quais se destaca a **retomada do discurso alheio**. Tal procedimento assemelha-se à estratégia da contra-argumentação, que você já analisou em textos escritos; afinal, ao mencionar argumentos contrários ao seu, o autor está, de certa forma, retomando ideias que leu ou ouviu de outras pessoas. Contudo, enquanto em textos escritos a contra-argumentação é apenas uma estratégia a mais, que pode ou não ser utilizada, na argumentação oral a retomada do discurso alheio está presente em praticamente todos os casos, pois está intimamente ligada ao caráter interativo e dinâmico da oralidade.

É pela retomada constante dos tópicos, que ganham novas interpretações segundo cada ponto de vista, que os interlocutores constroem a linha de raciocínio do texto oral. Observe:

> AC "[...] Qual é a **liberdade** que hoje o brasileiro tem de poder exercer, por exemplo, o seu direito à autodefesa? Porque, se você tirar esse direito, você tá tirando o princípio básico da **democracia**.
>
> RS [...] **Democracia** não é fazer o que a gente quer. [...] Arma de fogo: **mais arma, mais mortes**. A gente tá falando de morte, a gente não tá falando de vida. A gente não tá falando de **liberdade**.
>
> AC Primeiro eu discordo, depois a gente pode debater isso: **mais armas não significam mais mortes**. Mas ele colocou uma coisa que eu acho importante: essa **questão democrática** [...]. Em 2005, [...] **SESSENTA milhões de brasileiros opinaram** sobre isso, e eles opinaram **CONTRA o desarmamento**. [...]
>
> RS [...] Mas, na verdade, **a população de fato votou pelo desarmamento**."

Como percebemos pelos exemplos acima, a retomada do discurso alheio pode ser feita basicamente de duas formas:

- **Por refutação** – O debatedor retoma o discurso do outro simplesmente para rebatê-lo. É o que faz Antonio Cabrera no trecho em que nega diretamente uma afirmação anterior de Renato Sérgio: "Primeiro eu discordo, depois a gente pode debater isso: mais armas não significam mais mortes". A retomada por refutação também ocorre no último trecho transcrito acima, em que Renato repete uma afirmação de Cabrera, porém trocando a preposição *contra* ("opinaram CONTRA o desarmamento") por uma palavra de sentido oposto, *pelo*: "[...] na verdade, a população de fato votou *pelo* desarmamento".

- **Por concessão** – Nesse caso, o debatedor admite que o argumento do outro é válido, mas ainda assim não tem força suficiente para inviabilizar sua própria tese. Dizemos, então, que o debatedor faz uma **concessão** ao argumento do outro.

Além da retomada do discurso alheio, outra estratégia comum na argumentação oral é o emprego de **atenuadores**, isto é, de palavras e expressões que mantêm a cordialidade da interação, suavizando as críticas e refutações às ideias do outro. Os atenuadores incluem expressões como *na minha opinião* ou *a meu ver*, que dão um tom menos autoritário às afirmações ("O Brasil tá vivendo, *na minha opinião*, um momento de falta de liberdade em todos os setores"), além de diversas fórmulas de polidez, como "peço licença para discordar", "não quero ser do contra, mas...", etc. No debate da *TV Folha*, você viu que Renato Sérgio fez uma brincadeira com a expressão latina *data venia*, a fim de expressar sua discordância de forma amigável e descontraída.

Na prática

Junte-se a um colega para refletir um pouco mais sobre uma das estratégias comentadas acima: a retomada do discurso alheio por meio de concessão.

- Releiam trechos do debate sobre desarmamento e respondam às perguntas.

RS "Acho importante eh... a ideia de que, concordando com o Antonio Cabrera, de que o Estado brasileiro, ele precisa se modernizar e muito, em várias travas, não só pra economia como pra conquista de direitos civis e de direitos políticos. A questão da arma, ela é... ela é tão candente porque ela traz à tona uma OUTRA questão fundamental, que é exatamente uma opção da gente ter um Estado regulando nossas ações."

AC "Primeiro eu discordo, depois a gente pode debater isso: mais armas não significam mais mortes. Mas ele colocou uma coisa que eu acho importante: essa questão democrática [...]. Em 2005, [...] SESSENTA milhões de brasileiros opinaram sobre isso, e eles opinaram CONTRA o desarmamento. [...] Foi uma manifestação da população, e isso hoje não está em vigor. [...]"

AC Nós tínhamos aí por volta de 2010 em torno de 9 milhões de armas legalizadas, hoje nós não temos 600 mil armas. Então diminuiu DRASTICAMENTE o número de armas legais. O cidadão de bem hoje ele não tem mais uma arma e, ao mesmo tempo, aumenta o número de homicídios cometidos por armas de fogo. [...] Como? O governo tirou a arma do cidadão de bem e NÃO foi competente pra impedir que o bandido, que o criminoso, que o assaltante tivesse acesso à arma.

[...]

RS O problema tá no Estado, e não na arma em si. O controle de arma, quando é feito, por exemplo, na Inglaterra, com um sistema de segurança positivo, ele funciona. No Brasil, esse controle é extremamente frágil, e por isso que eu acho que a legislação, ela é adequada; o problema é como que ela vai ser implementada [...] E aí quando a gente fala da regulação, a gente fala "tá, mas, então vamos desregulamentar, vamos revogar tudo, porque nós somos incompetentes". [...] Qual é a ideia de Estado que tá por trás disso? A gente quer simplesmente não ter um Estado?

Transcrição de cena do programa *Fla-Flu*, de 20:16 a 24:49. Disponível em: <http://mod.lk/fza6g>. Publicado em: 24 jun. 2016. Acesso em: 25 nov. 2017. (Fragmento).

1. Em cada trecho, identifiquem a passagem em que o debatedor admite um ponto positivo na fala anterior do oponente.

2. Expliquem como cada debatedor toma a ideia do outro como ponto de partida para apresentar seu próprio argumento.

3. Em cada trecho, quais palavras sinalizam mais claramente que, após admitir a validade da ideia alheia, o debatedor vai mudar o rumo do raciocínio e apresentar seus próprios argumentos? Expliquem como a entonação contribui para essa sinalização.

4. Voltem aos exemplos de retomada do discurso alheio por refutação que apresentamos nesta seção. Na opinião de vocês, qual dos dois tipos de retomada (por refutação ou por concessão) se aproxima mais dos atenuadores, ou seja, também contribuem para manter a cordialidade da interação? Por quê?

5. Observamos anteriormente que, a certo momento do debate, o mediador fez aos participantes uma pergunta específica sobre armas extraviadas. Vejam trechos das respostas que cada um deu:

a) Troquem ideias: se vocês estivessem no lugar de Renato Sérgio, como responderiam à fala de Antonio Cabrera? E, se estivessem no lugar de Cabrera, como responderiam à fala de Renato?

b) Em cada caso, busquem formular uma retomada por concessão, ou seja, uma resposta que admita um aspecto positivo na fala do oponente e, em seguida, use esse aspecto como ponto de partida para apresentar um argumento oposto – no primeiro caso, favorável ao Estatuto do Desarmamento, e no segundo caso, contrário a ele. Registrem as ideias por escrito.

c) Quando tiverem esboçado as respostas, um de vocês fará o papel de Antonio Cabrera e o outro de Renato Sérgio. Cada um lerá, na sua vez, uma das falas reproduzidas acima, enquanto o outro apresentará a resposta combinada. Em seguida, invertam os papéis.

d) Avaliem: ao fazer a retomada do discurso alheio por concessão, a entonação foi um elemento importante para conferir clareza e ênfase à fala? Se possível, gravem as respostas para fazer uma avaliação mais precisa.

Produção autoral

Debate regrado

Contexto de produção

O quê: debate regrado.
Para quê: aumentar o nível de conhecimento da turma sobre o assunto escolhido.
Para quem: professor e colegas de sala.
Onde: sala de aula.

A seguir, você encontrará instruções para realizar um debate em sala de aula com os colegas. O tema sugerido é *Bullying e cyberbullying — causas e soluções*; no entanto, vocês podem trocá-lo se quiserem, fazendo as adaptações necessárias. O importante é que o evento mobilize a turma e estimule a participação de todos.

Primeiro passo: informar-se sobre o tema

1. Você provavelmente já ouviu falar em *bullying* e em *cyberbullying*. Embora alguns vejam essas práticas como brincadeiras sem maior gravidade, elas podem, sim, ter consequências sérias, não apenas para a vítima, mas para a própria comunidade escolar, ao corroer valores como respeito e solidariedade. Nos textos a seguir, você encontrará informações sobre o *bullying* e sua forma mais recente, o *cyberbullying*. Leia-os, anotando os pontos principais.

BULLYING E *CYBERBULLYING* — CAUSAS E SOLUÇÕES

Texto 1

LEI Nº 13.185, DE 6 DE NOVEMBRO DE 2015

Institui o Programa de Combate à Intimidação Sistemática (*Bullying*).

[...]

Art. 1º Fica instituído o Programa de Combate à Intimidação Sistemática (*Bullying*) em todo o território nacional.

§ 1º No contexto e para os fins desta Lei, considera-se intimidação sistemática (*bullying*) todo ato de violência física ou psicológica, intencional e repetitivo que ocorre sem motivação evidente, praticado por indivíduo ou grupo, contra uma ou mais pessoas, com o objetivo de intimidá-la ou agredi-la, causando dor e angústia à vítima, em uma relação de desequilíbrio de poder entre as partes envolvidas.

Art. 2º [...]

Parágrafo único. Há intimidação sistemática na rede mundial de computadores (*cyberbullying*), quando se usarem os instrumentos que lhe são próprios para depreciar, incitar a violência, adulterar fotos e dados pessoais com o intuito de criar meios de constrangimento psicossocial.

[...]

Art. 5º É dever do estabelecimento de ensino, dos clubes e das agremiações recreativas assegurar medidas de conscientização, prevenção, diagnose e combate à violência e à intimidação sistemática (*bullying*).

[...]

BRASIL. *Diário Oficial da União*. Seção 1. Brasília, 9 nov. 2015, p. 1. Disponível em: <http://mod.lk/5ipyj>. Acesso em: 25 nov. 2017. (Fragmento).

Texto 2

[...]

4. O que leva o autor do *bullying* a praticá-lo?

Querer ser mais popular, sentir-se poderoso e obter uma boa imagem de si mesmo. Isso tudo leva o autor do *bullying* a atingir o colega com repetidas humilhações ou depreciações. É uma pessoa que não aprendeu a transformar sua raiva em diálogo e para quem o sofrimento do outro não é motivo para ele deixar de agir. [...]

[...]

8. O espectador também participa do *bullying*?

Sim. É comum pensar que há apenas dois envolvidos no conflito: o autor e o alvo. Mas os especialistas alertam para esse terceiro personagem responsável pela continuidade do conflito. O espectador típico é uma testemunha dos fatos, pois não sai em defesa da vítima nem se junta aos autores. Quando recebe uma mensagem, não repassa. Essa atitude passiva pode ocorrer por medo de também ser alvo de ataques ou por falta de iniciativa para tomar partido.

Também são considerados espectadores os que atuam como plateia ativa ou como torcida, reforçando a agressão, rindo ou dizendo palavras de incentivo. Eles retransmitem imagens ou fofocas. Geralmente, estão acostumados com a prática, encarando-a como natural dentro do ambiente escolar. "O espectador se fecha aos relacionamentos, se exclui porque acha que pode sofrer também no futuro. Se for pela internet, por exemplo, ele 'apenas' repassa a informação. Mas isso o torna um coautor", explica a pesquisadora Cléo Fante [...].

ASSOCIAÇÃO NOVA ESCOLA. 21 perguntas e respostas sobre *bullying*. *Nova Escola*. São Paulo, 1º ago. 2009. Disponível em: <http://mod.lk/g6wwq>. Acesso em: 25 nov. 2017. (Fragmento).

Texto 3

Humilhações sofridas no ambiente virtual são piores do que as ocorridas na escola, afirma psicóloga

[...]

Para a psicóloga Carolina Lisboa, professora do programa de pós-graduação em Psicologia da Pontifícia Universidade Católica do Rio Grande do Sul (PUCRS), as humilhações sofridas no ambiente virtual são piores do que as que ocorrem em ambientes como a escola ou o trabalho:

— Infelizmente a gente nota que casos como esse acabam muitas vezes em suicídio, e isso é muito grave. O que preocupa é que a internet tem essa audiência muito extensa, são milhões de pessoas, e há esse caráter atemporal, a situação de humilhação perdura no tempo. É uma violência que deixa muitas marcas. No *bullying* que é vida real, na escola, por exemplo, é ali no momento. Se levantam a blusa da garota no recreio, são quatro, cinco pessoas que veem e acabou. Não quer dizer que não seja ruim, mas tem um ponto final.

[...]

GaúchaZH. Veranópolis, 19 set. 2013. Disponível em: <http://mod.lk/dczj9>. Acesso em: 25 nov. 2017. (Fragmento).

Texto 4

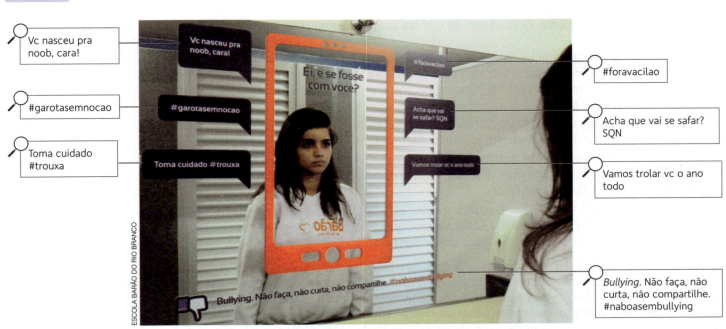

Peças de uma campanha *antibullying* promovida por uma escola catarinense. In: *Tem Notícia*. Blumenau, 17 de março de 2015. Disponível em: <http://mod.lk/yyunr>. Acesso em: 25 nov. 2017.

Segundo passo: pesquisar por conta própria

1. Pesquise na internet:
   a) Um caso de *bullying* ou *cyberbullying* que tenha tido consequências graves, como o suicídio da vítima (pode ser no Brasil ou em outro país).
   b) Uma pesquisa recente sobre *bullying* ou *cyberbullying* no Brasil, com números e estatísticas.

2. Imprima ou salve os textos encontrados, tomando o cuidado de anotar a referência bibliográfica de cada um.

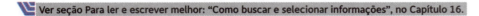
Ver seção Para ler e escrever melhor: "Como buscar e selecionar informações", no Capítulo 16.

Terceiro passo: definir como será o debate

Discuta com o professor e os colegas a melhor forma de organizar o debate.

1. Definam os seguintes pontos:
   a) Todos os alunos participarão, ou apenas alguns, enquanto os demais serão a plateia?
   b) Caso não seja possível a participação de todos, quais oportunidades a plateia terá de se manifestar? Uma possibilidade é reservar um tempo, no final, para que os espectadores façam perguntas aos debatedores ou exponham sua opinião.
   c) O professor será o moderador? Ou um de vocês vai exercer esse papel?

2. Definam também as *regras* do debate. Vocês podem estabelecer, por exemplo, que o moderador fará uma pergunta a um dos debatedores, o qual terá dois minutos para responder. Em seguida, quem quiser fazer uma réplica erguerá o braço, e o debatedor que falou inicialmente também poderá fazer uma tréplica, se quiser. Na sequência, o moderador fará uma nova pergunta ao debatedor sentado à direita do primeiro, e assim por diante, até que todos tenham participado.

Quarto passo: preparar-se para o debate

1. O moderador, seja ele o professor ou um colega, deve preparar uma lista de perguntas a serem feitas aos debatedores. Considerando o tema proposto, algumas sugestões iniciais podem ser estas:
   - Muitas pessoas acham que *bullying* é algo "normal", que faz parte do processo de amadurecimento dos adolescentes, por isso não deveria ser motivo de preocupação. O que os debatedores pensam disso? Se discordam, que argumentos apresentariam para convencer essas pessoas?
   - Segundo a psicóloga Carolina Lisboa (texto 4), o *cyberbullying* é pior que o *bullying* cometido presencialmente. Os debatedores concordam com isso? Por quê?
   - O texto 2 fala dos atores que participam do processo — o autor, o alvo e as testemunhas, ativas ou passivas. Por que as testemunhas não defendem a vítima? Como seria possível convencê-las a fazer isso?
   - A Lei nº 13.185/2015 (texto 1) determina que as escolas devem prevenir e combater o *bullying* e o *cyberbullying*. Os debatedores acham que isso é possível? Em caso positivo, o que a comunidade escolar pode fazer nesse sentido?

2. Levando em conta essa lista de tópicos (e outros que julguem relevantes), os debatedores devem se preparar para o debate. Para tanto, devem preparar anotações com seus pontos de vista diante de cada questão e, também, dos argumentos que poderão apresentar para sustentá-los. Nesse ponto, os textos pesquisados — sobre casos que terminaram mal e sobre estatísticas no Brasil — podem ser de grande valia. Anotem os dados principais dos exemplos (nome dos envolvidos, país ou cidade em que o fato ocorreu, etc.) e os números e estatísticas da pesquisa.

Quinto passo: participar do debate

1. No dia marcado para o debate, organizem as mesas e cadeiras da sala de forma a facilitar a interação entre os debatedores e, ao mesmo tempo, a visualização da plateia. Se possível, providenciem a gravação do debate em vídeo, não apenas para registrar o evento, como também para analisá-lo posteriormente.

2. Antes de começar as perguntas, o moderador deve cumprimentar os presentes, apresentar o tema do debate e suas regras, e dizer o nome dos debatedores.

3. Durante sua participação no debate, certifique-se de realizar as seguintes ações:

Se você for o moderador
- ✓ Você está zelando pelo cumprimento das regras?
- ✓ Além das perguntas previstas inicialmente, você está fazendo outras que possam aprofundar ou esclarecer os pontos de vista dos participantes?

Se você for debatedor
- ✓ Você está falando em um tom audível e em um ritmo adequado?
- ✓ Você está apresentando argumentos sólidos para defender seus pontos de vista e fazendo bom uso de suas anotações?
- ✓ Você está escutando com atenção os outros debatedores — inclusive para ser capaz de rebater os argumentos deles, se for o caso?
- ✓ Ao fazer sua réplica, você está retomando o discurso alheio, seja para refutá-lo, seja para admitir que o argumento do outro tem sua validade (concessão)? Nessas retomadas, está usando a entonação para conferir clareza e ênfase a suas falas?
- ✓ Você está usando atenuadores para manter uma interação cordial e polida?
- ✓ Você está empregando uma linguagem bem cuidada, sem gírias nem palavras ofensivas?

Se você estiver na plateia
- ✓ Você está escutando os colegas com respeito e atenção?
- ✓ Você está se preparando para fazer perguntas ou comentários pertinentes no tempo reservado para sua participação?

4. Ao final do debate, se todos estiverem de acordo, vocês podem planejar uma campanha de combate ao *bullying* e ao *cyberbullying* na escola, levando em conta os aspectos que discutiram. Pensem na melhor forma de executar a ação: por meio de cartazes, postagens no *blog* ou *site* da escola (caso haja), palestras, esquetes humorísticos, etc.

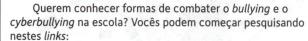

Para navegar

Querem conhecer formas de combater o *bullying* e o *cyberbullying* na escola? Vocês podem começar pesquisando nestes *links*:

- *Chega de Bullying*. Apostilas para *download* da campanha *Chega de Bullying*, do canal Cartoon Network Brasil. Disponível em: <www.chegadebullying.com.br/informacion.php#contentInfo>. Acesso em: 25 nov. 2017.
- *Portal Aprendiz*. Esse portal tem muitas informações de interesse para a comunidade escolar. Basta colocar as palavras *bullying* ou *cyberbullying* no campo de busca para começar a pesquisar. Disponível em: <http://aprendiz.uol.com.br/>. Acesso em: 25 nov. 2017.
- *ZZine*. Revista da Associação Educacional e Assistencial Casa do Zezinho. Na reportagem de capa, há informações sobre projetos contra o *bullying* bem-sucedidos, desenvolvidos pelos próprios alunos dessa associação. Disponível em: <http://issuu.com/enoisconteudo/docs/zzine1_issuu>. Acesso em: 25 nov. 2017.

Sexto passo: avaliar o evento

1. Com toda a turma e o professor, assistam à gravação do debate e avaliem a atuação do moderador, dos debatedores e da plateia. Tomem os itens de avaliação propostos ao lado como referência: todos fizeram o que se esperava deles? Como cada um pode se preparar melhor para um evento semelhante, no futuro?

2. Qual foi o "saldo" do debate? Ele ajudou a mudar as concepções que vocês tinham do assunto? Se vocês planejaram a campanha de combate ao *bullying* e ao *cyberbullying* na escola, ela foi bem-sucedida? O que mais poderia ser feito?

Confira questões do Enem e de vestibulares e propostas de redação no **Vereda Digital Aprova Enem** e no **Vereda Digital Suplemento de revisão e vestibulares**, disponíveis no livro digital.

Projeto: Podcast

Neste projeto em equipe, você e seus colegas vão criar um *podcast* com base em textos produzidos nas Unidades 6 e 7. O áudio será ouvido por jovens como você espalhados pelo mundo! Vamos começar?

Mas o que é um *podcast*?

O *podcast* consiste em uma gravação de áudio digital, geralmente disponibilizada na internet gratuitamente, de conteúdo variado, indo do entretenimento à veiculação de informações. Os arquivos podem ser baixados ou acessados via *streaming* de diferentes dispositivos (computadores, celulares, *tablets*, tocadores de mp3, etc.).

Segundo alguns estudiosos da comunicação, o *podcast* nada mais é que uma evolução do rádio, que foi possível graças às novas plataformas de produção de conteúdo surgidas com o desenvolvimento da internet. A diferença entre o *podcast* e uma rádio convencional está no fato de que, no primeiro caso, o ouvinte escolhe o programa que deseja ouvir; já as estações de rádio tradicionais oferecem uma programação contínua. O *podcast* pode ser considerado, portanto, "uma rádio sob demanda".

Como criar um *podcast*?

Para produzir o *podcast*, vocês vão precisar de um computador ou celular, fones de ouvido e *softwares* para captar e editar áudios. À primeira vista, a produção pode parecer trabalhosa, mas, tão logo vocês conheçam a tecnologia adequada, a tarefa se tornará simples e prazerosa.

Para planejar e gravar o programa, sigam os passos a seguir.

Seleção da pauta

Como dissemos, o *podcast* será direcionado a jovens do Brasil todo — e até de outros países, desde que compreendam a língua portuguesa. Levando em conta as características desse público-alvo, pensem: que temas e abordagens poderiam despertar os interesses dos ouvintes?

Vejam algumas sugestões, com base nos textos que vocês produziram anteriormente:

- No Capítulo 14, vocês prepararam *perguntas e respostas sobre curiosidades científicas*. As mais interessantes podem ser reaproveitadas neste projeto.

- Na seção "Produção autoral" dos Capítulos 16, 17 e 18, vocês discutiram temas de relevância social por meio, respectivamente, de uma *exposição oral*, da produção de um *artigo de opinião* e da análise de *editoriais*. Os temas abordados nessas produções podem ser retomados em breves debates (gênero estudado no Capítulo 21) entre dois ou três colegas por vez.

- No Capítulo 19, vocês produziram um vídeo em que apresentaram a *resenha crítica* de um livro. Com pequenas adaptações, algumas dessas resenhas podem ser reapresentadas no *podcast*.

Ao selecionar os materiais para o programa, busquem contemplar produções de todos os colegas da turma. Se quiserem, vocês também podem estabelecer um ou dois eixos temáticos: por exemplo, selecionar trabalhos relacionados a *tecnologia*, a *meio ambiente*, a *cultura pop*, etc.

Criação do roteiro

Quando tiverem definido *quais* materiais serão incluídos no *podcast*, é hora de decidir *como* apresentá-los.

Nessa etapa, vocês devem eleger dois ou três colegas como os apresentadores do *podcast*. Eles ficarão responsáveis por introduzir o programa, fazer a transição entre uma atração e outra e, por fim, encerrar a edição e agradecer ao público.

Definam também em que ordem serão incluídos os conteúdos e quais colegas participarão de cada atração. Por exemplo, se vocês selecionaram uma das perguntas e respostas sobre ciência produzidas em grupo no Capítulo 14, decidam qual ou quais componentes desse grupo ficarão responsáveis por apresentar o conteúdo no *podcast*.

Registrem o roteiro por escrito, estabelecendo a duração e o(s) participante(s) de cada parte. Vejam um exemplo:

Roteiro do podcast da turma

Parte	Duração	Participante(s)	Conteúdo
1. Abertura	30 segundos	Marcos e Paula	Cumprimentam o público, introduzem o programa e chamam a primeira atração (seção **Debate**).
2. **Seção Debate** Debate sobre câmeras de segurança nas escolas	3 minutos	Debatedores: Vinícius e Isabela Moderador: Marcos	Debatem o tema sobre o qual escreveram um artigo de opinião no Capítulo 17.
3. Debate sobre cotas nas universidades	3 minutos	Debatedoras: Mariana e Maísa Moderadora: Paula	Debatem o tema dos editoriais que analisaram no Capítulo 18.
4. Transição entre atrações	20 segundos	Marcos e Paula	Agradecem aos debatedores, encerram esta seção e chamam a próxima atração (seção **Dicas de cultura**).
5. **Seção Dicas de cultura** Resenha crítica	2 minutos	Henrique	Apresenta resenha crítica de livro com base na produção do Capítulo 19.
6. Resenha crítica	2 minutos	Virgínia	Apresenta resenha crítica de livro com base na produção do Capítulo 19.
7. Transição entre atrações	20 segundos	Marcos e Paula	Agradecem aos colegas, encerram esta seção e chamam a próxima atração (seção **Curiosidades da ciência**).
8. **Seção Curiosidades da ciência** Pergunta e resposta de ciência	3 minutos	Caio, Vilma e Anabela	Apresentam a pergunta e a resposta sobre ciência que produziram no Capítulo 14.
9. Encerramento	20 segundos	Marcos e Paula	Agradecem a todos os participantes e ao público. Encerram o programa e despedem-se.

> **Tutorial**
> Como fazer um *podcast*

Duração do *podcast*

A duração de um *podcast* pode variar bastante, desde poucos minutos até mais de meia hora. Tentem chegar a uma extensão razoável: se for curta demais, não será possível desenvolver todos os conteúdos; se for longa demais, pode se tornar cansativa.

Para encerrar esta etapa de planejamento, definam também o nome do *podcast*, que deve ser atraente e, preferencialmente, dar alguma pista sobre o conteúdo ou o estilo do programa. Vejam o nome de alguns *podcasts* brasileiros:

- *Nerdcast*, sobre o universo *nerd*. Disponível em: <https://jovemnerd.com.br/nerdcast/>.
- *Caixa de Histórias*, sobre literatura. Disponível em: <http://www.b9.com.br/podcasts/caixadehistorias/>.
- *Rapaduracast*, sobre cinema e humor. Disponível em: <http://cinemacomrapadura.com.br/rapaduracast-podcast/>.
- *Fronteiras da Ciência*, sobre universo científico, produzido pela Universidade Federal do Rio Grande do Sul. Disponível em: <http://www.ufrgs.br/frontdaciencia/>.
- *Escriba Café*, sobre acontecimentos históricos. Disponível em: <https://escribacafe.com/tagged/podcast>.
- *Projeto Humanos*, sobre história de pessoas reais, por meio de relatos e depoimentos. Disponível em: <http://www.b9.com.br/projeto-humanos/>.

Ensaios das atrações

Tanto os apresentadores do *podcast* quanto os participantes das atrações devem falar de maneira natural, sem decorar um texto predefinido. Sempre será interessante, porém, promover alguns ensaios, especialmente porque alguns dos conteúdos terão de ser adaptados a essa nova mídia.

Por exemplo, na "Produção autoral" do Capítulo 14, as perguntas e respostas sobre ciência eram acompanhadas por um infográfico. Ao reaproveitar esse conteúdo no *podcast*, vocês terão de pensar em como transmitir as informações sem os recursos visuais.

Atenção à linguagem!

A linguagem do *podcast* admite certa informalidade, visto que o programa se dirige a jovens. No entanto, isso não significa que não deve haver cuidado com a forma de expressar-se. Para garantir a clareza e a fluência do áudio, evitem pausas e hesitações longas demais, a repetição excessiva de palavras e ideias, bem como interrupções ou sobreposição de vozes.

Gravação e edição do *podcast*

Como o áudio é o principal suporte nesse projeto, é muito importante trabalhar bem as questões relacionadas à captação de sons, evitando ruídos externos.

Não se esqueçam de inserir efeitos sonoros e trilhas musicais no *podcast*. Fiquem atentos, porém, pois a veiculação na internet impede o uso de músicas cujo direito autoral é protegido. Pesquisem sobre a possibilidade de músicas e efeitos sonoros gratuitos disponíveis *on-line*.

Soltando o *podcast* nas ondas da internet

O resultado do projeto pode ser hospedado em um *site*, *blog* ou em um programa de compartilhamento de *podcasts*. Ele pode ser disponibilizado via *streaming* ou para *download* — tudo depende da plataforma utilizada por vocês.

As redes sociais são um ótimo meio para divulgação do programa da turma, mas, para que ele se torne conhecido, a indicação de amigos é fundamental. Portanto, não deixem de pedir àquele amigo de outra turma que acompanhe o *podcast* de vocês!

UNIDADE 8

ENEM E VESTIBULAR

Capítulo 22
Redação para o Enem e para vestibular I, 296

Capítulo 23
Redação para o Enem e para vestibular II, 312

Parabéns! Você está prestes a concluir o Ensino Médio, mais uma importante etapa de sua formação. Novos desafios esperam por você, e entre eles provavelmente estará a prova de redação no Exame Nacional do Ensino Médio (Enem) e nos vestibulares.

Nesta última unidade, você estudará como geralmente são apresentadas as propostas de redação desses exames. Além disso, conhecerá estratégias para analisar os textos motivadores e para planejar e compor cada parte de sua redação – a introdução, o desenvolvimento e a conclusão. Bons estudos!

CAPÍTULO 22
REDAÇÃO PARA O ENEM E PARA VESTIBULAR I

OBJETIVOS DE APRENDIZAGEM
- Identificar as principais características de *textos dissertativo-argumentativos*.
- Compreender as partes que compõem a proposta de redação do Enem.
- Identificar as competências que a redação do Enem pretende avaliar.
- Aplicar estratégias para a leitura dos textos motivadores.

ENEM
C1: H2, H4
C7: H21, H22, H24

Para começar

Converse com o professor e os colegas sobre as questões a seguir.

1. Neste capítulo vamos estudar a produção de texto no Enem. Você sabe por que o Enem foi criado? Como o resultado desse exame pode ser usado?
2. Você já teve contato com alguma proposta de redação do Enem? Se sim, qual foi sua impressão sobre ela? Se não, como você imagina que seja essa proposta de redação?

Primeiro olhar

O Exame Nacional do Ensino Médio (Enem) é presença constante na mídia. É comum, após a divulgação das notas do exame, vários *sites* jornalísticos veicularem matérias sobre candidatos que tiraram nota máxima na prova de redação. Esse é o assunto do trecho da reportagem a seguir. Leia-o e responda às perguntas.

Aluna que tirou 1.000 na redação do Enem conta segredo para conseguir nota

Falta do hábito de leitura aumenta dificuldade em redação, diz professor

1   No quarto da universitária Gabriela Almeida Costa, 19 anos, há tantos livros que, como costuma dizer, falta até espaço para ela mesma. A rotina de leitura e uma média de duas horas diárias de estudos e treinos de escrita são apontadas por ela como esforços necessários para que seu nome ficasse no seleto grupo de 250 estudantes que tiraram a nota máxima (1.000) na redação da última edição do Exame Nacional do Ensino Médio (Enem).

2   "Eu sou a ovelha negra da família (risos). Quando era criança, minha mãe lia para mim toda noite, antes de dormir, até que eu aprendi a ler e comecei a devorar livros sozinha. Meus pais não gostam de ler", conta a moça, que cursa Geografia na Universidade Federal da Bahia (UFBA).

3   Ela, no entanto, destaca que foi no ensino fundamental que treinou as principais habilidades exigidas no exame, com aulas diárias de português e provas com redação semanalmente, inclusive com a cobrança por temas da atualidade.

4   A rotina de Gabriela é um exemplo do que indicam professores que trabalham na preparação de alunos para o exame. Antes de encarar a folha em branco e as 30 linhas à espera de palavras ordenadas e coerentes para preenchê-las, o candidato precisa dedicar boas horas para ler e escrever conteúdos diversos.

A estudante Gabriela Almeida Costa, que tirou a nota máxima na redação do Enem.

"Escrita e leitura andam de mãos dadas. O aluno que lê com frequência tem a chance de escrever melhor", comenta a professora Helena Vieira [...]. Para o professor Zé Silva, [...] a dificuldade que os estudantes têm em fazer uma redação de qualidade se dá, muitas vezes, por conta da falta do hábito de ler.

"A deficiência acontece porque falta leitura. Não adianta tentar fazer redação se não tem conteúdo, não tem o que escrever", afirma o professor.

Além de aumentar o repertório, a leitura ajuda no aprendizado das normas gramaticais, ao mostrar seu uso prático nos textos. "Se não fosse pela leitura constante, eu teria esquecido boa parte do que aprendi em relação à gramática. Não adianta aprender sem praticar", afirmou Gabriela.

Nota mil

Treinar a escrita, fazendo redações com frequência, também é importante no processo de preparação. "Se o estudante puder escrever todos os dias, melhor. Que ele faça umas três redações por semana. Quanto mais escreve, mais aprende", afirma Zé Silva.

Depois da preparação, é hora de colocar em prática o conhecimento adquirido nos livros e exercitado nos treinos de texto. Chegado o dia da prova, o candidato precisa estar calmo e atento aos detalhes. O primeiro passo é ler com atenção os textos de apoio, entender o tema e o que está sendo pedido no enunciado. "Primeiro, devem olhar o tema e identificar cada palavra que compõe a frase. O Enem tem uma frase que delimita o que eles devem escrever", indica o professor Israel Mendonça [...].

Com o tema identificado, é fundamental planejar o que será escrito, criando uma espécie de esquema para a construção do texto. "O aluno deve fazer um breve plano de texto: estabelecer a tese, os possíveis argumentos — dois, no mínimo. Na conclusão, deve retomar o tema e apresentar, pelo menos, duas propostas interventivas", recomenda a professora Helena.

Tudo isso, escrito previamente em um rascunho. "Fazer o rascunho é fundamental e não toma tempo se o aluno estiver preparado tecnicamente para isso. A técnica é fundamental", reforça o professor Israel. "Não se faz a redação apenas pela inspiração", conclui ele.

Nota zero

Há quatro grupos de situações em que os corretores contratados pelo Inep anulam a redação. O primeiro caso é o do texto que não obedece ao tema proposto ou que não respeita a estrutura textual dissertativo-argumentativa. Leva zero também quem escrever menos de sete linhas — classificado como "texto insuficiente".

Se o estudante copiar trechos dos textos motivacionais, isso não entra na contagem das linhas mínimas para a redação ser corrigida. Não vale também fazer desenhos, afirmações que desrespeitem os direitos fundamentais ou ter somente parte da redação relacionada ao tema. No exame de 2014, 529.373 candidatos tiraram zero na redação (8,5% do total). A fuga ao tema foi o motivo que levou 217.339 candidatos a zerarem.

A redação proposta no ano passado, quando Gabriela obteve a nota máxima, teve como tema Publicidade Infantil em questão no Brasil. O assunto pegou muita gente de surpresa — foi difícil de prever. Gabriela conseguiu relacionar o assunto com experiências pessoais.

"Eu já tinha certa familiaridade com o tema, porque já fiz curso de modelo e lá o pessoal falava dessa questão do uso de crianças pra vender produtos. A parte que eu falo da propaganda da década de 70 foi minha mãe que contou", explica [...].

Gabriela usou informações de dois dos três textos de apoio dados. "Fora a ajuda da minha bagagem sociocognitiva, busquei informações nos textos, mas sem copiar", salienta. Em casa, a nota de Gabriela foi recebida com comemoração. Pelo bom desempenho, ganhou da família um *notebook* novo e, de quebra, uma vaga na universidade.

MOTA, Alexandro; MANUELLA, Yne. *Correio 24 horas*. Salvador, 23 set. 2015.
Disponível em: <http://mod.lk/fhmgu>. Acesso em: 18 nov. 2017. (Fragmento).

1. Explique como o histórico de Gabriela, nos anos anteriores ao Ensino Médio, contribuiu para seu ótimo desempenho na prova de redação.
2. Leia o trecho de uma cartilha do Ministério da Educação (MEC) que dá orientações sobre a redação no Enem.

> A prova de redação exigirá de você a produção de um texto em prosa, do tipo dissertativo-argumentativo, sobre *um tema de ordem social, científica, cultural ou política*. [...] Seu texto deverá ser redigido *de acordo com a modalidade escrita formal da língua portuguesa*. [...]
>
> BRASIL. *Redação no Enem 2017*: Cartilha do participante. Brasília: MEC/Inep/Daeb, out. 2017. Disponível em: <http://mod.lk/hd6ib>. Acesso em: 18 nov. 2017. (Fragmento).

   a) Identifique os benefícios da leitura para o estudante, de acordo com a reportagem "Aluna que tirou 1.000 na redação do Enem conta segredo para conseguir nota". Em seguida, explique como esses benefícios se relacionam às passagens destacadas no trecho acima.
   b) Formule uma hipótese coerente para explicar por que o Enem exige um texto dissertativo-argumentativo, e não, por exemplo, um conto ou uma crônica.
3. Observe este esquema para a produção da redação, também extraído da cartilha do MEC.

BRASIL. *Redação no Enem 2017*: Cartilha do participante. Brasília: MEC/Inep/Daeb, out. 2017. Disponível em: <http://mod.lk/hd6ib>. Acesso em: 18 nov. 2017.

   a) Com base na reportagem lida, explique como esse esquema se relaciona à construção da redação para o Enem.
   b) O que você entende por "proposta de intervenção"? Em sua opinião, por que o exame do Enem exige que o aluno apresente uma proposta de intervenção em seu texto?
4. Releia.

> "'Fazer o rascunho é fundamental e não toma tempo se o aluno estiver preparado tecnicamente para isso. A técnica é fundamental', reforça o professor Israel. 'Não se faz a redação apenas pela inspiração', conclui ele."

   • Em todas as propostas de produção textual deste livro, você foi orientado a elaborar um esboço e revisá-lo antes de preparar a versão final. Relacione essa prática à declaração do professor Israel, no trecho acima, e responda: por que ele afirma que "Não se faz a redação apenas pela inspiração"?
5. Segundo a reportagem, o que faz com que a redação seja zerada no Enem?
   • Explique a lógica desses critérios, ou seja, por que essas situações mostram que o candidato não atendeu às exigências mínimas do exame.
6. Com base na reportagem lida e nas análises feitas, resuma, com suas palavras, o que é importante para ter um bom desempenho na prova de redação no Enem.

Trocando ideias

Observe abaixo um gráfico que mostra o desempenho dos inscritos na prova de redação do Enem em 2016. Depois, converse com o professor e os colegas sobre as questões propostas.

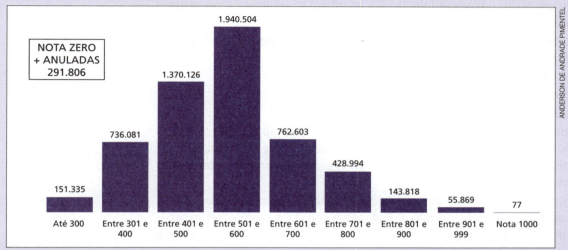

Guia do Estudante. Disponível em: <http://mod.lk/lpyyt>. Acesso em: 18 nov. 2017.

1. Como se vê, a maioria das redações (3.310.630) situa-se na faixa de 401 a 600 pontos. Considerando que um dos objetivos do Enem é avaliar o próprio sistema educacional, explique quais mudanças deveriam ser feitas nesse sistema, em sua opinião, para elevar tal média. Para dar suas sugestões, leve em conta o que discutiu na seção "Primeiro olhar".

2. No Enem de 2016, um caso provocou polêmica: descobriu-se que uma das redações com nota 1.000 continha trechos inteiramente copiados de uma redação oferecida como modelo em um *site* educacional. Leia a declaração dada por um professor de redação a respeito desse caso.

> "O plágio de redações e o uso de modelos predefinidos são um problema realmente vergonhoso", lamenta Ivan Paganotti, professor de redação [...]. Segundo ele, a prática está relacionada a um problema mais profundo: "Isso ocorre porque muitos (alunos, professores, pais e até escolas) encaram a redação de forma instrumentalizada: acham que ela só importa para a aprovação no vestibular".
>
> MONTOIA, Paulo. Professores comentam uso de fórmulas prontas na redação do Enem. *Guia do Estudante*. Disponível em: <http://mod.lk/k8fz6>. Publicado em: 5 maio 2017. Acesso em: 18 nov. 2017. (Fragmento).

a) Nessa declaração, o professor deixa subentendido que a redação tem outra finalidade, além da "aprovação no vestibular". Qual seria essa finalidade, em sua opinião?

b) Relacione o que você discutiu na questão 1 ao problema do plágio: como as lacunas na formação do estudante podem levar à tentação de copiar outras redações?

c) Imagine a seguinte situação: você escreve um texto e, um dia, descobre que alguém o plagiou por completo ou em partes. Como você se sentiria diante dessa situação? É justo ou ético que alguém se aproprie do trabalho alheio?

d) Em sua opinião, o que deve ser feito para inibir o plágio nas redações do Enem?

O que é o Enem?

O Exame Nacional do Ensino Médio (Enem) foi criado em 1998 e, desde então, tem a cada ano ganhado mais projeção. O principal objetivo da prova é avaliar o desempenho escolar e acadêmico do aluno ao final da educação básica e, consequentemente, analisar a qualidade do Ensino Médio no país. Ultimamente, o resultado do Enem tem sido o responsável pelo acesso dos estudantes a um grande número de instituições de ensino superior. Além disso, esses resultados também podem ser considerados para autoavaliação e inserção no mercado de trabalho.

Por dentro do gênero — Texto dissertativo-argumentativo

Conforme explica a reportagem lida no início do capítulo, o Enem exige do candidato a elaboração de um **texto dissertativo-argumentativo**. A redação proposta no exame é dissertativa porque deve analisar, interpretar, explicar um assunto predeterminado. E é argumentativa porque deve assumir um ponto de vista e defendê-lo com argumentos convincentes.

Uma característica importante do texto dissertativo-argumentativo exigido no Enem é que ele deve apresentar uma estrutura padronizada, composta de três partes:

a) **introdução**, na qual é exposta a tese;
b) **desenvolvimento** com a apresentação dos argumentos;
c) **conclusão** com a proposta de intervenção.

Na redação do Enem, o título é opcional. Caso o candidato opte por inseri-lo, o título será considerado na contagem do número de linhas, mas não interferirá na avaliação de nenhuma competência. Ao produzir textos dissertativo-argumentativos para outros exames, é preciso estar atento às instruções, pois em alguns casos o título é obrigatório.

O texto dissertativo-argumentativo deve sempre ser redigido de acordo com a norma-padrão, já que se trata de uma situação comunicativa formal. A linguagem não deve, porém, ser excessivamente rebuscada, e sim direta e objetiva, com frases lineares e completas, pois isso favorece a exposição clara das ideias.

> **Texto dissertativo-argumentativo** é um texto que analisa determinado tema e, ao mesmo tempo, defende um ponto de vista a respeito dele. É exigido em exames como o Enem e vestibulares, a fim de avaliar as competências e habilidades construídas pelo aluno ao longo de sua formação básica. Quando circula nesse contexto comunicativo, o texto destina-se à leitura dos corretores, que o avaliam segundo critérios predefinidos e lhe atribuem uma nota.

EM EQUIPE

Análise dos temas do Enem

Reúnam-se em duplas ou trios e observem abaixo os temas propostos em algumas edições do Enem.

> 2011: "Viver em rede no século 21: os limites entre o público e o privado"
> 2012: "Movimento imigratório para o Brasil no século 21"
> 2013: "Efeitos da implantação da Lei Seca no Brasil"
> 2014: "Publicidade infantil em questão no Brasil"
> 2015: "A persistência da violência contra a mulher na sociedade brasileira"
> 2016: "Caminhos para combater a intolerância religiosa no Brasil" /
> "Caminhos para combater o racismo no Brasil"
> 2017: "Desafios para a formação educacional de surdos no Brasil"

Agora, discutam as questões a seguir e anotem suas conclusões.

1. Como vimos em capítulos anteriores, para que haja argumentação é preciso que o tema seja polêmico ou que apresente aspectos problemáticos, para os quais o argumentador proporá soluções. Pensando nisso, escolham um desses temas e indiquem quais aspectos nele presentes podem dar margem a uma polêmica ou podem representar problemas. Mencionem pelo menos dois aspectos.
2. Agora, listem teses e propostas de intervenção que poderiam ser defendidas em relação a esse tema.
3. Quais conhecimentos construídos em outras disciplinas ou na vivência de mundo de vocês seriam úteis para o desenvolvimento dessas teses e propostas interventivas?
4. Quando terminarem a discussão, apresentem suas conclusões ao restante da turma. É interessante comparar se os grupos que escolheram o mesmo tema destacaram aspectos semelhantes dentro dele.

Como é a proposta de redação do Enem

Para desenvolver a redação do Enem, o candidato deverá, em 30 linhas, no máximo, produzir um texto dissertativo-argumentativo a partir do tema proposto.

A proposta de redação apresenta uma coletânea de **textos motivadores** — textos verbais e não verbais relacionados ao assunto, que têm a função de auxiliar o estudante na reflexão ou no recorte temático a ser adotado. Esses textos mantêm uma relação de sentido uns com os outros; mesmo quando apresentam ideias opostas, permitem o levantamento de argumentos e contra-argumentos. É extremamente importante que se faça uma leitura cuidadosa da coletânea, identificando o posicionamento dos autores e os argumentos apresentados em cada um.

Contudo, as informações fornecidas pelos textos motivadores não são suficientes para garantir a qualidade da redação. Conforme você observou na reportagem apresentada no início do capítulo, o bom desempenho depende da construção de um amplo *repertório* cultural. Portanto, esteja atento às discussões sobre os temas da atualidade e informe-se por meio de livros, revistas, filmes, documentários e *sites*.

Outro aspecto que merece destaque na prova do Enem é a apresentação de uma *proposta de intervenção* condizente com a argumentação desenvolvida. No caso da publicidade infantil, quais seriam as mudanças propostas pelo candidato? O ideal seria a manutenção do cenário atual? A falta dessa proposta é motivo para a redação ser zerada.

Exemplo de proposta de redação do Enem

Leia, a seguir, a proposta de produção de texto do Enem de 2014. Observe que a apresentação da proposta oferece informações essenciais para a construção da redação, ao passo que os textos motivadores direcionam o desenvolvimento do tema.

Proposta de redação

A partir da leitura dos textos motivadores seguintes e com base nos conhecimentos construídos ao longo de sua formação, redija texto dissertativo-argumentativo em norma-padrão da língua portuguesa sobre o tema **Publicidade infantil em questão no Brasil**, apresentando **proposta de intervenção que respeite os direitos humanos**. Selecione, organize e relacione, de forma coerente e coesa, argumentos e fatos para defesa de seu ponto de vista.

> Este é o tema a ser abordado.
>
> Exigência a ser cumprida. Caso os direitos humanos sejam desrespeitados, a redação é zerada.

Texto I

A aprovação, em abril de 2014, de uma resolução que considera abusiva a publicidade infantil, emitida pelo Conselho Nacional de Direitos da Criança e do Adolescente (Conanda), deu início a um verdadeiro cabo de guerra envolvendo ONGs de defesa dos direitos das crianças e setores interessados na continuidade das propagandas dirigidas a esse público.

Elogiada por pais, ativistas e entidades, a resolução estabelece como abusiva toda propaganda dirigida à criança que tem "a intenção de persuadi-la para o consumo de qualquer produto ou serviço" e que utilize aspectos como desenhos animados, bonecos, linguagem infantil, trilhas sonoras com temas infantis, oferta de prêmios, brindes ou artigos colecionáveis que tenham apelo às crianças.

Ainda há dúvidas, porém, sobre como será a aplicação prática da resolução. E associações de anunciantes, emissoras, revistas e de empresas de licenciamento e fabricantes de produtos infantis criticam a medida e dizem não reconhecer a legitimidade constitucional do Conanda para legislar sobre publicidade e para impor a resolução tanto às famílias quanto ao mercado publicitário. Além disso, defendem que a autorregulamentação pelo Conselho Nacional de Autorregulamentação Publicitária (Conar) já seria uma forma de controlar e evitar abusos.

IDOETA, P. A.; BARBA, M. D. *A publicidade infantil deve ser proibida?*
Disponível em: www.bbc.co.uk. Acesso em: 18 nov. 2014 (adaptado).

> Nesta proposta, o texto I contextualiza o tema, apresentando o que deu início à polêmica (resolução do Conanda) e os dois lados da questão, isto é, quem aprova e quem desaprova a proibição de desenhos animados e outros elementos na publicidade infantil.

Texto II

O infográfico mostra como a questão é tratada em vários países, onde pode haver desde a autorregulamentação, como no Brasil, até a proibição total, como na Noruega. Os dados podem ser usados para comparações.

Fontes: OMS e Conar/2013. Disponível em: www1.folha.uol.com.br. Acesso em: 24 jun. 2014 (adaptado).

Texto III

Este texto aborda o papel da educação na formação de um consumidor consciente. Pode ser empregado para focalizar a importância da escola e da família na preparação das crianças para lidar com a publicidade.

Precisamos preparar a criança, desde pequena, para receber as informações do mundo exterior, para compreender o que está por trás da divulgação de produtos. Só assim ela se tornará o consumidor do futuro, aquele capaz de saber o que, como e por que comprar, ciente de suas reais necessidades e consciente de suas responsabilidades consigo mesma e com o mundo.

SILVA, A. M. D.; VASCONCELOS, L. R. A criança e o marketing: informações essenciais para proteger as crianças dos apelos do marketing infantil. São Paulo: Summus, 2012 (adaptado).

Instruções:
- O rascunho da redação deve ser feito no espaço apropriado.
- O texto definitivo deve ser escrito à tinta, na folha própria, em até 30 linhas.
- A redação que apresentar cópia dos textos da Proposta de Redação ou do Caderno de Questões terá o número de linhas copiadas desconsiderado para efeito de correção.

Os textos motivadores são fonte de inspiração e direcionamento, mas não devem ser copiados. O candidato também não deve copiar os enunciados do Caderno de Questões.

- Receberá nota zero, em qualquer das situações expressas a seguir, a redação que:
- tiver até 7 (sete) linhas escritas, sendo considerada "insuficiente".
- fugir ao tema ou que não atender ao tipo dissertativo-argumentativo.
- apresentar proposta de intervenção que desrespeite os direitos humanos.
- apresentar parte do texto deliberadamente desconectada com o tema proposto.

BRASIL. *Exame Nacional do Ensino Médio*. Prova de redação. Brasília: MEC/Inep, 2014. Disponível em: <http://mod.lk/bsdgq>. Acesso em: 18 nov. 2017.

Atenção! Estas informações esclarecem as situações em que a redação é anulada.

Pense e responda

Como se vê, a *fuga* ao tema leva à anulação da redação. Também deve ser evitado o **tangenciamento** ao tema, que consiste em uma abordagem parcial, realizada apenas sobre os aspectos mais amplos do assunto — ou, pelo contrário, centrado em um aspecto muito específico —, sem levar em conta o recorte e o direcionamento propostos pelos textos motivadores. O tangenciamento não anula a prova, mas leva a uma perda significativa de pontos (16% do total).

- Considerando essa proposta de redação de 2014, indique, entre as abordagens sugeridas abaixo, quais seriam as adequadas ao tema (A) e quais seriam as que apenas o tangenciam (T).

    a) O trabalho de atores-mirins na publicidade.
    b) A influência da publicidade na sociedade em geral.
    c) A regulamentação da publicidade infantil no Brasil.
    d) Erotização da infância nos anúncios publicitários.
    e) A vulnerabilidade das crianças diante dos apelos publicitários.
    f) Alerta quanto à influência da TV e da internet sobre as crianças.

Respeito aos direitos humanos

Desde 2013, o edital do Enem exige que os candidatos respeitem os direitos humanos em seu texto, sob pena de terem a redação zerada. Embora essa exigência se relacione mais diretamente à quinta competência do Enem, que trata da proposta de intervenção, o estudante não deve fazer afirmações que contrariem os direitos fundamentais em nenhuma parte do texto, senão poderá ter a prova anulada.

Mas o que significa exatamente desrespeitar os direitos humanos? De acordo com o MEC, entram nessa categoria declarações que impliquem:

- defesa de tortura, mutilação, execução sumária e qualquer forma de "justiça com as próprias mãos", isto é, sem a intervenção de instituições sociais devidamente autorizadas (o governo, as autoridades, as leis, por exemplo);
- incitação a qualquer tipo de violência motivada por questões de raça, etnia, gênero, credo, condição física, origem geográfica ou socioeconômica;
- explicitação de qualquer forma de discurso de ódio (voltado contra grupos sociais específicos).

BRASIL. *Redação no Enem 2017*: Cartilha do participante. Brasília: MEC/Inep/Daeb, out. 2017. Disponível em: <http://mod.lk/hd6ib>. Acesso em: 18 nov. 2017. (Fragmento adaptado).

A cartilha do participante dá, ainda, exemplos de frases que levaram à anulação da redação por esse motivo. As frases referem-se à proposta de 2016, que abordou o tema "Caminhos para combater a intolerância religiosa no Brasil". Veja alguns exemplos dessas frases que desrespeitavam os direitos humanos:

- "para combater a intolerância religiosa, deveria acabar com a liberdade de expressão".
- "podemos combater a intolerância religiosa acabando com as religiões e implantando uma doutrina única". [...]
- "a única maneira de punir o intolerante é o obrigando a frequentar a igreja daquele que foi ofendido, para que aprenda a respeitar a crença do outro". [...]
- "que a cada agressão cometida o agressor recebesse na mesma proporção, tanto agressão física como mental".

BRASIL. *Redação no Enem 2017*: Cartilha do participante. Brasília: MEC/Inep/Daeb, out. 2017. Disponível em: <http://mod.lk/hd6ib>. Acesso em: 18 nov. 2017. (Fragmento).

Redação nota 1000

Pense e responda

A redação a seguir é de autoria de Gabriela Almeida Costa, a estudante que você conheceu na reportagem do início do capítulo. Leia o texto e observe como a candidata explorou o tema e os textos motivadores sugeridos. Depois, responda às perguntas propostas.

Redação de Gabriela Almeida Costa –
Escola pública de Salvador – BA

1   Desde o início da expansão da rede dos meios de comunicação no Brasil, em especial o rádio e a televisão, a mídia publicitária tem veiculado propagandas destinadas ao público infantil, mesmo que os produtos ou serviços anunciados não sejam destinados a este. Na década de 1970, por exemplo, era transmitida no rádio a propaganda de um banco utilizando personagens folclóricos, chamando a atenção das crianças que, assim, persuadiam os pais a consumir.

2   É sabido que, no período da infância, o ser humano ainda não desenvolveu claramente seu senso crítico, e assim é facilmente influenciado por personagens de desenhos animados, filmes, gibis, ou simplesmente pela combinação de sons e cores de que a publicidade dispõe. Os adolescentes também são alvo, numa fase em que o consumo pode ser sinônimo de autoafirmação. Ciente deste fato, a mídia cria os mais diversos produtos fazendo uso desses atributos, como brindes em lanches, produtos de higiene com imagens de personagens e até mesmo utilizando atores e modelos mirins nos comerciais.

3   Muitos pais têm então se queixado do comportamento consumista de seus filhos, apelando para organizações de defesa dos direitos da criança e do adolescente. Em abril de 2014, foi aprovada uma resolução que julga abusiva essa publicidade infantil, gerando conflitos entre as empresas, organizações publicitárias e os defensores dos direitos deste público-alvo. Entretanto, tal resolução configura um importante passo dado pelo Brasil com relação ao marketing infantil. Alguns países cujo índice de escolaridade é maior que o brasileiro já possuem legislação que limita os conteúdos e horários de exibição dos comerciais destinados às crianças. Outros, como a Noruega, proíbem completamente qualquer publicidade infantil.

4   A legislação brasileira necessita, portanto, continuar a romper com as barreiras impostas pela indústria publicitária, a fim de garantir que o público supracitado não seja alvo de interesses comerciais por sua inocência e fácil persuasão. No âmbito educacional, as escolas devem auxiliar na formação de cidadãos com discernimento e capacidade crítica. Desta forma, é importante que sejam ensinados e discutidos nas salas de aula os conceitos de cidadania, consumismo, publicidade e etc., adequando-os a cada faixa etária.

BRASIL. *Redação no Enem 2016*: Cartilha do participante.
Brasília: MEC/Inep/Daeb, set. 2016. Disponível em:
<http://mod.lk/ikzio>. Acesso em: 18 nov. 2017.

1. Identifique a afirmação que melhor sintetiza a *tese* defendida por esse texto.
   a) As crianças são vulneráveis aos apelos publicitários, e os anunciantes há muito tempo se aproveitam disso para conquistar os pequenos consumidores.
   b) A expansão dos meios de comunicação no Brasil permitiu o avanço do mercado publicitário, que hoje lança produtos voltados especialmente às crianças.
   c) A resolução que proíbe completamente qualquer publicidade infantil no Brasil é um avanço, pois nos coloca ao lado de países desenvolvidos que já fazem isso.

2. Assinale, agora, a frase que resume a *proposta de intervenção* feita por Gabriela.
   a) Apesar de contrariar os interesses das empresas e dos publicitários, a resolução que julga abusiva a publicidade infantil é um importante passo dado pelo Brasil.
   b) A lei deve regulamentar a publicidade infantil, e a escola também deve fazer sua parte, discutindo questões pertinentes ao consumo consciente.
   c) O Estado deve enfrentar a resistência da indústria publicitária à regulamentação por meio de um programa escolar abrangente, capaz de formar cidadãos com senso crítico.

O fato de a tese e a proposta de intervenção da redação de Gabriela poderem ser identificadas com facilidade é uma indicação de que o texto foi bem organizado. Vamos agora analisar com mais detalhes como ele cumpriu os requisitos estabelecidos pelo exame.

A redação do Enem é avaliada de acordo com *cinco competências*, cada uma valendo de 0 a 200 pontos. Como a candidata teve nota 1000, isso significa que ela conquistou a pontuação máxima em cada competência. Conheça, a seguir, as cinco competências e uma análise de como o texto as atendeu.

1. Demonstrar domínio da modalidade escrita formal da língua portuguesa: a elaboração de textos dissertativos requer domínio da escrita formal, desde a questão ortográfica até o uso de um vocabulário preciso e de construções sintáticas organizadas. Além disso, não deve haver marcas de oralidade ou informalidade. Veja um exemplo de como esses aspectos se manifestam no texto da candidata:

> "É sabido que, no período da infância, o ser humano ainda não desenvolveu claramente seu senso crítico, e assim é facilmente influenciado [...] pela combinação de sons e cores *de* que a publicidade dispõe."

A preposição destacada normalmente é eliminada no uso coloquial; ou seja, ao falar ou ao escrever em contextos informais, usamos construções como "o dinheiro *que* disponho não é muito". Contudo, na escrita formal, a preposição é exigida, porque o verbo *dispor* é transitivo indireto (a publicidade dispõe *de* uma combinação de sons e cores). Logo, ao inserir a preposição, a candidata demonstrou conhecimento das regras da norma-padrão.

Outro aspecto que merece destaque é o emprego de um vocabulário apropriado ao gênero, sem rebuscamentos ou generalizações. Observe também que o texto praticamente não apresenta desvios em termos de ortografia, acentuação e pontuação.

2. Compreender a proposta de redação e aplicar conceitos das várias áreas de conhecimento para desenvolver o tema, dentro dos limites estruturais do texto dissertativo-argumentativo em prosa: perdem pontos nessa competência os candidatos que fogem ao tema ou apenas o tangenciam; os que constroem redações exclusivamente expositivas, sem defender um ponto de vista; e os que apresentam argumentos fracos, previsíveis, ou copiam trechos dos textos motivadores.

Ao contrário, as redações que apresentam uma estrutura bem articulada, com tese e proposta de intervenção facilmente identificáveis, além de uma argumentação ampla e diversificada, como a de Gabriela, ganham as melhores pontuações. Veja exemplos dos tipos de argumento que, segundo o MEC, podem ser usados pelos candidatos.

- exemplos;
- dados estatísticos;
- pesquisas;
- fatos comprováveis;
- citações ou depoimentos de pessoas especializadas no assunto;
- pequenas narrativas ilustrativas;
- alusões históricas; e
- comparações entre fatos, situações, épocas ou lugares distintos.

BRASIL. *Redação no Enem 2017*: Cartilha do participante. Brasília: MEC/Inep/Daeb, out. 2017. Disponível em: <http://mod.lk/hd6ib>. Acesso em: 18 nov. 2017. (Fragmento).

Observe alguns dos argumentos utilizados por Gabriela:

- **alusões históricas:** "Desde o início da expansão da rede dos meios de comunicação no Brasil, em especial o rádio e a televisão, a mídia publicitária tem veiculado propagandas destinadas ao público infantil."
- **exemplos:** "Na década de 1970, por exemplo, era transmitida no rádio a propaganda de um banco utilizando personagens folclóricos, chamando a atenção das crianças que, assim, persuadiam os pais a consumir."
- **comparações:** "Alguns países cujo índice de escolaridade é maior que o brasileiro já possuem legislação que limita os conteúdos e horários de exibição dos comerciais destinados às crianças. Outros, como a Noruega, proíbem completamente qualquer publicidade infantil."

Note, ainda, que a candidata não copiou trechos dos textos motivadores. Em vez disso, apenas incorporou algumas das informações desses textos à própria redação:

Trechos dos textos motivadores	Trechos da redação de Gabriela
"[...] estabelece como abusiva toda a propaganda dirigida à criança que tem 'a intenção de persuadi-la para o consumo de qualquer produto ou serviço' e que utilize aspectos como desenhos animados, bonecos, linguagem infantil, trilhas sonoras com temas infantis, oferta de prêmios, brindes ou artigos colecionáveis que tenham apelo às crianças." "A aprovação, em abril de 2014, de uma resolução que considera abusiva a publicidade infantil [...] deu início a um verdadeiro cabo de guerra envolvendo ONGs de defesa dos direitos das crianças e setores interessados na continuidade das propagandas dirigidas a esse público."	"[...] é facilmente influenciado por **personagens de desenhos animados, filmes, gibis**, ou simplesmente pela combinação de sons e cores de que a publicidade dispõe. [...] Ciente deste fato, a mídia cria os mais diversos produtos fazendo uso desses atributos, como **brindes em lanches, produtos de higiene com imagens de personagens e até mesmo utilizando atores e modelos mirins nos comerciais**." "[...] **Em abril de 2014, foi aprovada uma resolução que julga abusiva essa publicidade infantil, gerando conflitos entre as empresas, organizações publicitárias e os defensores dos direitos deste público-alvo**."

3. Selecionar, relacionar, organizar e interpretar informações, fatos, opiniões e argumentos em defesa de um ponto de vista: nessa competência, perdem pontos os candidatos que apresentam argumentos limitados aos textos motivadores, sem trazer informações de seu próprio repertório. Também são prejudicados os que não conseguem organizar as ideias ao longo do texto ou apresentam argumentos contraditórios.

A redação de Gabriela obteve nota máxima nesse quesito não só porque trouxe informações não relacionadas aos textos motivadores (as menções à vulnerabilidade dos adolescentes, que não é mencionada na coletânea, e ao comercial dos anos 1970 são exemplos disso), mas também porque os organizou de modo coerente. Veja como o raciocínio se desenvolveu ao longo dos quatro parágrafos da redação:

- **1º parágrafo:** Apelos publicitários ao público infantil existem há muito tempo.
- **2º parágrafo:** Crianças e adolescentes são mais vulneráveis à publicidade, por isso a mídia cria comunicações direcionadas a eles.
- **3º parágrafo:** Por pressão de pais e entidades de proteção à criança, foi aprovada uma regulamentação; apesar de ter gerado conflito, a medida é positiva e segue o exemplo de países desenvolvidos.
- **4º parágrafo:** Conclusão: a lei deve continuar limitando a publicidade infantil; além disso, a escola deve contribuir para a formação de consumidores conscientes.

4. Demonstrar conhecimento dos mecanismos linguísticos necessários para a construção da argumentação: nessa competência, exige-se que as ideias sejam colocadas de forma clara e bem encadeada, com a utilização de recursos coesivos que estabeleçam relações lógicas e formais entre as frases e os parágrafos.

Em sua redação, Gabriela fez um correto uso dos recursos coesivos que garantem a organização textual, tais como: *mesmo que*, *por exemplo*, *assim* (primeiro parágrafo); *deste fato* (segundo parágrafo); *então*, *Entretanto*, *tal*, *cujo*, *Outros* (terceiro parágrafo); *portanto*, *Desta forma* (quarto parágrafo). Observe no trecho transcrito a seguir como a aluna articulou a argumentação, explorando os recursos linguísticos:

> "Em abril de 2014, foi aprovada uma resolução que julga abusiva essa publicidade infantil, gerando conflitos entre as empresas, organizações publicitárias e os defensores dos direitos deste público-alvo. Entretanto, tal resolução configura um importante passo dado pelo Brasil com relação ao marketing infantil."

> Neste trecho, a aluna apresenta o fato: houve a aprovação da resolução e isso gerou conflitos.

> A frase seguinte conclui o raciocínio, apresentando o posicionamento da autora, favorável à resolução. O conectivo *entretanto* esclarece que, apesar de ter provocado polêmica, a resolução é essencialmente uma medida positiva.

5. Elaborar proposta de intervenção para o problema abordado, respeitando os direitos humanos: para entender o que essa competência pretende avaliar, é necessário refletir sobre o verbo *intervir*, que se origina de *intervenire*, em latim, que significa "atuar diretamente, agindo ou decidindo".

Como você pôde analisar, Gabriela, na conclusão de seu texto, sugere que a legislação brasileira continue a ser alterada e que as escolas contribuam na conscientização das crianças e dos adolescentes, discutindo temas como cidadania, consumismo e publicidade. Dessa forma, a redação do Enem não apenas deve discutir a situação-problema apresentada, mas sugerir soluções para ela de maneira coerente com a argumentação desenvolvida.

Para ler e escrever melhor

Como ler e utilizar os textos motivadores

O papel dos textos motivadores da proposta de redação do Enem é contextualizar e recortar o tema proposto. Eles ajudam na construção da argumentação e no resgate de informações pertencentes ao conhecimento de mundo do candidato. Para isso, devem ser interpretados de maneira crítica, compreendidos e relacionados com o repertório de quem vai escrever a redação.

Reproduzimos, a seguir, a proposta de redação e os textos motivadores apresentados no Enem 2016, que abordou a intolerância religiosa. Esse material servirá de base para traçarmos procedimentos de leitura dos textos motivadores.

Proposta de redação

A partir da leitura dos textos motivadores e com base nos conhecimentos construídos ao longo de sua formação, redija texto dissertativo-argumentativo em modalidade escrita formal da língua portuguesa sobre o tema "Caminhos para combater a intolerância religiosa no Brasil", apresentando proposta de intervenção que respeite os direitos humanos. Selecione, organize e relacione, de forma coerente e coesa, argumentos e fatos para defesa de seu ponto de vista.

Texto I

Em consonância com a Constituição da República Federativa do Brasil e com toda a legislação que assegura a liberdade de crença religiosa às pessoas, além de proteção e respeito às manifestações religiosas, a laicidade do Estado deve ser buscada, afastando a possibilidade de interferência de correntes religiosas em matérias sociais, políticas, culturais etc.

Disponível em: www.mprj.mp.br. Acesso em: 21 maio 2016 (fragmento).

Para ler e escrever melhor

Texto II

O direito de criticar dogmas e encaminhamentos é assegurado como liberdade de expressão, mas atitudes agressivas, ofensas e tratamento diferenciado a alguém em função de crença ou de não ter religião são crimes inafiançáveis e imprescritíveis.

STECK, J. Intolerância religiosa é crime de ódio e fere a dignidade.
Jornal do Senado. Acesso em: 21 maio 2016 (fragmento).

Texto III

Capítulo I
Dos Crimes Contra o Sentimento Religioso
Ultraje a culto e impedimento ou perturbação de ato a ele relativo
Art. 208 – Escarnecer de alguém publicamente, por motivo de crença ou função religiosa; impedir ou perturbar cerimônia ou prática de culto religioso; vilipendiar publicamente ato ou objeto de culto religioso:
Pena – detenção, de um mês a um ano, ou multa.
Parágrafo único – Se há emprego de violência, a pena é aumentada de um terço, sem prejuízo da correspondente à violência.

BRASIL. *Código Penal*. Disponível em: www.planalto.gov.br. Acesso em: 21 maio 2016 (fragmento).

Texto IV

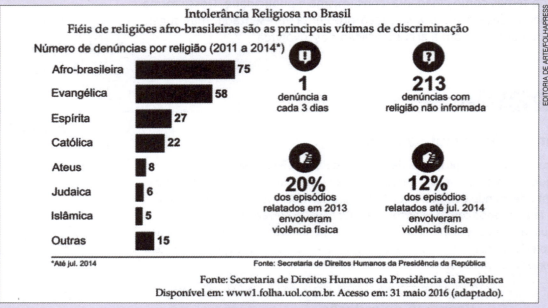

BRASIL. *Exame Nacional do Ensino Médio*. Brasília: MEC/Inep, 2016.
Disponível em: <http://mod.lk/9jejk>. Acesso em: 18 nov. 2017.

O primeiro passo é analisar a estrutura, a linguagem e a referência bibliográfica de cada texto motivador, a fim de identificar que *gênero discursivo* ele representa e em que *contexto* foi veiculado. Pela referência do texto II, verifica-se que ele foi extraído de uma matéria publicada no *Jornal do Senado*; o texto III é uma *lei*, o Código Penal; já o texto IV representa um *infográfico* produzido por um órgão oficial (Secretaria de Direitos Humanos da Presidência da República).

A identificação do gênero discursivo é uma informação importante porque, como você sabe, cada gênero é produzido com uma intenção comunicativa específica. Uma lei tem, certamente, objetivos bem diferentes de uma reportagem ou de um infográfico.

Nem sempre, porém, as características do texto motivador ficam tão evidentes. A referência do texto I, por exemplo, traz apenas a indicação do *site* em que ele foi publicado, não sendo possível identificar com clareza o autor, o título, o gênero discursivo ou outras informações.

Contudo, sempre é possível deduzir algo pela configuração geral do texto. Por exemplo, com base em seu conhecimento de mundo, o candidato pode identificar que o *site* pertence ao Ministério Público do Rio de Janeiro (MPRJ) e, pela linguagem, pode deduzir que se trata de um texto da esfera jurídica.

Após identificar os dados básicos de cada texto motivador, é o momento de analisar as *informações* ou *opiniões* que ele apresenta. Você pode usar palavras-chave ou frases curtas para resumir o conteúdo de cada texto; por exemplo:

- **Texto I:** aborda a laicidade do Estado brasileiro.
- **Texto II:** distingue entre críticas a dogmas religiosos e atitudes agressivas ou discriminatórias.
- **Texto III:** define o desrespeito a culto religioso ou seu impedimento ou perturbação como crimes, passíveis de detenção ou multa.
- **Texto IV:** expõe números da intolerância religiosa no Brasil, com destaque para as religiões afro-brasileiras como principais vítimas e para a porcentagem relativamente alta de violência física nos ataques.

Identificadas as informações básicas que cada texto motivador apresenta, você deve observar como elas se relacionam e pensar em como poderá utilizá-las na sua redação. Para fazê-lo adequadamente, lembre-se de que você não deve *copiar* os textos motivadores, e sim submetê-los a uma *retextualização*, parafraseando-os, combinando suas informações e incorporando-as a seu próprio texto.

> Ver seção Para ler e escrever melhor: "Retextualização", no Capítulo 15.

Veja como um candidato se apropriou das informações contidas no texto I e no texto IV para elaborar a introdução da redação:

> A Constituição Federal de 1988 — norma de maior hierarquia no sistema jurídico brasileiro — assegura a todos a liberdade de crença. Entretanto, os frequentes casos de intolerância religiosa mostram que os indivíduos ainda não experimentam esse direito na prática. Com efeito, um diálogo entre sociedade e Estado sobre os caminhos para combater a intolerância religiosa é medida que se impõe.
> LIMA, Vinícius Oliveira de. *G1*. Educação. Leia redações nota mil do Enem 2016. Disponível em: <http://mod.lk/yjeqf>. Acesso em: 18 nov. 2017. (Fragmento).

Neste outro exemplo, observe como o aluno fez uso das informações contidas no infográfico da coletânea (texto IV).

> Segundo pesquisas, a religião afro-brasileira é a principal vítima de discriminação, destacando-se o preconceito religioso como o principal impulsionador do problema. De acordo com Durkheim, o fato social é a maneira coletiva de agir e de pensar. Ao seguir essa linha de pensamento, observa-se que a preparação do preconceito religioso se encaixa na teoria do sociólogo, uma vez que se uma criança vive em uma família com esse comportamento, tende a adotá-lo também por conta da vivência em grupo. Assim, a continuação do pensamento da inferioridade religiosa, transmitido de geração a geração, funciona como base forte dessa forma de preconceito, perpetuando o problema no Brasil.
> FERREIRA, Larissa Cristine. *G1*. Educação. Leia redações nota mil do Enem 2016. Disponível em: <http://mod.lk/yjeqf>. Acesso em: 18 nov. 2017. (Fragmento).

Observe que, durante a leitura do infográfico, provavelmente o candidato lembrou-se de suas leituras ou até mesmo das discussões nas aulas de Sociologia sobre o pensamento do sociólogo Émile Durkheim (1858-1917) e trouxe essa experiência para o texto. Dessa forma, ele não só usou a informação do texto motivador, mas foi além dela.

Ao identificar as informações apresentadas em cada texto motivador, procure lembrar-se de fatos, de situações, de leituras, de qualquer referência que faça parte de seu repertório e que possa se relacionar com o tema proposto. Essas lembranças podem proporcionar originalidade e consistência à sua argumentação.

Na prática

Agora, você vai colocar em prática as estratégias de leitura e utilização dos textos motivadores vistas nesta seção e, ao mesmo tempo, preparar-se para a produção autoral que virá em seguida. Siga as instruções abaixo.

1. Leia atentamente a coletânea de textos da proposta de redação apresentada na seção "Produção autoral", a seguir.
2. Realize os procedimentos expostos anteriormente:
   a) analise a estrutura, a linguagem e a referência bibliográfica de cada texto, buscando identificar seu gênero discursivo (e, consequentemente, sua intenção comunicativa) e o contexto em que ele circulou;
   b) resuma, por meio de frases ou palavras-chave, as informações ou pontos de vista apresentados em cada texto da coletânea;
   c) pense em como essas informações se relacionam e em como você poderia apropriar-se delas para compor sua redação;
   d) faça uma lista de fatos, exemplos, citações ou outras informações de seu repertório que se relacionam à coletânea de textos e, portanto, poderiam enriquecer sua produção.
3. Quando terminar, junte-se a um colega e discutam: vocês dois tiveram o mesmo entendimento de cada texto motivador? Qual tese e qual proposta de intervenção vocês defenderiam a respeito do tema, com base na coletânea analisada? Tomem nota das conclusões para utilizarem na produção a seguir.

Produção autoral

Texto dissertativo-argumentativo

Contexto de produção

O quê: redação no estilo do Enem.
Para quê: aplicar os conceitos estudados no capítulo e ampliar o repertório.
Para quem: professor.
Onde: folha avulsa.

Você deverá produzir um texto dissertativo-argumentativo segundo orientações semelhantes às exigidas pelo Enem, aplicando os conhecimentos estudados neste capítulo. No final, entregue seu texto para a avaliação do professor.

Primeiro passo: ler a proposta de redação

Leia atentamente a proposta de redação, as instruções e os textos motivadores para compreender o que está sendo solicitado.

Proposta de redação

A partir da leitura dos textos motivadores e com base nos conhecimentos construídos ao longo de sua formação, redija um texto dissertativo-argumentativo sobre o tema **"A informação em tempos de *fake news"*,** apresentando proposta de intervenção social que respeite os direitos humanos. Selecione, organize e relacione, de forma coerente e coesa, argumentos e fatos para defesa de seu ponto de vista.

Instruções para a redação

- O texto definitivo deve ser escrito à tinta, na folha própria, em até 30 linhas.
- A redação que apresentar cópia dos textos da Proposta de Redação terá o número de linhas copiadas desconsiderado para efeito de correção.

Receberá nota zero, em qualquer das situações expressas a seguir, a redação que:

- tiver até 7 (sete) linhas escritas, sendo considerada "texto insuficiente".
- fugir ao tema ou que não atender ao tipo dissertativo-argumentativo.
- apresentar proposta de intervenção que desrespeite os direitos humanos.
- apresentar parte do texto deliberadamente desconectada do tema proposto.

Texto I

Fake news são notícias falsas, mas que aparentam ser verdadeiras.

Não é uma piada, uma obra de ficção ou uma peça lúdica, mas sim uma mentira revestida de artifícios que lhe conferem aparência de verdade.

Fake news não é uma novidade na sociedade, mas a escala em que pode ser produzida e difundida é que a eleva em nova categoria, poluindo e colocando em xeque todas as demais notícias, afinal, como descobrir a falsidade de uma notícia?

RAIS, Diogo. Disponível em: <http://portal.mackenzie.br/fakenews/noticias/arquivo/artigo/o-que-e-fake-news/>. Publicado em: 13 abr. 2017. Acesso em: 18 nov. 2017. (Fragmento).

Texto II

Alberto Júnio da Silva, 37 anos, vive em Poços de Caldas, sul de Minas, onde é conhecido como Beto Silva ou Beto Louco — o apelido, ele diz, foi dado pela "coragem de denunciar" problemas da cidade.

Beto é hoje o integrante mais ativo e barulhento de um trio que se formou em Poços e logo alçou a nível nacional o negócio do grotesco nos meios digitais. Seus *sites* integram uma teia de páginas que disseminam pela internet informações falsas e/ou de teor sensacionalista — uma pandemia conhecida no mundo todo sob o rótulo de "fake news" (notícias falsas) e que passou a chamar a atenção devido a sua influência em votações no Reino Unido e nos EUA [...].

Beto Silva não quis dizer quanto ganha com o Pensa Brasil [um dos *sites* criados pelo trio de Poços de Caldas]. Profissionais do mercado publicitário consultados pela reportagem estimaram que os anúncios do *site* rendam de R$ 100 mil a R$ 150 mil por mês [...].

Os anunciantes definem o perfil de público que querem atingir, mas não controlam em que *site* a propaganda será veiculada. A audiência é o principal requisito para quem anuncia; no caso de *site* de notícias, não costuma haver verificação sobre a credibilidade do veículo ou a qualidade da reportagem.

VICTOR, Fabio. Disponível em: <http://www1.folha.uol.com.br/ilustrissima/2017/02/1859808-como-funciona-a-engrenagem-das-noticias-falsas-no-brasil.shtml>. Publicado em: 19 fev. 2017. Acesso em: 18 nov. 2017. (Fragmento). © Folhapress.

Texto III

DUKE. *O tempo*. Belo Horizonte, 3 abr. 2017. Disponível em: <http://www.otempo.com.br/charges/charge-o-tempo-03-04-2017-1.1455734>. Acesso em: 18 nov. 2017.

Texto IV

Para o jornalista Edgard Matsuki, criador do *Boatos.org*, site que desmente informações falsas nas redes sociais, existem alguns motivos que levam uma pessoa a compartilhar um boato. "O primeiro é que, normalmente, as pessoas não sabem que a informação é falsa. Com raras exceções, acham que o boato é uma informação real e útil. Além disso, o boato é compartilhado porque ajuda a endossar um posicionamento que a pessoa tem", afirma.

A questão mais séria em relação às falsas notícias é que elas podem afetar seriamente a vida das pessoas. "Em um nível mais elementar, o boato pode ajudar a reforçar um pensamento errôneo. Afinal, mesmo que seja uma tese real, ela não pode se basear em uma mentira. Em um nível mais elevado, pode destruir uma reputação e prejudicar alguém. E, pior ainda, pode acarretar em uma tragédia como no caso de pessoas acusadas de crime que não cometeram ou de tratamentos de saúde que não funcionam", diz Matsuki.

GOMES, Rodrigo; PEREIRA, Tiago. Disponível em: <http://spbancarios.com.br/04/2017/divulgacao-de-noticias-falsas-pode-ter-consequencias-graves>. Publicado em: 24 abr. 2017. Acesso em: 18 nov. 2017. (Fragmento).

Segundo passo: elaborar o texto

1. Releia os textos motivadores e retome os apontamentos que fez a respeito deles na seção "Na prática".

2. Reveja as frases ou palavras-chaves com que você resumiu as informações de cada texto, bem como a lista de argumentos que relacionou a eles. Entre o material preparado, selecione quais dados e ideias você de fato pretende utilizar em sua redação.

3. Reveja também a tese e a proposta de intervenção que você planejou no item 3 da seção "Na prática", verificando a originalidade e a pertinência delas para a construção do texto e se há o devido respeito aos direitos humanos.

4. Elabore o rascunho, atentando para a estrutura da redação: introdução, desenvolvimento e conclusão com proposta de intervenção.

5. Obedeça às regras da norma-padrão e não se esqueça de utilizar mecanismos coesivos adequados para encadear as ideias.

Terceiro passo: revisão da produção

1. Concluído o texto, faça uma leitura cuidadosa, prestando atenção aos seguintes aspectos:

> ✓ O texto aborda o tema proposto?
> ✓ A redação apresenta informações dos textos motivadores sem copiá-los? Apresenta outras informações além das fornecidas pelos textos?
> ✓ Os argumentos levantados são consistentes?
> ✓ A proposta de intervenção está de acordo com o tema, é executável e demonstra respeito aos direitos humanos?
> ✓ O texto apresenta introdução, desenvolvimento e conclusão?
> ✓ A linguagem adotada é adequada ao gênero?
> ✓ A redação não ultrapassa o limite de 30 linhas?

2. Passe sua redação a limpo em uma folha à parte e entregue-a, sem rasuras, ao professor.

Confira questões do Enem e de vestibulares e propostas de redação no **Vereda Digital Aprova Enem** e no **Vereda Digital Suplemento de revisão e vestibulares**, disponíveis no livro digital.

CAPÍTULO 23
REDAÇÃO PARA O ENEM E PARA VESTIBULAR II

OBJETIVOS DE APRENDIZAGEM
- Conhecer propostas de redação de alguns exames vestibulares.
- Reconhecer estratégias para iniciar, desenvolver e concluir a redação para o Enem ou para vestibulares.
- Identificar a importância do planejamento da redação.

ENEM
C1: H1, H3
C6: H18, H19
C7: H21, H22, H23, H24
C8: H25, H26

Para começar

Converse com o professor e os colegas sobre as questões a seguir.

1. Neste capítulo, vamos estudar a produção de texto em alguns exames vestibulares. Você já teve contato com propostas de redação de vestibulares? Em caso positivo, de quais faculdades ou universidades eram essas propostas? Você observou diferenças entre elas e a proposta do Enem? Se sim, quais eram essas diferenças?

2. Veja alguns dos gêneros discursivos solicitados em vestibulares:

- texto dissertativo-argumentativo
- resumo
- carta aberta
- resenha crítica
- carta do leitor
- crônica
- artigo de opinião
- relatório

a) Em sua opinião, qual desses gêneros é o mais frequentemente pedido nas propostas de redação? Por quê?

b) Nas propostas de redação que pedem gêneros como a crônica ou a resenha, geralmente há mais de uma opção, ou seja, o candidato pode escolher um desses gêneros ou algum outro que lhe é indicado. Formule uma hipótese: por que há mais de uma opção quando os gêneros solicitados são a crônica ou a resenha?

Primeiro olhar

Você encontrará, a seguir, duas propostas de redação. A primeira é da Fundação Universitária para o Vestibular (Fuvest), que seleciona candidatos para ingresso na Universidade de São Paulo (USP); e a segunda é da Universidade Federal de Santa Maria (UFSM), no Rio Grande do Sul. Leia-as e responda às perguntas.

Proposta 1

Examine o texto* abaixo, para fazer sua redação.

Resposta à pergunta:
O que é Esclarecimento?

Esclarecimento é a saída do homem de sua menoridade, da qual ele próprio é culpado. A menoridade é a incapacidade de servir-se de seu próprio entendimento sem direção alheia. O homem é o próprio culpado dessa menoridade quando ela não é causada por falta de entendimento mas, sim, por falta de determinação e de coragem para servir-se de seu próprio entendimento sem a tutela de um outro. *Sapere aude!*** Ousa fazer uso de teu próprio entendimento! Eis o lema do Esclarecimento.

A preguiça e a covardia são as causas de que a imensa maioria dos homens, mesmo depois de a natureza já os ter libertado da tutela alheia, permaneça de bom grado a vida inteira na menoridade. É por essas mesmas causas que, com tanta facilidade, outros homens se colocam como seus tutores. É tão cômodo ser menor. Se tenho um livro que faz as vezes de meu entendimento, se tenho um diretor espiritual que assume o lugar de minha consciência, um médico que por mim escolhe minha dieta, então não preciso me esforçar. Não tenho necessidade de pensar, se é suficiente pagar. Outros se encarregarão, em meu lugar, dessas ocupações aborrecidas.

A imensa maioria da humanidade considera a passagem para a maioridade, além de difícil, perigosa, porque aqueles tutores de bom grado tomaram-na sob sua supervisão. Depois de terem, primeiramente, emburrecido seus animais domésticos e impedido cuidadosamente essas dóceis criaturas de darem um passo sequer fora do andador de crianças em que os colocaram, seus tutores mostram-lhes, em seguida, o perigo que é tentarem andar sozinhos. Ora, esse perigo não é assim tão grande, pois aprenderiam muito bem a andar, finalmente, depois de algumas quedas. Basta uma lição desse tipo para intimidar o indivíduo e deixá-lo temeroso de fazer novas tentativas.

Immanuel Kant

* Para o excerto aqui apresentado, foram utilizadas as traduções de Floriano de Sousa Fernandes, Luiz Paulo Rouanet e Vinicius de Figueiredo.
** *Sapere aude*: cit. lat. de Horácio, que significa "Ousa saber".

Estes são os parágrafos iniciais de um célebre texto de Kant, nos quais o pensador define o Esclarecimento como a saída do homem de sua menoridade, o que este alcançaria ao tornar-se capaz de pensar de modo livre e autônomo, sem a tutela de um outro. Publicado em um periódico, no ano de 1784, o texto dirigia-se aos leitores em geral, não apenas a especialistas.

Em perspectiva histórica, o Esclarecimento, também chamado de Iluminismo ou de Ilustração, consiste em um amplo movimento de ideias, de alcance internacional, que, firmando-se a partir do século XVIII, procurou estender o uso da razão, como guia e como crítica, a todos os campos da atividade humana. Passados mais de dois séculos desde o início desse movimento, são muitas as interrogações quanto ao sentido e à atualidade do Esclarecimento.

Com base nas ideias presentes no texto de Kant, acima apresentado, e valendo-se tanto de outras informações que você julgue pertinentes quanto dos dados de sua própria observação da realidade, redija uma dissertação em prosa, na qual você exponha o seu ponto de vista sobre o tema: **O homem saiu de sua menoridade?**

Instruções:
- A dissertação deve ser redigida de acordo com a norma-padrão da língua portuguesa.
- Escreva, no mínimo, 20 linhas, com letra legível. Não ultrapasse o espaço de 30 linhas da folha de redação.
- Dê um título a sua redação.

FUVEST. Disponível em: <http://mod.lk/owgl6>.
Acesso em: 30 nov. 2017.

Proposta 2

#juventudeconectada

Em 2014, a Fundação Telefônica Vivo, em parceria com o IBOPE Inteligência, o Instituto Paulo Montenegro e a Escola do Futuro da USP, publicou uma pesquisa sobre comportamentos e opiniões dos jovens na era digital. Foram coletadas informações de 1440 brasileiros alfabetizados de 16 a 24 anos, das classes A, B, C e D, das cinco regiões do país.

As principais atividades desempenhadas pelos jovens conectados estão na figura ao lado.

Os diferentes usos das atividades convidam a refletir sobre ganhos e prejuízos decorrentes das novas possibilidades geradas pelas múltiplas e instantâneas conexões.

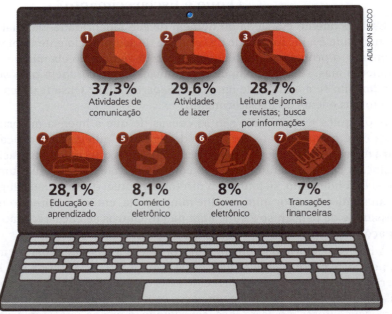

1. 37,3% Atividades de comunicação
2. 29,6% Atividades de lazer
3. 28,7% Leitura de jornais e revistas; busca por informações
4. 28,1% Educação e aprendizado
5. 8,1% Comércio eletrônico
6. 8% Governo eletrônico
7. 7% Transações financeiras

Fonte: FUNDAÇÃO TELEFÔNICA (org.). *Juventude conectada*. São Paulo: Fundação Telefônica, 2014. p. 50.

O que dizem os **jovens**...

> Eu era mais tímido, mais reservado, mas com a internet passei a me comunicar mais com pessoas desconhecidas e melhor com quem eu não conheço, o que me deixou mais sociável.

> A internet nos distancia um pouco das pessoas. Às vezes, falo com meu irmão e ele está tão vidrado no celular que nem presta atenção.

> Muita gente que não tem chance de viajar tem pelo menos a oportunidade de conhecer um pouco. A gente pode conhecer pessoas até que nunca vai ver, que nunca viu.

> Hoje as pessoas estão usando muito as palavras e pouco aquela coisa de se encontrar, aquela emoção de olhar no olho.

> Durante as manifestações de junho, fui um daqueles manifestantes de sofá. Compartilhei e comentei ativamente nos *posts* relacionados aos protestos.

> Acho que a facilidade de acesso a pesquisas e estudos se tornou também a preguiça de estudar. Está tudo na internet, você só copia e cola.

> Redes sociais me deixam ansiosa, porque sempre quero que alguém me responda ou interaja comigo.

> Eu leio muito o que posto. E evito ao máximo opinar sobre algum assunto; as coisas na internet tomam proporções muito maiores do que a minha intenção de dizer.

FUNDAÇÃO TELEFÔNICA (org.). *Juventude conectada*. São Paulo: Fundação Telefônica, 2014.

> O que dizem os **especialistas**...

No caso específico do segmento juvenil, o celular confere reconhecimento e ajuda a projetar a individualidade, o estilo de vida e o senso de moda de seu dono. Promove a possibilidade de desenvolver uma personalidade autônoma e independente.

Consuelo Yarto Wong, pesquisadora do Instituto Tecnológico e Estudos Superiores de Monterrey

FUNDAÇÃO TELEFÔNICA (org.). *Juventude conectada*.
São Paulo: Fundação Telefônica, 2014. p. 43. (adaptado)

A internet tem sido aclamada como um grande avanço para a democracia. De fato, nunca tantos puderam manifestar as suas opiniões, antes seara exclusiva de alguns poucos editorialistas de jornais e colunistas famosos. Mas eis que surge um problema. Temos agora opiniões demais, cada um opinando sobre tudo em *blogs*, *twitter* e *Facebook*, e pouco consenso ou progresso de soluções.

Stephen Kanitz, consultor de empresas e conferencista

O grande problema da internet e da democracia. 14 jul. 2012.
Disponível em: www.blog.kanitz.com.br/internet. (adaptado)

À internet dá oportunidade a novos modelos de negócios, até então desconhecidos. E, cada vez mais, o jovem percebe que pode, a partir de muito pouco, gerar uma empresa, com capilaridade, com capacidade de escala.

Cynthia Serva, coordenadora do Centro de Empreendedorismo e Inovação do Insper

FUNDAÇÃO TELEFÔNICA (org.). *Juventude conectada*.
São Paulo: Fundação Telefônica, 2014. p. 128. (adaptado)

O jovem nativo digital não faz um uso rico da internet. Vocês viram na pesquisa: os que usam com muita variedade são apenas 5%. Aí está o jovem que tem realmente um letramento digital em nível sofisticado.

Márcia Padilha, especialista em Educação e Tecnologias

FUNDAÇÃO TELEFÔNICA (org.). *Juventude conectada*.
São Paulo: Fundação Telefônica, 2014. p. 167. (adaptado)

Os vários protestos que mobilizaram a população brasileira para reivindicar mudanças na política nacional são fortes indicativos do poder integrador que as redes possuem para aproximar as pessoas. Estar conectado é quase um sinônimo de estar vivo.

Vinicius Thomé Ferreira, psicólogo e professor da Faculdade Meridional (IMED)

PORTAL TERRA, 31 ago. 2013. Disponível em:
http://noticias.terra.com.br/ciencia. (adaptado)

A necessidade de aumentar o tempo de conexão, para obter a mesma satisfação, o descumprimento das horas de sono e das refeições e o comprometimento da vida familiar, social, escolar e profissional refletem negativamente no desempenho das tarefas, podendo ocasionar depressão e outros problemas de saúde.

Sylvia Van Enck, psicóloga do Instituto de Psiquiatria do Hospital das Clínicas de São Paulo (USP)

GLOBO, 31 ago. 2013. Disponível em:
http://redeglobo.globo.com/globociencia. (adaptado)

E você, o que tem a dizer? Participe da discussão, escrevendo um **ARTIGO DE OPINIÃO** sobre o seguinte tema:

Juventude conectada – evolução ou problema social?

Tendo em vista a norma-padrão e os requisitos para publicação em jornal, seu texto, incluído o título, deve ter, no mínimo, 20 e, no máximo, 30 linhas.

Vestibular UFSM. Disponível em: <http://mod.lk/wrfb4>. Acesso em: 30 nov. 2017. (Adaptado).

---

1. Reveja os temas abordados nas últimas redações do Enem.

   2013: "Efeitos da implantação da Lei Seca no Brasil"
   2014: "Publicidade infantil em questão no Brasil"
   2015: "A persistência da violência contra a mulher na sociedade brasileira"
   2016: "Caminhos para combater a intolerância religiosa no Brasil" /
   "Caminhos para combater o racismo no Brasil"
   2017: "Desafios para a formação educacional de surdos no Brasil"

Compare esses temas com os das duas propostas lidas, considerando os seguintes fatores:
- foco na realidade brasileira *versus* abordagem mais abrangente;
- problemas sociais *versus* reflexões filosóficas ou sociológicas.

2. Quais semelhanças e diferenças você observa entre os textos motivadores dessas duas propostas e os apresentados nas propostas do Enem vistas no capítulo anterior? Leve em conta estes fatores:
   - quantidade de textos motivadores;
   - extensão e grau de complexidade dos textos;
   - presença de textos exclusivamente verbais ou também multimodais.

3. Faça mais uma comparação entre essas duas propostas e as do Enem, dessa vez no que diz respeito às seguintes exigências:
   a) limite mínimo e máximo de linhas;
   b) obrigatoriedade do título.
   - A proposta 2 refere-se ao título do texto no seguinte trecho: "[...] seu texto, *incluído o título*, deve ter, no mínimo, 20 e, no máximo, 30 linhas". Mesmo que não houvesse essa menção, o candidato deveria subentender a obrigatoriedade do título. Explique por quê.

Ver Capítulo 17: "Artigo de opinião".

4. Leia os motivos que levam à atribuição de nota zero a redações nos vestibulares, respectivamente, da Fuvest e da Universidade Federal de Santa Maria.

> Além das redações em branco, receberão nota zero textos que desenvolverem tema diverso do que foi solicitado, ou que não atenderem à modalidade discursiva indicada. Serão passíveis de receber nota zero também os textos com extensão claramente abaixo do limite estabelecido nas instruções da prova ou que apresentarem elementos verbais ou visuais não relacionados com o tema da redação.
>
> FUVEST. *Manual do candidato 2018*. São Paulo: Fuvest, 2017. p. 39. (Fragmento).

> - Receberá nota ZERO o texto que se enquadrar em, pelo menos, uma destas situações:
>   - apresentação de um gênero textual diferente do solicitado na prova;
>   - fuga do tema proposto;
>   - grafia ilegível;
>   - não atendimento ao número mínimo ou máximo de linhas estabelecido na prova.
> - Será relativizada a nota de texto que tangencia o tema e/ou a situação comunicativa proposta. A pontuação máxima obtida nesse caso é 3,5.
>
> [...]
>
> COPERVES. *Manual do candidato 2016*. Santa Maria: Coperves, 2015. p. 33. (Fragmento).

a) Esses critérios para a atribuição de nota zero coincidem com os apresentados na proposta de redação do Enem? Explique sua resposta.
b) A orientação para que o texto seja escrito com letra legível aparece no início da prova da Fuvest e também no trecho acima do manual do candidato da UFSM. Mesmo que uma redação não seja anulada por causa da letra, é possível que ela perca pontos por esse problema? Por quê?

5. Releia a proposta 1 e responda:
   a) De acordo com o texto de Immanuel Kant, o que é a maioridade do ser humano?
   b) Ainda de acordo com esse texto, quais são os principais obstáculos que o ser humano enfrenta para atingir a maioridade?
   c) Se, no desenvolvimento da redação, o candidato discorresse exclusivamente sobre o período histórico do Iluminismo, a abordagem seria adequada? Por quê?

6. Releia o tema da proposta 2: "Juventude conectada — *evolução* ou *problema social?*". Como os textos motivadores se relacionam às expressões destacadas? Em sua resposta, considere também a disposição gráfica desses textos.

7. Recorde o que estudou no Capítulo 17 sobre o gênero *artigo de opinião*. Considerando as características desse gênero discursivo, indique quais das diretrizes abaixo o candidato ao ingresso na UFSM deveria seguir.
   a) A redação do candidato deveria apresentar uma tese.
   b) A argumentação deveria ser variada e consistente.
   c) Seria obrigatório apresentar uma proposta de intervenção no final.
   d) Não deveria haver uso da 1ª pessoa do singular.

Trocando ideias

Converse com os colegas e o professor sobre as seguintes questões:

1. As propostas apresentadas surpreenderam você de alguma forma? Por quê?
2. Em qual delas você acredita que teria mais facilidade para desenvolver sua redação? Qual lhe pareceu mais desafiadora? Justifique suas respostas.

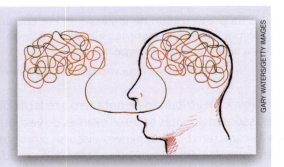

Propostas de redação em vestibulares

Como você observou na seção "Primeiro olhar", os exames vestibulares podem oferecer propostas de redação com diferentes características. A maioria delas pede um texto dissertativo-argumentativo, mas também há as que solicitam outros gêneros; nesse caso, os mais frequentemente pedidos são o artigo de opinião e a carta aberta, pois permitem ao candidato analisar vários aspectos do tema e defender um ponto de vista a respeito dele.

É importante ressaltar que, mesmo quando a proposta não traz especificamente o adjetivo *argumentativo*, preferindo-se o uso de expressões como *dissertação em prosa* ou *texto dissertativo*, o candidato não deve se limitar a expor informações; também é preciso assumir um posicionamento e sustentá-lo com argumentos. O manual do candidato da Fuvest (cuja proposta pede uma "dissertação em prosa") não deixa dúvidas quanto a isso. Observe:

> A redação deverá ser, obrigatoriamente, uma dissertação de caráter argumentativo [...].
>
> Não se recomenda [...] que o texto produzido se configure como uma dissertação meramente expositiva, isto é, que se limite a expor dados ou informações relativos ao tema, sem que se explicite um ponto de vista devidamente sustentado por uma argumentação consistente. [...]
>
> FUVEST. *Manual do candidato 2018*. São Paulo: Fuvest, 2017. p. 39. (Fragmento).

No que diz respeito aos temas propostos, você notou que existem algumas diferenças em relação aos do Enem: enquanto este geralmente destaca problemas sociais da realidade brasileira, nos exames de vestibular podem ser solicitadas temáticas mais abrangentes, ligadas a questões de cunho filosófico ou sociológico. Essa é, notadamente, a tradição da Fuvest, que se caracteriza por propostas densas e desafiadoras. Veja a seguir alguns dos temas abordados nos últimos anos por esse vestibular:

> 2012: Participação política: indispensável ou superada?
> 2015: "Camarotização" da sociedade brasileira: a segregação das classes sociais e a democracia
> 2016: As utopias: indispensáveis, inúteis ou nocivas?

Por fim, você notou que nas propostas de redação dos vestibulares há variação na quantidade de textos motivadores: pode ser oferecido desde um único texto, como na proposta da Fuvest, até um número maior de pequenos enunciados, como no vestibular da UFSM. Há casos, ainda, em que os textos que serviram de base às questões da prova de português são reaproveitados na proposta de redação. É o que ocorreu em um vestibular recente do Instituto Tecnológico de Aeronáutica (ITA), no qual a prova de português trazia dois artigos de opinião e duas tirinhas que discutiam o papel da mídia na sociedade. Veja como foi a proposta de redação nesse vestibular:

> Os textos e tirinhas lidos na prova tratam de um assunto em comum, focalizando, porém, diferentes aspectos. Tomando por base esse material, elabore um texto dissertativo em prosa, sustentando um ponto de vista sobre um desses aspectos.
>
> Disponível em: <http://mod.lk/d2tdh>. Acesso em: 30 nov. 2017. (Fragmento).

Em relação às situações que provocam atribuição de nota zero à redação ou perda significativa de pontos, você viu que os padrões são semelhantes entre os exames de vestibular e do Enem. Sempre se exige que o texto obedeça às características do gênero discursivo proposto, seja pertinente ao tema e siga as normas da escrita formal. Além disso, é importante que o candidato leia com atenção as instruções relativas ao número de linhas, à obrigatoriedade do título e outros detalhes, pois, como você notou, pode haver variações.

A estrutura da redação no Enem e no vestibular

Como dito anteriormente, tanto a proposta de redação do Enem como a da maioria dos vestibulares solicitam a produção de um texto dissertativo-argumentativo ou de gêneros com intenção comunicativa semelhante, como a carta aberta ou o artigo de opinião. Embora pequenos detalhes estruturais desses textos possam variar (por exemplo, a inserção de data e local nas cartas ou de título nos artigos), sua composição básica inclui *introdução*, *desenvolvimento* e *conclusão*, conforme você estudou em capítulos anteriores.

Nos tópicos a seguir, você conhecerá algumas estratégias para compor cada uma dessas partes em sua redação.

A introdução da redação

Pense e responda

Reveja a segunda proposta apresentada na seção "Primeiro olhar". Em seguida, leia abaixo o parágrafo inicial de duas redações que se destacaram como exemplos positivos naquele vestibular; por fim, responda às perguntas.

Redação 1

O lago de Narciso na palma da mão

O estrelato de muitos foi promovido pela internet. O astro pop Justin Bieber, por exemplo, tornou-se mundialmente famoso após ser reconhecido e "viralizado" no Youtube. Inspirados por este tipo de oportunidade, os jovens dedicam cada vez mais tempo à internet. O problema é que, na contemporaneidade, suprir desejos nela se transformou em obsessão. Defrontamo-nos aqui com a principal mazela da Era Moderna: o vício em internet.

[...]

TAVARES, Inajá. Exemplos de artigos de opinião adequados aos critérios de avaliação da prova de redação. Disponível em: <http://mod.lk/uugcz>. Acesso em: 30 nov. 2017. (Fragmento).

Redação 2

Juventude conectada à realidade

A juventude das décadas de 60 e 70, atuante no movimento contracultural, é vista como revolucionária e inovadora, adjetivos que dificilmente seriam utilizados para caracterizar esta camada da sociedade atual. Isso porque grande parte da população acredita que o engajamento e desenvolvimento dos jovens tiveram fim quando a internet surgiu. Ledo engano. Esta ferramenta facilitou tanto o acesso quanto a disseminação de informações, além de agilizar a comunicação, consistindo, indiscutivelmente, em uma evolução.

[...]

LARA, Camila Bobato. Exemplos de artigos de opinião adequados aos critérios de avaliação da prova de redação. Disponível em: <http://mod.lk/uugcz>. Acesso em: 30 nov. 2017. (Fragmento).

SAIBA MAIS

O título da primeira redação, "O lago de Narciso na palma da mão", faz referência a Narciso, personagem da mitologia grega dotado de uma beleza espetacular. Ao ver seu reflexo nas águas de um lago, Narciso ficou tão apaixonado pelos próprios traços que caiu e morreu afogado. Na atualidade, esse mito é frequentemente invocado para criticar a atitude de muitas pessoas na sociedade digital, que cultuam sua imagem em *selfies*, ou então utilizam os meios digitais apenas como uma maneira de confirmar as próprias ideias e opiniões.

O cartum ao lado, por exemplo, parodia uma representação clássica de Narciso trocando o lago do mito por um *tablet*.

NARCISE-ME — MAURIZIO DI REDA

1. O tema da prova da UFSM foi apresentado na forma de uma pergunta: "Juventude conectada — evolução ou problema social?".
   a) A se julgar pelo primeiro parágrafo das redações, elas darão a mesma resposta para essa pergunta? Explique.
   b) O título dos textos reflete o posicionamento adotado? Explique.

2. É possível utilizar diferentes estratégias para compor a introdução de uma redação. Entre as opções abaixo, indique qual foi utilizada em cada texto e justifique sua resposta.
   a) Estabelecer uma comparação.
   b) Mencionar fatos históricos.
   c) Fazer uma declaração inicial.
   d) Propor uma pergunta retórica.

A *introdução* da redação no Enem ou no vestibular deve cumprir duas funções básicas:

- apresentar o *tema*;
- indicar o posicionamento que o candidato tomará diante dele, ou seja, sua *tese*.

Você observou que as duas candidatas ao vestibular da UFSM cumpriram essas expectativas. Em ambos os textos, o primeiro parágrafo deixa claro que o assunto é a presença da internet na vida dos jovens atualmente e, além disso, sinaliza o ponto de vista de cada uma — a primeira considera essa presença excessiva e prejudicial, "a principal mazela" de nossa era, enquanto a segunda julga o uso da tecnologia como uma "evolução". Você viu, também, que o título pode ser empregado para reforçar a posição adotada.

Em relação à forma de compor a introdução, existem várias possibilidades, conforme veremos nos itens a seguir.

• Fazer uma declaração inicial

Uma das formas mais básicas de construir a introdução é fazendo uma *declaração inicial*, a ser detalhada e justificada em seguida. Esse foi o caminho escolhido no primeiro exemplo analisado no boxe "Pense e responda" e também nesta outra introdução, extraída de uma redação apresentada no Enem:

> A violência contra a mulher no Brasil tem apresentado aumentos significativos nas últimas décadas. De acordo com o mapa da violência de 2012, o número de mortes por essa causa aumentou em 230% no período de 1980 a 2010. Além da física, o Balanço de 2014 relatou cerca de 48% de outros tipos de violência contra a mulher, dentre esses a psicológica. Nesse âmbito, pode-se analisar que essa problemática persiste por ter raízes históricas e ideológicas.
> […]
>
> CASTRO, Amanda Carvalho Maia. Redação do Enem 2016. *Cartilha do Participante*. p. 51.
> Disponível em: <http://mod.lk/ikzio>. Acesso em: 31 out. 2017.
> (Fragmento).

É feita uma declaração inicial.

*As frases seguintes justificam ou detalham essa declaração. Nesse caso, foram apresentados **dados numéricos** extraídos de um dos textos motivadores.*

• Propor perguntas retóricas

No Capítulo 17, você estudou o papel que a *pergunta retórica* pode ter na construção de textos argumentativos. Em redações para o Enem e o vestibular, ela pode ser colocada na introdução para despertar o interesse do avaliador e ajudá-lo a identificar a tese defendida. Veja como um candidato da Fuvest fez isso:

> ### Consumismo e felicidade
>
> O mundo vive uma época de consumismo e individualismo cada vez mais exacerbados. Os homens são constantemente incentivados a produzir mais para que possam ganhar mais e, consequentemente, consumir mais. Apregoa-se a ideia de que quanto maior o sucesso financeiro do indivíduo e maior a quantidade de bens e serviços que este possa adquirir, mais próximo ele estará da felicidade. **Mas será que isto é verdade? Ou melhor, será que é toda a verdade?**
>
> Disponível em: <http://mod.lk/3upbc>. Acesso em 30 nov. 2017.

*São feitas duas **perguntas retóricas** no final da introdução. Essas perguntas ajudam a direcionar a abordagem, pois já se percebe que o candidato assumirá uma posição crítica ao consumismo.*

• Mencionar fatos históricos

Remeter a *fatos históricos* é uma forma criativa de iniciar a redação. Veja um exemplo:

> ### Construindo uma dinâmica mais ética do trânsito no Brasil
>
> Com a ascensão de Juscelino Kubitschek ao poder, a política de abertura da economia brasileira entrou em ação mais vigorosamente do que em qualquer outro episódio da história do Brasil. Nesse cenário, a entrada de automóveis no Brasil como produtos de consumo foi cada vez maior. No entanto, o governo não tomou como prioridade a fiscalização das estradas do país e uma prática nociva tornou-se comum: beber e dirigir. […]
>
> MELO, Sarah Christyan de Luna. Redação do Enem 2016. *Cartilha do Participante*. p. 51.
> Disponível em: <http://mod.lk/ikzio>. Acesso em: 30 nov. 2017.
> (Fragmento).

*Para introduzir o assunto da Lei Seca (tema do Enem em 2013), a candidata fez alusão a um **fato histórico**: a política de Juscelino Kubitschek de estímulo à indústria automobilística, que deu início à popularização dos carros no Brasil.*

• Estabelecer uma comparação

No segundo exemplo analisado no boxe "Pense e responda", você observou que a candidata iniciou sua redação com uma *comparação* entre a geração de jovens dos anos 1960 e 1970 e a geração atual. Veja mais um exemplo de introdução construída dessa forma:

Tenho, logo existo

No mito das sereias, o irresistível canto dessas criaturas atrai os marinheiros em direção aos rochedos que circundam a ilha em que elas estão entrincheiradas, inevitavelmente sendo o naufrágio das embarcações o desfecho. A música emitida por esses seres tem análogo na contemporaneidade: o capitalismo. Esse modo de produção apresenta três desencadeamentos que também levam o homem à ruína: o consumismo, a valorização do ter em detrimento do ser e a efemeridade das relações.

Disponível em: <http://mod.lk/q5iyd>. Acesso em: 30 nov. 2017.

> Estabelece uma comparação entre o canto das sereias e o modo de produção capitalista.

- **Apresentar uma citação**

No Capítulo 18, vimos que a *citação de autoridade* é um tipo de argumento que pode enriquecer a defesa de um ponto de vista. Tal estratégia também pode ser utilizada para introduzir uma redação, como se vê neste exemplo:

"É mais fácil desintegrar um átomo que um preconceito". Com essa frase, Albert Einstein desvelou os entraves que envolvem o combate às diversas formas de discriminação existentes na sociedade. Isso inclui a intolerância religiosa, comportamento frequente que deve ser erradicado do Brasil.

[...]

VIEIRA, Tamyres dos Santos. Redação do Enem 2017. *Cartilha do Participante*. p. 35.
Disponível em: <http://mod.lk/hd6ib>. Acesso em: 30 nov. 2017. (Fragmento).

> A redação começa citando uma frase atribuída ao físico alemão Albert Einstein (1879-1955).
>
> Para a citação não parecer gratuita, ela precisa estar bem conectada ao assunto. Nesse caso, após mencionar a frase de Einstein que critica o preconceito de modo geral, a candidata faz um afunilamento, especificando o tipo de preconceito que abordará — a intolerância religiosa.

Resumindo:

Algumas formas de compor a introdução
- Fazer uma declaração inicial
- Propor perguntas retóricas
- Mencionar fatos históricos
- Estabelecer uma comparação
- Apresentar uma citação

O desenvolvimento da redação

Pense e responda

No boxe "Pense e responda" do tópico anterior, você leu o parágrafo inicial de duas redações apresentadas em um vestibular da UFSM. Agora, você vai ler na íntegra uma dessas redações, a de Camila Bobato Lara. Em seguida, responda às perguntas.

Juventude conectada à realidade

1   A juventude das décadas de 60 e 70, atuante no movimento contracultural, é vista como revolucionária e inovadora, adjetivos que dificilmente seriam utilizados para caracterizar esta camada da sociedade atual. Isso porque grande parte da população acredita que o engajamento e desenvolvimento dos jovens tiveram fim quando a internet surgiu. Ledo engano. Esta ferramenta facilitou tanto o acesso quanto a disseminação de informações, além de agilizar a comunicação, consistindo, indiscutivelmente, em uma evolução.

2   Não há como negar que as redes sociais e as diversas páginas virtuais fizeram com que os jovens substituíssem, parcialmente, seu lazer e interação com os amigos pela navegação. Todavia, é absurdo imaginar que este tempo conectado é somente destinado ao ócio. Pesquisas realizadas pela Fundação Telefônica Vivo, em parceria com outras instituições, apontaram que 56,8% das atividades dos jovens *online* são voltadas à educação, ao aprendizado, à leitura de periódicos e à busca de informações. Logo, a alienação — a qual, de modo falacioso, é considerada um produto da internet — não é uma característica da geração conectada.

Aliás, os jovens estão tão bem informados que, além de compartilharem suas opiniões e conhecimentos no meio virtual, estão utilizando-o como instrumento para alterar a realidade. Nesse sentido, deve-se destacar os protestos da Primavera Árabe, no Oriente Médio, e as manifestações ocorridas no Brasil em 2013, cujo vetor de propagação foi a internet. Tais eventos motivaram o reconhecimento da grande importância desta ferramenta para o avanço social pelo sociólogo Manuel Castells, o qual, no livro "Redes de indignação e esperança", aponta que a rede virtual é um meio de tornar as discussões e protestos contínuos, atividades que os jovens desempenham brilhantemente. Dessa forma, eles estão instrumentalizando a internet para alterar a realidade social.

Como jovem, entristeço-me quando minha geração é considerada um "problema social" pelo simples fato de se manter conectada. Afinal, a proposição de Aristóteles de que "o homem é um animal político" ainda prevalece entre nós. Somente mudamos o meio de exercer tal característica. Utilizamos a internet para atuar nos círculos sociais, obter informações e praticar a cidadania. Assim, não fazemos nada de diferente daquilo que nossos pais e avós faziam: conversar e compartilhar opiniões, com a esperança — que vive no coração de todo jovem — de melhorar o mundo, o que se tornou mais simples pelo uso do meio virtual.

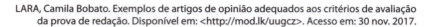

LARA, Camila Bobato. Exemplos de artigos de opinião adequados aos critérios de avaliação da prova de redação. Disponível em: <http://mod.lk/uugcz>. Acesso em: 30 nov. 2017.

1. Muitas vezes, o encadeamento de um parágrafo para o outro é estabelecido pelo uso de palavras do mesmo *campo semântico* (relacionadas a determinado assunto). Explique como os termos empregados na primeira frase do segundo parágrafo garantem a coesão com o primeiro.

   Ver seção Para ler e escrever melhor: "Coesão sequencial I", no Capítulo 13.

2. Esse segundo parágrafo apresenta uma contra-argumentação. Explique como isso ocorre e indique o papel das conjunções *todavia* e *logo* na construção da estratégia.

3. Releia a primeira frase do terceiro parágrafo: "Aliás, os jovens estão tão bem informados que, *além de compartilharem suas opiniões e conhecimentos* no meio virtual, estão utilizando-o como instrumento para alterar a realidade".
   - Explique qual ideia está sendo retomada no trecho destacado e por que a candidata utiliza a locução adverbial *além de* para introduzir o trecho.

4. Quais destes tipos de argumento são utilizados na redação de Camila Bobato Lara? Justifique sua resposta com passagens do texto.
   a) Dados numéricos.
   b) Exemplificação.
   c) Relação de causa e consequência.
   d) Citação de autoridade.
   e) Comparação.
   f) Definição.

Assim como ocorre na introdução, não existe uma fórmula única para compor o *desenvolvimento* da redação, geralmente formado por dois ou três parágrafos. Como você observou na redação de Camila Bobato Lara, o que torna essa parte do texto sólida e coesa é a diversidade de argumentos e a maneira como eles são encadeados.

Certamente, o que garantiu boa nota a essa candidata foi sua capacidade de mobilizar informações extraídas tanto dos textos motivadores, quanto de seu próprio repertório cultural, e articulá-las com coerência. Um exemplo disso pode ser observado no terceiro parágrafo:

> "Aliás, os jovens estão tão bem informados que, **além de compartilharem suas opiniões e conhecimentos no meio virtual**, estão utilizando-o como instrumento para alterar a realidade. Nesse sentido, deve-se destacar os protestos da Primavera Árabe, no Oriente Médio, e **as manifestações ocorridas no Brasil em 2013, cujo vetor de propagação foi a internet**. Tais eventos motivaram o reconhecimento da grande importância desta ferramenta para o avanço social pelo sociólogo Manuel Castells, o qual, no livro 'Redes de indignação e esperança', aponta que a rede virtual é um meio de tornar as discussões e protestos contínuos, atividades que os jovens desempenham brilhantemente. Dessa forma, eles estão instrumentalizando a internet para alterar a realidade social."

> Pelo uso dos mecanismos coesivos, a candidata retoma ideias anteriores e ao mesmo tempo faz acréscimos, garantindo a progressão textual.

> Dos argumentos apresentados, apenas a mobilização via internet para as manifestações de 2013 foi mencionada nos textos motivadores. Os demais dados (protestos da Primavera Árabe e citação de Manuel Castells) vieram do repertório da candidata.

A conclusão da redação

No que diz respeito à *conclusão*, é importante recordar que a proposta do Enem exige, nessa parte da redação, a apresentação de uma *proposta de intervenção* social para a problemática abordada ao longo do texto. Veja um exemplo de uma conclusão adequada para o Enem; ela foi apresentada na prova de 2016, cujo tema era "Caminhos para combater a intolerância religiosa no Brasil":

> A fim de garantir, **portanto**, a equidade na garantia de direitos à população, são necessárias transformações na sociedade brasileira. O Ministério da Educação, primeiramente, deve inserir na matriz curricular estudantil debates e estudos antropológicos acerca do processo de formação do país, de modo a valorizar a participação das mais variadas culturas na composição da identidade brasileira. Ademais, cabe ao Ministério do Desenvolvimento Social a realização de palestras, saraus e exposições que exaltem a importância do respeito à diversidade religiosa do Brasil. Por fim, cabe às Secretarias de Segurança Pública a criação de delegacias especializadas na investigação de crimes que envolvam a intolerância religiosa, de modo a intensificar o combate a tal preconceito. Afinal, somente com a cooperação entre Estado e sociedade será possível lutar contra a intolerância, um mal que ameaça o Brasil.

> CARVALHO, Isabella Ribeiro de Sena. Redação do Enem 2017. *Cartilha do Participante*. p. 41. <http://mod.lk/hd6ib>. Acesso em: 30 nov. 2017. (Fragmento adaptado).

> Conjunções e locuções conjuntivas que indicam conclusão, como *portanto*, *logo* e *desse modo*, são muito utilizadas no último parágrafo. Não basta, contudo, inserir a conjunção; é preciso que a ideia final represente de fato uma **conclusão lógica** dos parágrafos anteriores.

> A proposta de intervenção na redação do Enem precisa ser **detalhada** e **concreta**, ou seja, deve ficar claro **quem** vai executá-la ("o Ministério da Educação") e **de que forma** ("inserir na matriz curricular [...] debates e estudos [...]").

> A apresentação de **mais de uma proposta interventiva**, como ocorre aqui, é valorizada pelos avaliadores.

Em exames que não exigem proposta de intervenção e que, em vez disso, convidam o aluno a desenvolver mais livremente sua argumentação, o último parágrafo representa a conclusão lógica do texto, na qual a tese geralmente é reafirmada. Veja um exemplo, extraído de um exame da Fuvest cujo tema era "Participação política: indispensável ou superada?".

> Embora a sociedade se desinteresse quando o assunto é política, **a participação no seu processo é indispensável, pois promove mudanças e faz valer a vontade do cidadão**. **Afinal**, "o castigo dos que odeiam política é serem governados por aqueles que a amam". E sem discussão!

> Disponível em: <http://mod.lk/c51jq>. Acesso em: 30 nov. 2017. (Fragmento).

> Após enumerar três possíveis soluções, a candidata insere uma última frase para **articular as propostas e finalizar o raciocínio**.

> Quando não há a obrigatoriedade de apresentar uma proposta interventiva, o candidato pode finalizar a redação **reafirmando sua tese**.

> O advérbio *afinal* também é uma boa opção para encerrar o raciocínio.

Finalmente, nos casos em que a proposta de redação solicita gêneros discursivos diferentes do texto dissertativo-argumentativo, o candidato deve seguir os padrões do gênero em questão. Na redação "Juventude conectada à realidade", que atendia a uma proposta de *artigo de opinião*, você observou que a candidata concluiu o texto com uma reflexão pessoal, na 1ª pessoa do singular, uma opção adequada ao gênero: "Como jovem, *entristeço-me* quando *minha* geração é considerada um 'problema social' pelo simples fato de se manter conectada".

Vamos examinar outro exemplo, desta vez referente a uma prova da UFSM, de 2015, que abordava o tema do trote universitário por meio do gênero *carta aberta*. O candidato deveria escrever uma carta aberta aos veteranos do curso em que pretendia ingressar, explicando como gostaria de ser recebido. Observe como um dos candidatos, que se destacou pela boa nota, concluiu seu texto:

Carta Aberta aos Estudantes Veteranos do meu curso

[...]
Ficarei muito honrado e feliz de saber que o trote em 2016 será sem agressões físicas e verbais, sem humilhação e com algum propósito solidário. Se aceitarem sugestões, não esqueçam que diversas pessoas necessitam de carinho, comida, água, remédio, entre outros itens. Ajudar os que necessitam é um ato de nobreza e demonstra maturidade e espírito de coletividade, atributos dignos de um veterano; aguardo ansiosamente o meu trote.

SILVA, Arthur Reckelberg Borges da. Exemplo de carta aberta adequada aos critérios de avaliação da prova de redação. Disponível em: <http://mod.lk/1mbqg>. Acesso em: 30 nov. 2017. (Fragmento).

> O gênero permite uma abordagem **pessoal**, com uso da 1ª pessoa do singular e de adjetivos e advérbios de valor subjetivo (*honrado, feliz, ansiosamente*).

> Não se deve perder de vista, porém, o caráter **argumentativo** da carta aberta. Nas últimas frases, o candidato faz sugestões para um trote solidário e, ainda, explora a vaidade dos destinatários, sugerindo que a alternativa demonstraria "nobreza" e "maturidade" dos veteranos.

Para ler e escrever melhor

Como planejar a redação

No capítulo anterior, você conheceu algumas estratégias para analisar a proposta de redação e os respectivos textos motivadores e, neste capítulo, aprendeu estratégias para iniciar, desenvolver e concluir sua produção. Agora, vamos juntar esses conhecimentos a fim de refletir quanto às melhores maneiras de *planejar* a redação.

Após compreender plenamente o tema e os textos motivadores, destacando as principais ideias apresentadas por eles, o primeiro passo para planejar sua redação é *definir a tese*, ou seja, qual posicionamento você defenderá, e os *argumentos* que usará para sustentá-la. Para chegar a essa tomada de posição, é interessante fazer os seguintes questionamentos:

- *O que* penso diante disso? → *Essa pergunta conduzirá à sua tese.*

- *Por que* penso isso? → *Dessa reflexão vão surgir seus argumentos.*

- Há *outras formas* de ver o assunto? Por que não as considero tão convincentes? → *A resposta a essas perguntas pode ajudá-lo a construir uma contra-argumentação.*

Com base nas respostas que der a essas perguntas, você poderá *planejar* sua redação, prevendo as informações que apresentará em cada parágrafo. Veja como poderia ter sido o planejamento da redação de Camila Bobato Lara, que você leu anteriormente:

Tese: a imersão dos jovens na tecnologia representa uma evolução.	
1º parágrafo (introdução)	Juventude anos 1960 e 1970 x juventude atual: quem acha que os jovens de hoje são alienados está enganado.
2º parágrafo (desenvolvimento)	Os jovens gastam muito tempo na internet (contra-argumento), mas usam boa parte desse tempo para informar-se e desenvolver-se — dados da pesquisa da Fundação Telefônica Vivo.
3º parágrafo (desenvolvimento)	Os jovens também usam a internet para mobilização política — exemplos (Primavera Árabe e manifestações de 2013); citação de Manuel Castells.
4º parágrafo (conclusão)	A juventude de hoje continua querendo melhorar o mundo, e agora o faz com a vantagem da tecnologia.

No caso das redações para o Enem, além da tese e dos argumentos, você precisa definir uma ou mais propostas de intervenção, como vimos anteriormente. Logo, você também deve fazer algumas perguntas que o ajudem a compor propostas detalhadas e concretas:

- *O que pode* ser feito para solucionar o problema?
- *Que agente social* deve tomar essa medida?
- *De que forma* a medida deve ser executada (locais, procedimentos, custos, etc.)?

Na prática

Na "Produção autoral" deste capítulo, você será convidado a desenvolver uma proposta de redação de outro importante vestibular do país: o da Universidade Estadual Paulista (Unesp). Junte-se a um colega para realizar uma atividade preparatória.

1. Analisem a proposta da "Produção autoral" de acordo com os procedimentos que conheceram no capítulo anterior:
   a) busquem identificar o gênero discursivo de cada texto motivador e o contexto em que ele circulou;
   b) resumam as informações ou pontos de vista apresentados em cada texto;
   c) pensem em como essas informações se relacionam e em como vocês poderiam utilizá-las na produção;
   d) façam uma lista de fatos, exemplos, citações ou outras informações do repertório de vocês que se relacionam aos textos e poderiam enriquecer a argumentação.

2. Quando tiverem compreendido bem o tema e o direcionamento sugerido pelos textos da coletânea, questionem-se a respeito das perguntas propostas nesta seção e troquem ideias até que cada um defina sua *tese*.

3. Discutam: essa prova de redação permite uma proposta de intervenção social, como no Enem? Por quê?

4. Com base nas reflexões e anotações, cada um deve então, individualmente, planejar sua redação, prevendo o conteúdo que pretende apresentar em cada parágrafo.

5. Por fim, troquem os planejamentos entre si. Avalie os seguintes aspectos no esboço de seu colega:
   a) A tese dele ficou clara?
   b) O planejamento da introdução inclui a apresentação do tema e a indicação da tese?
   c) No desenvolvimento previsto, há argumentos diversificados e coerentes?
   d) A conclusão planejada vai, de fato, fornecer uma finalização lógica ao raciocínio?

6. Considere as observações do colega sobre seu planejamento e guarde-o para usar na "Produção autoral".

Produção autoral

Redação com base em uma proposta de vestibular

Contexto de produção

O quê: redação de acordo com uma proposta de vestibular.
Para quê: aplicar os conceitos estudados no capítulo e ampliar o repertório.
Para quem: professor.
Onde: folha avulsa.

No capítulo anterior, você desenvolveu uma redação com base em uma proposta similar à do Enem; agora, seu texto terá como base uma proposta de vestibular recente. Vai ser uma oportunidade para você colocar em prática as estratégias que estudou e familiarizar-se com a situação de exame. Ao terminar seu texto, entregue-o para o professor.

Primeiro passo: ler a proposta de redação

- Você encontrará a seguir uma proposta de redação oferecida em um vestibular da Unesp. Leia-a com atenção.

Redação

Texto 1

A distribuição da riqueza é uma das questões mais vivas e polêmicas da atualidade. Será que a dinâmica da acumulação do capital privado conduz de modo inevitável a uma concentração cada vez maior da riqueza e do poder em poucas mãos, como acreditava Karl Marx no século XIX? Ou será que as forças equilibradoras do crescimento, da concorrência e do progresso tecnológico levam espontaneamente a uma redução da desigualdade e a uma organização harmoniosa da sociedade, como pensava Simon Kuznets no século XX?

(Thomas Piketty. *O capital no século XXI*, 2014. Adaptado.)

Texto 2

Já se tornou argumento comum a ideia de que a melhor maneira de ajudar os pobres a sair da miséria é permitir que os ricos fiquem cada vez mais ricos. No entanto, à medida que novos dados sobre distribuição de renda são divulgados*, constata-se um desequilíbrio assustador: a distância entre aqueles que estão no topo da hierarquia social e aqueles que estão na base cresce cada vez mais.

A obstinada persistência da pobreza no planeta que vive os espasmos de um fundamentalismo do crescimento econômico é bastante para levar as pessoas atentas a fazer uma pausa e refletir sobre as perdas diretas, bem como sobre os efeitos colaterais dessa distribuição da riqueza.

Uma das justificativas morais básicas para a economia de livre mercado, isto é, que a busca de lucro individual também fornece o melhor mecanismo para a busca do bem comum, se vê assim questionada e quase desmentida.

*Um estudo recente do World Institute for Development Economics Research da Universidade das Nações Unidas relata que o 1% mais rico de adultos possuía 40% dos bens globais em 2000, e que os 10% mais ricos respondiam por 85% do total da riqueza do mundo. A metade situada na parte mais baixa da população mundial adulta possui 1% da riqueza global.

(Zygmunt Bauman. *A riqueza de poucos beneficia todos nós?*, 2015. Adaptado.)

Texto 3

Um certo espírito rousseauniano parece ter se apoderado de nossa época, que agora vê a propriedade privada e a economia de mercado como responsáveis por todos os nossos males. É verdade que elas favorecem a concentração de riqueza, notadamente de renda e patrimônio.

Essa, porém, é só parte da história. Os mesmos mecanismos de mercado que promovem a disparidade — eles exigem certo nível de desigualdade estrutural para funcionar — são também os responsáveis pelo mais extraordinário processo de melhora das condições materiais de vida que a humanidade já experimentou.

Se o capitalismo exibe o viés elitista da concentração de renda, ele também apresenta a vocação mais democrática de tornar praticamente todos os bens mais acessíveis, pelo aprimoramento dos processos produtivos. Não tenho nada contra perseguir ideias de justiça, mas é importante não perder a perspectiva das coisas.

(Hélio Schwartsman. "Uma defesa da desigualdade". *Folha de S.Paulo*, 14.06.2015. Adaptado.)

Com base nos textos apresentados e em seus próprios conhecimentos, escreva uma dissertação, empregando a norma-padrão da língua portuguesa, sobre o tema:

A riqueza de poucos beneficia a sociedade inteira?

Disponível em: <http://mod.lk/3ogmo>. Acesso em: 30 nov. 2017.

Segundo passo: analisar alguns critérios específicos dessa prova

- Os critérios de avaliação da redação no vestibular da Unesp são semelhantes aos de outras provas estudadas neste capítulo e no anterior. Há, porém, duas particularidades que vale a pena conhecer:

A prova de redação será avaliada conforme os critérios a seguir:
[...]
- No gênero/tipo de texto, avalia-se também o tipo de interlocução construída: por se tratar de uma dissertação, deve-se prezar pela objetividade, sendo assim, o uso de primeira pessoa do singular e de segunda pessoa (singular e plural) poderá ser penalizado.
- Será considerada aspecto negativo a referência direta à situação imediata de produção textual (ex.: como afirma o autor do primeiro texto/da coletânea/do texto I; como solicitado nesta prova/proposta de redação).

UNESP 2018. *Manual do Candidato*. p. 44. Disponível em: <http://mod.lk/29qmy>. Acesso em: 30 nov. 2017. (Fragmento adaptado).

Responda:
a) Qual é o provável motivo para essas duas restrições estabelecidas pelos avaliadores?
b) Em sua opinião, essas restrições devem ser observadas em outros exames que peçam uma dissertação ou um texto dissertativo-argumentativo? Por quê?

Terceiro passo: escrever e revisar a redação

1. Com base no planejamento feito na seção "Para ler e escrever melhor", escreva sua redação. Fique atento aos mecanismos coesivos que garantem a constante retomada de ideias, bem como o acréscimo de novos argumentos. Preocupe-se, também, em seguir a norma-padrão da língua.

2. Como você observou na proposta, o título não é obrigatório; mas, se quiser, acrescente-o para reforçar seu posicionamento.

3. Quando tiver terminado a primeira versão de sua redação, junte-se novamente ao colega com quem trabalhou na seção "Para ler e escrever melhor". Peça-lhe que avalie o texto de acordo com os seguintes critérios:

> ✓ A redação está de acordo com o tema proposto?
> ✓ Fica clara qual é a tese defendida?
> ✓ Os argumentos são coerentes com essa tese?
> ✓ O autor utilizou informações dos textos de apoio, sem copiá-los, e dados de seu próprio repertório?
> ✓ As partes da redação — introdução, desenvolvimento e conclusão — foram adequadamente elaboradas?
> ✓ Há encadeamento de ideias entre as frases e entre os parágrafos?
> ✓ Há problemas de ortografia, pontuação ou concordância?

4. Faça ajustes com base nos comentários do colega e passe a redação a limpo. Em seguida, entregue-a para a avaliação do professor.

Confira questões do Enem e de vestibulares e propostas de redação no **Vereda Digital Aprova Enem** e no **Vereda Digital Suplemento de revisão e vestibulares**, disponíveis no livro digital.

REFERÊNCIAS BIBLIOGRÁFICAS

BERGSON, Henri. *O riso*: ensaio sobre a significação do cômico. Rio de Janeiro: Zahar Editores, 1983.

BONINI, Adair. Os gêneros do jornal: questões de pesquisa e ensino. In: KARWOSKI, Acir Mário; GAYDECZKA, Beatriz; BRITO, Karim S. (Org.). *Gêneros textuais*: reflexões e ensino. 4. ed. São Paulo: Parábola, 2011.

BRAGA, Adriana. Corporeidade discursiva na imprensa feminina: um estudo de editoriais. *Logos*, Rio de Janeiro, v. 10, n. 2, 2003.

CALLADO, Ana Arruda. O texto em veículos impressos. In: CALDAS, Álvaro (Org.). *Deu no jornal*: o jornalismo impresso na era da internet. Rio de Janeiro; São Paulo: PUC-Rio; Loyola, 2002.

DIONISIO, Angela Paiva; HOFFNAGEL, Judith. Estratégias de textualização na fala e na escrita. In: MARCUSCHI, Luiz Antônio; DIONISIO, Angela Paiva (Orgs.). *Fala e escrita*. Belo Horizonte: Autêntica, 2007.

DOLZ, Joaquim; SCHNEUWLY, Bernard; PIETRO, Jean-François. Relato da elaboração de uma sequência: o debate público. In: DOLZ, Joaquim; SCHNEUWLY, Bernard (Org.). *Gêneros orais e escritos na escola*. Trad. de Roxane Rojo e Glaís S. Cordeiro. Campinas, SP: Mercado de Letras, 2004.

D'ONOFRIO, Salvatore. *Forma e sentido do texto literário*. São Paulo: Ática, 2007.

FÁVERO, Leonor L.; ANDRADE, Maria Lúcia C. V. O.; AQUINO, Zilda. Reflexões sobre oralidade e escrita no ensino de língua portuguesa. In: ELIAS, Vanda Maria (Org.). *Ensino da língua portuguesa*: oralidade, escrita e leitura. São Paulo: Contexto, 2011.

FIORIN, José Luiz. *Argumentação*. São Paulo: Contexto, 2015.

FRIEDMAN, Norman. Point of view in fiction: the development of a critical concept. In: STEVICK, Philip (Org.). *The theory of the novel*. New York: The Free Press, 1967.

GANCHO, Cândida Vilares. *Como analisar narrativas*. 9. ed. São Paulo: Ática, 2006.

HOFF, Tânia; GABRIELLI, Lourdes. *Redação publicitária*. Rio de Janeiro: Campus, 2004.

INGARDEN, Roman. *A obra de arte literária*. 3. ed. Lisboa: Calouste Gulbenkian, 1965.

KERBRAT-ORECCHIONI, Catherine. Atenuador. Trad. de Maria do Rosário Gregolin. In: CHARAUDEAU, Patrick; MAINGUENEAU, Dominique (Org.). *Dicionário de análise do discurso*. São Paulo: Contexto, 2008.

KOCH, Ingedore Villaça; ELIAS, Vanda Maria. *Escrever e argumentar*. São Paulo: Contexto, 2016.

_____; _____. *Ler e compreender*: os sentidos do texto. 3. ed. São Paulo: Contexto, 2009.

LAGE, Nilson. *A reportagem*: teoria e técnica de entrevista e pesquisa jornalística. São Paulo: Record, 2001.

LEAL, Telma Ferraz; MORAIS, Artur Gomes de. *A argumentação em textos escritos*: a criança e a escola. São Paulo: Autêntica, 2007.

LEITE, Ligia Chiappini Moraes. *O foco narrativo*. 6. ed. São Paulo: Ática, 1993.

MACHADO, Anna Rachel; LOUSADA, Eliane; ABREU-TARDELLI, Lília S. A. *Resumo*. São Paulo: Parábola, 2004.

MARCUSCHI, Luiz Antônio. *Análise da conversação*. 6. ed. São Paulo: Ática, 2007.

_____. Gêneros textuais emergentes no contexto da tecnologia digital. In: _____; XAVIER, Antônio Carlos (Org.). *Hipertexto e gêneros digitais*: novas formas de construção de sentido. São Paulo: Cortez, 2010.

MENDONÇA, Márcia. Texto. In: *Glossário Ceale*. Campinas. Disponível em: <www.ceale.fae.ufmg.br/app/webroot/glossarioceale/verbetes/texto>.

MENEZES, Vera (Org.). Tributo ao professor José Luiz Meurer. *RBLA*, Belo Horizonte, v. 10, n. 2, p. 479-494, 2010.

OLIVEIRA, Márcia Regina de. Interações na blogosfera. In: SHEPHERD, Tania G.; SALIÉS, Tânia G. (Org.). *Linguística da internet*. São Paulo: Contexto, 2013.

OYAMA, Thaís. *A arte de entrevistar bem*. São Paulo: Contexto, 2008.

PIMENTEL, Carmen. A escrita íntima na internet: do diário ao blog pessoal. *O Marrare*, Rio de Janeiro, n. 14, ano 11, 2011. Disponível em: <www.omarrare.uerj.br/numero14/carmenPimentel.html>.

POE, Edgar Allan. The philosophy of composition. *Graham's Magazine*, v. 28, n. 4, April 1846, 163-167.

ROJO, R. Gêneros do discurso e gêneros textuais: questões teóricas e aplicadas. In: MEURER, José Luiz; BONINI, Adair; MOTTA-ROTH, Désirée (Orgs.). *Gêneros*: teorias, métodos, debates. São Paulo: Parábola, 2005. p. 184-207.

SODRÉ, Muniz; FERRARI, Maria Helena. *Técnica de reportagem*: notas sobre a narrativa jornalística. São Paulo: Summus, 1986.

TERRA, Ernani; PACHECO, Jessyca. *O conto na sala de aula*. Curitiba: Intersaberes, 2017.

VAL, Maria da Graça Costa et al. *Avaliação do texto escolar*: professor-leitor/aluno-autor. Belo Horizonte: Autêntica; Ceale, 2009.

VAN DIJK, T. A. *Macrostructures*: an interdisciplinary study of global structures in discourse, interaction, and cognition. Hillsdale (NJ); Lawrence Erlbaum, 1980.

VILLAS BOAS, Maria de F. B. *Portfólio, avaliação e trabalho pedagógico*. Campinas, SP: Papirus, 2015.

WACHOWICZ, Teresa Cristina. *Avaliação de textos na escola*. Curitiba: InterSaberes, 2015.

WESTON, Anthony. *A arte de argumentar*. Trad. Desidério Murcho. Lisboa: Gradiva, 1996.